THE HISTORY OF ENGLAND

英格兰史

六部曲

—Ⅱ—

都铎王朝

宗教改革与权力之争

[英国]

彼得·阿克罗伊德

—著—

王喆

—译—

译林出版社

图书在版编目（CIP）数据

都铎王朝：宗教改革与权力之争 /（英）彼得·阿克罗伊德（Peter Ackroyd）著；王喆译. —南京：译林出版社，2022.9
（英格兰史六部曲）
书名原文：Tudors
ISBN 978-7-5447-9113-7

Ⅰ. ①都… Ⅱ. ①彼… ②王… Ⅲ. ①都铎王朝－历史 Ⅳ. ① K561.33

中国版本图书馆 CIP 数据核字（2022）第 060062 号

著作权合同登记号 图字：10–2017–059 号

都铎王朝：宗教改革与权力之争 ［英国］彼得·阿克罗伊德/著 王喆/译

责任编辑 张海波
装帧设计 韦 枫
版式设计 黄 晨
校　　对 孙玉兰
责任印制 单 莉

原文出版 Macmillan, 2012
出版发行 译林出版社
地　　址 南京市湖南路 1 号 A 楼
邮　　箱 yilin@yilin.com
网　　址 www.yilin.com
市场热线 025-86633278
排　　版 南京展望文化发展有限公司
印　　刷 徐州绪权印刷有限公司
开　　本 718 毫米 × 1000 毫米 1/16
印　　张 28.75
插　　页 12
版　　次 2022年9月第1版
印　　次 2022年9月第1次印刷
书　　号 ISBN 978-7-5447-9113-7
定　　价 88.00元

目 录

1

阿肋路亚[①]

这是一块流奶流蜜的土地。1509年4月21日，里士满泰晤士河南岸的王宫里，日益乖戾、贪婪的老国王驾崩。死讯秘而不宣，两日未发，以免国家动荡。然而，新国王人选早已定下，名字也是亨利。

5月9日，亨利七世的遗体由一辆黑色马车从里士满王宫运送至圣保禄主教座堂。和灵车并行的有一千四百名正式送葬人和七百名火把手，而其中悲痛之人寥寥无几。廷臣和用人们早在翘首期盼着储君的到来了。遗体在葬礼完成后被运送至威斯敏斯特主教座堂，放入墓穴。掌礼官宣布："圣王亨利七世千古。"话声刚落，在场之人异口同声道："圣王亨利八世万岁。"亨利八世不费吹灰之力便继承了王位，这在英格兰历史上是百年一遇的事。当时，他年仅十七岁。

加冕典礼定于6月24日仲夏节举行。这一天，阳光璀璨，预示着新君将如新日般崛起。加冕日之后第四天，便是亨利的十八岁生日。加冕典礼乃是教会的第八项圣礼。在典礼上，亨利傅了膏（或称圣油），这是继承神圣王位的象征。他的王袍镶满珍宝、钻石、翡翠、珍珠，周身环绕着 1

① Hallelujah（哈利路亚）的天主教译法，即"赞美耶和华"，本书在涉及天主教时均采用天主教译法。——本书脚注均为译注，下同

幽幽的光华，闪烁着权力与荣耀。一开始他的一举一动、穿着打扮也许只是听从旁人建议，但不久后他便进入角色，举手投足间有了王者的气概。

加冕典礼前十三天，亨利便未雨绸缪，与未婚妻完婚。有了王后相伴，登基时人们就会觉得他已长大成人，不再年幼了。阿拉贡的凯瑟琳为卡斯蒂利亚的伊莎贝拉和阿拉贡的费迪南所生，正是后二者在位时，西班牙完成了统一。凯瑟琳从西班牙来到英格兰，嫁给了亨利王子的兄长阿瑟王子。无奈事不遂人愿，婚后不到六个月，阿瑟便撒手人寰，死因是肺结核抑或是汗热病。凯瑟琳作为一个大势已去的寡妇，在英格兰宫廷中处境凄凉。传言亨利七世想娶其为后，但此事有如异想天开。凯瑟琳最终被安排与亨利王子订婚，并经历了数年艰难困苦的生活，只因她难以相处的公公无时无刻不在为子嗣寻找更相配的伴侣。然而，经过了七年的等待，她迎来了人生的巅峰。加冕仪式前一天，她从伦敦塔坐轿前往威斯敏斯特。一路上，街道两边挂满了奢华的挂毯和金缎。当时有一幅版画，刻画了亨利和凯瑟琳在成排的主教和高级神职人员簇拥下同时加冕的场景。

亨利的父亲性情急躁，对子女过度关爱，把维护政权看得高于一切。亨利的童年就是在这样一个父亲的阴影下度过的。年幼的亨利王子除回答国王问询以外从不公开讲话。只有在严密的监护下才能离开位于格林尼治或埃尔特姆的王宫，穿过一扇王室成员专用的门，来到御花园“探险”。老国王十分注重亨利的早年教育，因此他成了王子中最博学的一位。他终生都认为自己在神学领域是一名绝佳的辩手，对托马斯·阿奎那的理论有很深的造诣。亨利打小便热爱音乐，不仅谱过弥撒曲，还写过雅歌和经文
2 歌，能用鲁特琴和键盘弹唱。不论去哪，身边总伴着乐师，去世时共拥有七十二根长笛。这位王子就像乐音一般和谐美好。托马斯·莫尔在赞颂加冕仪式的诗篇中形容亨利是时代的荣光。然而这是否就能确实表明他可以开启一个崭新的黄金时代，让所有善良的人都过上幸福康健的生活？

亨利自己便是一个如黄金般出众的青年——体格健硕，眉清目秀。他身高略逾 6 英尺（约 1.83 米），确实比当时大多数臣民要高出许多。据记载，“他行走时，大地为之震动”。他精通摔跤、箭术、鹰猎、马上枪术。

登基九个月后，他组织了一场比武大会，颂扬骑士的技艺。他匿名伪装，亲自上场，但不久便被人认出。他读过马洛礼和阿奎那的著作，很清楚一个好国王须勇猛无畏、盛气凌人；须挥舞剑矛将对手击倒，不能犹豫，不能退缩，因为事关荣誉。这次骑士比武大会让参与者品尝了战争的滋味，也在新登基的国王身边聚集起一批酣斗过后兴致昂扬的年轻领主。这些英格兰的贵族一个个血脉偾张、血气上涌，等待着建功立业的机会。

亨利不是在比武场上称王称霸，便是在狩猎场上领头冲锋。哪怕狩猎已结束数日，他还是唾沫横飞地谈论个不休，在有据可查的历史中，他所拥有的马匹一度多达两百匹。狩猎从古至今都是帝王的运动，是另一种形式的战争。猎场如战场，上阵者行动须快、下手须准。追逐猎物时，亨利会高声呼喊，左冲右突。一旦猎物中箭倒下，他会亲自上前，断其咽喉，开其膛肚，继而将双手伸入其腹中，再将鲜血涂抹到随行人员身上。

枢密院诸委员也支持亨利。他们年龄较长、不苟言笑，其中多数为前朝老臣。坎特伯里总主教威廉·瓦哈姆依然担任大法官；温彻斯特主教理查德·福克斯继续担任掌玺大臣；其他高级主教——如达勒姆、罗彻斯特、诺里奇等地的——也继续各司其职。他们负责规劝并引领年轻君王按照既定的计划统治国家。而亨利是否会采纳他们的建议并接受他们的引导，则另当别论。 3

约克家族的幸存者们在忍受了前朝国王冷眼相待甚至打击报复之后重新得宠。亨利七世认为自己是代表兰开斯特家族登上王位的，因此，尽管他在加冕后迎娶了约克的伊丽莎白，但依旧对世仇家族充满猜忌和憎恨。经过了15世纪的王朝斗争，此时的英格兰终于完成了实质上的统一。

各位老顾问官如今抓住这个机会排挤由亨利七世提拔上来的“新人”。最受亨利七世宠信的两个顾问官（或称机要秘书）遭到逮捕并锒铛入狱。理查德·恩普森爵士和埃德蒙·达德利爵士尽管参与了前朝国王强征暴敛的活动，但依然被主教和老贵族怨恨猜忌。两人被冠上“蓄意谋反”试图推翻新君这一牵强的罪名，不久便身首异处。尽管不清楚亨利是否参与了这次本质上是利用法律手段实施的谋杀，但死刑得以执行，他的正式批准必不可少。在他执政的另一个时期，他还会运用同样的手段清除政敌。

亨利总是喜怒无常，但他的性情适合为王。他既慷慨大度，又执拗善变。西班牙大使曾私下对其主上说："坦言之，该国王绝非善类。"之后又一次，法国大使对外界透露说他每次觐见亨利国王，心中都惴惴不安，恐遭其暴行。

先前发生了一件让亨利龙颜大怒的事情，由此可以看出不少端倪。1509 年夏，一封法国国王路易十二的书信寄达英格兰，据说亨利先前曾给法国国王去信，表达了对和平与友好的诉求，而这次收到的便是回信。但先前那封信并非亨利所写，而是由枢密院以国王之名寄出的。年轻的亨利勃然大怒。"这封信是谁写的?"他质问道，"法国国王都不敢正眼看朕，信上竟写朕向他求和，求他不要攻打英格兰!"他自觉受了折辱。在他眼里，法国自古便是英格兰的宿敌。曾经英格兰国王在海峡对岸占领了大片土地，如今只剩下加来了。亨利急切地想要夺回他早先便该拥有的权
4 利，自登基之日起，他便将法国视为猎物。战争不仅为了娱情，还是君王的职责所在。

不过他还是尝到了和平的甜头。他继承了一个稳定的王国以及父亲积聚起来的财富。亨利七世留下了超过 125 万英镑的遗产，折合成现在的货币大约相当于 3.8 亿英镑。不久以后，这笔财富虽然不能说被挥霍一空，但也由于各种开支消耗殆尽。传言年轻的国王在体育、娱乐上花费了太多时间，而对国事不闻不问。但这类传言不足为信，正如写给法国国王的信中所言，世故的英格兰主教希望年轻的君主不要插足他们严肃的审议活动。

着实令人担忧的事接踵而至。阿拉贡的凯瑟琳在 1510 年 1 月末经历了痛苦的临盆，诞下一名女婴，但未能存活。而后，诸多迹象表明凯瑟琳再次怀孕，于是众人复又继续张罗着准备迎接新的王室成员。但一切都白费了。她肿胀的肚子最终瘪了下去，因为她根本没有怀孕，而是受了感染。王室对外宣称王后流产，但有风言风语说她或许再无生育能力。对于

英格兰王后来说，没有比不能生育更为可怕的灾难了。她粉碎了流言，于1511年元旦产下了一名男婴，但两个月后便夭折了。凯瑟琳似乎注定不幸，但亨利八世最终做的事远比不幸还要恶劣。

亨利与王后早已没了肌肤之亲。1510年初的几个月中，凯瑟琳忍受着假孕的痛苦，亨利则迷恋上了安妮·斯塔福德。安妮是王后的侍女，且已为人妇。其兄长为白金汉公爵，这位贵族十分在意家庭荣誉。安妮于是被送往修女院，白金汉公爵也在同国王激烈争执之后不再上朝。阿拉贡的凯瑟琳得知这段婚外情之后，很自然地站到了白金汉公爵一边。她对自己丈夫同自己仆人发生不贞行为一事深以为耻。此时王室已充满了欺骗与分歧。另一次私通也许史书并无记录。御用金匠之妻阿马达斯夫人在此后声 5
称国王曾同其在泰晤士街的一所房子里密会，房主是国王的一位重要廷臣。

但所有贪欲之罪皆可得到赦免。1511年初，亨利前往诺福克的圣母祠朝圣。据记载，他私下赤足行走在朝觐之路上，为命悬一线的幼子祷告。到了夏天，他又前往白金汉郡的约翰·司格恩神父祠。司格恩神父是北马斯顿的堂区长，以圣洁闻名，他的祠堂便成了神迹医疗的中心。传闻他曾用鞋靴封印魔鬼。

由此可见，单就信仰而言，亨利对教会忠诚可鉴。至少就崇敬宗教这一点来看，他与英格兰大多数臣民别无二致。威尼斯大使就曾做过这样的描述："他们每日都参加弥撒，在公共场合念着祷文——女性手里总是拿着念珠。"亨利即位初期，天主教在英格兰盛极一时。教会恢复了势力及其存在的目的。比如在英格兰西南部，新教堂纷纷建起，老教堂也得到了大范围的整修。布道的规格很受重视。在亨利登基前，人们跪在草草铺就的地板上做礼拜，而现在，讲道台前摆上了一排排长椅。

教会活动按照古时的风俗以及传统的仪轨开展。例如在耶稣受难日，出现了"爬向十字架"的仪式。苦像起先是蒙着的，置于高高的祭台之后，由两名吟唱应答短诗的司铎扶着。随后，蒙着苦像的布被揭下，苦像被置于祭台前方第三级阶梯上。神职人员会一路爬过去亲吻苦像。随后，在一片圣歌声中，苦像被抬下，与会教众双膝跪地对其亲吻。接着，苦像又被裹上细麻布，放置在“墓穴”中，直到复活节早晨在人们的喜悦中再次出现。那是一个充满圣歌、节日、圣物、朝圣、奇迹的时代。

古老的信仰通过众人共同参与的宗教仪式和神学理论得以建立。弥撒
6 中的“实体变换”见证了信徒们的虔敬。在这个不可思议的仪式上，面包和酒变成了耶稣的身体和血。诸多圣礼丰富了人们的宗教生活，圣礼由一班司铎主持，这些司铎都经正式的委任，只对教宗效忠。信徒必须在礼拜天和其他宗教节日参加弥撒，在指定日期斋戒，每年至少忏悔一次、领一次圣餐。教义中影响最大的一条是活人能替深陷炼狱的死灵祈祷，助其早日脱离苦难；早期教会自身便代表了活人与死者之间的团结契合。

圣人也可为人代祷，且十分有效，故被尊称为保护者、施惠者。圣芭芭拉保佑其信徒免受雷电之害；圣格特鲁德能够驱鼠；圣桃乐茜保护药草，而圣阿波利妮能治疗牙痛；圣尼阁能使信徒免于溺水，而圣安东尼是猪的守护者。最强力的代祷者是耶稣之母圣母玛利亚，她的画像随处可见，四周点满香烛。

教堂是故挂满画像、灯火通明。譬如伦敦的教堂，就像一个个装满银烛台、香炉、苦像、圣餐杯、圣餐盘的财宝箱一般。将司铎与教众分隔开来的高祭台和祭台屏做得华美无比、巧夺天工。耶稣、圣母、主保圣人、本地圣人像占据了教堂的每一寸空地。圣像戴着镶有宝石的小冠冕和项链，手上有戒指，穿着金质的衣服。有些教堂甚至展出独角兽的犄角或鸵鸟蛋来吸引信徒崇拜。

教会的人间代表也许无法全然抵御诱惑。但在人性允许的范围内，神职人员的工作还是比较称职的。当然，人们会发现有些司铎不够格或愚不可及，但从整体上来说，神职人员队伍中并没有出现有失身份或贪污腐败的现象。信男信女的数量比前一个世纪的任何时期都要多，在印刷术发明
7 以后，涌现出大批宗教文学。在 1490—1530 年间，《圣母祈祷礼拜时间册》一书总共发行了大约二十八个不同的版本。各类为慈善募捐、为死者灵魂祈福的宗教协会史无前例地受到追捧，宗教界兼办慈善工作由此可见

一斑。

当然，会有一些激进的改革派，想要复苏深埋在金光灿烂的仪式和传统虔信之下的基督徒精神。16 世纪初，激烈的呼声随处可闻，这在事实上恰反映了当时教会的健康发展。1511 年冬，约翰·科利特走上圣保禄主教座堂的讲道台，对全国的高级神职人员宣讲宗教改革。之后他在坎特伯里主教座堂的会议厅将这一主题对与会的神职人员又讲了一遍。“从古至今，”他说，“教会从未像现在这样需要你们的奉献。”现在是时候“对教会之事做一番改革”。话是这么说出口了，但要践行则艰难无比。科利特口中的“改革”指的是提升司铎队伍质量，从而提高其声誉。

他对于崇拜圣物、凭祈祷施神迹等天主教徒古而有之的迷信持鄙夷态度，但对信仰和教义的原则坚信不疑。而教会对于这类事的立场则十分坚定。1511 年 5 月，有来自肯特郡滕特登的六男四女被斥为异端，教会称他们信口雌黄，竟称圣体圣事中的面饼并非基督的圣体，而仅是寻常的面饼而已。他们被强迫弃绝自己的观念，并终生佩戴印有燃烧柴捆图案的标记。不过有两个男子因“累犯”异端之罪而被活活烧死，他们忏悔过，但之后故态复萌，又坚持先前的说法了。亨利的罗马公教大臣阿谟尼乌斯是个意大利人，他略带夸张地记录道：“如果柴捆的价格上涨了，我一点都不会觉得奇怪，因为每天都有很多异端分子遭到屠戮，但依然有人前赴后继。”

阿谟尼乌斯的仕途证明了一个事实，即教会背景依然能助人飞黄腾达。托马斯·沃尔西的经历将这一点演绎得淋漓尽致。沃尔西由掌玺大臣福克斯主教介绍出仕，几乎立马便以其坚忍不拔的毅力和一丝不苟的态度 8
给年轻的国王留下了良好印象。1511 年春，他已经能够直接接受国王的命令撰写书信、制定法案，而无须走寻常的复杂程序。他的官职不过是林肯郡总铎，却已经能够在国际事务和宗教事务方面向国王献策了。

沃尔西为人和善、工作勤勉、足智多谋，他洞察圣意，并且能够迅速地把事情做好。他从不质疑国王的想法。据沃尔西侍从乔治·卡文迪什的说法，他是“枢密院中最为尽心尽力，时刻做好准备达成国王愿望与喜好的人，绝不恪守原则、就事论事”。沃尔西三十八岁，比枢密院年长的主教小上一辈。他确实是一个能够让年轻的亨利国王推心置腹、赖其辅佐的上佳人选。沃尔西凌晨四点起床，能够全神贯注连续工作十二个小时。卡文迪什说：“我的主人从不起身小解，也不吃肉。”他工作完以后，会参加弥撒，在就寝前吃少许晚餐。

沃尔西于是成为践行国王意愿的工具，这一点在他实现亨利侵略法国的野心一事上体现得淋漓尽致。1511 年 11 月，亨利连同教宗，以及自己的岳父西班牙国王费迪南组成了神圣联盟，他们或许能因此得到教宗的恩准进攻法国。亨利对战争希冀已久，当然，既想开战，何患无辞。这一次，法国军队入侵意大利被亨利拿来当作出兵的理由。接下来的一个月里，在鲁德门的一座道明会隐修院中，专为国王表演了一场圣诞剧。剧中四个骑士策马追逐一群打扮成“伍得巫斯”（林中野人）的人。这是一个颂扬战斗的场景。几个月后，议会下令所有男童都必须练习箭术。

对此，国王身边异议不绝。主教和枢密院的政治家们建议同法国维持和平，反对冒险去打一场耗费极大的战争。许多改革派神职人员群情激奋
9 地反对战争，并对先前如黄金一般出众、热爱和平的王子摇身一变成为一头贪婪的战争雄狮感到遗憾。科利特站在圣保禄主教座堂的讲道台旁宣称“非正义的和平胜于正义的战争”。荷兰的人文主义者伊拉斯谟当时住在剑桥，他写道：“人民建造了城市，而疯狂的君王将其摧毁。”

而国王身边的新老贵族则敦促他联合西班牙，为了荣誉与宿敌法国开战。阿拉贡的凯瑟琳作为她丈夫的西班牙大使，同样支持同法国开战。因为这件事可以完成她父亲的心愿。主战派与主和派势力悬殊，更何况这场战争夹杂了亨利渴望军功的个人情感。在亨利看来，成为一名亚瑟王传说中的“勇猛骑士”比什么都重要。这才是国王真正的宿命。就算英格兰会因此连年歉收、物价飞涨、人民朝不保夕，它们和战争功勋相比又算得了什么呢？国王心意已决。他在登基时，不是继承了法国国王这一名号吗？他想要重获这一与生俱来的权利。

1512 年 4 月，英格兰向法国宣战，十八艘战舰预备搭载一万五千名

将士前往西班牙，并从那里入侵法国。初夏，英军在西班牙登陆，帐篷和补给物资却没有到位。他们只能在旷野中或树篱下栖身，大雨袭来躲无可躲。身处这样的季节，将士们心情烦闷，病痛缠身，对于西班牙温热的葡萄酒也怨声载道。将士们想要喝啤酒，但哪儿都找不到。

很快，英军将士发现自己被费迪南骗了，因为他根本没有入侵法国的意图，仅仅想让英军在他向纳瓦拉帝国发动独立战争的时候为其驻守国境。一位英军指挥官在给国王的信中写道：此人巧舌如簧，却毫无作为。许多士兵被痢疾夺取性命，英军中疾病蔓延，粮食短缺，导致流言四起，军心动荡。1512 年 10 月，英军渡海回国。“英格兰人已经太久不打仗了，”马克西米利安皇帝的女儿说道，“正因为这样，他们缺少经验。”年轻的亨利国王受到了侮辱和背叛。他为自己岳父的伪善和表里不一怒不可遏，他也将这次出兵惨败的一部分责任怪罪到了凯瑟琳身上。一份报告不 10
久被送到罗马，上面说亨利准备休掉妻子并同其他人结婚，之所以如此，大部分归因于她被证明无能力为其诞下存活的子嗣。

然而亨利无法接受西班牙对自己的侮辱，即刻准备御驾亲征。他要效仿亨利五世，率大军打一场漂亮的胜仗。亨利将贵族们以及他们全副武装的家臣召集起来。这一切似乎重现了阿金库尔战役[①]的盛况。没过多久，他让托马斯·霍华德继承其父亲的爵位——诺福克公爵，另外还授予自己的骑士、比武伙伴查尔斯·布兰登萨福克公爵之位，这两人从此飞黄腾达。然而，如果亨利想要效仿中世纪国王开疆扩土，那就必须要有人力物力的支持。沃尔西事实上成了军政大臣。他组织了舰队，并为随同御驾开赴法国的两万五千名士兵提供补给。如今在亨利眼中，沃尔西无可取代，故册封其为约克郡总铎。

1513 年春天，英军主力开赴法国，而御驾的先锋在几星期前便出发了。亨利在加来登陆，身边有三百名卫士以及一百一十五名由来自小圣堂的司铎和歌者组成的随从。他华丽的大床随军东运，每晚安置在由金线织

① 1415 年，英王亨利五世于法国北部阿金库尔村重创兵力数倍于己的法军，史称阿金库尔战役。

物搭成的帐篷中。亨利拥有十一顶帐篷，这些帐篷互相连接，其中有专门为御厨准备的帐篷，还有专门为厨房搭设的帐篷。亨利不论行走或骑马，身边都会有十四个穿着金色外套的年轻人跟随。他座驾脖子上的铃铛由黄金制成。亨利帐篷上最华美的部分要数由达克特金币和弗罗林金币拼成的装饰。亨利不仅想体现豪华，还想体现品位。他和神圣罗马帝国皇帝马克西米利安一世联盟，马克西米利安一世名义上统治着涵盖中欧大部分地区的帝国，而称帝也是亨利的夙愿。他早已命人打造了一顶“以黄金为底座、镶满珍奇异宝的冠冕”，名为帝王之冠。这顶皇冠将会适时证明亨利对整个不列颠岛的统治，以及对国内教会的统治。

11 在法国的战斗很大程度上无足轻重。1513 年夏，英军围攻佛兰德省一个名为泰鲁阿恩的小镇，一队法国骑兵前来迎战，经过一番交火，法军撤退。这队骑兵逃跑的速度是如此之快，以至于这场战役被称为“踢马刺之战”。亨利本人一直在军队后方，从未参与军事行动。这场胜利并没有那么光荣，但至少也是场胜仗。泰鲁阿恩最终投降，亨利的圣咏团高歌《天主赞美诗》。

英军的步兵和骑兵军团继续推进并包围图尔奈。爱德华三世于 1340 年夏围攻过该城，但没有攻下。这次英军抵达图尔奈，不到一周就破城。亨利在图尔奈设军防守，并加固了堡垒，而且任命托马斯·沃尔西为该城的主教。庆祝胜利的比武、舞会、狂欢持续了三周，马克西米利安和亨利的官兵不分彼此享受其中。随后，亨利乘船凯旋。

但这场并没有持续很久的战争消耗巨大，几乎花完了亨利七世留下的所有遗产。沃尔西试图说服议会为王室征收特别津贴，即向所有成年男性征税，但毫无疑问这个税很不受欢迎，而且很难收缴。很明显英格兰无法承担同比自己强大的欧洲国家开战所带来的消耗。法国国王的臣民数量是英格兰的三倍，资源也是英格兰的三倍，西班牙国王的臣民是英格兰的六倍，岁入是英格兰的五倍。亨利追求荣耀的野心和胃口超出了他自身能力所及。

1513 年，真正意义上的一场胜仗发生在另一个地方。蠢蠢欲动的苏

格兰人又一次准备同法国联手。之前英格兰人就担心国王因事出国的时候
詹姆士四世会入侵英格兰。现在事实证明的确如此。凯瑟琳亲自参与备
战。她在给丈夫的信中写道自己“为赶制军旗、徽章忙得焦头烂额”，而
且她亲自带军向北进发。不过在她到达之前，捷报已经传来。詹姆士四世
率军越过国境，但英军在老当益壮的萨里伯爵的领导下，奋勇反抗并且击
败敌军。詹姆士四世战死，约翰·斯克尔顿写道，“弗洛登的山丘上，他
们的荣誉之花在我军的箭矛下纷纷摧折”，一万名苏格兰士兵战死。苏格 12
兰国王被撕破的外衣，沾着点点血渍，被送往当时还在图尔奈的亨利手
中。凯瑟琳写信给她丈夫，捎去胜利的消息，并称弗洛登战役“是陛下及
英格兰最大之荣耀，同夺取法国王位相比，有过之而无不及”。亨利成了
他的王国真正的主人。 13

2

遍身朱红

富商理查德·哈尼的儿子史蒂芬于1511年春天折于襁褓之中。他所在的堂区位于怀特查佩尔，当地教堂的主管托马斯·德莱菲尔德想把他孩子的洗礼袍收作“丧葬礼品”——在葬礼时将洗礼袍赠予司铎是传统习俗。但哈尼一口拒绝。一年后，他被传唤到兰柏宫，被判藐视教会权威罪。但他依然拒绝支付在他看来有失公允的费用。到了年末，他去当地教堂进行晚祷的时候，托马斯·德莱菲尔德正式对其施行绝罚①。“哈尼，”他高声说道，“你应受诅咒，永受诅咒。”

这事就严重了。所有人都不能同哈尼来往。哈尼将孤单一人，因为没人愿意被看到自己同受了绝罚的人在一起。当然，他也将堕入地狱永受煎熬。但是，哈尼发动了反击，指控教堂住持诽谤自己。并且对宗教法庭先前判其有罪的合法性提出了质疑。这个案子被提送法院，但一直拖了二十二个月都没得出结论。在此期间，教会查抄了哈尼的家，并发现了几本由英语写成的异端书籍。于是哈尼被关到了位于圣保禄主座教堂西侧的罗拉
14 德塔，并于同年冬天被发现上吊身亡。伦敦主教宣布异端分子哈尼怀着忏

① 天主教术语，旧称开除教籍、逐出教会、出通功、破门律。绝罚者禁止举行或接受圣事，也不得担任教会任何职务。

悔和羞愧的心情自杀了。同情哈尼的人指责这是一场由教会实施的谋杀。殉教者传记作家约翰·福克斯写道：“他的脖子被铁链绞断，身上其他地方也负了伤，被人用他自己的腰带吊了起来。”

早在罪不可赦、“万恶”的异教徒哈尼的尸体在史密斯菲尔德火化之前，陪审团便同验尸官一起开始调查哈尼的死因。1515 年 2 月，陪审团裁定三个神职人员（其中包括担任伦敦堂区秘书长的主教威廉·霍西）犯谋杀罪。该主教立马写信给托马斯·沃尔西，希望由不带偏见的人员来调查此事，他对沃尔西称，伦敦人如此“心怀恶意地支持”异端，教士们哪怕“如亚伯尔般无辜”①，亦会被判有罪。

国王于是下令在泰晤士河北岸毗邻布莱克法尔的贝纳德城堡召开会议调查此事，会上伦敦主教抓住机会谴责陪审团的成员为“作伪证的卑鄙小人”。亨利于是出面干预，决定赦免霍西等人，他让律师宣布这几人无罪。霍西于是离开伦敦，迅速逃往埃克塞特。这事看似就这么了结了。

但一石激起千层浪。三年前，也就是 1512 年，议会通过了一项法案，针对犯有谋杀罪的低级教士，剥夺其“教士特权”。所谓“特权”是指神职人员将在宗教法庭受审，并且可以免于一死。所谓低级，指那些职位不高的神职人员，如读经员、辅祭人员等。在哈尼一案激起的紧张气氛中，以上法案的规定再次被提上台面。温彻斯特隐修院院牧向上议院宣称 1512 年通过的法案违背天主的律法，违背教会的自由。他引用了《编年纪上》② 中的文字来支撑自己的观点：“不要触犯我的受傅者。”（《编年纪上》16：22）

担任伦敦托钵会会长、国王宗教顾问的亨利·斯坦迪什对此并不赞同。他坚称国王的任何行为都不会损害教会利益，由此，教会事实上应在 15
国王的权力管辖范围之内。世俗法庭是否能够审判教士？俗世的领导者能否拘押由天主委派的主教？斯坦迪什被传唤参加由高级神职人员组成的评

① 亚伯尔是人类始祖亚当与厄娃之子。他和兄弟加音一起给天主雅威献祭，天主看上了亚伯尔的祭品，加音出于嫉妒将其杀死。

② 《旧约·编年纪上》共 29 章，记载了对历史的回顾，并特写了信仰方面的事，激励归回者重建圣殿的热心，并为他们重建家园立下稳固的属灵根基。

议会解释他的观点，他为此只好请求国王的庇护。

1515 年冬，一场智者云集的大会于布莱克法尔举行，与会成员包括英格兰全国所有的法官。亨利·斯坦迪什思考再三，最终也出席了这场会议。会上，斯坦迪什被指控犯“藐视王权罪”，因此应该移交给外国法庭或权威审理。这里的外国权威，指的是教宗与天主教最高法院。三个月前刚担任枢机的托马斯·沃尔西给国王递交了一份正式的仲裁协议，希望国王将这个案子递交给罗马教宗审理。这个结果看起来似乎并不合理，但很可能沃尔西和国王在演一出一唱一和的戏。现在就是亨利国王给亨利·斯坦迪什一案下定论的时候了。

11 月，亨利在贝纳德城堡召集了律师和神职人员，并发表了以下声明。“奉天主之律法与许可，朕即英格兰之王位，除天主外，世上再无高于英格兰诸王者。因此，汝等须深知，于此事及其他任何事，朕将持有王权及世俗之裁决权。”斯坦迪什的观点得到了承认。

也许这件事可以看作 16 世纪宗教改革的第一步，但国王的言辞并无新意。1351 年，《禁止外国人任圣职法》规定，在爱德华三世领导下的“英格兰之神圣教会”不依附“罗马教宗”。14 世纪末，理查二世昭告天下，在自己所统领的国土内登基，成为至高的帝王。1485 年，大法官赫西宣布英格兰国王只对天主负责，在自己领土之内，地位高于教宗。事实上，亨利七世曾多次挑战教会的权威，指责高级教士藐视王权。他很清楚地表示在自己的领土内，不想让另一个最高统治权存在，再任命主教的时
16 候，他更偏爱律师而非神学家。教宗对此并没有进行干预。

伦敦主教在写给沃尔西的信中指责自己的全体教民都是异端，这一点看起来颇为奇怪，但在当时的情况下，这种夸大情有可原。主教只是亮明了一个事实，即伦敦人有着源远流长的反教士传统。在伦敦，改革教会并将其置于国王统治之下的呼声此起彼伏，神职人员至少从 14 世纪开始便频频遭袭。14 世纪 70 和 80 年代的议会曾想把教士驱逐出政府高层，1381 年农民起义期间，坎特伯里总主教被暴徒斩首。不论职位高低，神职人员皆被指责行为不检、乱伦通奸；整日打猎游玩；蓄留长发、游荡于

酒肆茶寮；还随身佩剑藏匕。此前一个世纪，乔叟、兰格伦便提出了类似指责，针对教会这样一个古老组织来说，出现这类指责很自然，而且不可避免。对于罗马教会来说，改革、复兴一直是当务之急。

一个冬日，国王在贝纳德城堡讲话，沃尔西跪地聆听。作为教长①，沃尔西此时已声名显赫。1515 年秋，在国王急切的要求之下，教宗利奥十世赐予沃尔西一顶枢机红帽，从此，他便全身上下都穿红色。然而，他是国王的枢机，而非教宗的枢机，单凭这一点，便可以支持王权的至高性。同年底，亨利委以沃尔西要职，任命他为新一届大法官，执掌国玺。沃尔西于是掌控了国王的枢密院。不论发给地方法官还是大使的急件，现在都要经过他的审核。如果没有他的积极参与，政策就无法制定。没有他的介入，重要职位就无法任命。“若我请辞，”他说，“我敢肯定不论国王还是贵族大老爷们都不会答应。”

沃尔西在掌管国内外事务时，急需圆滑、灵巧的政治手腕。西班牙国王费迪南于 1516 年 2 月驾崩，其年仅十六岁的孙子查理继位，使得两国之间的制衡出现了棘手的问题。查理的头衔便佐证了欧洲大陆政治的复杂
性。他名义上拥有勃艮第十年的统治权，并在西班牙登基，称查理一世。 17
三年后，他成了神圣罗马帝国的皇帝，称查理五世。他所统治的国土涵盖欧洲中、南部，坐享哈布斯堡家族的遗产，这一切在接下去的三百年间一直左右着英格兰的外交政策。另一位年轻的君王也在崛起。弗朗索瓦一世于 1515 年登基成为法国国王，年仅二十岁的他在登基后的九个月内出兵意大利并占领了米兰。这样的伟业都是亨利梦寐以求的。

1515 年五朔节，亨利向威尼斯大使仔细询问了有关弗朗索瓦的情况。“跟我说说，”他说，“法国国王和我一样高？”相差无几。“胖吗？”不胖。“他的腿长得怎样？”很细，或者可以称之为“瘦削”。这时，这位英格兰国王解开自己的紧身上衣，将手放到大腿上。“看，我的腿肚线条也很美。”他之后说，因为弗朗索瓦是法国人，所以不值得信赖。

---

① 教长（prelate），即依教会法享有治理权者，包括主教、代牧、监牧、男隐修院院牧等。

直到亨利驾崩为止，这三位年轻的君王一直在争取统治权，至少是争取暂时的霸权，当时的欧洲史围绕着他们之间的你争我夺展开。条约有之、密约有之、冲突有之、战争有之、侵略有之、围城有之。欧洲成了他们的竞技场。他们在各自国内通过狩猎、格斗、比赛等颇具戏剧色彩的方式彰显权力。而一旦这三位年轻君王动起了真格，结果常常十分血腥。

这三位年轻君主的崛起，同时也打破了整个欧洲的权力平衡，尤其导致教宗权威的相对弱化。国王拥有了至高无上的权力，不论教会还是世俗世界皆在其掌控之中。由于领土毗邻，查理和弗朗索瓦时常争论不休，而亨利便从中坐收渔翁之利。他们通常不会公开诉诸武力，而是通过较为便利的订婚和通婚来获取利益。1516 年 2 月 18 日，亨利的女儿诞生，亨利至少在这场豪赌中多了一个筹码。尽管玛丽公主让其父亲大失所望，因为亨利一直想要一个儿子，但亨利没有直接表露出自己的失望。“我们年纪
18 尚轻，”他说，“这次生了女孩，天主慈悲，下次定会是男孩。”但事实并未如他所愿。

1517 年春，圣保禄主教座堂的门上贴了一张布告，布告上谴责了国王和枢密院过度偏袒“异邦人”，称异邦人“买走了羊毛，让英格兰人的生活难以为继”。这张布告引发了一场名为“五朔节骚乱”的暴动，在这场暴动中，伦敦人激进、不顺从的一面显露无遗。4 月底，一位教会的传道员号召英格兰人对抗“异族”，从而捍卫自己的生计。这里“异族”一词，指来自佛罗伦萨、威尼斯、热那亚、巴黎的商人。沃尔西召见伦敦市长，向他询问情况，沃尔西说：“你那些年纪轻轻又爱闹事的市民看样子要揭竿而起围攻外国人了。”对于一个没有警察和常备军来执行法令的政权来说，这样的骚乱十分棘手。

伦敦市长否认了任何有关煽动叛乱的谣言，但是在 4 月 30 日晚上，由学徒、船工、服务生带头的两千名伦敦人洗劫了法国和佛兰德商人的住宅。除此之外，还闯入国王大臣的官邸，并且威胁了意大利人居民区的住民。尽管伦敦市长一再保证可以平息骚乱，但沃尔西依然提防着再生事

端，于是召集了全副武装的贵族家臣并且运来了伦敦塔的火炮。此次骚乱共造成超过四百人被捕、受审，最终背上叛逆的罪名。其中十三人被绞死、剖腹并分尸，残肢挂在伦敦市内十一根绞刑架上。

在一场经过精心策划的仪式上，其他叛乱者脖子上套着绞索，被带进威斯敏斯特大厅，来到国王跟前。亨利坐在高高的王座上，居高临下宣判将所有人处死。接着，沃尔西双膝跪地，恳求国王大发慈悲，囚犯们也纷纷高呼“开恩，开恩！”国王的态度最终温和了下来，宽恕了他们的罪行。一位编写伦敦编年史的作家写道，那一刻，囚犯们将脖子上的绞索取下，“高兴得手舞足蹈”。

英格兰宫廷和国民之间尽管力量不相上下，但无法掩饰两者之间确实 19
存在矛盾，甚至相互憎恨。贵族对平民心怀猜忌、鄙夷之情，平民报之以相同的情感。出于某些原因，人们认为主教和神职人员站在贵族一边，伦敦市民对教士的憎恨将在些许年后的宗教改革运动中占有一席之地。伦敦城有一种挑起暴动、孕育纷争的能力，使得国王和枢密院常觉如鲠在喉。

暴动平息两三周后，英格兰城乡暴发疫情。1517 年夏初，一场热病开始蔓延，得病者出汗不止，浑身散发恶臭，疼痛先袭肩背，再扩散到肝脏。病人无精打采、昏昏欲睡，一旦睡着往往便不再醒来。此病传播迅猛，十分凶险，被称为汗热病。因为这种病似乎只侵袭英格兰人，在加来、安特卫普等城市，人们称其为 Sudor Anglicus，即“英格兰汗热病”。人们还称这种病为“认识汝主”或“主之驾临”。成千上万人因之丧生。根据当时一位名叫凯厄斯的医生描述：“有些人刚把窗户打开，或方才还在临街家门前同孩子玩耍，立马便病倒了，多数在一两个小时内命丧黄泉，哪怕侥幸挨到晚饭时间，本应其乐融融的晚餐，最终也会悲惨凄凉地收场。”街上的偶遇，敲门行乞的丐人，脸颊上的一吻，都可能带来死亡。

房屋本身也可成为滋生瘟疫的温床。伊拉斯谟曾抱怨英格兰房屋铺着灯心草的地面暗藏着“痰、呕吐物、狗和人的排泄物、啤酒、吃剩的鱼，及其他难以言状的恶心之物”。只要天气一变，就会散发出恶臭。街道上敞开的阴沟中，浑浊发臭的废水一股一股流进泰晤士河。

是年，托马斯·沃尔西自己也患上了汗热病，他的许多家人都因之丧命。但他自己依然精力旺盛、意志坚定。不论什么病，都无法对他健壮的体质产生实质上的损伤。病情好转的时候，他前往沃尔辛厄姆朝圣。在面
20 对死亡之际，他在当地的圣母祠立下誓言。那座圣母祠是根据纳匝勒（Nazareth）的天使加百列出现在玛利亚面前的那间小屋复制的。沃尔西在默想、斋戒之后，继续着手处理国事。

上一年春，他对亨利和枢密院发表了长篇演讲，痛斥司法机关办事不力、千疮百孔。沃尔西自己并非律师，也没有受过法律方面的训练，但他的聪明才智和自学能力使他轻而易举地消除了众人对于他能力的质疑。他同国王商定设立一个名为“星室法庭”的机关，以辅助司法工作。枢密院将在一间屋顶画满星辰的会议厅里行使其司法职能。

在星室法庭上，大法官能够对嫌犯——尤其是那些有权有势的要人——进行审讯和惩罚。“我有信心，”沃尔西写道，“新庭期开始的时候，给他们就星室法庭的法律好好上一课。”他既惩罚拥有过多家臣的贵族，也处治剥削（压榨）穷苦佃农的骑士；他调查作伪证的案件；调节物价和食物供给，因为不难推断贫困会滋生叛乱。打压或惩治公共骚乱是星室法庭的一大基本职能。沃尔西还对郡长的一举一动进行了调查。星室法庭的上一次庭期，一年大约审理了十二宗案子，而在沃尔西的指示下，同样的时间段内，星室法庭共审理了一百二十宗案子。

沃尔西也有自己的法庭，名为“大法官法庭”。该法院审理的是诸如遗产、合同纠纷等民事案件而非刑事案件。原告可以用方言做陈述，被告接到“传票”后必须到场。通过这个方式，能够高效地听取不服习惯法判决的上诉。枢机也因之得以牢牢掌控国内诸事的动向。沃尔西每天都会在随从的簇拥之下前往威斯敏斯特大厅，走在他前面的随从举着两个巨大的银十字架，手捧国玺和枢机帽，沃尔西自己则身着红色的丝质上衣，披着圣带或貂皮披肩。手中拿着一个掏空的橙子，里面灌满了醋。当他走过
21 前来起诉的人群时，会用橙子抵在鼻子上。“老爷大人们之上（原话如此），”他的随从喊道，“为主教大人腾出一条道来！”约翰·斯克尔顿如

此描述沃尔西在大法官法庭中的行为举止：

在那里，他公然
暴跳如雷，骂骂咧咧
称人恶棍，指人下贱……
在星室法庭他呼风唤雨……
将一个个名门贵族定罪，
谁都不能违背。

那些被沃尔西惩罚的人对他怀恨在心，但政府在他的领导下办事效率似乎一直很高。1517年夏末，沃尔西给亨利写了一封信，里面写到主佑吾国的部分时，不乏自夸之意。“感谢天主，”信中写道，“我国从未像现在这样和平稳定。”

也在这一年，沃尔西对英格兰农村人口减少的原因展开了调查。英格兰农村的改变已经持续了几代人，由于改变速度很慢，所以一直未被察觉，待发觉了便为时已晚。当时，尽管较为富裕或工作效率较高的农民将土地圈为己有这一举动毫无疑问将被定性为侵权，但圈地已是既成事实，无法逆转。英格兰从全民皆为小农的社会转变成由大农场主和无土地劳工组成的社会。这一过程历经百十载，最终变得不可逆转。

16世纪的许多文章和书籍都体现了人们对于圈地的害处忧心忡忡。托马斯·莫尔的著作《乌托邦》中有些篇章便直言不讳地表达了反对圈地的立场。圈起的土地被用来饲养绵羊而不是种植粮食。莫尔写道：当下是羊吃人，而不是人吃羊。一个牧羊人占了十个农民的耕地，由此导致了农村大面积人口减少。一个主教给沃尔西写信称：“城镇、农村、庄园一片颓败荒芜，再没有人烟，耕犁也被丢弃，见着这片光景，令人悲从中来。”一旦某地不需要劳工，那些劳工便迁至别处。农村佃户的简陋房屋
一旦被废弃，便在风雨中腐坏。墙垣坍塌、屋顶崩毁，最后便只剩下一堆 22
砖土了。乡村教堂可能成为牛圈。不论当时还是现在，都很难找寻出导致

这种衰败的原因。16 世纪的贫困可能并非由突然出现的大量圈地现象导致，而是另有其因，比如连续多年的歉收以及不断增长的人口。当时英格兰人口总计约三百万，虽然没有 14 世纪早期人口顶峰时来得多，但一直在增加。

圈地自从 14 世纪开始便已经在农耕地区出现，当时“大疫”（或称“黑死病”）夺去了大量人口。因为粮食的需求量减少了，所以土地必须用作他途。此外，闲置的土地价格便宜，所以买卖土地的行为便从当时开始一直持续到了 18 世纪。农民对土地进行买卖或交换，而其中有钱有势的那些人往往占尽便宜。许多原本开放的土地被用山楂枝做成的栅栏围了起来。据估计，被圈起的土地能比其他土地多卖一半价格。这一系列活动防不胜防，一旦开展便一发不可收拾。经过一代人的时间，我们将会看到这一问题最终酿成了危机。

当时英格兰总体上来说依然是个农业社会。这样的社会由自由保有农（freeholders）、契约保有农（leaseholders）、习惯保有农（customary tenants）、劳工（labourers）组成，这四类人都对其领主效忠。他们的房屋毗邻而建，周围就是田地。这样的社会极易受变化无常的天气影响，一旦歉收，便是灾难。

在这个一直以来都注重传统习俗的社会里，先前的庄园制如今正被新兴的市场规则所取代。习俗让位于法律和契约，团结合作逐渐演变为相互竞争。“现在的世界对于贫穷的佃户来说变化太大了，”当时有个人写道，“他生活在对贪婪邻居深深的恐惧之中——他必须在土地租期截止前两三年就向领主申请新的租约。”镇上和城里人口不断增加，较大的农户希望
23 将农产品卖给城镇上的人，而小农户的粮食则只够维生，种什么就吃什么。土地再也不是公有的了，管理土地需要承担社会责任。土地纯粹变成了一项投资。因此佃户依照习惯租借土地的做法被“高额租地”（或称“市场租地”）所取代。这个更替的过程十分漫长，直到 18 世纪才结束。不过先前秉持合作传统和风俗的共同耕作模式，必然无法存续。从某种意义上说，农业的变化和宗教的更迭遥相呼应。

确实，此二者联系紧密。比如威斯特摩兰郡和诺森伯兰郡靠海的公田地区，人们保持着旧的宗教信仰。在东安格利亚和肯特郡东部种植小麦的地区，食物被用于商业，该地也倾向于对信仰进行改革。很明显宗教激进主义在东部郡县蓬勃滋长，在北部和西部地区则并不活跃。不过因为有很多例外和特例，因此以上这样的概括划分算不上准确。比如，在萨塞克斯东部地区，人们多持新信仰，而在西部地区，人们多持旧信仰。当时，唯
一可以多少确信的是，“新教之人”的时代越来越近了。 24

3

异 端！

1517—1518 年间，一些剑桥学者聚在当地的白马酒馆，就时下的学术问题展开辩论，剑桥大学本科生一直以来都秉持着这一传统。不过，当时最亟待解决的问题都与宗教脱不开干系，16 世纪学术辩论的核心便是宗教。有些学者怀着年轻人风发的意气，为潜藏着颠覆性的新教条所吸引。改革在萌发。另一些学者希望重振当年的托钵乞食运动（Poor Catholics）或称谦卑运动（Humiliati），寻回最纯粹的虔诚。他们希望消除中世纪教会的虚荣浮华和繁文缛节，培养一种 devotio moderna，即“新式虔诚”。还有一些学者希望回归《圣经》原文的教诲，尤其是《新约》的教诲。

德西德里乌斯·伊拉斯谟发表的著作业已在神学研究领域掀起了一股较为纯粹的新风。在担任剑桥大学女王学院玛格丽特夫人神学教授一职期间，他完成了《新约》的希腊文和拉丁文对照译本。该译本似乎注定会取代已沿用千年的《圣经》拉丁文旧译本。伊拉斯谟以历史学者的方式多少带回了早期基督教启示的遗风。

伊拉斯谟认为教会的仪轨和神学理论并没有从《圣经》中获得的心灵启示重要。个人内心对神之恩典及圣子救赎之力的信仰比遵奉外在的宗
25 教活动更为有用。“若你心怀谦恭，阅读《圣经》，”伊拉斯谟写道，“便

可感知上帝降临。”他还通过讽刺的手法攻击了对圣髑[①]的过度供奉、太过频繁的朝圣，以及教会的日益腐化。他对于圣事所言甚少，而圣事在正统信仰中实则已成为不可或缺的一部分。

尽管伊拉斯谟的理念并不能算是异端邪说，但他同路德和威克里夫[②]一样，与传统意义上的虔信格格不入。若没有伊拉斯谟，不论路德还是廷代尔[③]，都不会去翻译希腊文《圣经》。他还满怀希望地觉得《圣经》应该属于所有人，这个观点在之后的一段时间几乎被判定为异端。在白马酒馆参加会议的学者中，有一位名叫托马斯·比尔尼，声称在阅读伊拉斯谟著作的过程中，“最终我听到了耶稣的声音”。后来他被绑在火刑柱上烧死。

我们一般把伊拉斯谟视作“人文主义者”，尽管这个名词直到19世纪初才有了我们如今使用的这层含义。16世纪初，“人文主义”或称“新学术”（new learning），一般指教育或学术领域的改革，这种改革追求新发现的或新翻译的经典模式。人文主义对中世纪权威以及支撑它的经院神学理论持普遍的怀疑态度。新学术为教会寻找光明和新鲜空气打开了窗户。罗拉德派反教权主义的理念此时已没多少新意，在这个积极批评、大胆革新的时代终不再被人提及，当时看来，似乎整个天主教会都有能力进行自我革新。

1517年秋，马丁·路德发声，令改革变得更为激进，将矛头指向教义本身。他和伊拉斯谟在很多方面有共通之处，但在坚信因信称义这个观点上，他很快就走到了伊拉斯谟前面。信仰成了神赐予个人的礼物，无须
仪轨与司铎介入。教会不能，亦不可介入基督和信徒之间。因耶稣牺牲而 26
得救之人将获永生。神的恩典将指引人的灵魂到达天堂。对于那些没有因为信仰而得救之人，唯一的归宿便是永火。

---

① 圣髑（relics），圣人遗物：狭义而言，指列品圣人或真福的遗体、遗骨；广义而言，指圣人生前用过的物品，或触及过遗体的物品。敬礼圣人的同时，对其遗骸、遗物理当予以尊重，（触景生情之余）以纪念圣人的芳表并求圣人转祷。

② 指约翰·威克里夫，英格兰宗教改革先行者，英文《圣经》译者，他所领导的教派即反对天主教会权威的罗拉德派。

③ 指威廉·廷代尔，16世纪著名的基督教学者和宗教改革先驱，被认为是第一位清教徒，曾翻译《圣经》。

路德在一系列文章中对教会宣称的正统信仰和等级制度发起攻击。罗马教宗才是敌基督。圣事唯洗礼和领圣体两件，而非教会所说的七件。基督徒只要内心良善，便是司铎。圣宠与信德[①]足以使人得救。《圣经》中的文字不应受到任何外界影响。1518 年，时任枢机一职的卡耶坦[②]在同路德交谈后这样写道：“这个衣冠禽兽双眼深邃，所思所想令人瞠目结舌，故我不会再同他多说一句话。”

自隐修士将路德的《九十五条论纲》钉在维滕贝格城堡教堂的大门上起，剑桥学术界便开始研读、讨论路德的著作。因为在白马酒馆内讨论的是路德的信条，故白马酒馆被称为“德国”，而与会讨论之人被称为“德国人”。参加讨论的这群人思想不拘一格，托马斯·克兰默、威廉·廷代尔、尼古拉斯·雷德利、马修·帕克等都名列其中。这些人中，两人后来当上了总主教，七人成了主教，八人被绑上火刑柱成了殉教者。那是一个令人振奋，同时危机四伏的时代。

白马酒馆中的一些人通过阅读路德的著作加深了信仰基于本能的观念。尽管威克里夫的思想中并没有因信称义这条，但其他许多反教权主义的理念早在两百年前便有人提出了。这些理念如今经过梳理，变得前所未有地条理分明、令人信服。坐落于剑桥的殉教者圣爱德华国王教堂并不大，但其中的讲道台成了托马斯·比尔尼、罗伯特·巴恩、休·拉蒂默等传道员宣扬新真理的平台。唯信可称义，繁工无裨益。若你信耶稣基督为赎你的罪，洒他的宝血，死在十字架上，这一信念足以让你得到救赎。无须司铎，无须主教，甚至无须枢机参与。

1518 年春，在国王的极力怂恿之下，沃尔西受任教宗，成了罗马教
27 会在英格兰的代表，而在英格兰政府中，他早已是首席大臣。集宗教改革者所痛恨的一切于一身，他便是那身着朱红色衣服的淫妇（《若望默示

① 圣宠（grace）又作恩宠、恩典：指天主赐予世人的恩惠，尤其经由圣事和祈祷而赐予，使人不仅死后可享永生，即使在今生，也能更自由地以信心、以希望、以爱情欢度现世的生活。信德（faith），基督教称信心：指人答复天主爱的邀请，让他做心中的主人，并愿意按照他的旨意行事，是天主所赐三超德之一，其他二德是望德（hope）、爱德（charity）。

② 托马索·卡耶坦（Thomas Cajetan），文艺复兴时期欧洲神学家，托马斯·阿奎拉著作的研究者。他担任了多明我修道会总会会长和教宗特使，后来由于对路德教过于宽容而导致了最后的失败。

录》17：4）。他以教宗特使的身份在法庭上提出意见之后会起身离开，随之又以另一身份隆重登场。毋庸置疑，教会和枢密院现已被其一人掌控。但国王并没有大权旁落，他在稍后的日子里会将教权与政权全部收归己有。沃尔西让亨利认识到不受外界干涉管理并高效运作的教会可以成为现实。因此，亨利在后来会将枢机的职位占为己有，并将其权力进一步扩大。

沃尔西担任教宗特使这一职位使其拥有更大的权力对英格兰教会进行改革。1519年春，他开始了改革行动，首先他指派一些人“巡访”诸多隐修院，记录隐修士的生活状态和习惯，不出所料地发现了不同程度的混乱和滥用权力行为。隐修院院牧带着猎狗进教堂；隐修士在酒馆寻求慰藉；修会会长和磨坊主的老婆厮混。隐修士生活中的这些小变化早已有之，人们对此大都见怪不怪了。但沃尔西对这些违反教规的行为进行了惩罚，并制定了严厉的法规条例，作为将来惩处这类行为的依凭。

当然，身兼多个圣职的他一边推行严苛政策，一边趁机敛财。他接连担任巴斯和韦尔斯主教、达勒姆主教、温彻斯特主教等职位，担任这些职位的同时，他还兼任约克总主教，1521年他将圣奥尔本斯最富裕的隐修院纳入自己的掌控之下。他的餐桌堆满了金盘银碟，宅邸的墙上挂着华贵的花毯。沃尔西无疑是英格兰最富有的人——甚至比国王还要富裕，因为国王时有重大开支，所以岁入并不稳定——但他时常声称在国王的庇护下，教会的权力才得以延续。

稍后的日子里，沃尔西解散了约二十九所隐修院，并将隐修院的收入筹集起来，准备在伊普斯威奇建一所学校，在牛津建一所枢机学院。几个修士修女的信仰行为不应阻碍伟大的教育事业发展。他不仅对振兴学术兴
致勃勃，而且对善治之法也饶有兴趣。事实上，这两者相辅相成。因此尽 28
管被那些“新教之人”（又称“宣讲福音者”和“知晓真理的人”）谴责和威胁，教会工作依然继续开展。

1520年末，路德宣扬的教理被视为异端，他的书籍遭到封禁。这些书“散发着炒菜的油烟味”，在史密斯菲尔德以及地狱的大火中灰飞烟

灭。第二年春，沃尔西大张旗鼓地在圣保禄主教座堂的庭院中将路德的书籍扔在柴堆上烧毁。不过现在想要阻挡新教义的浪潮为时已晚。根据托马斯·莫尔的描述，知晓真理的人“走街串巷”，在酒肆客栈中宣扬自己的教义。莫尔当时已任枢密院顾问官，同时在法院当职。这些被称为“异端”的教义传播到了律师学院，使该协会成员间的“兄弟情谊”转变成了“宗教情谊”。他们“纷纷在午夜时分聚集到寝室举行朗读会”。他们开始在泰晤士河谷、埃塞克斯的部分地区以及伦敦举行集会。在赫特福德郡里克曼斯沃思的堂区圣堂，一些人将圣像和圣坛屏付之一炬。这一行为后来演变成英格兰境内的捣毁圣像运动。

路德的著作从低地国家的港口和莱茵兰地区的城市同走私的布料一起流入英格兰。但这些宗教小册子并不仅仅在对教会心怀不满的人群中传播，甚至还传到了国王手里。1521 年 4 月 21 日，有人看到亨利在阅读路德写的《教会的巴比伦之囚》（*De Captivitate Babylonia Ecclesiae*）。到了下个月，他写信给教宗利奥十世，表明自己禁止书中所述异端思想的决心。沃尔西提议亨利通过展示自己的博学与正统，以区别于欧洲的其他君主。在莫尔等大臣的帮助下，亨利针对路德的文章，写了一篇《捍卫七圣事》（*Assertio Septem Sacramentorum*）作为回应。

这篇文章谈不上精彩，也算不得高明，但达到了目的。教宗大悦并赐予亨利 Fidei Defensor（信德保障）的头衔。这个头衔并不世袭，但英格兰王室从此便一直沿用了下去。路德针对亨利的文章也撰文回击。在文中
29 称亨利为“谎言之王”、“该死的腐虫”。由此，亨利对路德的教义自始至终不曾热情接纳，从绝大多数方面来看，他一直是个正统的天主教徒。

教宗在封赐亨利头衔的两个月后逝世，有些人觉得沃尔西将继任教宗之位。但枢机团怎么也不会愿意让一个英格兰人当选教宗，而且不论如何，沃尔西一直以来毕竟都只处理英格兰教会的事务。他拜访隐修院的举措只是神职人员改革计划的一方面。他还针对世俗人员（非神职人员）制定新法规，为本笃会和思定会隐修士制定新的规章制度。他操控二十所隐修院的选举，使结果对自己人有利，还将四位隐修院领袖革职。

1523年春，沃尔西取消了高级神职人员在坎特伯里的会议，并将他们召集到威斯敏斯特。在那里，他宣布对他们征收一项新税。主教和总主教此后在行使权力之前必须向沃尔西支付一笔“贡税”。沃尔西还对宗教法庭进行改革，主张所有涉及遗嘱和遗产的案子都必须经由他亲自督办。教会的管理自亨利二世开始从未如此严格过。事实上，沃尔西为了达到个人目的，在梵蒂冈的批准下颁布教宗诏书、信件、授权法令，这一切从长远来看都致使英格兰主教与其反目。

不过，沃尔西一直在国王的荫庇之下。他的所作所为都是亨利的指示，因此他握有的巨大权柄实际上保证了王权的强大。之后人们所谓“教”和“国”之间的矛盾在当时已不复存在，两者皆集于一人之身。不过，在当时的情况下，天主教教义是否需要改革这一问题并没有浮出水面，沃尔西对于王国内异端思想的传播也是睁一只眼闭一只眼。他把心思放在了整顿教会风纪、提高办事效率上，尤其放在了如何盘剥教会财产上。

沃尔西担任教宗特使一职还有其他职责需要履行——作为教宗代表在
欧洲诸国王之间调和，预备组成一支团结的十字军对抗穆斯林。在外交方 30
面，枢机沃尔西得心应手，整个1518年，他不断与神圣罗马帝国皇帝马克西米利安、法国国王弗朗索瓦、西班牙国王查理进行斡旋。这些国家的代表在那年秋天来到伦敦，签署了一项全面和平的条约，史称《伦敦条约》。这个条约由沃尔西发起，因此他独占其功。在条约中，已略有提及组成十字军的可能性，而对教宗的叙述只是他**参加**或“协助”谈判。“可以看得出来，”一位枢机写道，“教廷与教宗对这位英格兰大臣寄予的期望。”

这位英格兰大臣如今位高权重。就任大法官的十四年间，他仅召集了一次议会。威尼斯大使首次拜访英格兰时，沃尔西对其称“陛下将会如此如此”。这句话之后变为“我们将会如此如此”。到最后变成了“我将会如此如此”。不过他一直心知肚明真正的权力与权威之所在，他只要遵循国王的意愿，便可稳坐高位。枢机的成就，连同《伦敦条约》一起也都是君王的胜利。在处理外交事务时，国王的荣誉一直是重中之重。亨利本人似乎对所取得的成果很是满意。“我们希望所有君王在其自有的土地上心满意足，”他曾对威尼斯大使说，“我们对属于我们的岛屿感到非常满足。”在这一时期，他写过几行小诗，以示内心的满足。

吉事连绵凶事免
我心趋德避戾邪
谨守此心不移志
方可执事遂大愿

不过到了 1519 年 2 月，他内心的满足感一落千丈。神圣罗马帝国皇帝驾崩，其孙西班牙国王查理继位。十九岁的查理现在名义上是奥地利、波兰、瑞士、德国、低地国家、西班牙等国的统治者，半个欧洲的命运尽数在他的掌控之下。

31 三个年轻君王如今正忙着参加一系列庆祝和平的典礼，而这些典礼同样可以诠释为另一种形式的战争。1520 年夏，亨利搭乘“大哈利号”航行至法国同法国国王会面，随行人员多达四千人。他的船雄伟气派，两人的会面地点史称“金襴地”。阿德尔河谷靠近英格兰领地加来，在那里建起了亭阁宫殿、高塔门楼，挖出了湖，搭起了桥，立起了雕像，还造出了流淌啤酒和葡萄酒的喷泉。亨利身上金光闪闪，因为他的“饰带由金丝编成”，而弗朗索瓦周身光芒万丈，令人无法直视。弥撒过后是一系列马上枪术、武术、摔跤比赛，庆典一直持续了十七天。人们将这一庆典描述为世界第八大奇观。华丽的挂毯栩栩如生。两国签订条约的重点并不是条约内容，而是签约仪式如何举行。这些条约象征着权力，而非睦邻友好关系。

不过，在光鲜的仪式背后，也有交易在暗中进行。甚至在亨利坐船前往法国之前，西班牙国王查理已经到达了多佛，亨利亲自前往迎接。查理前往坎特伯里途中，英格兰为此举行了巨大的庆典。在坎特伯里，查理生平第一次见到了姨母阿拉贡的凯瑟琳。舞会和宴会持续了三天，其间也进行了数小时的商谈。在金襕地同法国国王会面之后，亨利前往加来，并在那里再次同查理密谋。他们的所有计划都针对法国。亨利想重申其与生俱来的权利：获得法国王位。

就在这个夏天，国王们在其金碧辉煌的寝宫中沉睡的时候，伦敦城守卫连夜搜寻“可疑人员”。据他们的报告，有一个裁缝和他的两个仆人打牌投骰子一直玩到凌晨四点，他们被迫停止打牌，向警察提供线索。看守在南华克和斯特普尼搜捕“游手好闲和行为不端的人”时，发现许多“浪人”住在破旧的棚屋里。在南华克，有十个德国人被捕。看守发现“一老一少两个娼妓”躺在地窖里的一块肮脏的床单上；楼上，休·里维斯和爱丽丝·波尔被“捉奸在床”。安妮·索思威克因为涉嫌卖淫在威斯
敏斯特的玫瑰酒馆遭到盘问。二轮车夫们躺在酒馆的墙边睡觉；郊区旅店 32
中，平静地住着割草人、制干草人，以及烧砖匠。不论合法与否，男男女
女们都在各自经营着自己的生活。夏天就这么过去了。 33

4

婚　灾

有关国王婚外情的谣传从未断绝。他与安妮·斯塔福德私通之后并未收手，继续拈花惹草。1514 年秋，他同伊丽莎白（又称贝茜）·布朗特开始了一段长达五年的私情，两人在埃塞克斯郡内一座名为耶利哥的宅邸幽会。国王扈从接到严令，不得透露国王前往此地的风声，私室的侍从也不得“偷听或询问国王的所在与行踪”；禁止谈论“国王的娱乐活动”或“就寝时间的早晚”。两人水乳交融的结晶于 1519 年诞生，得名亨利·菲茨罗伊或称“国王之子亨利”；最终他将会成为里士满公爵。作为报偿，伊丽莎白·布朗特随即嫁入名门，并在亨利诸多情人中站稳脚跟。

耶利哥宅邸中的其他年轻女子对于亨利来说无疑只是玩乐的对象，但有一个名为玛丽·博林的姑娘则载入了史册，她被安排同国王的一个侍从结婚，并于 1520 年在宫廷众人的掩护下成了国王的情妇。如今，她最为人知的身份只是博林家另一位小姐的姊姊，但她同亨利的关系持续了大约五年。1523 年，亨利将一艘皇家军舰命名为“玛丽·博林号”，两年后，
34 又将玛丽的父亲提拔为贵族，敕封罗奇福德子爵。

不过在这时，亨利迷上了博林家的小女儿。他同安妮·博林初识的确切时间现在已经难以考证，但到 1523 年，安妮已经引起了托马斯·沃尔

西的注意。因为她恋上了诺森伯兰伯爵之子亨利·珀西，而这一举动被认为是不知轻重。珀西被调回北方，安妮也被逐出宫。沃尔西的侍从乔治·卡文迪什报告说安妮大动肝火，气得“七窍生烟”。或许正因为这样，这一天后，她似乎吸引了国王的注意。

而她很快就把亨利迷得神魂颠倒。她的肤色“黝黑”，但眉清目朗、秀发靓丽。她的瓜子脸、高颧骨、扁平胸将遗传给她出众的女儿。她早期的肖像显露出轻佻与活泼，但稍后时期的肖像上，就能看出警惕与戒备的神情。对于其性格众说纷纭，莫衷一是。但有一点毋庸置疑，即安妮定是冰雪聪明、足智多谋，否则不可能免于宫廷中的明枪暗箭。她极为热衷音乐和舞蹈。常常有人觉得正是由于她魅惑无比、巧舌如簧，才避免了在正式同国王完婚之前与其圆房，但同样也有可能是亨利自己想要正式完婚，从而诞下合法的子嗣。

阿拉贡的凯瑟琳对于这一切要么已经知晓，要么有所怀疑，她让伊拉斯谟撰写了一篇题为《论保护婚姻》（*De Servando Conjugio*）的文章。她发觉了亨利·菲茨罗伊的存在，并且后者入宫之日，恰是她被证明断无生育能力之时，让她觉得是奇耻大辱。亨利早已对她不理不睬。她年近四十，人老珠黄，年轻的法国国王形容她“丑陋畸形”。可能也是出于这个原因，亨利再没宠幸过她。最重要的是她早已无法履行传宗接代这一首要的本分。

亨利心中早已有所怀疑。他读了《肋未纪》中有关禁止娶已死兄弟之妻的章节。书中写道，“你兄弟妻子的下体，你不可揭露；那是你兄弟的下体”（《肋未纪》18：16），对此之惩罚为无后。他在反驳路德的论文 35
中摘引了《肋未纪》中的文字，对于这些文字，他还评论其反映了“天主厉行毫不偏倚的公正”。如果他的婚姻触犯了天主的律令会带来何种后果？在《肋未纪》中，天主说道：“使你们恐怖，患肺痨疟疾，眼目昏花，心灵憔悴，你们的种子，白白播种……”（《肋未纪》26：16）或许无嗣正是天主因他的罪而降下的惩罚。

一旦涉及继承权问题，亨利便会冷酷无情。他已经向外彰显了触犯君王是自寻死路这一道理。在传位一事上，第三代白金汉公爵爱德华·斯塔福德是众望所归的王位继承人，他毕竟是托马斯·伍德斯托克的后裔，爱德华三世之子。因此，他成了受怀疑的对象。1521 年春，国王亲自审问了公爵的仆人，试图找到公爵叛逆的证据。据称，对公爵的指控主要落在其曾同一个修士打扮的巫师谈话上，那个巫师告诉他亨利将无嗣，让他届时可“将一切收入囊中”。公爵还购入了大量的金银绸缎。其中一个仆人甚至说公爵意图“暗藏匕首”面见国王。毫无疑问，白金汉公爵在经由十七个王公贵族的审判后，被判有罪，并于绿塔被斩首。当时多数人认为沃尔西（伦敦人称其为“屠夫”）一手策划了将白金汉公爵拉下马的行动，但实际上亨利维护政权的迫切愿望才是一切的根源。

国王现在将所有希望寄托于自己的私生子亨利身上，但非太子继位的除了飞毛腿哈罗德[1]于 1037 年成为英格兰国王之外，并无先例可循，且哈罗德一事年代久远、难证其实。尽管玛丽公主一直被列入考虑范围之内，而且她现在也有了自己的宫室。有史以来英格兰只有过一位女王，而且玛蒂尔达[2]实际上也只是获得了“英格兰夫人”的称号。因此必须找到一个合适的男性继承人。当时，亨利心中早已开始打重新娶妻的算盘了。

与此同时，玛丽也可以用作他途。两岁的时候，她先被许配给了弗朗索瓦一世之子，才过了四年，她又被正式许给了查理五世。还有什么能比当神圣罗马帝国皇帝兼西班牙国王的妻子更好的事呢？不过，这与其说是
36 订婚，不如说是博弈。

1521 年夏，亨利同查理签订了一项对抗弗朗索瓦一世的条约，并承诺派遣一支由三万步兵、一万骑兵组成的大军入侵法国。然而硝烟一起，开销甚巨。由此，沃尔西不久便提出要求，并成功从教会获得了新收入。1522 年 3 月，他在全国范围内发起了针对每个人财产以及针对每个男性战斗能力的调查，这种直截了当、无所不包的统治风格正是沃尔西的风

① 飞毛腿哈罗德即哈罗德一世，是英格兰、丹麦和挪威国王克努特一世最小的儿子。克努特死后，其合法继承人是他和诺曼底的爱玛所生的儿子哈德·卡纽特，但哈罗德趁其不在英格兰之机，抢先加冕，于 1037—1040 年间，独自统治英格兰。

② 文中指玛蒂尔达王后，英格兰国王亨利一世和玛蒂尔达·邓凯尔德公主的女儿，后来她成为神圣罗马帝国皇帝亨利五世的妻子。亨利五世死后她又嫁给了安茹伯爵若弗鲁瓦五世，两人的儿子后来成为英格兰国王亨利二世。玛蒂尔达其实从未正式加冕为英格兰女王，而只是被授予“英格兰夫人”（Lady of the English）这一称号。

格。税款名义上是以“借”的方式征收的，但实际上从未归还。两个月后，萨里伯爵率大军入侵法国北部，但几乎没有取得什么战果。神圣罗马帝国皇帝查理乘船前往英格兰同玛丽公主订婚。皇帝的船沿着泰晤士河溯流而上，从格雷夫森德前往格林尼治，一路上，船中放着“气味清甜的香草”以掩盖泰晤士河水刺鼻的恶臭。

第二年春，议会召开大会讨论沃尔西所谓“对法国的伟大入侵”行动，或者换句话说，如何为其筹钱。当时有人这样记录：“下议院针对每英镑征收二先令的税一事讨论人数最多也最为激烈。征这么高的税在我看来绝无仅有。针对这件事，议会争论不休，并总共否决了十五六次之多……”根据土地价值征税“从无先例可循”。议长托马斯·莫尔凭借其三寸不烂之舌循循善诱，最终让这项议案得以通过。

正是在这场议会讨论中，托马斯·克伦威尔初露头角。他做过商人，抄过文书，染过衣服，还放过贷，能够胜任多种工作证明了他处理世间诸事的能力。他不久之后又进入格雷法律学院当律师。在对同僚做的一篇演讲中，他自告奋勇“贡献绵薄之力”。他力劝国王留在英格兰，切勿涉险亲征法国；他还提出要小心谨慎维持补给线（或称“粮食储备”）。总之，他建议将苏格兰作为军队的主要进攻目标。他引用了一句古老的谚语：“法兰西欲胜，必联苏格兰。”

克伦威尔对议会的争论并不感兴趣。他向一个朋友写信称：“整整十 37
六个星期，我们对战争、和平、冲突、争吵、辩论、咕哝、不满、富裕、贫穷、拮据、真理、虚妄、正义、公平、欺骗、压迫、崇高、活动、武力等话题高谈阔论，最终却发现一直在原地兜圈。”不过，他承认下议院批准给国王“一笔十分可观的特别津贴，这在本国是史无前例的事”。

从而，1523 年夏，这场规模庞大的军事行动拉开了序幕。在亨利的马上枪术伙伴萨福克的领导下，一万英军航行至加来。不论从身材还是气质来看，萨福克作为国王的代言人再合适不过。他意图围攻布伦①，为英

① 布伦（Boulogne），法国西北部城市，临加来海峡（又称多佛海峡）。

格兰再夺取一个港口。但国王和枢机催促他直奔巴黎，在查理五世和其他联军的帮助下摧毁法国的心脏。但是战争风云变幻。联军要么被擒，要么被包围，要么逃离战场。英军在巴黎城外被大雨、泥泞、疾病不断削弱，最终不得不撤退。

战争陷入泥淖，厄运和冲突必然发生。导致弗朗索瓦和查理冲突的真实原因出自文艺复兴运动极盛的几个意大利城邦，现在它们都陷入了危机；苏格兰作为法国的老盟友，威胁要在法军的协助下入侵英格兰；欧洲国王互相打成一团之际，土耳其在欧洲大陆向东征服的目标几近达成。当前的形势仿佛置身于重重密林之中，寻不着出路，而实际上也根本没有出路。战斗、围城、入侵、撤退，这一切回环往复、令人乏味，最终所有参战国几乎都没捞到好处。

不过，打成一团的诸国将迎来一场大事件。1525 年初，西班牙皇家军队在帕维亚打了场大胜仗，俘虏了法国国王并歼灭了许多法国贵族。得知这个消息，亨利激动不已，计划同西班牙再次联合，以达成他所称“从法国取得称心满意的结果”的目标。但查理五世并不愿分享胜利的果实，他现已称霸欧洲，不再需要亨利的支持。但亨利依然做着美梦，不断筹谋。

38 亨利和沃尔西意欲为后续的战争筹款，强征了一项名为“善行捐”（amicable grant）的贷款。但这项贷款和善行风马牛不相及，而是利用王室的特权向非教会人员征收其总财产六分之一的税，向教会人员征收其总财产四分之一的税。但是，英格兰人民已经厌倦了国王出于虚荣心所挑起的战争。战争让欧洲诸国之间的贸易岌岌可危，人为提高了肉类、酒水等基本商品的价格，打乱了国家贸易、工业的秩序。英格兰人被大批大批带离家乡的土地，出门远征，农业遭到重创。尽管战争可能符合国王的利益，但并非就符合国家利益。入侵、征服法国的意义到底在哪里？一位民谣诗人写诗控诉沃尔西的政策：

少壮点行离家园，
罢耕披甲赴前线；

商旅不行田将芜，

人民扼腕共唏嘘。

战争不利于商业发展。许多国际贸易在安特卫普进行，而英格兰的主要出口货物是呢绒。佛兰德人曾说：“就算英格兰人看到自己的前辈被绞死在安特卫普城门旁，他们依然会前仆后继地从死人的脚下爬进城去。”亨利即位期间，呢绒贸易总量翻了一番，从而赋予了名为“商人冒险家”的布料出口同业公会极大的权力。故从这个时期开始，英格兰商人阶层崛起。不论何事，只要危害、破坏贸易，就会遭到众人唾骂。

因此人们公开抵制征税，有时甚至付诸暴力：萨福克有四千人揭竿而起，肯特的税务官被打跑。伦敦居民认为剥削非法，故拒绝上税。剑桥和林肯郡的居民“准备造反”。诺福克公爵试图在自己领地同叛军“首脑”进行磋商，得到的回答是“带领我们造反的有两人，一人叫贫，还有一人是他表弟，叫需”。

若再爆发一场像1381年一样的大暴动，后果不堪设想。当下的德国
便爆发了一场类似的暴动，暴力与混乱的地狱降临世间，三十万人揭竿而 39
起，十万农民命丧黄泉。亨利于是选择退让。他发表声明，声称自己对于税收一事毫不知情，并仁慈地免除了税款，对生事者既往不咎。他对于王权的局限有了新的认识。然而，在人们心中枢机尤为罪恶昭彰。一位编年史作家如此写道：“百姓内心对枢机的恚怒与嗔恨”深不见底。亨利知道沃尔西已无力回天。英格兰再不是他登基时那个平和、欢愉的国度了。再怎么说，枢机沃尔西也只是个凡人。

英格兰的战争政策在1525年进一步暴露了其外强中干的一面。是年，枢机沃尔西开始寻求同法国联合对抗昔日盟友西班牙的可能性。查理现在过于强大，对英格兰造成威胁。同年夏天，英法签署了一项“永久和平”协议，这项协定的签署距沃尔西提议大举进攻法国才过去六个月。查理五世宣布解除同玛丽公主的婚约。一切毁于一旦，不得不从头来过。

亨利战事情事两不误。用他自己的话说：他“被爱情之镖击中”。

1526 年，一艘新军舰下水编入现役，得名“安妮·博林号”。是年春天，亨利让御用金匠打造了四枚胸针并将其赠予某位女士。第一枚胸针的外形是维纳斯；第二枚的外形是一女子和一颗心；第三枚的外形是一男子枕在一女子的腿上；第四枚的外形是同一名女子，头戴王冠。据记载，在这一时期，亨利格外情绪高涨、精力旺盛。为庆祝新近同法国交好，举行了难以计数的庆祝活动，歌舞升平、盛宴不断。1526 年，亨利狩猎时也气势汹汹、情绪激昂，一心想捕获猎物。

他开始用法语给安妮·博林写信，因为法语是高贵而浪漫的语言。一位 18 世纪历史学家形容这些信写得“极为蹩脚，字迹潦草难以辨认，法语水平难以恭维”。尽管如此，这些信使亨利得偿所愿。第一封信同亨利前晚猎杀到的一头公鹿一起送了出去。很快，第二封也紧接着送出，信中
40 写道“若你时而念及我能感到开怀，我将由衷”感激。国王给自己情人写这样的信，实在是非同寻常的事。

在接下来的一封信中，亨利坦白自己对安妮的感受困惑不解，“全心全意祈求你，请将关乎我俩情意之看法明确告知于我”。他接着提出会将她当作“唯一的情人，除你之外，不会对他人产生念想和欲求，唯愿侍奉你一人”。但是安妮·博林已经搬回肯特郡赫福村的老家与父母同住，并且拒绝回宫。“我只能为自己的不幸黯然神伤，”亨利在给她的信中写道，“渐渐让自己不要那么愚不可及。”无疑，亨利对安妮梦寐以求，而安妮则竭尽所能若即若离。做到这样并不容易，几乎让她神经衰弱。

另一封信中，亨利形容对两人会面的期待为：“对我而言，世上再无任何事比此事更让我渴求，世上还有何种欢愉可与她并肩相较，她是我的佳偶，我爱她胜过一切。”该如何委婉地拒绝一位高贵、强大的君王呢？她给亨利送去一颗钻石，上面饰着一个乘船的女士肖像。肖像上的女士随着汹涌的波涛上下颠簸，但钻石象征一颗永不腐坏、无比坚定的心。

凯瑟琳被晾到了一边。同法国签订和约后，亨利再无必要迁就她的侄子查理五世了。她的三个西班牙侍女因为抱怨亨利册封其私生子亨利·菲茨罗伊为公爵而被逐出宫。沃尔西会查阅她的信件。枢机或国王在她的侍

从中安插耳目。她同查理的代表会面时，沃尔西坚持不肯离场。但是国王的冷淡并没有牵连到下一代，他们的孩子依然会成为英格兰女王。玛丽家里当时已经有三百个仆人，用午膳时可以从三十五道菜中任意挑选。她会带鹰捕猎，还学会了打牌赌博。

当然，添丁的可能性一直是有的。似乎有理由相信亨利起先只想同安
妮保持情人关系，但一旦对其倾心，便想纳其为后。一旦能娶安妮·博林 41
为后，那王朝的未来就得到了保障。就像亨利后来所说，没有子嗣，国家会因“祸害和不幸”而倾覆。毫无疑问，他对自己同阿拉贡的凯瑟琳结合是否正确，打从心底表示怀疑。他并非只是出于想得到安妮·博林才这样。如果他明知《肋未纪》要求同守寡的嫂嫂保持距离，却依然同凯瑟琳成婚，那他可能真的受到了诅咒。二十四年前，教宗给他们的婚姻签发了特许状。现在，亨利必须让教宗宣布这份特许状失效，从而名正言顺地首次结婚。教宗不能，也不该对《圣经》中规定的神圣律法视若无睹。国王的良心十分重要，良心一词在亨利的信件中多次出现，为自己死后能够上天堂做辩护。有一次，他宣称良心“是审判，或者说正义的至高至尊之法庭”。他知道自己是对的。

因而，1527 年春，亨利首次尝试让教宗克来孟七世宣布其与凯瑟琳的婚姻无效。他对妻子凯瑟琳说自己只是对某些律师和神学家提出的问题做一些调查，听到这里，凯瑟琳哭着发誓自己同阿瑟王子从未完婚。但她也知道事情会往什么方向发展。1527 年 5 月，沃尔西邀请国王前来，同自己和坎特伯里总主教一起商议婚姻状态的事情。他们其实是讨论如何来演这出戏，因为圣意已决，枢机必须宣布婚姻无效。但沃尔西作为教宗特使，除非将案子上呈教宗，不然无法下任何结论。他暂时还没有将这桩离婚案递交给教宗，而是宣布将针对此事做更广泛的调研。这是一切问题的肇端，最终导致英格兰同罗马决裂。

沃尔西并不确定国王想要迎娶的女子是何人。他以为这只是一场政治婚姻，可能新娘是法国王室中的一位女子。安妮·博林在他看来只是国王
情妇中的一个。不过这时亨利摆了他一道——趁他出访法国之际，亨利派 42

遣自己的书记官前往罗马并带去一份教宗诏书草稿，诏书写道：在教会的祝福与权威之下，允许亨利国王同另一个未具名的女子成婚。亨利告知书记官此事须保密，“运用一切手段不得让枢机或他人发现”。此话直指他的首席大臣，表明两人先前的亲密关系已不复存在。亨利同时开始雇用学者和神学家来研究古往今来所有的判例，并且将他的案例印刷出版。自1527年某一时期起，有关亨利离婚案支撑论据的收集、校对工作全面展开。亨利将这一论据集称作“liber noster”或“我们的书”。

接着，一连串尝试失败、希望破灭、前景不明、七担八挪让亨利十分困惑、心情低落。阿拉贡的凯瑟琳成功让侄子查理五世知晓自己身陷危机。查理的军队在5月方才惨无人道地洗劫了罗马，教宗实际上成了被囚禁在圣天使城堡里的战俘。如果查理可以任意摆布教宗，那要成功处理查理姨母婚姻的问题，希望何其渺茫。离婚一事现在演变成了一项兹事体大的行动。

1527年5月，年轻的玛丽公主在一场宴会上为父亲献舞。在正式场合跳舞通常都蕴含寓意，舞毕的屈膝礼被解释为“畏惧、爱戴、崇敬”。来月，亨利正式同凯瑟琳分居。据西班牙大使透露（无疑是凯瑟琳亲口所说），国王“对她说和她一起生活的这么多年都是罪恶的”。她痛哭失声，亨利试图安慰她，告诉她一切都会好起来的。他还祈求她保密，但一切都为时已晚。国王和王后分居的消息已经传到了宫外。西班牙大使说：“这事就像有公告传报员四处宣扬一样被弄得妇孺皆知。”当然，人民站在了受冤的王后一边，拒绝相信国王竟会坚持这项“邪恶”的行动。同时，王后在宫廷中依然保持了原先的地位，在公开场合与国王同坐，笑的时候看起来也很开心。“看着她心怀勇气真是太好了，”诺福克公爵说，“她似
43 乎无所畏惧。”

针对英格兰国王婚姻的问题，罗马教廷内部争论不休。教宗克来孟对沃尔西的一位使者推脱说自己对宗教法并不了解，而沃尔西的使者说整部宗教法都锁在教宗陛下心中。“或许如此，”教宗答道，“但，啊呀，天主忘记给我打开这把锁的钥匙了。”然而，到1527年末，经过多次推诿，教

宗应允让沃尔西和坎佩齐奥两位枢机验明事实，做出不可申诉之裁定。教宗之所以指定坎佩齐奥，是因为在处理英格兰事务的教宗特使中他位居第二，地位仅次于沃尔西。沃尔西立即给坎佩齐奥写信，让他赶紧从罗马动身。“我希望，”沃尔西说，“一切事都应秉承天主的旨意，满足国王的意愿，还国家以安宁，许自身以荣光，且要不违良心。”后来他划去了最后六字。教宗依然受缚于查理，并已经给坎佩齐奥下达指令，命其无限期拖延，这样一来，对英格兰国王婚姻的裁定将永远不会给出。枢机坎佩齐奥谨遵圣命，开始计划如何让英格兰之事进展得越慢越好。

1528 年初，安妮·博林写信给沃尔西，感谢他“为我承受日夜不断的巨大痛苦与不幸”。第二封信中，她写道：“除了对陛下的恩宠我感念最深以外，这天底下我最敬爱、最愿服侍的是大人您啊。”很明显，亨利有意封其为后。但事情的发展并非都如预料。坎佩齐奥到达英格兰三个月后，给罗马写信，陈述枢机沃尔西“其实并不同意国王的情事”，他“不敢公开承认，也无法阻止；反而只得隐藏自己的想法，假装热心满足国王的意愿”。

两人私下交谈时，沃尔西对坎佩齐奥耸耸肩说：“不论结果如何，我必须满足国王的意愿。事情总有一天会有解决方案的。”亨利可能已经开始不再信任沃尔西了。在这一时期，亨利开始把首席大臣的信件公开给身边的重臣看，而安妮·博林的父亲就是其中之一。沃尔西掉入了一个陷阱之中，再也无法脱身。据记载，1528 年，亨利有一次“用十分难听的话”
训斥枢机沃尔西，令其心中不快，不知如何是好。有一次，沃尔西不顾亨 44
利反对，为一所修女院指派了一位新院牧。针对沃尔西的辩解，亨利回了一封言辞刻薄的信给他。“噫，大人哟，乖张已是罪，诡辩是罪上加罪……是故恳请大人切勿再犯，朕对此恨之入骨。”这段话也可以解读为亨利对沃尔西的所作所为提出了全面的警告。

1528 年春，王室成员在沃尔西的官邸聚会，官邸位于泰腾汉各尔，靠近圣奥尔本斯。根据玛丽公主描述，这是一次开心的聚会。不过就在这一年，据说亨利和安妮·博林成亲一事已经“敲定”，婚礼的准备工作也已经开展。沃尔西当时写道，若教宗不顺从国王亨利的意愿与要求，“我能够预见，罗马教廷的尊严将被粉碎，评价将一落千丈，变得一文不
45 值”。至少在这一点上，沃尔西说对了。

5

上法庭

罗马天主教面对的威胁还来自其他方面。路德被斥责为异端之后，宣扬他宗教思想的小册子通过走私流入英格兰，之后还出现了由威廉·廷代尔翻译的《新约全书》。廷代尔是个对教会的荣华和权力不抱幻想的年轻神职人员。他生活清苦、敏而好学，打心底为罗拉德派和“新教之人”所推行的更为纯洁的信仰所吸引。而那些“新教之人”甚至会在一些小型宗教集会上宣扬路德派的教义。

廷代尔在伦敦没有找到工作，于是移居剑桥，之后又为了寻求更加宽松的宗教环境旅居德国。就在那里，他翻译了原本以希腊文和希伯来文写成的《圣经》。据说深受路德派宗教思想影响的德国商人资助了他一路的费用。

他一抵达维滕贝格，便开始把希腊文《圣经》以平实易懂、凝重有力的英语译出。使得不论是农民还是学者都能够理解。不过，思想较为正统的神职人员认为《圣经》太过神圣，在俗世流传甚为不妥，且对《圣经》的阐释必须在神职人员的监督下进行。他们还认为，有些希腊文的关键字词本身是神圣的，翻译对其是一种亵渎。 46

廷代尔最逾矩之举在于篡改了一些重要的概念，用“congregation”

（宗教团体）而不用“church”（教会），用“senior”（前辈）而不用“priest”（司铎）；“penance”（补赎）[1]、“charity”（爱德）[2]、“grace”（圣宠）、“confession”（告解）等概念也被悄无声息地移除了。廷代尔后来说：“我从未昧着良心更改神所说的任何字眼。”但在宗教权威看来，廷代尔的良心受到了马丁·路德学说的巨大影响。实际上，廷代尔将教会的角色从信仰诸事之中删除，把他的信仰置于一个不可见的信徒团体内，这个信徒团体只有上帝知晓。他还翻译了路德写的《罗马书释义序言》，一个名为罗伯特·普兰顿的年轻人给母亲写信说：“若您愿意读一下这本书的前言，您就会发现里面有许多了不起的东西。”英文版《圣经》的出现轰动一时，令人耳目一新。这个译本的成就超越了所有“新”神学书籍和反教权论文集。它直陈教义核心，仿似上帝的真理最终向世人显现。《圣经》不再是一本神秘的书，它的文字不再仅由司铎小声念出，如今，它成了一本名副其实的公开之书[3]。

这部《圣经》在莱茵河畔的自由城市[4]沃尔姆斯出版，不久便通过某些渠道流入英格兰并秘密传播，印刷后以每本 3 先令 2 便士的价格出售。就是这本书，被伦敦主教描述为“祸害人心、阴险狞恶的毒药”，并于 1526 年在圣保禄主教座堂的庭院中被悉数焚毁。这是伦敦第一次焚毁《圣经》。如果能抓到廷代尔的话，教长们还想把他一起烧死。伦敦主教买下并烧掉了主要供应地安特卫普市场上出售的所有这一版《圣经》。结果发现这些钱流入印刷商的腰包后，反倒刺激他们再印一版。

伦敦的科尔曼街、霍西尔巷、哈尼巷等地有一些小团体对《圣经》新译本十分热衷，有些还大胆地宣说自己的信仰。那些有时被称作“宣讲福音者”的改革派，利用印刷机散播有关宗教改革的文章、册子、专著等。时任皇家顾问官的托马斯·莫尔突然来到一座名为“杆秤楼”的大

---

① 又称赎罪善功：对违反教会法者，所规定之处分，包括祈祷、克己苦行或善行。

② 超性三德（信、望、爱）之一，基督徒的爱是指爱天主，并为了天主而爱众人。

③ 原本称《圣经》为公开之书，指《圣经》能够将真理公开，将获救之途公开。如今指《圣经》人人都可阅读。

④ 自由城市是神圣罗马帝国中的一种特别的城市，不属于任何一个帝国贵族管辖，而直辖于罗马皇帝。自由城市直接处于皇帝之下的地位给予其许多自由和特权。向内它们基本上自主，拥有自己的低级和高级司法权。

楼中，搜捕了寄居楼中的汉萨同盟商人。“不必因为我们的到来而惊慌，” 47
他对方才坐下准备吃午饭的商人们说，“我们奉议会及枢机大人之命而来。”他继续说道：“我们掌握可靠消息，你们当中有很多人私藏马丁·路德的书。”他甚至指控其中一些人涉嫌进口这类书籍。有三个商人被立即逮捕，另外八个被带到了沃尔西跟前。

1526年还没过几个星期，罗伯特·巴恩就因为在剑桥的圣爱德华教堂的讲道台上公开指责教会纷华靡丽、富埒陶白而被指控传播异端邪说。他被带到了枢机面前。

> 沃尔西：你觉得，我身居要职，是将装饰与武器熔成钱币资助五六个乞丐好呢，还是如我现在所做，维持国家的安定好？你难道不觉得国家的安定比五六个乞丐更重要吗？
>
> 巴恩：铸币或许可以使阁下的灵魂以及这个国家得救，阁下悉知，国家先于您存在，亦必将在您百年之后继续存在。我布道所谴责的只有奢华的排场以及所有外在装饰带来的傲慢而已。
>
> 沃尔西：很好，你说得很好。

知道这个人“能够接受改造”后，枢机沃尔西承诺对其“从轻发落”。巴恩随后给国王写信，自称为“可怜的虫豸，手无缚鸡之力”。不过他依然声称：“有某些人性如恶犬，一旦遇着外国之人，或不喜之人，或陌生之人言语不合其心意，便对其狂吠，斥之曰：异端，异端，下地狱，下地狱。这些恶犬其实对真正的布道者心存畏惧。”巴恩并没有下地狱。2月11日，他被带到了圣保禄主教座堂，被迫跪在教堂的走道上。他前方的平台上坐着头戴金冠的枢机，两侧立着十八个主教、十八个隐修院院牧和会长。他背着柴捆——象征着火刑架旁的火焰。廷代尔译的《新
约》传播甚广，伦敦主教为此大动肝火，并于是年秋天再次发出正式警 48
告，禁止阅读该异端书籍。

巴恩受审之后发生了一件有趣的事。巴恩领受的刑罚是在位于北安普

敦的一所隐修院中“蛰居”，在那里，他的一个友人为他设计了一套潜逃方案。巴恩给枢机写信，在信中宣称自己心灰意冷，欲投河自尽。他指明了自己投河的地点，并在河边放了一堆衣物。他还给北安普敦市长留了一封信，请求其对那条河进行搜寻，他在信中写道自己以个人名义给枢机写了封信，并将信用蜡粘在自己的脖子上。搜寻工作马上展开，尽管没有找到尸体，但他们还是将异端分子由于绝望而自杀的好消息向国外公布。巴恩则伪装成“穷人”潜逃到了伦敦，接着坐船去了低地国家。在那里，他化名为安东尼·安格鲁斯，还撰写了两本宗教小册子。

“知晓真理的人”逐渐成为托马斯·莫尔等人的心腹之患，因为莫尔很清楚此等人所宣扬之理论的危害性。1527 年秋，剑桥学者托马斯·比尔尼在布道的时候谴责对圣母玛利亚和圣徒人像的狂热崇拜，并说那些人像只是木头和石头而已。他两次被愤怒的群众从讲道台上拉下。但他坚持反对他所说的偶像崇拜和“无用的崇拜”。“天堂中的圣徒无须光芒点缀，”他说，“圣像是看不到东西的。”他被带到了伦敦主教跟前，正式声明放弃自己的观点。但此事并未到此结束。他后来又重拾先前非正统的信仰，最终被烧死在诺里奇城外的“罗拉德派葬身地”。这位被称为“小比尔尼”的人成了早期新教的殉教者。

另一个被认为持异端思想的人收到了沃尔西的传唤，此人来自剑桥，名叫乔治·乔伊。他被要求前往“会见厅”接受审问，但他从没听过“会见厅”一词。“因为没听懂而询问多少有点难为情，所以我走进了左手边的一个长长的通道，最终到达一扇门前，我先敲了一下门然后把门打
49 开，朝里面一看，发现是厨房。我于是退回大厅，询问会见厅在哪里。有人告诉我在楼上。”可能这只是一件微不足道的小事，但从中可以看出一个未曾习惯对簿公堂或接受审讯的人接到传唤后心中的恐惧与战栗。

比尔尼一案过后还不到三个月，教会便开始全力搜寻、逮捕异端分子。有嫌疑的商人住所遭到了搜查；皮草商、裁缝、鞋匠、印刷匠受到了盘问；牛津大学的学者托马斯·加勒特受到了校方高层的审问。他对一个朋友说自己现在已经“废了”。他的主要审问人是伦敦博士，他称其“气

焰嚣张、气势汹汹，就像一只饥饿而贪婪的狮子在四处寻找猎物”。加勒特最终成功逃亡，没人知道他去向何方。伦敦博士向占星师打听，后者告诉他加勒特“身披黄褐色外套，逃向了东南方”。事实上，加勒特在雅芳河南岸的贝德明斯特被抓，当时他身着“廷臣的外套，戴着有扣子的帽子”。

当局掌握了加勒特提供的证据之后，搜查了其他学者的住处，并发现了超过一百本禁书。四个牛津学者被关进枢机学院的鱼窖中，一关就是几个月。用鱼窖来关押犯人是沃尔西的发明，据记载，被关的四人中，三人命丧黄泉。很明显，所有这些莫尔所谓“新派教友”都来自大学，他们是一小群具有同样信仰的精英分子，但当局担心这些人的质疑和观点可能会渗透到普通民众之中。尽管如此，他们毕竟只是少数分子，他们的信仰并不会越过学院的高墙传播很远。国王的离婚案（所谓“大事”）成为催化剂，加速了宗教改革的进程。

受教宗指派处理该案的枢机坎佩齐奥于 1528 年夏前往英格兰，一路车马劳顿、苦不堪言。他身患痛风，在路上一再停歇。他刚抵达伦敦，在巴斯公馆落脚，沃尔西便急不可耐地多次造访。“他们再不能忍受拖延了，”坎佩齐奥告知罗马，“他们说英格兰的事务被消极对待，导致毫无进展，若再不查出缘由，立马就会造成灾难性的后果。”很不幸，坎佩齐奥收到的指示是不惜一切代价继续拖延。 50

很快，他便获准前往布莱克法尔宫觐见国王。在那里，坎佩齐奥建议亨利“趁早收手”，如果需要的话，教宗还可以重新给亨利发一张与凯瑟琳结婚的特许状。亨利耐心地听完了坎佩齐奥的话，接着给出了婚姻完全无效的回答，据坎佩齐奥描述，亨利对于这个问题的回答“早有准备”。很明显，亨利并不准备让步。坎佩齐奥于是建议凯瑟琳加入隐修院，如果她成为天主的净配，那亨利自然可以再婚。

坎佩齐奥和沃尔西于是拜访了王后。凯瑟琳沉思良久，拒绝了这个提议。她对前来的两人说道：“我意欲以已婚之状态活着，并以已婚之状态死去，因这桩婚姻是天主定的。我意已决，永不更改。”她面对常人难以忍受的压力表现出不同凡响的端庄与沉着。事情陷入僵局，罗马教会再次发出指示——除非得到“最新的、明确的授权”，否则禁止对此事件发表看法或擅自行动。

凯瑟琳所面临的威胁变得昭然若揭。枢密院宣称发现一桩毒害国王和枢机的阴谋。她收到了一封信，内容大意为“若她与此事有牵连，休想得到宽恕”。为了让她屈服，枢密院不惜出此下策，但终未成功。枢密院还控告凯瑟琳“在宫外招摇，满嘴客套，还不时殷勤地颔首，这些都不是她之前的习惯，可见正在学着煽动民众”。但伦敦人民一直以来都支持她。沃尔西下命令搜查用来造反的火绳枪与弓弩。危机一触即发，而且突然发现的史称“西班牙书简”[1] 给当时的情势火上浇油，该书简是另一份教宗特许状，准许凯瑟琳与亨利结婚。

日子一周一周过去，从秋天一直到来年春天，事情依旧没有任何进展。安妮·博林和亨利变得愈加怒火中烧，失去耐心。亨利对安妮痴心一片，将她接到格林尼治的王宫中居住，还赏赐了大量的珠宝礼物给她。坎佩齐奥向罗马汇报：“他已神魂颠倒，所思所想全是安妮。”既愤怒又焦
51 虑的两人把怒火撒到了枢机沃尔西身上。而沃尔西则痛斥坎佩齐奥。并威胁道如若事情没有进展，将掀起一场风暴，“让人生不如死”。一次，亨利的特使史蒂芬·加德纳跪在教宗面前说了极为放肆的话：“您本应如鸽子般单纯，却满嘴谎言、工于心计、口是心非。”只因教宗先前知会亨利，称自己须听取双方意见才能定夺此事。1529 年春，安妮·博林的表哥弗朗西斯·布莱恩爵士从罗马寄来一封信，信中写道：“究竟是何人博得陛下信任承诺处理此事，依我看来，此人从事未必尽心。”这封信明显将矛头指向了枢机。而沃尔西本人则对他的心腹说自己会尽力把这件事办好，然后主动请辞，一心钻研宗教。他心里清楚，不论事态如何发展，自己都将时日无多。

1529 年 5 月的最后一天，教宗特使法庭在沃尔西和坎佩齐奥的主持

[1] 教宗书简（brief），又称宗座简函、宗座特许状：教宗文告之一，由教廷特殊文书院签署，并盖有教宗渔人指环印信。

下于布莱克法尔的议会厅开庭，国王和王后则移驾布莱德威尔宫，距布莱克法尔议会厅仅隔一条弗利特河，只需跨过木桥便可出庭。两人收到法庭传唤，须于6月18日星期五出庭，但凯瑟琳在开庭前两天要求会见坎特伯里总主教以及其他八名主教，对此次庭审表示抗议，并告诉他们，她希望可以将此事交予罗马裁决。一旦这样，这件事将激起无止境的争论与质疑。她还对布莱克法尔的议会厅中的两位枢机提出正式抗议，称此二人没有资格审理此案。

国王和王后于开庭之日来到教宗特使法庭，亨利在华盖下入座。坎佩齐奥开始发表演说，表示必须立即审判此“无法容忍”的“通奸，甚至乱伦”之事件。

“英格兰王亨利，入庭!”

“到。”亨利答道。

“英格兰王后凯瑟琳，入庭!”

凯瑟琳不发一言起身，离开身边围坐着的顾问和律师，走向国王。随后跪倒在他跟前开口说话，这样所有人都能听得见她的一字一句。“我是个可怜的女人，是你王国中的异乡人，因此我无法冀望能有好律师为我辩 52
解，亦不期望能够得到公允的裁决。我已经做了你多年的妻子，想知道到底哪里开罪于你。”接着她为自己辩护，称与亨利见面之时自己是童贞之身，并为他生育了若干儿女（当然，其中只有一个存活了下来）。“若我真的做了什么错事，我愿意身负耻辱接受被抛弃的命运。”除此之外，她还说英格兰国内没有律师愿意，也没有律师能够无所顾忌地为她说话。“我意欲暂且回避，直到西班牙的消息到了再出庭。”说完她起身离开，在走出法庭前对国王行了一个深深的屈膝礼。没有理会两位枢机在她身后的叫唤。

接着国王对在场者发言，说王后身为人妻，一直以来真诚待人、驯良温顺。沃尔西起身，否认了揭发此次离婚案是由他发起的报告。国王证实了他的说法，宣布提出离婚是出于自己良心的不安。如果他的这段婚姻最终被证明是合法的，他将很愿意继续同王后一起生活。法庭现场几乎没人相信他的话。

在接下来的几天中，法庭传唤了若干证人，有些证人代表证明凯瑟琳同阿瑟王子完婚后行了房。他们婚后第二天早晨，有人听到阿瑟王子说："我整夜都在西班牙度过。"罗彻斯特主教约翰·费希尔支持凯瑟琳，抗议说这些话"听着让人恶心"；沃尔西对其厉声斥责，两人发生了激烈的口角。

查理五世向罗马派遣使者，声称如果教宗做出不利于其姨母的裁决，将被视为对其整个家族的大不敬。他坚持此案需召回罗马审理。只有在罗马才可能进行较为公正的调查。他还许诺让教宗的直系亲属统治佛罗伦萨。沃尔西的代理人班纳特博士跪在教宗跟前，声泪俱下地说："若如此，定会失去英格兰国王，乃至失去英格兰全国。"他无法想象自己的主上会在罗马的法院前卑躬屈膝。教宗克来孟流着泪乞求一死了之。7 月 9
53 日，他召见英格兰大使，并告诉他们亨利一案已确定召回罗马审讯。"人为刀俎，我为鱼肉，"他说道，"神圣罗马帝国皇帝的军队近在咫尺，我不可能拒绝他现在所提的要求。"

与此同时，坎佩齐奥在审判的过程中不断拖延，指出各种程序问题。到了 6 月 23 日星期五，案子的结论似乎就要水落石出了。但当天坎佩齐奥将诉讼程序延期至 10 月，借口必须按照罗马司法系统行事。他希望到时可以做出较好的裁决。萨福克公爵等人公开表示不满。"天主在上，"他说，"人们都说枢机从不给英格兰做好事，现在看来此言非虚。"几天后，亨利收到了教宗来信，信上宣布将此案召回罗马审理。利用教宗特使法庭做出有利于亨利的裁定这一计划破灭，沃尔西的仕途至此走到了尽头。很明显，他不再主政。7 月 18 日，他最后一次批准宫廷开支；7 月 27 日，他最后一次给英格兰使节寄信。他尚未被革职，但已身陷囹圄。安妮·博林写了一封充满愤懑之情的信给他，在信中，她指责沃尔西暗地里支持凯瑟琳，她现在唯一能依靠的唯有上天和国王，才能"将遭你肆意破坏的计划拉回正轨"。一位参与皇家宴会的人听到了安妮和国王的对话，随后将其汇报给枢机的随从。安妮说道："全国上下，没有一个贵族的功劳及得上他的一半，但此人依然死不足惜。”

一本有关枢机治理无方的书编撰完成。这本描述枢机傲慢、滥用职权、昏庸无度的书由枢密院三十四个成员署名。法国大使很清楚他们的意图。他写道：“这些大人意欲在沃尔西去世或倒台之后控诉教会并从中渔利。”

在试图让法庭做出有利于自己的裁决失败之后，亨利一筹莫展。于是他召集了一群学者和神职人员来处理他的“大事”。这些人中有个名为托马斯·克兰默的剑桥大学神学院的高级讲师，他建议国王避免同罗马进行 54
漫漫无期且收效甚微的谈判，应该直接将此事诉诸欧洲的学者和大学。如果得到了他们的支持，教宗将不得不采取行动。亨利听到克兰默的计划后立马称赞他“纲提领挈”。最终，克兰默成了英格兰宗教改革的领袖。

亨利的特使拜访了欧洲的大学，寻求那些有名望的宗教法规学者对《肋未纪》中禁止迎娶兄弟遗孀的意见。其中一些人在重金贿赂之下声援了亨利，但另一些人不为所动。总体来说这次行动并未取得成功。巴黎大学、博洛尼亚大学以及其他六所大学支持亨利。但帕多瓦大学、费拉拉大学、威尼斯大学的神学家持反对意见。普瓦捷大学、萨拉曼卡大学也支持凯瑟琳。有传闻说甚至牛津大学的博士和学监也持反对意见。亨利从温莎给他们寄了一封言辞尖刻的信，信的末尾写道“non est bonum irritare crabrones”，即“捅马蜂窝并非明智之举”。此外，亨利还给教宗寄了一封有英格兰全国贵族和高级教士签字的信，表示理解教宗的困难。他还没有下决心公然对抗教宗，依然想要说服对方。

到了1529年初秋，沃尔西的时代显而易见已然终结。他不再是国王最为宠信的顾问官了，亨利觉察到沃尔西同教宗之间有密信来往。根据沃尔西侍从的说法，在沃尔西最后一次上朝的时候，只见亨利拿出一封信质问沃尔西：“事情何至于此，这难道不是你一手造成的吗？”这封信所写何事无人知晓，但一定包含不利于沃尔西的内容。

10月9日，沃尔西收到第一项正式指控。他被控犯下“蔑视王权罪”，即把教宗的利益置于国王之上。但由于他是在亨利紧急授命之下担任教宗特使的，所以这并不是主要问题。亨利攻击的是教宗矫揉造作的姿态和他眼中枢机沃尔西玩忽职守的行为。令状一旦发出，沃尔西的所有领
55 土和财产将会被查抄并收归国库。沃尔西荣耀的日子走到了尽头。他给亨利写信，恳求国王“开恩恕罪”。法国大使拜访了沃尔西，发现他几乎无力开口，气色“已大不如从前”。

罢免沃尔西两周后，亨利启用托马斯·莫尔担任大法官一职。莫尔以热心抓捕异端闻名，但有确凿证据表明亨利其实无意否定正统教会。实际上，莫尔刚上任不到一个月，便开始了抓捕行动，以涉嫌信奉异端之罪逮捕了一个名叫托马斯·菲利普的伦敦人。菲利普遭受了多次审讯，但依然拒绝认罪。莫尔将其打入大牢，一关就是三年。一场由新大法官发起，针对“知晓真理的人”的恐怖运动由此拉开序幕。

然而，国王在言语间依然模棱两可。哪怕在同凯瑟琳离婚这件事上，他一方面努力争取教宗的同意，另一方面还在想其他对策。在一次同王后的激烈争吵中，他宣布如果教宗不将此次婚姻裁决为无效的话，他将“斥教宗为异端，并随自己意愿迎娶他人”。他对神圣罗马帝国大使说，路德攻击教会办事浮华、讲究排场是对的。但他没有采取进一步行动，也没有制定宗教改革方案。在教宗特使法庭之事无疾而终后，他心乱如麻、坐立难安。据记载他患上了失眠症，因“最近所经历的事悲愤交加”，最终卧床不起。他同法国大使闭门交谈了四个小时，讨论了他所面对的选择与危机。

尽管如此，亨利从此将制定国家发展方向与执政的权力收归己有。他再不会允许任何大臣像沃尔西那样一手遮天了。枢机沃尔西被罢免十一天后，国王在温莎城堡的内室用代表王室权力的国玺给某些文件盖章。这件事就如同仪式一般被正式地记录了下来。亨利身边聚集起了一群新的近
56 臣，其中有诺福克公爵、萨福克公爵等。甚至连大法官都是个平信徒，这是史无前例的事。

另一位政府要员上任了。托马斯·克伦威尔本是沃尔西的幕僚，专门负责解散小型男、女修院的工作。他的主子失势后，有人见到他拿着祈祷

书，在圣母像前默默流泪，但他通过种种手段博得了国王的欢心，在议会获得了一席之地。不久，他的才能和自信使他青云直上，做到了相当于某个东方帝国中大维齐尔①的职位，他先后担任了枢密院委员、王权饰物总管、终身制财政大臣、上诉法院民事庭庭长、国务大臣等。他不忘旧恩，在获得自己的盾型纹章时，在纹章上加上了代表沃尔西的康沃尔山鸦图案。

枢机沃尔西私下里得到通知，示意其前往伊舍的主教宫蛰居。沃尔西骑骡前往伊舍的途中，国王的信使送来了一枚戒指和一封信。亨利在信中让沃尔西不要灰心，并告诉他随时可能再次启用他，并给他加官晋爵。沃尔西翻身下骡，双膝跪地祈祷。亨利的动机并没有很快彰显出来。据当时的说法，一个人的忠心幽深玄妙而不可知。但也有可能亨利意欲在彻底打倒沃尔西之前，检验一下枢密院的新班子能否把工作做好。

11 月初，亨利召集议会，向全国传达旨意。下议院大多数由律师和乡绅组成，对于王室特权不是十分在意。他们的职责是记录国王的法令，并保护国王避免不受欢迎的法令招来的骂名。托马斯·克伦威尔刚被提名议会成员时被告知，须向诺福克公爵咨询“国王想要让你在议会做什么样的工作”。议长是皇家官员，俸禄直接由国王发放。正如爱德华·霍尔在其《编年史》一书中所写：“下议院多数人是国王的奴仆。” 57

1529 年议会同先前并无二致。国王坐在王座上，大法官托马斯·莫尔站在他的右手边，就召开这次议会的原因发表讲话。讲话中，他提到了沃尔西，将其形容为“那头最近倒台的大阉羊”。下议院随即通过了一项“让国王豁免于偿还所借债务”的法案以示忠诚。有一位议员对该法案提出反对，国王大声质问其是否“站在我这一边”。议会还通过了有关饲养牛犊、羊毛帽外贸价格等方面的法案，但主要精力依然集中在向教会索取钱财上。这些举措正是利用了沃尔西下台后人民高涨的反教士情绪。人民向政府递交了一封多人署名的请愿书，上面用尖刻的语言谴责了教士的贪

① 大维齐尔（Grand Vizier），奥斯曼帝国苏丹以下最高级的大臣，相当于宰相的职务。

污恶行，将其形容为七宗罪之果；不论堂区首长还是在俗司铎，一个个心肠恶毒、好吃懒做、贪得无厌、游手好闲、残暴不仁。

群众的抗议最终以正式法案形式落实，禁止教士就立遗嘱和举行葬礼收取钱财。此外，还禁止教士出租地产和参与贸易活动。很明显，这些申诉就算不是由枢密院一手策划的，也一定受其煽动。这些举措也是打击教宗的一种方式，目的是要提醒他英格兰议会将坚定不移地按照国王的意愿行事。国王身后有人民的支持。尽管这些都是英格兰宗教改革初期的典型举措，但都有实用、经济方面的考量。英格兰人的天性从来都是重实践而非重理论的。

下议院的法案递送到了上议院，罗彻斯特主教约翰·费希尔大为不满，称下议院是要摧毁教会，其所作所为“乃缺乏信仰的表现”。下议院针对这个说法向国王申诉，费希尔不得不收回自己的言论。然而，多数人觉得英格兰的主教们急不可耐地想要消除对于其滥用钱财的谴责。他们声称教会都是遵照教规和习俗办事，格雷法律学院的一位律师对此回应道：“射手山地区一直以来盗匪横行，照这么说，这种情况难道也是合法的？”大清洗开始了。

58 是年秋天，安妮·博林给了亨利一本刚发行的小册子。据称安妮名义上是天主教徒，实质上信仰的是路德派的学说，但也有可能她只是想要建议亨利进一步扩大权力、增加收入。这本由西蒙·费西撰写的《乞丐的恳求》是一部反教权宣言，费西在书中直言不讳地向国王描绘教士们“虎狼般”的恶行，称这群人正在腐蚀整个国家。从主教到宗教法庭传唤员，这些“游手好闲、贪得无厌之徒……侵占了陛下三分之一的国土”。不仅如此，还让十万名女性跟着他们一起堕落。这种情况如何才能根治？制定法律对付他们。费西还写道：“最为无耻的是他们凭什么不能容忍用陛下母语写成的《新约全书》存在。”据记载，亨利“连续三四天将此书随身携带”，他似乎对书中的很多内容表示认同。诺里奇主教写信给坎特伯里总主教表示担忧，信中写道：“不论他们走到哪里，都能听到人们说国王想要推广英文版的《新约全书》，并且要国民人人都有，人人都读。”而安妮·博林手头的《新约全书》难道不是法语版吗？

1529年秋冬两季，亨利的学术团队忙着查阅那些尘封的资料，试图找到先例，促成亨利同凯瑟琳离婚。但在此过程中，克兰默等人发现了（或是亨利让他们留意）可能会完全改变国王与教宗关系的材料。在一本名为《盎格鲁法》的书中，他们发现了在公元187年，卢修斯一世成了英格兰第一位信仰基督教的国王。卢修斯请求教宗用罗马法约束自己，而教宗的回复是没有必要让罗马介入国家内政，因为“汝乃天主在汝国之代理”。在当时一触即发的氛围里，这项发现意义十分重大。利用这个古代的先例，亨利可以在世俗权力之外，宣称自己是宗教领袖。诸多宗教会议所指定的教规被仔细查阅，目的是证明没有一个主教可以取得“普世主教”这一头衔，因此世俗事务也无须服从罗马的权威。这些资料最终被冠以 Collectanea satis copiosa 之名，即“完备的资料集”。

1530年夏，学术团队将这些文件呈给亨利，亨利仔细审阅，并对其 59
中四十六个地方做了批注。在同法国大使的一次交谈中，亨利称教宗傲慢无度，不配做普世的牧者。此外，亨利对从安特卫普和汉堡向外散播的反教权书籍了如指掌。威廉·廷代尔写过一本《基督徒的忠顺》，书中指出国王的权力不应止于处理俗事，据记载亨利读完此书后说：“此书就像为我而写，所有国王都该读一读。”

是年夏天，亨利的驻罗马大使对教宗说，没有一个英格兰人会接受国外法庭的传唤。安妮·博林的父亲威尔特郡伯爵作为特使觐见教宗时，哪怕教宗亲切地把脚伸了出来，他依然拒绝亲吻。同年，亨利亲自写信给教宗，劝诫其不要任用傲慢的参赞。“您厚此薄彼、反复无常、故弄玄虚，这无疑是玩忽职守，无疑是大错特错，作为基督之代理，必将众叛亲离、遭人憎恨。”他继续写道：“自古以来，教宗对待国君，从未如陛下待我等一般。”如今解决此事的最佳方案便是满足英格兰朝廷的诉求。

沃尔西马上就要走到穷途末路。他向北前往约克堂区赴任总主教一职，途中不断遭到侵扰。诺福克公爵建议托马斯·克伦威尔“告诉他，若他不即刻离去，反而耽搁时日，我必亲手将他碎尸万段”。当他得知自己在伊普斯威奇建学校的项目被搁置，在牛津建枢机学院一事也被归到了国王名下的时候，在给克伦威尔的信中称“我字字血泪，肝肠寸断”。但他依然尽力维护自己的权力。他定下了就任约克堂区总主教的日子，写信给国王讨要礼帽和披带。接信后，亨利用“洪钟般傲慢的声音”高声质问：“这等日薄西山之人还想自大到何时？”11 月 4 日，沃尔西被逮捕，距他定下的总主教就职典礼只剩三日。罪名是暗地与教宗、法国国王、西班牙
60 国王勾结。这项指控有几分属实，因为在他一筹莫展之时，的确四处求助，但他绝不可能叛变。也有可能他想让事态向有利于凯瑟琳的方向发展，不让那个他称之为“夜鸦”的安妮·博林得偿所愿。

被捕后，沃尔西缓慢南行，沿途在隐修院歇脚。曾经健壮的他现在就像风中残烛，在途中他患上了严重的痢疾。据说是由于吃了过多的冬梨，但除此之外，导致他健康状况恶化的还有其他原因。威廉·金斯顿爵士奉命在谢菲尔德同他会面，沃尔西的末日即将来临。听说金斯顿已经到来，他拍了一下大腿，长叹一声。他的随从试着将此次会见解读为好事，说金斯顿是来带他觐见国王的。但沃尔西并不相信。“我对于世事的觉察，”他说，“远超你的想象与认识。这都是在多年风雨中历练出来的。”

金斯顿见到沃尔西，在他面前下跪行礼。“我请求您起身，”沃尔西说，“不要向我屈膝，我是个不幸的人，苦难深重，如尘垢秕糠，见弃于人，不值得尊重。”金斯顿也试着宽慰他，但沃尔西听不进去。他说：“我知道自己将面对什么。”他很清楚自己将因叛逆罪被处死，斩首已经是最好的结果了。他的痢疾越发严重，行进至莱斯特隐修院时已经奄奄一息。到达隐修院后，他说道：“院牧，此处便是我的埋骨之地。”他躺在床上，等待生命的终结。他谈到了国王：“他有着王者的气概，以及居高位者怀有的心态，宁可冒着失去半个王国的风险，也要全然满足自己的欲望。”晚上八点整，沃尔西失去了意识，与世长辞。他的遗体依然埋在莱斯特隐修院废墟的某处，墓穴对面竖着一块纪念碑。沃尔西的结局并不只
61 意味着一个生命的逝去，他的倒台同教会的衰落紧密相关。

6

古而有之，真实不虚

亨利决定为那些他口中的“全然的英格兰人”做主，与那些“表面上是英格兰人，骨子里却追随教宗的人”做斗争。1530 年初秋，他称有十四名高级教士（其中有八名主教、三名隐修院院牧）藐视王权，他们被控于沃尔西担任教宗特使期间与其勾结。枢机主教沃尔西死后没几天，同样的“说法”降临到英格兰所有神职人员身上，他们被指控犯有同样的罪行，因为他们在宗教法庭上根据宗教法典或罗马法判案，当然，这样的犯罪行为已经持续了几个世纪。根据西班牙大使的说法，诸位主教和隐修院院牧“惊恐万分”。没人理解这套新建立起来的原则到底是怎么回事，多数人觉得能够对此做出解释的只有国王一人。议会在 1531 年初重新召开，同时教牧人员代表大会的地点从圣保禄主教座堂转移到了威斯敏斯特。于是，两会都处在国王的掌控之中。

在充满恐惧与威胁的气氛下，人们发现只要进贡大量的钱财，国王便会大发慈悲饶恕教士们的罪过。事实上，教士们是被迫上缴津贴的。坎特伯里教省按时上缴了十万英镑，但附带了一系列条件。主教和隐修院院牧要求给藐视王权罪下清晰的定义以绝后患，并要求国王确认教会享有自古 62
以来记载在《大宪章》中的特权。这些提议似乎惹恼了国王，他并不希望同臣民讨价还价。援引《大宪章》中的条款对他想要在宗教事务上采取单边行动十分不利。

于是，他发动了攻击。1531 年 2 月，亨利在有关教士津贴的提案上增加了五项条款。在第一项条款中，他号召教牧人员代表大会承认他为“英格兰教会与神职人员唯一的守护者及最高领袖”。这是他在克伦威尔等人的建议下阅读古代文献中有关卢修斯王首先取得英格兰教会领导权一事做出的决定。第二项条款中，亨利提出只有自己才真正拥有“cura animarum”，即“治愈”臣民“灵魂”的能力。从没有一个国王想独揽如此大的权力；从没有一个国王如此高傲自大。

此举在神职人员领导层造成了恐慌。他们可能并没有机会去阅读《大宪章》以及亨利读过的其他资料，因此他们觉得亨利提出自己具有超越教会的权力这一想法令人震惊，几乎让人匪夷所思。他想要结束教宗对教会长达一千多年的统治，自己取而代之。而他所谓“治愈”或“关怀”灵魂又是何意？这本是司铎的职责。

他们还意识到此事和亨利想要同凯瑟琳离婚密不可分。但他们对此并不确定，只能惴惴不安地静观其变。英格兰国民与国王在这件“大事”上意见大相径庭。有一次，伦敦的思定会司铎要求会众为“王后”安妮·博林祈祷，绝大多数人起身离开。据说全国所有女性都站在王后一边——这里说的所有女性，当然不包括安妮·博林。西班牙大使写道：“安妮女士如虎豹一般凶悍……她同王后的侍女说她希望所有西班牙人都被投入海中。侍女说这是对国母出言不逊。安妮说她完全不把王后放在眼
63 里，巴不得看她被绞死，绝不会承认她国母的身份。”

教牧人员代表大会上，与会人员苦苦争论，焦点集中在对教宗负责和对国王尽忠两者的抉择上。他们还知道如果触怒君王，将让自己陷入险境，甚至招来杀身之祸。罗彻斯特主教约翰·费希尔公开支持王后，名义上在他的领导下，人们选择顶住国王的压力。在这个时期，费希尔遭到了不明人员或团伙的严重威胁。有人朝他位于泰晤士河旁的主教宫开枪，射击地点似乎是河对岸威尔特郡伯爵官邸。而威尔特郡伯爵是安妮·博林的

父亲。费希尔的早期自传作家称主教当时想尽早返回罗彻斯特。

还有一件诡异的事件让费希尔提高了警觉。厨子为主教全家准备了一份粥，有些仆人吃了。费希尔本人因为不饿，所以没尝。结果一个仆人和一个吃了他们家所施之粥的穷妇人一命呜呼，很多人病倒。厨子承认投毒，供认自己在食物里加了泻药，但他坚称自己只是开了个玩笑，或者说搞了个恶作剧，结果弄巧成拙。国王对此事的处置十分残暴。他决定让议会通过一项法案，将投毒定性为叛逆，犯此罪之人将受烹刑。这个厨子不久便在史密斯菲尔德被投入一个沸腾的大锅中。宫廷中风传厨子投毒是受安妮·博林或她的支持者教唆。亨利突然严酷地处理此事，目的是为了消除猜疑。

国王的顾问官并不确定亨利向教牧人员代表大会提出的要求将会带来何种后果，因此分成两派，姑且可称为激进派和保守派。博林家族希望事情尽快推进。如果国王成为教会领袖，则教宗对于离婚一事的看法将变得无足轻重，安妮大婚之期指日可待。其他人担心教宗颁布禁罚令，或对英格兰人民施行绝罚，这样一来可能会挑起与西班牙的战争，而且会使英格 64
兰同欧洲其他天主教国家的贸易大面积中断。亨利对于将来也没有做好规划，他步步为营，摸着石头过河。

这便是他同绝不顺从的教牧人员代表大会达成协议的原因。坎特伯里总主教和国王经过反复争论和磋商，最终达成共识，承认亨利“quantum per Christi Legem licet”（在基督之法容许之范围内）为英格兰教会的最高领导人。有些文献上写的是“Dei legem”（上帝之法），但意思并无二致。这项提案递交到教牧人员代表大会上，与会成员皆沉默不语。坎特伯里总主教对众人说道：“沉默即默认。”人群中有人喊道：“那我们全体沉默。”于是，此项提案获得通过。这是教会改革决定性的一刻，导致英格兰教会从此同罗马分裂。同时也让由诸国联合组成的基督教国这一理念产生动摇。土耳其人也许正是从中寻找到了有利的战机，集结大军压近欧洲东部。

不过提案中为何会提到“基督之法”，可以从多方面解读，极端来讲，基督之法能够剥夺国王声称自己所拥有的一切宗教权威。我们并不清楚亨利最终是否决定取代教宗，但他的所作所为是对罗马发出的警告。今后双方只要发生冲突，英格兰神职人员将受到国王的约束。而且他理应从神职人员那里收取供奉，但他似乎并不情愿这么做——至少在当时看来是如此。

亨利如今在白厅以及汉普顿宫深居简出，他所居住的房间名为“私
室”、“私人寓所”、“秘密寓所”等。他现在也远离凯瑟琳。凯瑟琳在给
侄子的信中写道她的生活“因不幸而支离破碎，在所有基督徒之中，不曾
有人遭受过如此巨大的痛苦”。她的痛苦相当大地影响到了她的女儿玛丽
公主。1531 年，公主由于胃部不适卧床三周，医生诊断结果为“歇斯底
65 里”，即子宫出了问题。凯瑟琳请求探望玛丽，亨利建议她永久与其相
伴。5 月末，枢密院的代表来到了凯瑟琳跟前，恳请她在离婚一事上保持
“理智”。作为一个受尽冤屈的女人，凯瑟琳转过身，目光如炬。“我才是
他真正的妻子，”她对他们说道，“想吵的话去罗马吵，欺负一个孤身女
子算什么！”

两个月后，亨利正式宣布同凯瑟琳断绝关系。是年仲夏，凯瑟琳同亨利一起前往温莎，但亨利在命令她原地待命之后，不声不响地骑马前往伍德斯托克。在收到凯瑟琳表示愤慨的信件之后，亨利的回信多少带有侮辱性质。正是她让他遭受了罗马法庭传票的侮辱。她拒绝了枢密院代表的建议。他再也不想看到她的信了。她搬去莫尔庄园宅邸居住。莫尔庄园宅邸很大，位于赫特福德，原先属于枢机。接着她被安排前往贝德福德郡的安普希尔城堡。大批随从依然跟随她，很明显她是反对博林家族以及他们所追求的激进宗教理念的中心人物。王后对于教会的规定愈加严格执行。她午夜起床做弥撒；每周忏悔、斋戒两次；只阅读宗教的书籍，还把方济会第三支①的会服穿在宫服里面。

大众的情绪在那年冬天爆发。11 月 24 日，安妮和其他几个人动身前

---

① 亚西西的圣方济各为一位平民化的意大利圣人，创立了方济会，该会先后分出三支：方济小兄弟会（1209 年）、方济住院会（1415 年）、嘉布遣会（1525 年）。

往泰晤士河畔朋友家赴宴。她前来的消息迅速传遍了整个城市，七千到八千个女性暴徒（或者可能是男扮女装）突然来到那个地方，意欲恐吓她，抑或绑架她。幸运的是安妮听到了流氓到来的传闻，迅速坐船逃离。国王下令不准报道此事，但威尼斯大使早已将其记录了下来。

群众对安妮的仇视愈加强烈。大家都称其为“瞪眼婊子”，惠特比隐修院院牧因称安妮为“穷窑子里的婊子”而被逮捕并遭到起诉。英格兰各堂区人民群情激奋、七嘴八舌，人们因为国王同凯瑟琳离婚以及同教宗
争夺领导权的“大事”争论不休。据记载，当时的舆论中弥漫着荒诞的 66
流言与揣测，人们谈论着女巫、魔鬼、圣人、幽灵。托马斯·克兰默本人就在空中看到过异象，他看到在月亮上方出现了一个蓝色的十字架，与之同时出现的还有一个马头和一把燃烧的剑。“这预示着将来必生异事，而究竟为何事，”他写道，“唯有天主知晓。”

1531 年，出现了一个能够预知世界末日的年轻妇人。肯特的伊丽莎白·巴顿本是坎特伯里总主教管家的女仆。她先前由于吃了某种不知名的食物而病倒，一病就是几个月，此后便进入一种能够洞察一切的附体状态，“所说话语带着不可思议的神圣感”。她声名鹊起，其事迹以惊人的速度四处传播。她声称圣母拜访了她，并向她承诺在某一天救她于苦难。到了那一天，两千人的游行队伍围绕着她，前往一所圣母小圣堂。在小圣堂里，她进入了附体状态，从她腹部传出一道声音，诉说着“甜美而神圣的”宗教喜乐和“可怕而骇人的”罪恶。

一本记录她所说神谕的书被送到国王那里，但亨利并没有把它当回事。一个天使命令她觐见国王，似乎她在三个不同的场合同国王进行了面谈。1528 年，她还和托马斯·沃尔西进行了私下面谈。但至少从那以后，国王就把她晾在了一边。但事实证明她的危险性超出了亨利的想象。1531 年，她的预言触犯到亨利本人。如果亨利同妻子离婚，他将无法“执政超越一个月，并会因恶报而死”。亨利必须做三件事，第一，“不得夺取教宗的任何权利，亦不得夺取教会财产；第二，摧毁所有持新教思想的人以及（有关宗教改革）新知识的著作；第三，如果他在已婚状态下娶安妮为妻，

天主将降灾对其进行报复”。

她还发布了其他一些类似的宣言，这些宣言使得那些坚信天启的人愈加狂热。一批枢机和会士围绕在她身边，在讲道台和市场讲道十字架旁传
67 播她的预言。她开始同支持凯瑟琳的廷臣交谈。约翰·费希尔在听她说话的时候流下泪来，觉得自己听到了天主的话语。这个年轻女子变得危险了起来。托马斯·克兰默后来坦言：“说实话，我觉得她出色地凭借自己预知未来的能力，阻止了国王婚姻一事的发展。”

枢机们在讲道台上的话语也越来越不中听。1532 年复活节，一位名叫佩托的方济会会士在格林尼治对亨利和安妮·博林布道，勇敢地谴责了国王的行为，并预言如果他同安妮结婚，将像阿哈布一样遭受天主的惩罚：“狗群会舔你的血——没错，舔你的血！”（《列王纪上》21—22）幸运的是，这位会士没有因为预言国王之死而丢了性命，最终只是被驱逐出境。

在这动荡的背景之下，议会又一次召开会议，亨利决定继续对抗教宗克来孟七世。议会提出一项议案，实际上取消了所谓“首岁教捐”，这是一项所有新任职的主教和总主教都须向罗马上缴的款项。亨利出于谨慎，将这个议案推迟一年发布，换句话说，是拿一年的捐款贿赂教宗，希望对方能有积极的回应。此项法案受到了上议院，尤其是担任宗教职务的贵族的强烈抵制，他们对亨利此举的最终目的怀着深深的忧虑。不过这些人毕竟是少数。

下议院则比较顺从国王的意愿，他们向国王呈上一封长长的请愿书，尽陈自己因教会所蒙的冤屈，尤其质疑神职人员通过教牧人员代表大会制定法律的权力。下议院还针对宗教法庭、异端审判、教会费的金额等事宜表示抗议。这些怨言由来已久，但现在国王成了教会最高领袖，这些抗议变得更加掷地有声。

4 月初，国王将请愿书派送给当时正在参加教牧人员代表大会的坎特伯里总主教，并要求尽快回复。他一周之后才得到答复。教士们否认了针对他们的一切指控，并坚称立法权是《圣经》赋予他们的，他们的所有

活动绝不会损害王权。国王召见了下议院代表，将教士们的回复告诉他 68
们。“朕觉得你们听到这样的回答不会很高兴。相信你们会全面地看待此事，朕将会对你们一视同仁。”国王含蓄地对下议院反对教会的态度表达了自己的同情。

主教们知道他们的回答没能让国王或议会满意，故立即做出让步。他们保证在亨利的有生之年不制定无关信仰的法律，而这样微不足道的让步并不能解决任何事情。5 月 11 日，亨利再次召见议会代表，与其举行正式谈话。“我发现，”他说，“那些神职人员只将一半忠心分给我。所有的教长在行祝圣礼时对教宗所宣之誓同他们对朕所宣之誓截然相反，因此他们似乎是教宗的臣民而非朕之臣民。”这个说法有点闪烁其词，但国王的意图愈加明朗：他想要从根本上摧毁教宗的权力和威信。

他又给教牧人员代表大会发去了一封指示，或者说又提出了一系列要求。没有国王允许，不得制定或施行任何教规或法令。现行所有宗教法律条款需经过由神职人员和议会成员组成的专门小组审议，其中神职人员和议会成员各十六人，实行多数裁定原则，该小组拥有废除法律条款的权力。即便是多数裁定的结果也都需要国王同意，国王的权力至高无上。

教牧人员代表大会针对此事辩论了整整五天，但在此期间国王失去了耐心，他要求得到答复。除了巴斯主教之外，所有神职人员回应称他们充分了解国王“睿智圣明，满腔热忱以求彰显天主之荣耀”，因此接受提议。他们的回答，也可以说是屈服，史称“教士服从”。西班牙大使写道：“［英格兰］教士们现在连鞋匠都不如，后者至少还拥有集会和制定行规之权。”大历史学家阿克顿男爵后来将“教士服从”一事描述为“标志着一个新政体的产生”。如果不同罗马教权彻底决裂，那英格兰将无法
真正成为一个独立的民族国家。不过这场变革说得更直接点，就是一个真 69
正的君王必须掌握统治其国民、在俗教徒、神职人员的绝对权力。

在教士表示“服从”的第二天，大法官托马斯·莫尔辞职，或是被迫辞职。他太过于维护教宗以及教会原先的权利。“一旦狮子了解自己有多强，”针对亨利，他曾经这么说过，“任何人都难以将其驯服。”还有一

个人依然同国王的意愿对抗着，那便是罗彻斯特主教约翰·费希尔。他同西班牙大使私下有来往，两人商定如果在公开场合偶遇对方，则互相视若不见。一个月后，费希尔建议西班牙军队入侵英格兰，推翻国王。坎特伯里总主教威廉·瓦哈姆对抄写员口述遗嘱时谴责了攻击教会的法律。“对这些文字，”他说道，“我们拒绝顺从、拒绝承认、坚决抵制。”说完后他躺倒咽气，最终逃过了国王的迫害。出于习惯性的顺从以及忠君意识，其他主教默认了一切。也可能是因为他们害怕触怒国王。

为了安全起见，亨利在开展这件事的每一个阶段都寻求议会的支持。国王三度亲临议会操纵投票。他无法确定这个国家在他带去的巨大变革面前会如何回应。因此他尽力营造出是议会（尤其是下议院）在制定，或者说在寻求反对教会的种种措施。尽管他实际上是反教权法案的唯一推动者，但他坚信作壁上观乃是上策。

在此过程中，下议院获得了更多权力，并且被认为是国王的左膀右臂。在之后的一次演说中，国王对议员说道：“朕从诸位法官那里得知，如今议会地位之高，是自成立以来鲜有的。朕为议会之首，汝等为议会之成员，骨头相连、君臣一体。”这个说法有力地定义了新的国体，在这个
70 新统一的国家中，“议会之王”掌握着至高无上的权力。

1532 年初秋，亨利赐给安妮·博林一件深红色天鹅绒披风，一顶黄金小冠冕。并册封其为世袭贵族彭布罗克侯爵，她成了英格兰第一个获得此封号的女性。显然，她很快就将飞黄腾达。国王不顾凯瑟琳的强烈反对，把王后的一些珠宝赐给了她。但事情并不总是一帆风顺，一次国王带着安妮巡视南部诸郡，当地百姓虽不能说公开表现出敌意，但一个个阴沉着脸。安妮在场的时候，亨利会盯着朝中所有人的脸，确保他们向她表达出应有的尊敬。据记载，亨利“求着贵族们前去拜访、奉承新王后”。

在此期间，御用印刷师托马斯·贝尔特莱印制发行了若干支持国王“大事”的小册子。其中一本名为《真理之杯》，有些段落可能由国王亲自撰写。该书为亨利同凯瑟琳离婚辩护，理由一方面出自教宗的谕令，另

一方面书中也记录了一些先前未公开的细节，涉及凯瑟琳同阿瑟王子可能圆房一事。

亨利带着安妮前往法国，如今他已经同王后的侄子查理五世公开决裂，不得不维持同弗朗索瓦一世的同盟关系。但是法国国王的姐姐以及巴黎宫廷中的其他贵族夫人拒绝同安妮见面。亨利的亲妹妹玛丽也拒绝陪同他们跨越英吉利海峡。安妮不得不留在加来，亨利则前往布伦同法国国王会面。亨利和安妮的法国之行所花时间大大超过预期，狂风暴雨持续了两个星期，使得他们无法登上“天鹅号”返航。最终他们回到英格兰，在坎特伯里遇上了“肯特的疯修女”伊丽莎白·巴顿，她又一次斥责他们蔑伦悖理，必遭天谴。

不过到了现在，国王的想法和意图已无法改变。几天后，似乎他同安妮圆了房。可以肯定的是，到了12月安妮已经怀孕了。九个月后，伊丽莎白诞生。两人发生性关系唯一可能的理由便是两人已达成一致并立即完婚。 71
据记载，两人从法国回来的两天后便举行了秘密婚礼，只有安妮的至亲参加作为见证，但他们的见证并不算数。不过很可能国王在让情人怀孕之前已经未雨绸缪举行了某些正式的仪式。因为诞下私生子的风险实在太大了。

正式的婚礼在下个月举行。1533年1月25日天未亮，在位于荷尔拜因门上方新建成的白厅的“高厅”里，在国王专职司铎的主持下，两人完婚。婚礼的其他细节不详，但普遍认为有两到三名国王私室成员参加。宫廷牧师刚开始为“王后安妮”祈祷后不久，凯瑟琳就被命令放弃王后的头衔。到了下个月，安妮·博林的身份已经广为人知，她则开始拿自己突然喜欢吃苹果一事开玩笑，宫殿的门厅内常常回荡着她的笑声。她曾对威尼斯大使说“陛下是受了天主的点拨而娶其为后的”。

他们这般完婚便是做好了同罗马最终决裂的充分准备。2月初召开的议会，其议题首先涉及鞋皮质量和商品价格公平，消灭乌鸦和渡鸦，以及铺设从斯特兰德大街到查令十字街的道路。之后才把注意力转移到同宗教有关的事情上。《禁止上诉法》规定所有宗教案件必须在英格兰国内宣判，而无须请示任何更高权威，这就意味着国王离婚一事将在伦敦和坎特伯里而非在罗马接受判决。这个法案被称为 16 世纪最重要的法令，因其彻底摧毁了中世纪的政权组织形式。

法案的序言本身便突出了亨利称帝的意图。序言写道：“英格兰为帝国一事古而有之真实不虚，史料中皆有明文记载，确凿无疑，且一直为世
72 界所承认，本国之统治者为无上之领袖或称国王……其王国由形容、贵贱各异之人民组成，以上人等皆心向天主，怀真挚、恭顺之心。”因此宗教改革被认为是顺从民意、溯本逐源。所有的改变与革新都承认古代法律与先例的权威。该法案中没有像之前的法案一样提到“教宗陛下”，只提了“罗马教廷”。亨利重获了帝王的尊严，成为一个完全意义上的统治者，并希望有一天自己能够统治整个不列颠群岛。二十年前，他就已经给两艘船分别命名为“皇家亨利号”和“皇家玛丽号”。当时还发行了印有亨利威严坐像的图章与圣牌。

通常人们认为托马斯·克伦威尔一手督办了这些翻天覆地的变革，甚至有人说这些变革就是他一手策划的，但实际上这些提案背后有诸多推手。克兰默自然是其中之一，但议会中的律师们也乐意协助起草法案。他们中很多人一直以来都反对宗教法庭的权力，支持习惯法高于宗教法。毕竟他们就是吃这碗饭的。由此便有了进一步推论。如果宗教法服从习惯法，那也就意味着要服从国王。至此，“帝制”的概念便逐步形成了。这一概念比较合适的表达应该是“政教合一制”，国王既是政治领袖，也是宗教领袖。亨利被描述为胸中有教宗的国王。这双重的权威也带来了物质上的结果。据神圣罗马帝国大使报告，是年春，亨利“决定将教会人员所掌控之财产收归国库”。

威廉·瓦哈姆死后，托马斯·克兰默获亨利钦点继任坎特伯里总主教，但依然需要得到教宗的任命方可行使权力。为了保证克兰默任职的合法性，原先的传统不得不再多延续一段时间。因此，亨利仿佛没有将神职人员上缴给罗马的首岁教捐占为己有一样，他当时并没有批准《禁止上诉
73 法》。在教宗克来孟七世面前，亨利依然摆出一副信仰捍卫者的姿态，对

抗着拒不服从、反对教会的下议院。他有一次甚至邀请教廷大使陪同自己前往议会。

教宗回应了请求，下达诏书承认了克兰默，但克兰默作为新任总主教在正式宣誓担任教廷特使之前，先宣布自己仅为天主与国王尽义务。3 月底，他如期行了祝圣礼。实行下一步计划的时候到了。神职人员在教牧人员代表大会上宣布亨利同阿拉贡的凯瑟琳之间的婚姻无效。216 人之中仅有 19 人表示异议。教会至此一败涂地。约翰·费希尔被软禁在家，直到安妮·博林的身份最终确定才得到释放。

5 月 23 日，邓斯特布尔召开了一次宗教法庭会议。会上克兰默颁发了一项法令，宣布国王同安妮·博林的婚姻完全合法。在此之前，克兰默致信托马斯·克伦威尔，请求对此次会议进行保密，他不想冒这个险，生怕凯瑟琳前来。教宗克来孟七世听说了由“坎特伯里法官大人”做出的裁决，表示“是可忍孰不可忍。若放任不管，是对天主和世界的不负责任”。当时在场的伦敦总主教向教宗进谏，而克来孟威胁要将其活活烧死或扔进大铅锅里烹了。伦敦主教对亨利说，教宗“不断将手绢折起摊平，他只有在怒不可遏的时候才会这么做”。

5 月 31 日早晨，安妮·博林乘坐白色马车从伦敦塔前往威斯敏斯特。马车由两匹配戴白色锦缎马饰的驯马拉着，马车上方饰有垂着银铃的金华盖。伦敦居民用朱红色花毯和深红色挂毯装饰着屋子的前墙，因此整个街道看起来就像彩云一般。这个特别的舞台正上演着神秘剧，伦敦城内的喷泉里喷出的是葡萄酒。第二天，安妮从威斯敏斯特大厅前往大教堂，在那
里，她加冕为英格兰王后。“我将皇冠戴到她头上，”克兰默写道，“接着 74
众人齐唱《天主赞美诗》。”

尽管典礼场面盛大，但民众可能并不太愿意捧这个场。安妮的车队进城时，各堂区的警察都持棍警戒，以“腾出足够的空间并维持民众的秩序”。亨利和他的新王后名字首字母组成的花押字“HA”① 被人解读为带

① 花押字（monogram），一种装饰图案，指重叠、结合两个或以上字素而形成的符号。通常取个人或机构的首字母，拼制成易于辨认的代号或标识。

有下流意味的娇喘声“Ha! Ha!”。不过在威尼斯大使的眼中，大批民众“极守秩序、情绪稳定”，即便所谓情绪稳定，部分可诠释为敢怒不敢言。人们出门观看典礼，很可能是出于好奇而非尊敬。据称安妮自己只数到十个人依照传统喊出“天佑王后殿下”向她致意。当时一位作家如此评论她加冕礼服上的繁复图案：“她的裙子上缀满了被钉刺穿的舌头图案，展示出那些说她坏话人的下场。”权力或许光芒万丈，但也可能很快变得凶险无比。三年后，满身荣光的新王后将对此有切身体会。

一个枢密院代表团来到了凯瑟琳的住处，她当时的官方头衔是王子遗孀而非王后。代表们将邓斯特布尔法庭对于国王婚姻的判决告知凯瑟琳。“喔，是嘛，”她答道，“我们都知道，这样的权力是通过之前所做的种种，是通过强力而非正义所取得的。”她要求看一下他们带给她的议案副本，当看到“王子遗孀”一词时，她拿出笔将其刺穿。对此，亨利以削减凯瑟琳用人的数量作为报复。是年夏天，两个妇女被扒去衣服并遭到棒打，耳朵被钉到了一块木牌上，起因是她们说了“凯瑟琳王后才是英格兰真正的王后”。

国王和枢密院委员们现在将矛头指向了伊丽莎白·巴顿。1533 年夏，亨利要求克兰默和克伦威尔调查该修女的言行，因为据说巴顿曾向总主教忏悔自己做过“许多疯狂的蠢事”。她由于预言都铎王朝的覆灭而被指控
75 犯叛逆罪，最后被带到伦敦塔受审。审讯过程中，很可能动用了肢刑架。不管怎样，据称她坦白自己看到的所有东西以及所做的启示都是骗人的，随后在星室法庭会议上，“有些人开始窃窃私语，随后大声叫嚣把她烧死”。最终的判决将她带往全国各地游街，让她在各地坦白自己行骗的事实。1534 年初，她在议会被“定罪”为叛逆，随后被一路从伦敦塔拖到泰伯恩行刑场斩首。很明显，不论谁反对国王，都会性命堪忧。曾经祝福并支持着这位修女的虔诚信仰，最终也没能救她一命。

在伊丽莎白·巴顿被逮捕并招供的时候，据称亨利闻之“大悦”。他已经渡过了难关。他现在既是教宗又是恺撒。他被比作撒罗满（Solomon）与

三松（Samson）。当时一位作家写道：“国王像太阳一般，光芒夺目，我不敢直视，只得看向别处。”亨利在白厅新建了王座，而他新娶的王后也有了身孕，他期盼着是个男孩。王朝终于安全了。

然而，在王后怀孕期间，亨利又一次出轨。那个女性具体是何人不得而知，然而根据神圣罗马帝国大使的描述，这位女性“花容月貌”，亨利还说“许多贵族支持他这次恋爱”，但他们也许是想借此羞辱安妮·博林。安妮发现这件事之后，与亨利当面对质并且说了“某些国王十分不爱听的话”。亨利龙颜大怒，据记载他让安妮“像那些比她更有脑子的女人一样睁只眼闭只眼”。他还说自己可以尊她为后，也可以将她贬作凡人。

这场风波过去后，安妮·博林依然掌握着自己的未来。御用占星师和御医预言安妮将诞下男孩，亨利为到底给儿子起名为亨利还是爱德华举棋不定。不过，9 月 7 日，在一间名为“童贞室”的房间里，安妮诞下了一个女孩。神圣罗马帝国大使在给皇帝的信上写道：“天主完全将他遗忘了。”这个婴儿继承了国王母亲约克的伊丽莎白之名，得名伊丽莎白。亨利很是扫兴，但他表示自己满怀希望，儿子将很快出生。伊丽莎白出生后 76
一周，玛丽被剥夺了公主头衔。她现在被称为“国王的女儿玛丽小姐”。她给亨利写了一封用词委婉的申诉信，宣称自己才是“他合法的女儿，是在一段真实的婚姻中诞生的”。国王在回信中指责她“不忠不孝”，并且不准她“傲慢地篡夺”公主头衔。三个月后，伊丽莎白正式移居位于赫特福德郡的哈特菲尔德庄园。在那里，她有了自己的宫室。第二天，玛丽也奉命前往哈特菲尔德，但只能前去“侍奉公主”。据说国王希望玛丽因伤心而死。

但英格兰宫内并不太平。安妮出乎意料地生了个女儿，而且亨利又拈花惹草，很明显她的地位已经不如先前那么稳固。一次宴会上，安妮对法国大使说她已经不敢随心所欲地说话了，“她现在所处的境地，以及旁人的眼神都让她害怕”。宫廷里布满流言蜚语，人人心怀鬼胎，身处其中，不仅让人寒毛直竖、疑神疑鬼。安妮也清楚，周围人都很看不惯她。悲伤的时日很快就要到来了。 77

7

国王的意愿

国王颁布了一系列反教宗法令，加快了宗教改革的进程。亨利本无意在信仰或崇拜方式上创新，但一石激起千层浪。在传统天主教信仰体系中，教宗是基石。一旦把教宗抽走，整个体系就会削弱、崩塌。国家教会的出现最终会导致国家信仰的产生。有一个激进的传道员名叫休·拉蒂默，他在布里斯托尔传道的时候反对“朝圣、圣徒崇拜、圣像崇拜、炼狱崇拜”，但此人一直支持国王同凯瑟琳离婚。1533 年，在克伦威尔的提拔之下，拉蒂默入朝出仕。没过多久，他便派遣传道员前往全国各地宣传自己的宗教理念。他们所做的一切早已超越了亨利反对教宗的初衷，他们要做的是在天主教信仰的其他方面实施激进得多的举措。由此可见，宗教改革同王权至高两者互为因果、相辅相成。

据记载，当时还发生了一些捣毁圣像事件。根据《最近这些灾难日子里的伟绩与丰碑，教会动人事迹集》（更广为人知的书名是《福克斯殉教者书》）一书的作者约翰·福克斯的记录，1531—1532 年间宗教画像“在很多地方被卸下并摧毁”。埃塞克斯郡多佛考特村教堂里挂在中央走
78 道和高坛之间的苦像——基督被钉在十字架上的人像——被人抢走，随后被运到四分之一英里开外的某处焚毁，整个过程中“没有遭到任何神灵的

阻挠”。这尊苦像据说有神力，能够让教堂的大门始终保持敞开状态。这件事给那些崇敬苦像的人当头一棒。三名涉事者被逮捕并绞死。

1533 年秋，据记载，圣像被人们像“木块、石块”一般从教堂内扔出，市民们纷纷上前用针去刺，“想看看这些圣像会不会流血”。这些事件并非仅仅是胡乱破坏那么简单。当时传说只要卸下罗马教会的绘画，就能对其造成损害。尽管一定有些人将这些宗教画像看作奴役他们的工具，但多数人认为这些镀金的塑像和绘画是对穷人的侮辱。1534 年，一名思定会议员写道：“今年，狂风暴雨、电闪雷鸣的天气很多。夏季尤甚，且总在奇怪的时间发生；此外还突发多起致命的热病，许多人的仁爱之心泯灭，人们失去爱心，不讲奉献，反倒异端思想和分裂活动频频发生。”当时，英格兰一片混乱。有人说亨利是传说中的“鼹鼠”[①]，“天主会亲自诅咒他”。

宗教问题依然需要议会审议。1533 年末，枢密院为了制定相应政策天天开会，并召集了几个博学的教规学者做顾问。下一年初，召集议会。此次议会从 1534 年 1 月一直开到 3 月，确定并批准了国王以及枢密院所提交的所有议案。《继承法》将先前“教士服从”的现实以法律形式确定了下来；《完全限制首税教捐法案》禁止向教宗进献钱财，同时对主教的选举做了规定；《豁免及一便士岁贡法案》确定坎特伯里总主教依宗教法行使豁免权。

1534 年 3 月，教宗克来孟七世裁定英王与凯瑟琳的婚姻依然有效，抹杀了安妮·博林与伊丽莎白的存在。据称亨利对教宗的裁定采取无视的
态度，不过作为报复，教宗的名字被从祈祷书和祷文中删除。此外，亨利 79
还进一步下令：“除用于侮辱或谴责之外”，教宗之名“不得被记起，这个名字将被永远废除，直至销声匿迹”。既然教宗一词再不能提，那只能称其为罗马主教。当时，“教宗至上主义者”一词成了蔑称。是年冬，一个支持王权至上的司铎以教宗的形象堆了一个雪人，有四千人前来围观，看着雪人慢慢融化。

① 在英格兰传说中，鼹鼠居于地下，统治着地下的王国，即死者之国。

教宗宣布亨利同凯瑟琳婚姻依然有效之后没几天，英格兰议会通过了《教士服从法案》，并确定安妮·博林的孩子享有王位继承权。而这个法案还连带宣誓，即全国所有成年人都必须宣誓服从该法案的各项条款。实际上，这就是让所有人宣誓效忠，如果有人拒绝宣誓，便是叛逆。这个法案在议会中经过了几轮辩论之后通过，这些辩论旨在删除一些意思不明的字词，但毋庸置疑，该法案得到了大多数人的支持。支持该法案便是同国王合作。实际上，另一项津贴法案使得国王不论在和平还是战争年代都能够从税收中取得收入。因此，下议院支持国王；贵族们支持国王，至少不公开表示异议；主教们支持国王，尽管私下有质疑和保留意见之声。当时，有一个流行的说法是“没必要赌上身家性命”。但有两个人拒绝按照这一说法行事。

恐惧降临到了那些对国王以及他的新婚姻颇有微词并因此受到谴责的人身上。如今，他们可能被指控为叛徒。有个村民抱怨说如果有人三五成群走在一起，“治安官会上前盘问他们所谈何事，稍有嫌疑便将其逮捕”。一份法庭文件中记录了一小段对话：“知足吧，要是你把我告了，我会说我啥都没讲过。”伊拉斯谟写道：“之前还有朋友给我写写信、寄点礼物，现在信没有了，礼物也没有了，什么都没有了，大家都如惊弓之鸟。”
80 1534—1540 年间，有三百人因叛逆罪被处决。大批人逃往国外。

托马斯·克伦威尔亲自负责调查嫌疑人。他在给莱斯特郡一位司铎的信中写道：“依照国王的意愿及命令，你必须即刻来我面前补救你的罪过，不得推托、不得延误……”除此之外，他还发出过许多同此次类似的不善之邀。尽管当时那个时代还没有“监视之国”的概念，所以不能张冠李戴，但很显然克伦威尔和其手下创造了尽管不太正式，却行之有效的控制系统。一个贵族写道：“我听说，依照你的意愿我须前往乡村明察暗访，调查是否有不法之徒传不忠之言、行不轨之事。”不论如何，在 16 世纪，人们并没有隐私的概念，人们同榻而眠是稀松平常的事，王公贵族会在公共场所用餐。每个社区的人们都处于其邻居的监视之下，如果破坏公认的准则，轻则受嘲笑，重则受惩罚。没有人会谈及自由。如果问：“我难道不可以拿我所拥有的东西做我想做的事情吗?”得到的答案将会是：不论是谁，都不能做错误的事情。服从的美德在每一间教室、每一个讲道台上被一再强调。这是天主立下的法，如若违反，将无处申诉。

神职人员被要求监督堂区居民，而当地法官则需要监视教会主教，看他们是否“在执行、完成我们的意愿和命令过程中，真正做到真心诚意，不掩饰、不歪曲、不作假”。“散布流言蜚语”和“传播假消息”的人将被逮捕。《继承法》被钉到国内每一个堂区教堂的大门上，神职人员受命必须在布道中谴责教宗的虚荣，并且不得言及富有争议性的事情，比如炼狱和礼敬圣人。王权至上这一概念必须在英格兰境内所有教堂的讲道台上得到弘扬。亨利通过前所未有的手段，希望国民完完全全臣服于自己。他清楚地表示，国民服从国王的统治，实际上就是服从天主。同时，亨利和克伦威尔将亲信安置到各个地方事务会，从而改革地方政府。在爱尔兰、威尔士、英格兰北部等地，比较忠诚的新卫兵替代了老卫兵。当时的英格兰处在一个强大的中央政府领导之下，该政府的管理者为托马斯·克伦威 81
尔，他通过向郡督、主教、法官下发一系列函件的手段管理着这个政府。

《教士服从法》一出台，宣誓活动便随即展开。伦敦所有人都参加了宣誓。约克郡居民“对宣誓表现得尤为积极”。诺里奇郡督报告称：“人们从未如此积极、尽力做一件事。”萨福克郡内有一个名叫小沃丁菲尔德的小村庄，有九十八个村民签名宣誓，三十五个画押宣誓。

不过，有小部分人认为此举违反了教宗以及整个教会的意愿，因而拒绝签名。卡尔特隐修院的嘉都西会会士们便位列这些勇敢（或者说固执）的人之中。据记载，有可靠消息表明国王曾亲自乔装打扮前往隐修院，同里面的会士就此事辩论。那些坚持立场的人很快便被投入大牢。1534 年 6 月 15 日，国王的一个侍者向托马斯·克伦威尔报告说里士满的方济会拒绝顺从。“他们得出的结论是，”他写道，“他们忠于圣方济所立之信仰，为此信仰而生，为此信仰而死。”没错，他们会为此而死。两天后，两辆载满会士的大车穿过里士满市，前往伦敦塔。

桀骜不驯的罗彻斯特主教约翰·费希尔拒绝宣誓，也被关进了伦敦塔。在狱中，他给克伦威尔写信乞求怜悯，“给我点我这把年纪的人应该有的东西吧”。据探监者说，他瘦骨嶙峋，身上的衣服都快把他压垮了。

托马斯·莫尔也应召前往兰柏宫同克兰默与克伦威尔见面。他们把宣誓文本给莫尔阅读，但莫尔拒绝签字。他乐意宣誓承认安妮·博林之子是王位的继承人，但拒绝宣誓承认议会先前的所有法案皆为有效。他无法否认教宗的权威，因为这会“让我的灵魂永远下地狱”。于是，他也被关进了伦敦塔，最终遭到处决。另一个值得一提的拒绝宣誓之人是国王的大女儿玛丽，她怎么说都不愿同母亲断绝关系。虽然没有测试她究竟会不会在
82 宣誓书上正式签名，但她的立场已经很清楚了。安妮·博林听到这个消息后宣称应该“好好教训一下”这个“该死的杂种”。实际上，玛丽被关在自己房间限制行动，她的一个仆人被关进监狱。不久，玛丽又一次病倒，御医在探视之后说她的病部分源于“悲伤和忧虑”。

在和教宗划清界限很久之后，依然有一些收尾工作要做。议会在11月召开了第二次会议，通过了最后一条法案，为之前的所有工作收尾。在莫尔等人的努力之下，王位继承权的誓词得到进一步完善，并通过了一项关于叛逆罪的新法案，禁止诅咒国王及王室成员，违者将被处死。例如称国王为异端，或称其分裂教会，或称其为暴君，都将以叛逆罪论处。现在，这个问题涉及忠君爱国，而不仅仅是神学上的讨论。

议会也通过了《至尊法案》，使国王获得的所有权力以合法、富有条理的形式确定了下来，法案写道：“国王为一国之主，我们须接受并承认他及他的子嗣与继承人为英格兰教会，即安立甘教会在这世上唯一的最高领袖。”他可修正所有错误并纠正所有异端，他在宗教领域拥有无可辩驳的权威。他唯独没有授秩礼权。[①] 因为国王不是司铎，故无权司掌圣事，亦无权传道。他是天主教会的领袖。因此，据约翰·福克斯所说，教宗“被从这块土地上废除、消灭、推翻”。国王成功地依照了一种英格兰人的思维方式和行为准则行事，这种思维方式和行为准则的出现可以追溯到

① 指教会授予圣秩圣事之仪式，领受者应有天主之感召并经教会上级之认可。

12世纪。威廉·鲁弗斯同坎特伯里的安瑟伦之间的对立和亨利同瓦哈姆总主教之间的对立相似。亨利父亲的一位仆人埃德蒙·达德利在二十年前就说过："以行善认识他，是爱天主之根基，在此国度之中，这个根必须通过我们的国主国王来生长。"对王室的崇敬是英格兰历史一以贯之、不可分割的部分。

1535年，由迈尔斯·科弗代尔所翻译的《圣经》面市，卷首插图描绘的是国王坐在王座上，他的上方是全能的天主。亨利双手各拿一本名为
《天主之语》的书，并将其分发给克兰默和另一位主教，对他们说："拿 83
去传道吧。"插图下方画着一大群人在用拉丁语叫喊"吾王万岁！吾王万岁！"而不懂拉丁语的孩童们则喊："天佑吾王！"

作为对《至尊法案》的报复，教宗颁布禁罚、罢免亨利的诏书。亨利被逐出教会，他死后不得安葬，他的灵魂将被永远打入地狱。英格兰人民除非立即起义，否则也会以抗命论处；他们的婚姻将被认为非法，他们的遗嘱将无效。所有真正信仰教会之人都不得同这个岛国进行贸易或交流。不过，由于法国国王的迫切要求，教宗三年后才发布了这个总绝罚的决定。在这个节骨眼上，外交权术帮了亨利一把。

比较保守的主教认为亨利现在成了他们对抗德国异端的后盾，而克兰默则希望亨利能够推进改革。于是他和托马斯·克伦威尔联手，因为后者知道自己的主上现在将愈加富有、愈加有权。一份名为《由于皇家宫室维护费用的提高，待转移给国王陛下之物资》的文件起草完毕。根据该文件，教会的大部分土地和收入将被转入国王名下。

因此，在1535年初，国家开展了一场针对教会资产的调查。这是自11世纪《末日判决书》[①] 以来规模最大的调查。不论是主教座堂、堂区教堂、隐修院、医院、修女院，还是协同教会的官员，都必须打开地产本和账本，他们必须宣誓坦白自己所管理的机构从什一税和土地上所得的收入。他们还必须上报金圣爵和银烛台的数量。不久，亨利便知道了自己能

① 诺曼征服英格兰期间，在征服者威廉的命令下，于1086年完成的一次大规模调查记录。此次调查类似于人口普查，主要目的是清查英格兰各地人口和财产情况，以便征税。

够从教会的收入中抽取钱财的具体数额，而先前已经确定他能够享有教会十分之一的收入。亨利向教会所征钱财的数额远高于教宗。

84 就在这一时期，托马斯·克伦威尔受命担任“钦差”，或称宗教事务行政代表，具体监督征收欠款事项。他对于有关教会钱财的问题了如指掌，当年他在沃尔西手下便负责将挪用过来的隐修院钱财用于在牛津修建枢机主教学院。是年夏天，他便带队开始对英格兰西部的一些小隐修院进行“巡访”，调查隐修士和院牧贪污腐化、道德败坏的情况，巡视组成员拥有对顽抗者进行处罚或免职的权力，他们还鼓励修士们互相揭发彼此的罪状。据说某个院牧“有六个孩子，一个女儿……他感谢天主没有让他和已婚妇女胡搞，反而都赐给他最美的少女……教宗考虑到他精神脆弱，颁给他准许状，允许他拥有一个妓女”。由此，国王颁布法令不准任何院牧或隐修士踏出隐修院一步。此外，所有年龄低于二十四岁的教团成员都必须被遣散。一些穿着长筒马靴、戴着饰有缎料玫瑰结帽子的初学生[1]出现在了宗教仪式上。

巡视组随后把注意力转向了大学，他们决定取消大学中的经院哲学研究，还设立了用拉丁文和希腊文教授的日课，这后来成了文艺复兴时期最主要的学习方式。学生不再学习天主教法典。虽说此次巡视的主要目的是提高王室收入，但除此之外，巡视组还亲自处理了一些有关宗教以及教育改革的问题。

同时，这个时期还杀戮频发。卡尔特隐修院的隐修士首当其冲，根据议会刚通过的《叛逆法》，他们被控叛逆，获死罪。陪审团并不想判这些圣职人员死罪，但克伦威尔告诉他们如果拒绝的话，那掉脑袋的就是他们自己。卡尔特隐修院的会长约翰·霍顿听到了陪审团的裁定，只说了一句：“这便是这世界应受审判的时候。”1535 年 5 月 4 日，隐修士们穿着会衣，被带到绞刑台前。这是英格兰史上第一次神职人员身穿教服受刑。霍顿第一个受刑。他先遭受绞刑，还没断气之前，心被挖了出来，按在他

---

① 欲加入男女修会，必须经过一年或多年之适应、学习阶段，期满后再决定是否能加入该修会，在正式加入修会之前，这些人成为初学生，或称为初学修士或初学修女。

的脸上，肠子也被挖了出来，扔到他面前的火堆里。随后他的头被砍掉，85
身体被大卸八块。在霍顿之后，还处死了两个人。到了下一个月，又处死了三个。围观人群中有许多贵族和侍臣，包括两个公爵，一个伯爵。据说“国王喜欢看残忍的处决”。这显示了他凌驾于教会和人民之上的权力。

而伦敦市民对于处决教士一事所持的态度并没有那么乐观，很多人看到隐修士穿着会袍被处死的场景后恐惧万分。人们发现自从处死教士那天开始，天便不停地下雨。庄稼歉收，收成仅为往年的三分之一。这一切都被认为是惹怒了天主。但现在谁又敢公开谴责国王呢？不过有些贵族给西班牙寄密函，希望西班牙能够入侵英格兰，密函上写道：英王已尽失民心。

托马斯·克伦威尔的备忘录上记着下面几件事：

> 条目：将有关费希尔勋爵的处理意见上报国王。
>
> 条目：了解他在处理莫尔勋爵一事上的意愿。

事实上，费希尔勋爵在6月中旬被送上了法庭，因为说了“我们国家的国王并非英格兰教会的最高领袖”而被指控犯下叛逆罪。他的命运并没有因为教宗授予其枢机主教的红帽而改变。对于亨利来说，教宗是在干涉英格兰内政，并且发誓要在费希尔戴上枢机帽之前让他人头落地。结果，枢机帽刚运抵加来，就失去了主人。

由十二个自由保有农组成的陪审团认为老修士费希尔犯叛逆罪，应以处死卡尔特隐修院隐修士的方式行刑，但亨利信守诺言，将刑罚减轻为斩首。五天后，即1535年6月22日，费希尔被带往刑场。他当时身体瘦弱、重病缠身，无法步行前往伦敦塔山，因此他坐在椅子上被抬了过去。行刑前，他恳求在场的人们为他祈祷。“我恳求全能的天主，”他说道，“以他丰厚的慈爱拯救国王和这个国家……”刽子手只挥了一刀，费希尔
便身首异处了。围观的民众十分震惊地看到竟然有那么多鲜血从这个骨瘦 86
如柴的身躯内喷涌而出。

处死费希尔的第二天，国王出席观看了一场以《若望默示录》为蓝本的反教宗神秘剧。这类戏剧的演出变得越来越频繁。神圣罗马帝国大使观察到亨利虽然没有参与演出，“但十分乐意看到舞台上有人扮演自己砍掉教士的头颅，然后卸下伪装显露出国王的身份。这样一方面能够让自己宽心地大笑，另一方面能够起到鼓励民众的作用”。

在约翰·费希尔之后，托马斯·莫尔也被送上了刑场。费希尔死后第四天，国王组建了一个特别委员会来审理他的案件。莫尔被关进伦敦塔之后，克伦威尔对其软硬兼施，希望他能够认罪。克伦威尔甚至含沙射影地表示，正因为莫尔的顽固不化树立了不好的榜样，才导致卡尔特隐修院被灭门。这种说法让莫尔这样有气量的人都忍无可忍。“我不做害人之事，”莫尔答道，“不说害人之语，不持害人之念，我唯愿人人安好。若这样都回天乏术，那我真心不愿苟活。”

对莫尔的审判在威斯敏斯特大厅举行，在法庭上，莫尔思维敏捷，不卑不亢。但法庭的裁决早已定下，不容更改。他被判处叛逆罪，五天后被带往塔山，在那里，刽子手的斧子在等着他。他死前和刽子手打趣说：“今天，你给我的好处远胜这世上任何人能够给予我的。打起精神，伙计，别怕，干好你的本职工作。虽然我知道你很实诚，但你得留心，我脖子很短，可别砍歪了。”

目睹了自己心目中的圣人们一个个死去，阿拉贡的凯瑟琳给教宗送了一封急件，信上写道：“事态若不尽快得到处理，灵魂折摧、圣人殉教之事将永无终日。善人因坚守信仰而遭罪，摇摆之人因求助无门而放弃信仰。”但是并没有国家立即伸出援手。在欧洲天主教各国看来，处死莫尔、费希尔，以及卡尔特隐修院隐修士虽是暴行，但这些国王正好可以借
87 此忘却自己对待异端的暴行。英格兰国内，并没有宗教裁判所。

因而，为了寻求同盟，亨利认为和德国新教领袖进行接触从而达成一些共识是明智之举。例如，亨利曾给萨克森选帝侯写信，赞其为“最有德行之人”，并称两国“若能并肩作战，定能更有力地抵御外敌”。人们希望欧洲施行宗教改革的国家能够组成同盟；人们还希望能够说服亨利签署

路德宗的信仰誓词，即《奥格斯堡宣信》。这份誓词由德国诸王于五年前起草完成。但是，人们的提议最终石沉大海。

1535年秋，对小隐修院的“巡视”范围扩大了。巡视组先把注意力集中在英格兰西部，而结束这一地区工作之后，他们又把注意力转移到了东部，接着便是南部，并最终于1536年前往英格兰北部。调查工作开展的速度并不能说明调查结果的可靠性。而巡视组依然不停对修会会长、院牧、隐修士以及他们的仆人们进行询问、调查：“不论白天夜里，宗教活动有没有按时开展？平时参加活动的人数有多少，谁经常缺席？”“不论在隐修院内还是隐修院外，他们身边有没有女性？隐修院有没有放女性进来的后门？”“他们有没有和男孩睡在一起？”“有没有犯错后屡教不改的教友？”“你们有没有一直穿会服，哪怕睡觉也不脱下？”

这样的问题总共有八十六个。有一个修会会长被指控宣扬叛逆思想，在他招供之前就被迫双膝跪地。方廷斯隐修院院牧养着六个妓女。贝特隐修院院牧称克伦威尔为“十足的破落户、糊突桶、蠢货。世所未见的滥污匹夫”。破落户用来形容一个人低贱不幸，糊突桶指一个人脑袋不好使，蠢货指一个人愚笨。而滥污匹夫可以用来形容一个人又粗鲁又低贱。莱斯特隐修院的议员被指犯鸡奸罪。十字会会长于一个周五早晨的十一点整被 88
发现和妇女同榻而眠。西兰登隐修院院牧据称“酗酒无度、奸诈无比”。巡访团成员理查德·莱顿向克伦威尔描述自己是如何进入院牧住所的。“我敲了很久院牧住所的门，里面没人应答，只有院牧养的一条小狗在紧闭的门里头狂吠。我看到一把短斧靠在门背后，我把斧子抽了出来，把门砸了个稀烂……我走进屋子，手里拿着斧子，因为这个院牧体格健壮、穷凶极恶，是个危险分子。”

巡视组成员把调查过程中发现的圣地和圣髑的数量记录了下来。物品清单以“迷信”为抬头，从这一点可以看出克伦威尔及其手下的意图。例如，在贝里圣埃德蒙兹隐修院内，他们发现了一块砸死圣斯德望（St Stephen）的石头，还发现了一块烤死圣老楞佐（St Lawrence）的煤炭。

也是在该隐修院内，他们还偶然看到了圣女彼得罗尼拉（St Petronilla）的头骨，发烧的病人会将其置于自己头上。故而，隐修院被认为是滋生教宗党异端的温床，也有一种说法称修士在某种意义上就是罗马的预备军。用托马斯·克伦威尔的话就是“教宗的间谍”。就算找不到任何犯罪证据，这些到访者也会直接下定论说这些隐修士同教廷签订了保持缄默的密约。欲加之罪，何患无辞。

1536 年 2 月，议会再次召开，该议会最早集结于 1529 年，历时七年，史称改革议会，或许可以称得上是英格兰历史上最重要的一届。国王在上议院“宣布”了隐修院的现状，他所说的一切无疑基于巡视组成员提供的各种报告。上一年当选伍斯特主教的休·拉蒂默当时也在现场，据他所说：“他们的罪行第一次在议会上被揭露，这些罪行如此之可怖，如此之恶劣，别无他途，唯有惩戒。”当时可能也出现了一些异议。根据记载，国王把下议院议员召集到皇家会议厅，对他们说：“听说我的法案通
89 不过，但我要让它通过，否则小心你们的脑袋。”

《解散隐修院法案》真的通过了。根据这项法律，所有年收入低于 200 英镑的宗教机构都将被“废除”。这是很大一笔钱，从理论上讲，将会有 419 所隐修院被迫关闭，在各地院牧的多次请愿之下，最后有 176 所隐修院幸免于难。同时，克伦威尔和其手下显然收受了贿赂，有的拿了钱，有的拿了东西。但这次运动的规模并不是很大，大部分隐修院并不在解散之列，小隐修院的修士则获准转移到大隐修院中继续修道。一切依然安好，“在雄伟、庄严的隐修院内，（感谢天主）信仰很好地得到了保存与奉行”。不过，只有年收入超过 200 英镑才能称得上虔诚，这一点让人匪夷所思。

这个事件只引发了几起零星、不成气候的抗议。人们可能觉得，这是克伦威尔的策略使然：缓缓推进、步步为营，将障碍逐个击破。不过，更有可能的是，国王和他的首席大臣正在一个不熟悉的领域摸索，最终目标尚不清晰，在摸着石头过河。同时，在教牧人员代表大会上，高级教士们在王权至上的纲领下制定新的信仰原则。神圣罗马帝国大使写道：“他们

不承认炼狱的存在，不遵循四旬期[1]和其他斋戒日，不过圣人的宗教节日，也不崇拜圣像。想要名正言顺地劫掠位于坎特伯里的圣道茂教堂，废除这个国家其他朝圣地，这是最简便的做法。”大使的这番结论一语中的。亨利政府解散隐修院的决定并非出于教义、信条上的考虑，而是完全从实用和财政出发。

此届议会在最后还建立了增收法庭。通过增收法庭，所有解散隐修院所得的财产，包括租金和什一税，都将通过裁决转到王室名下。亨利之外，其他人也觊觎这份战利品。有个贵族给克伦威尔写信说：“某个老隐修院先前属我名下，恳请您为我做主。”1536 年，增收法庭正式成立。当时的英格兰，用托马斯·克伦威尔首创的表述形容，便是“改革之天下”。 90

① 旧称严斋期、封斋期，自圣灰礼仪日起，至复活节前的四十天之斋戒期，为纪念耶稣受难，并准备耶稣复活节，也为望教者做领洗前的准备。

8

细脖子

1536年1月7日，阿拉贡的凯瑟琳去世。她遭丈夫弃辱，被迫与女儿分离，生命的最后几年并不好过。然而，尽管不断地遭受诽谤和威胁，她依然坚决认为亨利是她合法的丈夫。虽然身边一切物是人非，但对于这个问题，她毫不动摇。甚至有传闻说国王已经准备将其问斩，但亨利不太可能冒天下之大不韪。她在给女儿玛丽的信中写道："只要你留心别触犯他，他便不会取你性命。"这句话可不是说亨利宅心仁厚。她还建议女儿："不论同谁一起，服从国王的命令，谨言慎行，勿插手任何事。"她没有插手任何事，她所做的就是隐忍。在当时，西班牙人给人的印象便是彬彬有礼、善于自律。而凯瑟琳将这一品质发扬到了极致。她在临死前几小时，还给丈夫写了封信，恳求对方不要让灵魂因罪恶而毁折，"你让我经历了诸多磨难，亦给自己添了诸多烦恼"。她以"王后凯瑟琳"作为信的落款。有人怀疑她被下了毒，但其实后来在她心脏附近发现了恶性肿瘤。

91 讣告一到，国王喜出望外。"赞颂天主，"他说，"我们不用担心打仗了！"他一直担心她的侄子查理五世可能会与法国和教宗组成联军，对英格兰这个异教国家发动攻击。第二天，他和安妮·博林双双穿着亮黄色衣服出席舞会。

玛丽不知何故得知了母亲的死讯，这个噩耗让她再次病倒。安妮·博林也再次向她发出恐吓。“若我有了儿子，我觉得此事不用多久就能实现，”安妮·博林写道，“我很清楚到时候她的下场。”“她是我的索命鬼，”安妮有一次这么说道，“我也要索她的命。”当时，玛丽孤立无援，她想过逃往布鲁塞尔，去母亲的娘家神圣罗马帝国皇帝家避难。她问神圣罗马帝国大使是否有可能越过英吉利海峡出逃，但后者认为此事需要慎之又慎。在那段时期，根据帝国大使的说法，“她日日都做着赴黄泉的准备”。她现在便是众矢之的。有时候，她会被认为觊觎王位。比如，那些想要对抗宗教新秩序而举反旗的人，就很愿意推举她为领袖。她的周围危机四伏。

凯瑟琳的葬礼于 1 月 29 日在彼得伯勒教堂举行。当天，安妮·博林流产，是个男婴。此事又一次将这两个女人的命运联系到了一起。安妮将此次事故的责任推给五天前所受的惊吓，当时她得闻国王在格林尼治比武场举行的一次枪术比赛时坠马倒地两个小时不省人事。但是国王相信，或者宁愿相信这是天主的意志。“我知道了，”据记载，他当时说，“天主是不会让我有儿子了。”

国王的注意力早已再次转移。托马斯·克伦威尔曾经和神圣罗马帝国大使说过：“将来，他会更加洁身自好，和现在的王后过上纯洁的婚姻生活。”不过说完，克伦威尔用手捂嘴，生怕别人看到自己笑了。因此帝国大使认为克伦威尔并没有说实话。实际上，亨利在追求安妮·博林的年轻侍女简·西摩，而后者轮廓分明的五官遗传给了她的儿子。据说安妮·博林有一次看见这个年轻女孩坐在她丈夫的腿上，勃然大怒，但这可能只是 92
后人捏造的谣传。

神圣罗马帝国大使还说了另一个有关英格兰宫廷人物关系错综复杂的故事。有一次，他在同“蒙圣宠之少女的兄长”谈话时，目睹了一场争吵。“国王和克伦威尔站在窗台内部较为宽敞之处恶语相向，争吵了许久，随后克伦威尔以自己口渴难耐为由抽身离开，其实他是忍无可忍了。

他坐到了国王视线之外的矮柜上，问侍者要水喝。”最终，亨利前来寻他。

据一位廷臣描述：“国王一周两次欺负他（克伦威尔），有时候会重重地敲他脑袋。但他前脚才被国王狠狠地敲了一通头，吓得像只狗在那里直哆嗦，后脚便从大室里走出来……喜形于色，仿佛自己才是执牛耳者。”这是宫廷生活体现人性的一面。这一面很少为人所见，从中我们得以一窥持续紧张的人际关系，而在这种关系之下所做出的决定被现在的我们称为历史。

确实，一场大灾变即将降临到宫廷中。据说国王向枢密院中的一个亲信表达了自己对安妮·博林的恐惧，并指责后者施巫术诱使他同其结婚。也正由此，他才被天主抛弃。这个故事由此传播开来。但在实际生活中，他依然对她彬彬有礼、关怀备至，据记载，安妮花了大量的钱为自己和女儿购买漂亮衣服。尽管国王心存恐惧，但从种种迹象都可以推测她将再次怀孕。安妮·博林自己也是如此声称的。

但是，灾祸终于降临。4 月 24 日，两个独立委员会在高度保密的情况下成立，所调查之事涉及叛逆的时间和疑点。其中一个委员会成员包括托马斯·克伦威尔和诺福克公爵，尽管后者是安妮·博林的舅舅，但已经不同她站在一边了。三天后，据传国王可能想要离婚。发生了什么事？宫廷中的一个贵妇大大咧咧地谈到王后的情史，提到了某个叫“马克”的
93 人。话一旦说出口，便无法收回。掩盖或试图隐瞒有关王后不贞的信息相当于叛逆——或者用当时的词汇来说，便是包庇、袒护叛逆罪。传言或密告马上就索了一个人的命。

4 月 30 日，宫廷乐师兼枢密院男侍马克·斯米顿被从格林尼治带到了伦敦塔。在那里，他承认自己是安妮的情人，尽管供词多少散发着肢刑架加身的意味，但也可能是在酷刑之下逼供出的实话。他再没有翻供，并在绞刑架前将自己的罪行复述了一遍。第二天，在五朔节马上枪术大赛上，安妮的兄长罗奇福德子爵乔治·博林和亨利·诺里斯爵士切磋武艺。诺里斯是国王的好友，也是枢密院的首席侍从。这两人不久都因涉嫌和安妮·博林有染而被处死。

比武结束后，国王从格林尼治骑马前往白厅，让诺里斯同行。途中，亨利向诺里斯发难，指责他勾引自己的妻子。动英格兰王后的歪脑筋等同于叛逆。国王承诺，如果他说实话，就放他一马，但诺里斯态度强硬地否认了指控。接下去一天清晨，他便被带到了伦敦塔。乔治·博林早已被捕，被指控同自己妹妹发生性关系。乱伦的证据来自他的妻子罗奇福德夫人对自己丈夫拈花惹草的怨言。王后家中的女性也遭到了讯问，可能也吐出了一些有趣的信息。大约有五个男子被指控同王后有染并因此被处死，他们分别是马克·斯米顿、乔治·博林、亨利·诺里斯、威廉·布里尔顿、弗朗西斯·怀斯顿。另有三人无罪释放，其中包括诗人托马斯·怀特。这两个调查委员会无须审讯便可定罪。

王后自己则遭到了枢密院的讯问。有人一度看见安妮·博林怀抱着小女儿在格林尼治宫向国王求情，但于事无补。不久，伦敦塔上的炮响了，象征有贵族或王族被关了进去。安妮到达伦敦塔后，双膝跪地祈祷“天主能救救她，她并未犯被控之罪”。得知斯米顿和诺里斯也在囚犯之列，她 94
大声叫道：“哦，诺里斯，是你把我告了？你和我一起关在塔里，我们一起死，还有你马克，你也一样。”

她对伦敦塔的看守威廉·金斯顿爵士谈起过之前和诺里斯的一些谈话：

安妮·博林：你怎么不好好过你的婚姻生活呢？

亨利·诺里斯：我再等等。

安妮·博林：你是在等熬出头吧，如果国王出了什么事，你就能占有我了。

亨利·诺里斯：我若有这种想法，我把头割下来。

王后还说了一段和马克·斯米顿的谈话：

安妮·博林：怎么愁眉苦脸的？

马克·斯米顿：没什么。

安妮·博林：你别以为我会像对待一个贵族一样跟你说话，你就是个贱民。

马克·斯米顿：是的，是的，夫人。您只需看我一眼，我便心满意足。

不管怎么说，这些对话并不能证明他们有罪，但他们很显然也并非一身清白。像安妮那样“幻想国王驾崩”，单单这个想法就是叛逆。陪审团能轻而易举地判她有罪。英格兰宫廷现在也不再支持她，静静地观望事态的发展。只有克兰默对此心存疑虑。他对国王说：“我十分困惑，心乱如麻。在我心中，她是女性的表率。”

这四个嫌犯于5月中旬被带到威斯敏斯特大厅受审，而乔治·博林首先在伦敦塔收到传讯。法庭上，只有斯米顿认罪，并重复了供词，称自己和王后有过三次肉体接触。其余三人拒不认罪。据称诺里斯在第一次受讯时认罪，后来翻供。所有人都被判死刑。

刚到伦敦塔的时候，王后问伦敦塔副总管威廉·金斯顿爵士，自己是否会不受审就被处死。金斯顿回答：“哪怕是国王最卑微的臣民，都能得
95 到正义的判决。”听到这里，她笑了。她心知肚明的是，在国王的怒火和猜忌之下，自己难逃一死。她和她的兄长一起被带到了伦敦塔大厅受审，以示对他们身份的尊敬，有二十七名王室成员参加旁听。王后说：“若有人邀我行鱼水之欢，我定严词拒绝。若有人如此指控我，我亦会断然否认此无征不信之事。”不出意料，两人被判处叛逆罪，按照王后这种情况，本应被烧死，不过斩首也算重罚了。伦敦塔副总管对她说：“不痛的，就一下子。”

“我听人说，”她答道，“刽子手技术不错，而且我脖子也挺细的。”说着她伸手摸了下脖子，笑了。5月19日，接近正午，她被带往伦敦塔墙内的刑场。她一直紧张地往后看，生怕刽子手趁自己不备下手。她是英格兰第一个被砍头的王后。她死时年龄不详，据估算应该三十出头。刽子

手把她的头颅从地上捧起来时，她的眼睛和嘴唇还在动。她的遗体被扔进了一个平凡无奇的榆木箱，而这个箱子本是用来装箭的。

处死安妮之前，亨利还预先宣布自己和安妮的婚姻无效，理由是安妮于九年前便开始与人私通。他没有意识到的是，要不是安妮和他结婚，她也就不会犯下通奸罪了。但亨利想要将安妮彻底抹杀，仿佛她从未存在过一样。他这么做是否正确，从一开始便存在争议。比如当时就有一种观点，即安妮是克伦威尔或朝廷内保守势力一手策划之阴谋的牺牲者。

而从常识来看，杀掉安妮着实要冒很大的风险。所有受指控之人都是朝廷要员：乔治·博林是王后的哥哥，身居高位；而亨利·诺里斯则是国王的亲信。若无凭无据便将这样的人定罪，实在愚不可及。法庭上，法官宣读了被告作案详尽的时间、地点，比如第一份起诉书写道："王后，于亨八 25 年（1533 年）10 月 6 日，在威斯敏斯特，以言语等方式勾引、诱 96
惑国王枢密院侍从亨利·诺里斯先生并与其私通交媾，两人于亨八 25 年 10 月 25 日，在威斯敏斯特通奸。"这些细节并不一定完全属实，但可以看出这是要将这个案子做成证据确凿的铁案，而非基于捕风捉影和虚假情报的胡乱指控。为什么指控一人本已足够，却要指控五个人，其中四人还是声名远扬、备受尊敬之人？

至少，安妮·博林可能并没有像她所声称的那样无辜。也许她不顾一切追求其他男子，是为了求得一男嗣，使其继承王位，这样就能将她自己和家人从可以预见的不幸未来中解救出来。庭审的内容并没有完全公开。据称安妮曾经同乔治·博林的妻子谈及国王性无能。在受审期间，法庭递给乔治·博林一份有关此事的详细报告，并要求其默读。"国王并不善于同女性行云雨之事，既无廉耻亦无能力。"他大声地将其朗读了出来，一方面是谴责，一方面是虚张声势。这种做法并非诚实之人所为，而是一个被告想要和法庭拼个鱼死网破的做法。乔治·博林亦没有否认他曾散布有关伊丽莎白公主并非国王亲生的谣言。事实上，根据传言，亨利·诺里斯爵士才是伊丽莎白公主真正的父亲。但事情已经过去了这么多年，一切都无从查证。真相从来都是藏形匿影、难以为人所知的。对 1536 年春发生的一系列事件，一开始也被牵连进去的托马斯·怀特用诗句做了极好的概括：

> 在这腥风血雨的日子里，我的心支离破碎，
> 我的贪恋、我的青春，从此一去不回……

处决安妮·博林的当天，国王穿了一身白衣，到了第二天，他又结婚了。他要么对安妮所犯的罪深信不疑，要么又发现了自己预料之外的新罪
97 行，抑或两者都属实。他的私生子里士满的亨利（Henry of Richmond）来拜访他的时候，国王流着泪说他和玛丽“须感谢天主保佑，得以脱离了那个女人的魔爪，她曾想毒害他们两人”。据说国王的行为举止近乎得意忘形，他还写了一首悲剧诗，诗中安妮·博林有着一百起风流韵事。

国王再婚还有一个理由，即他已经人不惑之年，求嗣子之心十分迫切。他事实上早已不把玛丽和伊丽莎白当作亲生骨肉看待。里士满公爵是私生子，因此也没有继承权。

英格兰人民并没有对安妮·博林的死表现出很大的不满。大部分民众对安妮持谴责的态度，至少私下里是这样。当时有一位作家写道，民众因为“国王情妇的灭亡”而欢欣鼓舞。亨利的新妻子简·西摩也没有受到众人的欢迎。“最近有一首民谣对我俩大肆嘲讽，”亨利对简说，“如果这首民谣流传开来，你看到了，望你多加克制。我当下还不知道谁散布了这些恶毒的文字，一旦找到，必将对其严惩不贷。”而事实上，这首民谣的作者最终还是没有找到。

民众的喜悦之情还来源于多数人相信玛丽公主将重获国王的宠爱。但这种对宫内情势的预估太过于乐观。这时，托马斯·克伦威尔对玛丽的支持者持抵制态度，因为他觉得这些人正试图帮玛丽夺取王位继承权。似乎简·西摩本人也力劝自己的新丈夫同他的大女儿重归于好，亨利却给玛丽进一步施压。

他派了一个以诺福克公爵为首的代表团去见玛丽，敦促她宣誓效忠，

誓词包含了否认她母亲婚姻的合法性和否认她自己身份的合法性。此外，还要求她承认国王是教会的最高领袖。对于以上这些问题，玛丽拒绝宣誓。诺福克公爵于是宣布她犯叛逆罪。显而易见，亨利想杀她灭口，哪怕此举将带来不愉快，甚至难以承受的后果。托马斯·克伦威尔给玛丽的信中写道："在我看来，你的顽固执拗闻所未闻。"他敦促她就自己的"忘 98
恩负义、无可救药的刻薄"做出悔改。他警告若非如此，她"大限将至"，可能会被当作叛徒处死。当时，她二十一岁。

没过多久，她便服软了。神圣罗马帝国大使向她建言，指出她有义务在混乱与恐惧中保全性命，并说服她相信自己的使命是拯救国民，给予他们正确的信仰，这是世间任何事都无法阻止的。殉教是不负责任的行为。她没有阅读《服从申明》，而是直截了当地签了字。她声明"国王陛下为地上英格兰基督教会之首脑"，她母亲和国王之间的婚姻"依天主与凡人之律法，定性为乱伦、非法之行为"。

这已经是她的极限了。她卑躬屈膝地给父亲写信声明："您慈悲满怀，充满父爱地悯恤我，我愿将自己的全部交付于您，我不求地位，不求身份，不求体面、高贵的生活，陛下赐予我的一切我皆欣然接受。"她立即重新得宠，但她的良心与自我意识已经损毁。她再不会屈就，再不会软弱了。同母亲断绝关系的内疚感将常伴她左右，也许和史密斯菲尔德的大火也有部分关联。据说她在签署完《服从申明》之后，立即从悲伤与悔恨中恢复了过来，要求神圣罗马帝国大使为她向罗马教会讨要一份特别豁免状。而她似乎也很适应重返宫廷后的生活，她会去买珠宝和漂亮衣服，还会参与赌博，虽然都是小赌，但次数频繁，身边还围着一帮吟游诗人，此外还养着一个专属"弄臣"，名叫简，剃着光头。

安妮·博林被斩首之后，有一件事变得很明朗，即那些因安妮干涉国政而获益的宗教改革派注定要失势。在罗马，对英格兰国王的厌恶之情转变成了一种类似同情的情感，人们幻想着亨利在经历了"巫婆"蛊惑的种种之后，该迷途知返皈依教会了。而这种想法自然是曲解了亨利宗教改革的本质。他从未反对过教会的教义，他反对的是教会的领导。他对自己

99 手中握有的权力以及利益的理解，使得他断无归顺罗马教廷的可能。此外，他认为只有实现了宗教团结，才能实现政治团结。

亨利把自己看作《旧约》中的诸王，由于害怕天谴，决心在自己的王国推行神律。以色列王约阿士不是也把司铎的金子全部收缴了吗（《列王纪下》12）？约史雅不是也改革了天主的圣殿吗（《列王纪下》24）？撒罗满不是也判过案吗（《列王纪上》3：16—28）？达勒姆主教卡斯伯特·滕斯托尔称亨利的所作所为“同以色列最高、最好的国王如出一辙，是所有基督教国王的榜样”。

然而，亨利对于王权至高的笃信，使得他意图对隐修院和学院进行改革。他每天都要进行数次弥撒，从未声称，也不认为自己信仰路德宗。他还笃信当时流行的多种热心善功，其中就包括“爬向十字架”仪式。他终其一生手指上都缠着属于他自己的念珠，后来这串念珠由德文郡公爵所有。他还下令在自己死的时候举行多次安魂弥撒。不论怎么说，他都称得上是个正统的天主教徒。

6月初，议会召开会议，讨论处死安妮·博林之后王国的现状。议会取消了两项有利于安妮·博林及其后代的法案，将伊丽莎白的身份降成和玛丽一样。大法官盛赞国王开启的第三段婚姻，称其“低声下气地向贵族们恳请之后，再一次接受了当下的处境，娶了一个不论从年龄还是外形上都利于生育的妻子”。

得一男嗣为关键所在，若国王驾崩（愿此事不会发生！）或新王后不育，“他希望你们可以为其指定继承人”。对于这个问题，众人可能已经讨论并演练过如何回答了。因为国王没有合法的男嗣，而议会赋予了国王传位的权力。因而，国王的私生子里士满公爵就有可能继位。至少在最坏
100 的情况下，可以做此考虑。然而，在1536年夏，里士满公爵因患肺结核或某种不知名的肺病撒手人寰，再次使这个脆弱的王朝雪上加霜。亨利下令将儿子的尸体秘密焚毁，以免动摇人心，但这不论如何都无法掩饰一个事实，即继承权将落到被他宣布为私生女的两个女儿身上。这个年轻人的

坟墓装饰华丽，现在依然放置在位于萨福克的弗拉姆灵厄姆总领天使圣弥额尔教堂中。

这一时期，国王的焦虑于是年夏天彰显无遗，诺福克公爵的弟弟托马斯·霍华德勋爵被控叛逆。他的罪行是同苏格兰王后的女儿玛格丽特·道格拉斯小姐交好。由于苏格兰王后是亨利的妹妹，亨利因此怀疑霍华德觊觎王位。霍华德在伦敦塔中认罪，并于后一年被处死。

1536 年 6 月，高级教牧人员齐聚圣保禄主教座堂召开大会。最近就职成为伍斯特主教的改革派领袖休·拉蒂默被推举发表讲话。他讲话的文稿取材自《路加福音》，题为“今世之子比光明之子更具智慧”（《路加福音》16：8）。他要求在场的众人扪心自问，自己在诸次大会中有何收获。罗马教廷可憎的谎言依然残存，如“列入圣品、列入真福品、兼职、豁免、各式各样的赎罪券”，以及“古而有之的炼狱概念，像扒手一样只管偷钱”。他对众人说，你们一定知道一个说法：上梁不正下梁歪。在传道的末尾，他提醒众人：“上帝会拜访你的，他会来的，但不会久留。”

五百名神职人员对此有何反应，史书并无记载。但两周后，他们向国王递交了一封请愿信，信中谴责了正在国内蔓延的诸多渎神行为和异端思想，毫不掩饰地攻击拉蒂默和其他激进分子。圣体圣事被形容成“巧妙设计的轮流作业”；傅油礼中的圣油被叫作“罗马主教的油脂和黄油”；圣母被称作“就像一个原本装着藏红花和胡椒，现在里面一无所有的袋子”；弥撒和晨祷只是“呼喊交换、口哨呢喃、巫术戏法”；他们对此等 101
说法感到痛心疾首。言下之意便是让国王叫停改革。这封请愿信并没有质疑“容忍”这一概念，不过该概念鲜有提及。宗教问题事关重大，无法处理得面面俱到。所有错事都会通过各种渠道被检举揭发。

亨利在克兰默等人的协助下列举了一份英格兰人民应当信奉的宗教信条作为回应。《十条信纲》的序言称列举这些信条的目的是“同心协德”。实际上，国王希望一方面维护王权的至高性，一方面在不奉行路德宗教条的前提下对教会进行全面改革。他和改革派意见一致的地方似乎只落在看重三项圣事上，即圣洗圣事、告解圣事、圣体圣事，而同时也不否定其他四项圣事的效力。炼狱被谴责为罗马主教险恶用心的产物，但同时也称“由于长久以来的风俗，炼狱可以达成，亦有利于我们为逝去灵魂祈祷的目的”。关键在于权衡利弊。《十条信纲》的手稿有一页尚存，残页上潦草的字迹展示了改革派克兰默和保守派滕斯托尔为了夺权而针锋相对。

关于妥协与调和，还有其他例子。跪拜圣像的习俗被认为是毫无必要的迷信，而教会的其他习俗和仪式，如在圣灰礼仪日的星期三涂抹圣灰和在棕枝主日拿棕榈枝却被认为是“合理并值得称赞的”。尽管《十条信纲》已编成，国王和新王后简·西摩依然参加了感恩圣事庆典弥撒中的耶稣圣体游行。宗教改革的问题被提了出来，却一直得不到回答。英格兰教会不论从什么方面看，依然是一个天主教会。已到百尺竿头，却无法更进一步。宗教改革的进程断断续续，东拼西凑，未来不甚明朗。《十条信纲》被德国宗教改革家墨兰顿形容为“令人困惑的律法”。

然而，对于如何达成亨利的直接目的，所有人都不含糊。1536 年春
102 末夏初，较小的隐修院都由托马斯·克伦威尔所控制。议会在年初就通过了《解散隐修院法案》，如今，政府官员开始行动了。解散小型隐修院一共花去了六个多星期时间。钟楼上的钟被卸下，隐修院内的珠宝被运走，存粮被变卖。在整个掠夺过程中，两千个修士修女被赶出隐修院还俗，至于他们之后的生活境况如何，无人知晓。

然而，解散隐修院的过程并非总是这么快速、平和。一次，巡访人员认为坐落于埃克塞特的圣尼阁隐修院中的大十字苦像应该被卸下，一群愤怒的妇女冲进教堂，包围了拆苦像的工人，“朝他扔石头，为了自身安全，工人被迫逃上了塔楼躲避”。但众人紧追不舍，最终工人被迫跳窗逃生，“摔折了一个肋骨，还差点摔断了脖子”。

9 月末，诺森伯兰郡赫克瑟姆隐修院中的隐修士们也拒绝配合。政府委派的官员们进城后发现，“众人聚在一起，手持钩镰枪、戟等防卫武器，站在街上，一副战时保卫自己家乡的阵仗”。官员们骑马朝隐修院走去，镇上的警钟和隐修院内的大钟一齐敲响，隐修院的大门在他们面前紧闭，一些隐修士站在屋顶和塔尖，手里握着长剑和弓箭。“屋内还有二十

位我们的弟兄，”一位教堂议员喊道，“你们胆敢闯入，我们必以死相拼！”

除刀和弓之外，他们还有另一件武器。约克总主教请求国王宽恕赫克瑟姆的修士，并确实获得了一份印有玉玺的豁免状。到访的官员看到了豁免状便退走了。第二天，修士们两两成行走出屋子，手持武器，由赫克瑟姆民众陪同来到了“一个名叫绿地的地方”。在那里，众人看着官员们离去，“直到消失在视线之外”。但后来，修士们依然遭到了惩罚。国王在一封写给诺福克公爵的信中点名要把赫克瑟姆的修士“吊起来（绞死），103
无须客气，立即执行”。

随后出台的某些“禁令”也引起了公众的愤怒或失望之情。这些禁令是推行《十条信纲》的结果，包含禁止提及炼狱以及废除截至当时一直被当成假日的一些圣人节日等内容。这一年，托马斯·克伦威尔还命令摧毁威斯敏斯特教堂中忏悔者爱德华的圣地。这个举动也是用来打击由修士维持并借此剥削民众的“迷信”。对于很多人来说，尤其对于伦敦市民来说，可能这些事情无关痛痒。但那些思想更为正统，更为虔诚的人便被这些事激怒了。他们的不满很快便发展成为公开的暴动。104

9

大暴动

1536 年春夏之际，英格兰境内谣言纷起。一位来自坎伯兰郡彭里斯镇的司铎南行至蒂克斯伯里，在一家酒馆里说道：“我们遭受剥削，遭受压迫，但我们定会翻身，将来有一天，会有四万人揭竿而起。”这可能只是醉话，但人们，尤其是北方人，对于解散小型隐修院一事心怀不满。因为隐修院会在灾时给人们提供食物和慰藉，这是一个延续了好几代人的传统。

还有一位来自埃塞克斯的司铎和一个名叫兰布雷斯·瑞敦的苦力一起捆谷时闲聊。“北方要出事情了”，司铎说道，但他并没有继续说将有一万人，包括他自己会在那里造反。

“君子慎言，”苦力饶有智慧地答道，“多言惹祸。”

“忘了我刚才对你说的话吧，也不要多关心，因为不到复活节，王位就将易主。”

风传堂区教堂的珠宝和祭器将被移走，代之以锡器和铜器。先前洗劫圣地一事多少增加了这种说法的可信度。据传每个堂区教堂之间的距离至少相隔五英里，间距小于这个范围的教堂将被拆毁。据说所有的洗礼、葬
105 礼、婚礼等都将交税，所有穷人想吃白面包或鹅肉都要事先给国王上贡。

“老可怜虫”爱德华·布罗克称只要国王在位，恶劣的天气将持续不断。

人们相信魔法师梅林早已预言了安妮·博林的倒台，因此特别留意各种异象和征兆。在隐修院间流传着这么一句话：“用作装饰的玫瑰应被扼杀在母体中”，意思是亨利将死于司铎之手，因他所反对的教会即他的母亲。预言是人们用以对抗圣旨的武器。

暴动的迹象从夏天开始显露。温莎镇的一个司铎宣传暴动之事，被当场绞死。汤顿镇有五六十个男女揭竿暴动，其中十二人被判处死刑，并在不同的地区行刑，以儆效尤。十六岁到六十岁之间的司铎和会士被禁止持有除切肉刀之外的任何武器。

第一起大规模的暴动发生在1536年10月初。此前，三组枢密院委员出于不同目的突然造访林肯郡，一组委员前去解散小型隐修院，另两组委员意在收缴税款以及审问神职人员。这次来自伦敦的干涉行为让人们忍无可忍。在劳斯集镇，人们聚集在三个银十字架之后列队游行，一个名叫托马斯·福斯特的男子一路歌唱，突然，他大声喊道：“大人们，站出来，今天我们来一起跟随十字架的脚步：让天主告诉我们是否还应追随那些人。”人们害怕财产遭到没收，当晚一群村名拿起武器来到堂区教堂前守护里面的财产。

劳斯“起事”的消息不胫而走，多个武装团体由一个自称“鞋匠头领”的男子领导，出没于全国各地，妨碍或阻止委员们的工作。各堂区警钟长鸣，号召人民起义。暴动的人群要求国王“今生今世不得从平民处搜刮钱财，不得继续解散隐修院”，此外，还要求托马斯·克伦威尔等“异
端”主教投降，并接受应得的惩罚。劳斯堂区还表示人民对于“取消宗 106
教节日……解散隐修院”以及“涉及圣母和炼狱的不当言论”深感失望。宗教问题是他们抗议的核心。

暴民们还将“绅士”（不论自愿与否）吸纳进队伍，让他们提供支持和领导，从而为暴动正名。但是，林肯郡大法官被暴民拉下马并在司铎们的一片喊杀声中被诛杀，让事态变得越发严峻。一场大规模暴动一触即发，亨伯河南岸的灯塔被一一点亮。约克郡居民看到了火光，了解了其中

含义。林肯郡各地的兵团齐聚汉布尔顿山，组成了一支一万人的大军。这支军队不断积攒力量，据称单单向林肯郡进军的部队就多达两万人。

朝廷自然接到了这些事件的报告，亨利召来诺福克公爵命其领军剿匪。由于内心没有把握，他把玛丽和伊丽莎白两个女儿带到白厅，并在伦敦塔外加强防卫。当时，全国人民都有可能揭竿而起。他是否错估了自己宗教政策的影响？据温彻斯特主教史蒂芬·加德纳事后回忆：“北方动乱的时候，当时在位的是亨利八世国王，我肯定国王曾经下决心将至高权交还教宗，但最终这一时刻并没有到来。”各式各样的报告送达克伦威尔和国王手中。学徒离开师傅。城镇门户大开。佃户反抗领主。现在有四万暴民在进军。国王将十五个枢密院委员召集到身边。

暴民到达林肯郡时，绅士们暂住在主教座堂的院子里，教堂的会议厅便成了他们集会的地方。此时，国王的属下已经召集了许多骑兵，皇家军队也在诺丁汉、亨廷登、斯坦福德等地聚集。暴民也意欲一战，要求绅士
107 领军前进。这是内战的开端，这场宗教战役可能摧毁整个国家。据记载，“村镇中所有乡绅和自由民都对事态感到厌倦且遗憾，但为了保命，又不敢把自己的想法公之于众”。从某种程度上说，他们现在就是那些“乡巴佬”的人质。

贵族们给国王捎去了请求原谅的信件，并走出主教座堂，来到平民聚集之处。贵族们说他们将不再前行，而是要等待国王的答复。这个消息让暴民们手足无措，众人担心大难即将降临，谁都逃不过。许多人偷偷溜回村庄，据说林肯郡的乱民人数由此减少了一半。皇家传令官来到镇上，命令众人缴械投降，在国王的威慑之下，暴民纷纷作鸟兽散。平民向国王请愿，国王以强硬的态度做出回应。“尔等乃一郡之草民，竟如此狂妄，”他的回信与其说老练圆滑，不如说透露出强烈的愤怒，“汝等实乃全国最为暴虐可厌之徒……胆敢给朕招惹是非。”暴民多数得到了宽恕，仅有几个当地领袖被绞死。柯克斯特德和巴灵的隐修院长也因煽动骚乱被处决。这场叛乱总共持续了十四天。

林肯郡的暴动虽然就此平息，但它实则是另一场运动的序幕，这场运

动将在另一个地方发生，其规模和危险性都会比前者大得多。“事态如高烧不退，”一位官员在给克伦威尔的信中写道，“时好时坏。”约克郡的居民看到亨伯河沿岸的灯塔被点亮，纷纷举起反旗。一位钦差大臣日后对克伦威尔说，若林肯郡没有叛乱，那北方的叛乱也不会发生。东赖丁地区的起义完全由先前的起义所引发，不过该地区的暴民比较有组织性。隐修院在约克郡居民的生活中占据重要地位，解散小型隐修院一事在该地深受诟病。

暴民们名义上由一名为罗伯特·阿斯克的贵族领导，以贝弗利镇的钟声为号揭竿而起。他们草拟了一份宣言，所有起事者都必须宣誓保卫天主、保卫国王、保卫平民、保卫神圣的教会。毫无疑问，主教和贵族不在受保护之列，因为人们普遍相信是“枢密院中的佞臣”误国。国王、平 108
民以及教会被视为英格兰的基石。不论如何，人们都不可能反对亨利，因为这是叛逆行为。

这场暴动被称为“求恩巡礼”。以绘有基督在十字架上所受的圣五伤的徽章或旗帜为标志。这也许足够表明这次起义在很大程度上是一次宗教抗议活动。暴民们的要求包括恢复“旧信仰”、恢复隐修院等，此外，还提出了个有趣的条件，即“应使玛丽小姐身份合法化，并撤销之前（剥夺其合法身份）的决定”。因此，玛丽被看作正统天主教的非官方代表。

贝弗利镇钟声刚一响起，人们便蜂拥到空地上，在阿斯克的指挥下，众人决定全副武装在韦斯特伍德公园集合。阿斯克发表了一份宣言，号召“人人须真心拥护国王的后裔，拥护贵族的血统，保护天主的教会，使其免受佞人腐化”。约克郡的钦差达西勋爵接报，某些“愚蠢之人”正在诺森伯兰、登特、塞德伯、文斯利代尔等地煽动叛乱。达西立即骑马前往庞特弗雷特城堡，派遣自己的儿子前往白厅。北赖丁和达勒姆郡的暴民们由“贫穷头领”领导。“贫穷头领”并非真人，而是一个原则。由此可见这些地区的人们和坎伯兰及威斯特摩兰的人们一样，暴动的原因并非出于信仰，而是出于土地和经济方面的考量。在坎伯兰郡，四个“头领”（信仰、贫穷、怜悯、爱德）庄重地行进到自治城镇的教堂边，并在那里聆听了弥撒。

10月中旬，罗伯特·阿斯克率领本部人马向约克进军。其余人则分兵围攻赫尔。赫尔为贝弗利镇的贸易对手，不战而降。达西给国王写信要求金钱和武器支援，从而保护国王在约克的财产，因为该地民众对此“漠不关心”。10月15日，由阿斯克率领的两万大军兵临城下，发表宣言称国王身边的“佞臣”应为“违背天主信仰”的改教行为负责，这些“佞
109 臣”还意欲“将全国劫掠一空”。这句话暗指解散小型隐修院以及担心堂区圣堂遭劫掠等事，但也和人民担负的苛捐杂税有关联。

约克市长打开城门，阿斯克和手下兵士就此进城。此时维持秩序为第一要务，故暴民队伍（或称“巡礼军”）奉命每餐须支付二便士。阿斯克本人携带着一封给国王的请愿信。信上重申了先前的抗议和不满，其中“解散如此多的宗教团体”列于首位。请愿信还谴责了托马斯·克伦威尔和多位主教“颠覆了耶稣的信仰”。阿斯克在约克大教堂门前下令“宗教人士各归其所”。许多小型隐修院在约克市内外重建。市民欢欣鼓舞，举着火把护送修士回家。修士们回到隐修院，“尽管时间已晚，依然在当夜唱起了晨歌”。

约克郡的暴民队伍曾由于林肯郡暴动失败的消息感到悲伤受挫，但现在他们军纪愈加严明，目标愈加明确。此外，他们还得到了乡绅的支持，当然有些人是出于自愿，有些人遭到了胁迫。暴民们让贵族们宣誓，誓词如下：“你等加入此次求恩巡礼的目的不是为了国家，而是出于对全能天主的爱，出于对信仰的爱，出于对为了保卫神圣教会而战之人的爱，并且你们要保全他们，保护国王和他的子嗣，净化贵族阶层，驱逐那些农奴和佞臣。”驱逐“农奴”体现了这些人的担忧。据称传统的社会秩序和对于社会阶层的尊敬已被破坏殆尽。这些贵族和平民都非常保守。阿斯克和他的追随者似乎对自己是为君分忧，国王终究会感谢他们的付出这一点深信不疑。

当下，阿斯克动身前往庞特弗雷特城堡，仅带三百人随行。他是去给聚集在城堡内的贵族们递劝降书，并威胁他们如若不降则刀兵相见。他很

清楚自己背后有成千上万军队撑腰。达西决定与其谈判，于是邀请阿斯克 110
进入议事厅，让阿斯克向约克总主教等人陈述巡礼军的苦难。阿斯克站在那些达官贵族面前说道：“首先，灵职议员[①]存在失职。”两天后，达西开城投降。亨利等人认为达西此举是玩忽职守。

暴动已经由约克郡蔓延到了坎伯兰、威斯特摩兰、达勒姆、诺森伯兰等地，说得更准确一些，东赖丁发生的诸事引发了当下混乱、迷茫的局面。贝里克、纽卡斯尔为了国王寸土不让，斯基普顿和斯卡伯勒的皇家城堡也坚守不降。在此过程中并没有发生大规模战争，只有几次小冲突，许多人疲于奔命，却不知何去何从。

皇家传令官来到庞特弗雷特城堡同罗伯特·阿斯克会面。传令官形容阿斯克“趾高气昂，目中无人，仿佛自己为王侯一般”。阿斯克收到了国王的敕令，但敕令上满是官腔官调，毫无实质性的指示。接着，战报传来，一支皇家军队在什鲁斯伯里伯爵的领导下，于唐克斯特南部仅 12 英里处聚集，距离庞特弗雷特城堡 25 英里。阿斯克军团决定南下向唐河进军，阻止敌军渡河。阿斯克还下令所有平民参加战斗时必须携带北部地区的主保圣人圣卡斯伯特的圣旗。其他军团也在庞特弗雷特加入了阿斯克的队伍，现在整个地区全民皆兵。

暴民抵达唐克斯特的时候，皇家传令官带来了什鲁斯伯里伯爵的口信。伯爵说必须避免内战，并提议派“四名谨言慎行的北方人”前往唐克斯特向那里的贵族解释起事的原因。阿斯克和其他叛军领袖对该提议争论不休。如果他们和国王的军队开战并最终失利，一切将功亏一篑。如果他们打胜了，则会在南部掀起一场宗教战争。不过这个机会十分难得。皇家军队规模不大，应该能够轻易将其击溃从而打通前往伦敦的道路。暴民
们并不知道国王的军队如一盘散沙，他们连敌人的军力和位置都不清楚。 111
但阿斯克毕竟不是拿破仑或克伦威尔。他犹豫了，选择了较为稳妥的方案。贵族和暴民将在指定的地点会面。

---

① 上议院中依教会职务而获得席位的议员。

约克郡和达勒姆的暴民向唐克斯特进发，司铎和修士在一旁诵经祈祷以鼓舞士气。他们高举卡斯伯特的旗帜，唱着军歌：

> 全知全能天主兮
> 如今终赐补偿兮
> 曾为奴隶受苦难
> 终将得自由……

他们选定了四名代表前往皇家军营，什鲁斯伯里伯爵已经同诺福克公爵及其他王公贵族会合，齐聚于该地。代表们事先记下了有关维持旧信仰，保留教会古而有之的自由等控诉，并在贵族面前陈词，诺福克公爵记下了代表们的陈词。双方约定各派大约三十人在唐克斯特大桥上举行会议商讨这些事宜。双方辩论的细节无人知晓，但很可能诺福克公爵在宗教一事上站在叛军一方，因为他在涉及旧信仰这一块以思想正统著称。

双方签署了停战协议，巡礼军解散的前提是所有控诉内容都要呈交给国王。而亨利这边，他对诺福克公爵和那些他心中的乱臣贼子签订协议感到震怒，他想让皇家军队一举击溃他们。不过现在情势对亨利有利。巡礼军几乎不可能再次起事了。他现在拥有无可争辩的时间优势，将所有反对者拖垮。阿斯克和手下继续相信国王将会充满感激地接受他们的建议，没有托马斯·克伦威尔和克兰默总主教进谗言，国王马上就会再次拨云见日。

11 月 2 日，国王对驻扎在唐克斯特北部的所有叛军下达了大赦令，
112 但获得大赦的人员不包括阿斯克和其他九个煽动叛乱的人。上一个周日，休·拉蒂默在圣保禄讲道十字架前布道，称那些穿着“前后印有十字架和圣伤衣服”之徒，意欲“欺骗贫苦无知的人们，将他们卷入同国王、教会、联邦为敌的战争”。

诺福克公爵等参与谈判的官员在温莎拜见国王的时候，亨利起初对他们不惩戒乱民一事震怒不已，最终他还是控制住自己的情绪，对巡礼军的

控诉写下了回应。他写道：“首先，关于威胁信仰存续一事，涉及甚广，三言两语难以蔽之。”而他也利用了暴民所抗议之事太过笼统这一特点，声明自己在维护真信仰方面比史上任何一位君王做得都要好。他完全不把暴民放在眼里，坚决不准备让步。“是故，”他警告他们，“此后，汝等须谨记对君王及领袖之责任，勿插手汝等不应过问之事。”但经过一天的思考，亨利觉得与其和约克郡的暴民针锋相对，不如做些妥协。毕竟他们还没有放下武装，而且北方的“狂徒”还随时准备加入叛乱。

国王给达西勋爵捎信，建议他用些手段绑架或诛杀阿斯克。达西以此举属于“背叛、中伤他人”之行为，有损荣誉为由，拒绝执行。这个回应尽管很勇敢但有欠考虑。因为国王对他的忠心已经深表怀疑，认为他同信奉旧信仰的人站在一边。有人觉得他过于轻易地将庞特弗雷特城堡拱手让人。亨利怀疑北方的许多乡绅都已经倒戈加入叛乱，他借由这一判断采取行动。据两个目击者称，达西在听到林肯郡暴动的消息时说：“啊，林肯郡的人民起义了。望天主赐福于他们。我倒希望他们三年前就揭竿而起，如果那样的话，这个世界将会变得更好。”他的猜想将很快成为现实。

骚乱和集会的传闻依然不断从北方诸郡传来，从王室的角度来看，比较令人担忧的是巡礼军的请愿书正在伦敦流传。阿斯克及其手下在约克、
庞特弗雷特等地集会。亨利令诺福克公爵回到北方彻底镇压叛乱，而公爵 113
答复说此事极难办到，亨利因此大动肝火。亨利对诺福克公爵的怒火并不亚于对暴民的怒火，他认为公爵生性软弱、毫无立场，甚至怀疑他站在北方乱民一边。不过他也知道威胁依然存在。是故他答应颁布无条件的赦免状，甚至答应和暴民在约克议会举行会面，考虑他们的要求。这些做法都是在拖延时间，他暗地里正在组建军队，准备在战场上将暴民一举击溃。

诺福克公爵再次会见了阿斯克及其同伙。公爵承认国王受克伦威尔和女巫（博林）的蛊惑，此次“巡礼”让国王在受到他俩阴谋诡计之后终于拨云见日，找到了正确的道路，但国王不可能在刀剑威逼之下同意请愿要求。如果巡礼军和平解散，国王应该会大发慈悲考虑他们的所有请求。对于解散隐修院一事，诺福克公爵表示所有隐修院将在议会下一次开会的

时候得到恢复，因为此事需要议会决定。实际上这是句空话，但亨利已经清楚地表示不管什么承诺都能许诺。暴民们还得到了无条件免罪的承诺。这就够了。阿斯克骑马回到庞特弗雷特，说服众人起义的目的已经达成。他扯下了五伤徽章，宣布他不再是叛军头领。此次叛乱就此终结。

然而，欺骗、掩饰是当时的传统。12 月 15 日，星期五，国王通过枢密院侍从给罗伯特·阿斯克带去一封信。信上他表示自己方才无条件赦了阿斯克的罪，非常想要同他见面，开诚布公地讨论叛乱的起因和经过。阿斯克欣然接受了这次赦罪的机会。阿斯克刚来到御前，国王便起身走到他跟前抱住了他。“欢迎，阿斯克，你真是好样的，枢密院大臣都在这儿，你可以提任何要求，我都会应允。”

“陛下，您受了克伦威尔这个歹人的蒙蔽。众人皆知，如果不是他捣鬼，我队伍中七千名可怜的司铎就不会遭此下场，无处可去。”

114 国王赐给阿斯克一件鲜红的绸缎外套，并要求他写一份过去几个月所发生诸事的记录。在阿斯克看来，国王似乎完全同意自己涉及宗教大事的观点。但是，自始至终，亨利都在骗他。亨利完全不想中止或逆转解散隐修院的想法，完全不想撤销任何一条已经生效的宗教法令，他绝不可能在约克召开议会。不过，阿斯克在当时还是有利用价值的。北方混乱加剧的流言传到了枢密院，国王要求阿斯克通过镇压叛乱来证明自己的忠心。亨利的担心是有理由的。诺森伯兰郡再次有人造反的消息已经送到王宫。传单已经贴到了教堂的大门上。“乡亲们，拿起武器，别再相信那些贵族老爷。现在就来大干一番吧。天主来做你们的主人，我来做你们的头领。”

这些头领中有一个走上了历史舞台。他就是弗朗西斯·比戈德爵士。比戈德来自英格兰北部的一个豪门，他们家族的城堡位于惠特比以北三英里。但他同时也是个负债累累的学者，总抱怨自己“因为学识渊博而遭别人怀疑和嫉恨”。他目睹了“巡礼”一路上发生的诸事，不相信国王许下的承诺。他尤其厌恶教会的官僚系统，所以从这个角度上说，他应该算是一个老“罗拉德派”信徒。不过他担心英格兰北部地区的命运，想要为之挺身而出。此外他身上也流淌着叛逆的血液，他的祖先曾经为亨利一世和爱德华三世战斗过。

比戈德在群众面前痛陈北部人民的悲苦，其中多人前来响应了他的号召："前进吧，机不可失，失不再来！"众人决定比戈德应领导乱民占领赫尔和斯卡伯勒，直到国王在约克召开议会，但比戈德的追随者在这两个地方都打了败仗。托马斯·克伦威尔派去北方侦察的人员在回信中写道："启禀大人，北方人心不稳，事态诡谲复杂，民众瞪大眼睛四处搜寻意欲占有之物，问及何物，却绝口不提。"

是故这次迟来的叛乱最终没有达到目的。急于向国王表忠心的乡绅们四处募兵。诺福克公爵组建了一支四千人的军队，其中多数是罗伯特·阿 115
斯克的手下。这些人急切地想要将功补过。乱民遭到了抓捕、伏击、屠戮。一部分乱民试图偷袭卡莱尔，但被击退并俘虏。诺福克同时发布公告，要求所有叛乱者前往卡莱尔乞求国王的宽恕。由此，那些被称为"卑微懦夫"的乱民纷纷前来乞求宽恕。"我叛乱是因为怕死。""我叛乱是因为害怕失去家产。""我叛乱是因为害怕房子被烧，妻离子散。"

不过，这些无论如何都不可能平息国王的怒火。他下令诺福克公爵："以残忍之方式，于每村每镇之中，多挑点人处决……杀鸡以儆猴，这样他们便再不敢造次。朕命你处理此事，不得手下留情。"更有甚者，针对某些罪犯，国王下令必须由与其有关人员组成的陪审团定罪。这样，叔伯可能就要同意判侄儿的死刑，并看着他的头被钉在木桩上示众。许多叛乱者被绞死在自己村里，吊死在自家院子的树上，以此作为叛逆的警示。其他人则戴着镣铐上了绞架。国王要求对反叛者施以最严酷的惩罚，以警后世。

腥风血雨带来的恐惧出现了效果。自此再没有关于反叛的流言蜚语，再没有对解散隐修院的抗议。人们噤若寒蝉。叛乱的领袖被押送至伦敦，关进了伦敦塔。达西勋爵涉嫌叛逆，在威斯敏斯特大厅受审，最终在塔山被斩首。罗伯特·阿斯克，尽管国王先前对其热情相待，最终还是接受审判并被判有罪，在约克被绞死。

如果叛军队伍更为团结一点，多一点主动性，可能就会攻破伦敦，进入王宫了。尽管他们没有成功，但这场叛乱反映出民众对国王和克伦威尔宗教政策的普遍抵抗态度。多数人希望堂区教堂能够维持原样，反对任何
116 形式的革新。例如他们坚决主张“cura animarum”（关爱灵魂）一事，应该交还给教宗负责。他们谴责路德等人为异端。但是亨利通过欺骗和狡诈打败了他们的领导者，挫败了他们的意愿。他没有履行诺福克公爵代表自己做出的承诺。尽管兴许带有辩解的意味，他说了这么一话：“对待叛徒，还能有什么办法呢?”他胜利了。克伦威尔写道，改革的敌人“如今
117 低声下气，再不多言反对一事”。亨利可以毫无顾忌地为所欲为了。

10

充 公

前次叛乱的所有涉事修士和院牧都被逮捕并遭处决，他们的住所被收归国王所有。柯克斯特德隐修院、巴灵隐修院、方廷斯隐修院、耶瓦尔克斯隐修院和沃利隐修院的院牧都被绞死，一年后，格拉斯顿伯里隐修院、科尔切斯特隐修院和雷丁隐修院的院牧也遭受了同样的命运。而这只是大规模没收隐修院财产的序幕。亨利挫败“求恩巡礼”一事说明他和克伦威尔现在有胆量继续并深化解散隐修院的政策。不出三年，男女隐修院、修会等机构都将不复存在。

不过亨利还是对公众的不满有所忌惮。他在苏格兰领导人制定解散隐修院相关政策时向他们传授经验，建议他们做事要“秘而不宣”，不让教士们有推三阻四的机会。他接着建议委派专员前往各地，“表面上是维持秩序”，实际上是去“了解当地对此事的民意反弹”。苏格兰领导人之间应就分配隐修院土地一事相互商讨，从而实现“利益和荣耀的最大化”。应给予修士和院牧一定的经济安置。其实这正是亨利自己在施行的政策。

一些大隐修院的院牧首先让出了他们的房屋，并签署声明表示：“他们深刻认识到，长久以来，自己和其他道貌岸然的信徒的生活方式和营生 118
手段中不乏愚蠢的仪式……这些仪式使其双眼遭蒙蔽，无法真切了解天主的法律。”说得好听点，这叫自愿出让，但是此事背后实则隐藏着死亡和锒铛入狱的威胁。此后，眼见大型隐修院一座座解散，有些隐修院迫于形势也将自己的房屋让出。比如，1538 年头八个月，王室便吞并了三十八座隐修院。

克伦威尔安插在刘易斯隐修院的眼线描述了当权者“如何将一切夷为平地”。首先捣毁祭坛右侧的墓穴，接着依次拆除教堂的屋顶、墙壁、台阶。他写道：“我们从伦敦带来十七个人，其中有三个木匠，两个铁匠，两个管道工，一个锅炉工。”锅炉用来熔化从教堂顶上剥下来的铅。一切都得到了再利用。隐修院图书馆的藏书一度是英格兰引以为傲的珍宝，现在被用来擦烛台或擦鞋。这些纸张还有另一用途，即“钉在所有方便之屋的柱子上，让人人都能使用”。这里所说的方便之屋就是厕所。

一个住在约克郡南部罗切隐修院隔壁的年轻人，询问正在拆毁隐修院教堂的工人。

“在你看来，”他问道，“那些宗教人士，以及先前的宗教怎么样?”

“挺好的，”工人答道，“我没看出哪里不好。”

“是吗，那你怎么就把自己觉得不错的东西拆毁了呢?”

“拆毁隐修院难道对我们一点好处都没有吗？既然到处都在拆隐修院，所以我也跟着拆了。”

这一对话道出了英格兰人民在宗教改革过程中的心声。

嘉都西会教士受到了最残酷的镇压，在 1537 年夏，一份文件详细罗
119 列了他们的境况，文件的标题有“遭驱逐者有”，“命悬一线者有”，“病倒者有”。史密斯菲尔德的卡尔特隐修院被改建成摔跤运动场，里面的教堂变成了存放国王营帐的仓库，讲道台则变成了赌桌。

眼看被解散的命运在所难逃，隐修院纷纷将财产变卖或出租。毕萨姆隐修院的隐修士不仅在会议厅里把祭衣变卖了，还在走廊上叫卖自己的风帽。

不过，隐修士们也得到了一些生活补贴。例如，卡索尔阿卡隐修院的隐修士们能够一次性拿到两英镑的补偿，每月还有少量津贴，这一举措得

到了推广。由此，一些隐修士愿意，甚至渴望离开隐修院。“感谢天主，”比尤利隐修院前院牧如此说道，“我终于从那些下流的修士队伍中脱离了。”索特里隐修院前院牧披露道：“我当院牧的时候，一直债务缠身。”有一些院牧后来成了堂区主教，比之前富裕得多。例如，瑟布林罕修会会长成了林肯郡主教，彼得伯勒隐修院院牧成了牧座主教。很多隐修士则成了主教座堂的议员或受俸牧师。

现在还负隅顽抗的人要么特别勇敢，要么就是愚不可及。欣顿的嘉都西会有一个教士否认国王至高无上，其他人解释这个人是个疯子。钦差们碰到拒不服从的隐修院，有时候会对其放任自流，先去处理其他事情，让那些修会孤立无援，待将来再回头处理。不过也有时候会采取突然袭击解散隐修院，伊夫舍姆隐修院的修士们就在晚祷时，被钦差们勒令“收场离开”。

那些掠夺来的财物去向何方？之前政府提出解散隐修院，是为了国家大业。各个隐修院的收入将会被用于兴建学院、学校、医院，“在那里，天主的恩典能够更好地得到传播，孩子们在知识的浸润下成长，教士们接受大学的教化，穷困的老仆人能够安度晚年，救济穷人的救济院也能有资金维持，通晓希腊语、希伯来语、拉丁语的读经员也能领到可观的薪俸，
救济金每天都能发放，道路也能得到修整……”不过上述承诺从未兑现。 120
当时人们只信仰一个神，即钱财。

被占领的隐修院领地面积难以度量。尽管当时普遍认为圣职人员拥有英格兰三分之一的国土，不过即便保守估计，修士们也至少控制了英格兰国土面积的六分之一。这对于王室来说是一笔巨大的财富，而解散隐修院这一举措标志着自“诺曼征服”以来土地拥有权规模最大的一次改换。

隐修院土地大部分被卖给了那些出价最高或贿赂最多的人，其次被卖给了乡绅或意欲凭借名下土地巩固社会地位的富商。正是通过这一方式，正在发迹的家庭和宗教改革以及都铎王朝紧紧地捆绑到了一起。有时候，城市公司也会像医生、律师等组成的投资促进协会那样购入土地。成功人士家里的客厅墙上挂着祭坛布，桌子和床上盖着的不是毯子，而是教士的

大圆衣。一度神圣的圣爵和圣盘现在也成了日常用品。据记载，贝里克的一个洗礼池被当成洗菜池，“作浸泡牛肉、腌鱼之用”。

许多隐修院的财产都进入了国王廷臣的腰包。例如，克伦威尔和诺福克公爵就瓜分了位于萨塞克斯的刘易斯和诺福克的卡索尔阿卡两地富有的克吕尼隐修院的土地和收入。克伦威尔最终私吞了六座隐修院的土地和收入，盛传他是除国王之外的英格兰首富。诺森伯兰公爵占有十八座隐修院的财产，而萨福克公爵名下有三十个机构。一辆辆货车接连不断地把金银餐具和珠宝运往皇家金库。

在被掠夺一空的隐修院废墟中，新楼房拔地而起。威廉·波利特爵士买下了纳特利隐修院，依着尚存的教堂和走廊建起了华宅。托马斯·赖奥思利爵士在蒂奇菲尔德隐修院的教堂正厅中建了一个警卫室，爱德华·哈林顿爵士则把一所修女院改建成家庭住宅。据说当时有一个来自兰开夏郡
121 的乡绅买下了一座隐修院，“在祭坛位置建起了起居室，把教堂改成大厅，把尖塔改成厨房”。伦敦思定会的尖塔被用来存放煤炭。嘉勒修女会的一座隐修院名为麦诺里，被改成了军械库。圣玛丽圣宠隐修院变成了海军的补给站，那里安上了大锅炉，专门用来烤面包。位于塔山旁一条街上的十字会隐修院依然叫这个名字，但被改成了玻璃工厂。其他教堂也被变成了马厩、饭店、酒馆等。马姆斯伯里和奥斯内的隐修院则变成了服装厂。

国内一些达官贵人也公开要求分赃。卡莱的最高指挥官理查德·格伦维尔爵士给克伦威尔写信称：“如若我不能购得或蒙皇恩赐得一两块隐修院的土地，我将洗手不干这件扫除国内虔敬之人的事。”换句话说，他也只是在如法炮制其他人的行为。

教士群体内部也在进行各种讨价还价。阿塞尔内隐修院院牧收到了一百马克补偿款和新的圣职岗位。他两手一摊表示：“与其拿这么一丁点回报，还不如三天斋戒，只吃面包和水。”一个修士准备以两先令的价格把自己的房门卖掉，并称拆这扇门就花了五先令。由此，不到三年，延续了千年的隐修院生活彻底分崩离析。

八座曾经由男女修士管理的主教座堂现在变成了世俗大教堂，这也许能算得上是不幸中的万幸。英格兰最为重要的主教座堂现在变成了坎特伯里大教堂、罗彻斯特大教堂、伊利大教堂、诺里奇大教堂、伍斯特大教堂、杜伦大教堂、卡莱尔大教堂等。只有考文垂主教座堂被拆毁。其他几座教堂在宗教改革后依然保持着音乐和礼拜的中心地位，但对于手中的权力变得越来越谨小慎微。

解散隐修院一事对于英格兰教育产生了难以估量的影响。众人做出了一定的努力，用世俗教育替代宗教教育。16 世纪的几十年间，教育机构的数量有所增加，但众人对正规教育的追求丝毫没有转变，热情依旧强烈。例如，亨利和大臣们在大教堂所在城市投资了十二所常设的语法学校，可以比较肯定地说，16 世纪依然是语法学校的时代。比较富裕的商 122
人们在自己所在的城镇投资建校，自治镇所属的机构取代了隐修院所属的机构。比如，一所基督医院就建立在伦敦的灰衣修士隐修院的原址上。

改革派领袖休·拉蒂默敦促温彻斯特的教士们，履行教儿童学习英语的义务，而克兰默提出在坎特伯里建立大学机构，以此替代隐修院下属的教堂学校。随后，约克主教宣布学校等机构“甚好，契合天主之意”。但旧信仰依然有其用武之地，一些修士担任了村镇的校长，教堂会议室变成了教室。

最后解散的一批隐修院有科尔切斯特隐修院、格拉斯顿伯里隐修院、雷丁隐修院等，这些隐修院的院牧被指控犯煽动罪。格拉斯顿伯里隐修院院牧被指控将自己屋内的财产隐藏或带走，据称他说过：“国王永远得不到我的房子，因为这违背我的意志，违反我的内心。”另有一事后果可能更为严重，据称他曾经表达过支持北方“求恩巡礼”暴动，称那些叛乱分子是“好人”，说他们“好样的”。此外，还发现他和雷丁院牧都出钱资助过巡礼军。隐修院遭到了搜查，在墙壁、墓穴等“隐秘之地”发现了金银、器皿、饰物等。钦差搜查了院牧的房间，发现里面有教宗诏书以及反对国王离婚的文件等涉嫌犯罪的物品。面对审问，格拉斯顿伯里隐修院院牧的回答让其难逃“心思歹毒、通敌叛逆”的罪名。

格拉斯顿伯里隐修院院牧遭到审判并被定罪。在格拉斯顿伯里，他被拖拽着游街，随后被带到名为格拉斯顿伯里高冈的锥形山丘上绞死。他的首级被挂在隐修院上，遗体被分尸后扔到了萨默塞特郡各地。于是，英格兰最著名的朝圣地之一，传说中圣杯和亚瑟王墓地的所在地就这么被解散
123 了。雷丁和科尔切斯特隐修院院牧也在自己的城镇遭受了同样的命运。

修女院和修士院最后才被解散。英格兰大约有一百四十所修女院，其中修女的数量约一千六百人，其中大多数隶属于本笃会。修女如果想要在世俗社会立足，所面对的困难要比修士大得多。她将没有生活来源，并且作为未婚女子，在一个公认婚姻为女性唯一选择的社会中将寸步难行。况且不论如何，修女和修士们还一直受到守身誓言的约束。

据钦差们的说法，兰利修女会的修女们“依然想继续从事宗教工作”。女会长“年事已高，身体孱弱”，“另有一人呆头呆脑”。但她们同样没有摆脱被遣散的命运。周围的街坊邻居真心实意地怀念修女院的存在。修女院曾经是那些达官贵族常去的地方。比如奥德利夫人就常常牵着十二条狗去兰利修女院的教堂做礼拜。修女院还为乡绅家的小姐提供基础教育，她们可以在里面学习医疗、女红、制作甜食、写作、绘画等。孕育了诺里奇的朱利安[1]等人的女性灵修大时代，从此一去不返。

1538 年秋，原先的修会组织遭到了全面破坏。修会都被安置于城镇内或靠近城镇的地区，修士们自发传教。当时的修会数量为两百个，修士数量总计约一千八百人。修会并没有多少财富，但也必须承认国王的至高权力。很多情况下，修会表示服从的方式是承认莫须有的“犯罪行为和恶习”。针对这一点，还会遭受一些指控，比如从事巫术行为。伦敦思定会的修士被比作来自舍伍德森林的野兽，据称他们早上六点便坐到酒馆喝酒，晚上十点才散去，“和醉醺醺的弗兰芒人如出一辙”。但事实上他们的主要罪名是拒绝改革。在凯瑟琳离婚案中大胆声张自己意见的方济会修

[1] 诺里奇的朱利安：英格兰隐修女，重要基督宗教神秘主义者，于 1373—1393 年间先后发表了《神圣之爱的启示》的初版和加长注释版，被视为第一本由女性书写的英语书籍。

士就是典型。一些修士改头换面，成了世俗的牧师，而其他人则回归社会。一次托马斯·克伦威尔经过一个修会，但看到修会成员依然穿着旧时 124
期的会服。他警告说：“一点钟为限，如若届时我听到你们还未把服装换了，立即绞死，以警世人。”

隐修院遭到解散的同时，其所属的圣地和圣髑也惨遭破坏。肯特郡博克斯利隐修院的“恩典十字架”便是圣物，在持新信仰的人群中也闻名遐迩，被称作“阿什杜德大衮”或“巴比伦的柏尔”。这个木质十字架上耶稣的眼睛和头有时候会动，在一些场合，整个十字架都会颤抖，表示接收到了信徒的祈祷。故许多人前来为这个奇迹捐献财物。结果人们发现是一个名为帕特里奇的人在装神弄鬼，用手摇动十字架，并且给其安装弹簧使十字架上的耶稣做出相应的动作。最后，十字架被运到伦敦，残片被抛给了圣保禄主教座堂前的群众。

1537 年夏，伍斯特圣母像被指为邪教之物，其身上的衣服和首饰被扒光，以此证明其不过是一个和中世纪前期主教形象类似的人偶。伊普斯威奇、沃尔辛厄姆、卡弗舍姆等圣地的圣母像被卸下，运到史密斯菲尔德焚毁。“黑尔斯之血”一度作为耶稣的血广为人知，后来人们发现那不过是蜂蜜和藏红花的混合物而已。索尔兹伯里主教尼古拉斯·萨克斯顿呼吁摧毁所有“臭靴子、脏梳子、破衣服（祭服）、烂腰带、破钱包、大牛角号角、头发、恶心的破布、所谓圣十字架上掉下的木片……”随后便有法令出台，禁止“亲吻或舔舐”所谓圣像。

而英格兰历史上最大规模的摧毁（或称渎神）行动才刚刚开始。坎特伯里的圣托马斯·贝克特圣地也许是当时世界上最富有之地。圣地中最廉价的材料竟是纯金。伊拉斯谟曾经形容该地“处处金光闪耀，珍奇异宝熠熠生辉，有些珠宝比鹅蛋还要大”。该地是信仰的宝库，是孕育奇迹的摇篮。而如今却遭到了洗劫，珠宝黄金被装进木箱，用牛车运往伦敦，足足装了二十六辆车。其中最大的一颗红宝石来自法国国王路易七世，本用 125
来献给圣人。现在被镶到了亨利大拇指的指环上。

圣人则被降级，民众只能称其为贝克特主教。他的所有圣像都被从教堂内清除，纪念他的节日也被取消。法庭对早已故去的他进行了审判，并判他犯有叛逆罪。他再也不是殉教者了，而是叛逆者。因为现在国王拥有了授予和剥夺圣人头衔的权力。贝克特的尸骸被掘出，放到位于市中心的火堆上焚烧，骨灰又被放到炮筒里射向空中。至此，教宗决定发布那份《罢免英格兰国王诏书》，对其施行绝罚，号召其人民拒绝服从。不过这份诏书并没有起到任何实际作用。

摧毁圣地一事的确引发了讥笑嘲讽所有旧信仰的浪潮，而且形式更为露骨。当时就有人说："如果圣母玛利亚在这世上，我会像搞一个普通妓女一样搞她。"牧师在弥撒的过程中举起圣体，一个堂区居民跟着就举起了一只小狗。据说，拉伊镇的一些居民说"弥撒和街头杂耍没啥两样，都是一回事"，还说"他们宁愿听狗唱圣歌，也不要听牧师唱"。

修会被解散之后，有一位修士被活活烧死。方济会会士约翰·福里斯特在狱中服刑四年，随后被控否定国王至高权。1538 年 5 月 22 日，史密斯菲尔德堆起了一个柴堆，柴堆上方挂着锁链吊架。过不了多久，柴堆上面就会放上被亵渎的圣人像，这个圣人深受北威尔士人民敬爱，名为达弗尔·嘉达恩。从圣像上可以看出，嘉达恩是个武圣人，手中握着宝剑和长矛。据说只要向这个木质圣像供奉金钱或动物，圣人就能将其救出地狱。而现在，轮到达弗尔自己遭受火焰的炙烤了。

行刑的仪式很典型。福里斯特被关在囚笼里，从新门监狱押送到史密斯菲尔德，有一万人聚集在那里观看行刑。休·拉蒂默被选来宣读布道
126 词，拉蒂默曾经兴致高昂地给托马斯·克伦威尔写信道："请准许我在例行公事之后，不顾仪态尽情欣赏福里斯特受刑的样子吧，我希望我可以站得离福里斯特近一点。"是故，他的讲道台被安置在绞刑架旁边，在那里他一讲就是三个小时。他劝告福里斯特忏悔，福里斯特高声答道："哪怕现在有天使从天而降，跟我说我一生的信仰是错误的，我也不会听他的话。"

"哎，"拉蒂默答道，"看教宗都把什么邪门歪理带进教会了！为了让你进一步了解这回事，我现在就会看到教宗所推崇的偶像，这个偶像长久

以来一直在欺骗威尔士人民。”克伦威尔一声令下，八个人把达弗尔·嘉达恩的人像抬到了空地上，引发了围观群众一阵高声尖叫，接着三个刽子手继续演这场闹剧，用绳子和锁链把人像捆起来，防止他逃脱。

“主教大人，”克伦威尔指着福里斯特大声说，“无须和此顽固不化之人多费唇舌。最好直接烧死。”他转而对士兵们说，“马上把他带下去。”

福里斯特被带往锁链吊架，吊到了空中。木质圣人像和柴堆就在他的身下，被火炬点燃。

这个会士就这么被吊在火焰上方，当他感受到烈焰的时候，他双手捶胸大喊“Domine Miserere me”，即“天主开恩”。两个小时后他才死去，在这一极端痛苦的过程中，他抓住一把梯子，摇晃吊架，想要脱离火焰的炙烤，但最终没有成功。编年史作家爱德华·霍尔毫不留情地写道：“竟然如此贪生怕死，丝毫不像虔信天主之人。”不久，伦敦的街头巷尾流传着这样一首民谣：

> 这些神明是何物，
> 真相已大白，
> 都是傀儡、玩偶、妖精；
> 打倒它们多少次，
> 它们都无法起身，
> 连自己都拯救不了。 127

几小时后，位于十字巷靠近圣玛格丽特·派腾斯教堂的圣十字架遭到了攻击并被拆毁。不过，想要消除或摧毁旧信仰的信条，就没那么容易了。 128

11

老规矩

1537 年初，主教们奉命拟定一份信仰声明，该声明须大体上符合亨利所走的介于正统与改革之间的路线。主教们在讨论时几乎对所有问题都各执一词，最终拟出的声明被温彻斯特主教称作“大杂烩，每个人都凭着自己的喜好往里面放东西”。有些人说，圣事有三项，另一些人则坚持有七项，但还有一些人觉得有一百项。主教们围桌而坐，桌上盖着桌毯，他们身后则站着宗教顾问。在场之人刚就最后一项声明达成初步共识，便兴高采烈地离席庆祝。与此同时，大瘟疫席卷伦敦，甚至兰柏宫门外都横着尸体。

国王审阅了整份声明，并做了大量修改。托马斯·克伦威尔在一旁指导，并且大胆纠正国王的观点和语法。克伦威尔告知君王，有一个词“让句子的意思变得含糊不清，故应删去”，还提醒他“过去时和现在时放在一起不合适”。亨利似乎并没有因为总主教的犯上行为感到不快。

129 这份声明得名《基督徒的基本原则》，但另一个名字流传更广：《主教书》。里面主要汇集了一系列讲道员在讲道台前的长篇大论，其主旨基本在为旧信仰正名，并严令人们接受旧信仰。新旧信仰最大的不同以及争论的焦点集中在“信仰”和“工作”两个概念之上。信仰路德宗的人认为人类获得救赎的唯一希望来自对基督的信仰。尽管全人类都是堕落的，但基督在十字架上牺牲了自己，足以拯救误入歧途的灵魂。如果个人将自己全部的信仰和希望寄托在耶稣身上，此人便能获得救赎。工作①和行为并不能改变什么。问题在于有罪的人类在神的恩典之下，是否能瞬间获得重生，从此信心坚定，再不动摇。奉行旧教会教义的人坚决反对这一信条，他们相信善行义事才是获得拯救的关键，此外，他们还笃信教会开展的七圣事也是救赎的一部分。

《主教书》中对上述争论避而不谈，这一做法也许可以称为创造性的模糊处理。国王亲自在审阅时对克兰默有关因信称义的表述做了删除和修订。克兰默当时写道，信徒可以“通过领养②和信仰”成为神的“儿子”。亨利加上了“前提是遵守他定下的戒规和法律”。最后的这句话突出了信仰的地位，但既没有采用路德宗的教条，同时在不否认天主教信仰的情况下弱化了工作的重要性。该书还支持某些古已有之的习俗，如在圣烛节手持蜡烛以及使圣洗池神圣化。亨利还要求修改三圣事，把缺少的四项加进去。对于大多数人来说，“老规矩”将无限期持续下去似乎是确定无疑的事了。

肯特郡雷纳姆的治安法官称这本新书“让一切恢复原样，使得那些鼓吹新知识的恶棍闭上了嘴，不敢多说一句话”。克兰默驳斥了该治安法官的说法，他指出：“如果人们客观地阅读书的内容，便能够发现炼狱、巡礼、向圣人祈祷、圣像、圣体、圣水、神圣节日、功德、工作、庆典等陋习已经摈除。”是故，《主教书》的内容，不同人会有不同的解读。 130

此后一年，在一系列强制法令的推动下，一部英文版《圣经》横空出世并向民众推广。托马斯·克伦威尔下令，所有教堂于两年内都必须拥有并展示用本国语言写成的《圣经》。该《圣经》须用绳系着，置于公开

---

① 按照天主教教义，工作利己利人，不仅可以改善今生，也能营造天国。人类经由工作得以继续发展造物主的工程，实现天主的计划。这里的工作更着重于讲宗教活动。

② 指人们只要接受耶稣基督为救主，便能借着他得到神的领养，成为神的儿女。语出《约翰一书》（3：1）：“你看父赐给我们是何等的慈爱，使我们得称为神的儿女；我们也真是他的儿女。世人所以不认识我们，是因未曾认识他。”以及《以弗所书》（1：5）：“又因爱我们，就按着自己意旨所喜悦的，预定我们借着耶稣基督得儿子的名分。”

场所，让所有人都能翻阅。该版《圣经》用的是迈尔斯·科弗代尔于1535年出版的译本，这个译本从大体上说以廷代尔的译本为蓝本，只做了些许改编而已。因此廷代尔这个曾经的异端，他的译作于十一年前便被王室下令焚毁，现在却成了英格兰新信仰不为人知的幕后推手。此外政府还下令教堂内应设有书架，上面放置一本包含《主祷文》、《圣母颂》、《信经》、《十诫》的书籍，该书也应该由英文写成。

英文版《圣经》的出现被称为宗教改革史上的一大关键点，它清晰地表明了宗教信仰的变化趋势，推动了英格兰特色新教信仰的形成。具体来说，17世纪的英格兰史由文化史转变成了宗教史。例如，若不深刻体悟英译版《圣经》，便无法解释奥利弗·克伦威尔所做的一切。还有一点或许值得一提，即奥利弗·克伦威尔的曾祖父和托马斯·克伦威尔是姻亲关系。英译版《圣经》还给英格兰的语言带去了《圣经》文化，这一特点和中世纪后期英语中占统治地位的视觉文化截然相反。这次文化上的重塑将在弥尔顿、班扬、布莱克、丁尼生身上结出硕果。

此外，在英文版《圣经》的影响下，形成了一套宗教用语。廷代尔首创了“慈爱”、“慈悲”等词。当时有一本宗教小册子写道：“如今英格兰所有教堂，所有地区，都能找到英语版的《圣经》供英格兰人翻阅。”据说英语是上帝的语言。17世纪的历史学家威廉·斯特赖普写道：“所有
131 买到这本书的人，要么自己兴致勃勃地阅读，要么让别人读给他们听。”有人在圣保禄主教座堂对底下聚集的群众大声朗读英文版《圣经》。国王的支持者希望阅读英文版《圣经》能够让民众愈加忠于权威，而且效忠的对象是国王而非教宗。

在这一套强制法令中，克伦威尔还规定每个堂区牧师或代表都“必须准备好一本书或者登记簿，把每一场婚礼、洗礼、葬礼的年份日期都记录下来”。堂区登记制度起源于此，并延续至今，不能不说是归正宗信仰中最为显著的一项革新。此外，克伦威尔还下令圣像不再神圣，像前供奉的长明灯和蜡烛必须移除。英格兰的天主教会遭到了清洗和改造，但并没有被推翻。

克伦威尔还下令教士不得对《圣经》的内容做诠释，不要“喋喋不休，不要虚论浮谈，不要争短论长，不要不懂装懂”。之所以把禁止阐释教义这一工作放在重中之重的位置上，是因为英格兰好不容易才免受宗教战争的摧残，就怕再次激起社会不和与人民不满。

英格兰有意将宗教改革模糊处理，使得路德宗几乎没有传入的可能。1538 年夏，几个路德宗信徒从德国而来，寻找建立信仰统一战线的可能性。英格兰国王将他们引诱到伦敦，期望可以借此同萨克森选帝侯、黑森领地伯爵等德国领导人达成协议，共同对抗教宗和神圣罗马帝国皇帝。不过有一个问题无法得到解决。亨利的御用谈判官罗伯特·巴恩曾经就对路德本人讲过：“吾王对宗教没有兴趣。”看来此话不假。

三名德国大使的英格兰之行一无所获。他们下榻的地方很是破旧，三人抱怨“群鼠日夜横行，无片刻清静，厨房紧挨客厅，气味熏人无从隔绝”。其中一个大使生了一场大病。谈及宗教，国王态度彬彬有礼却毫不 132
动摇，大使们希望消除私人弥撒等乱象，还希望推行教士的独身主义，但亨利不为所动。大使们在英格兰待了五个月后悲伤地离去。路德宗宗教改革者墨兰顿给克兰默写了一封私人信件，谴责英格兰奉行教宗的迷信思想。

此外，第一批再洗礼派教徒也从德国来到了英格兰，他们认为婴儿洗礼并非新约洗礼，他们才是上帝真正的选民，无须凭借外界权威。所有财产（包括妻子）都应该共享，为迫在眉睫的基督再临做准备。1538 年 11 月国王发布诏书，勒令这些人离开英格兰，那些执意留下的要么遭到了迫害，要么被烧死。

国王厌恶所有信奉非正统信条的人，他的这种厌恶在同年针对约翰·兰伯特的诉讼中可见一斑，兰伯特是一名校长，因否认弥撒中被祝圣的面饼和酒是基督的圣体而遭到起诉。亨利亲自出席了异端审判，他一身雪白的丝衣，作为纯洁的象征，身边的警卫也穿着白色衣服。克伦威尔写道：“陛下王威浩荡，慈悲满怀地劝导那个可悲的人转变观念，陛下的谠言嘉论掷地有声，令人赞叹。”

审判在威斯敏斯特宫国宴厅进行。国王率先开口道："好伙计，你叫什么名字？"他坐在华盖之下，左手边站着一排贵族，右手边站着一排主教。兰伯特为了逃避当局抓捕，隐姓埋名，他试图向国王解释这件事。亨利用雷鸣般的嗓音打断了他："尽管你是我的同胞，但我对于你这种抛名弃姓之人毫无信任可言。"在兰伯特看来，这次审判对他而言已成败局。

"老实回答，你说这是不是基督的圣体。"

"不是，我否认这是基督的圣体。"

"说得好——你这种说法甚至违背了基督的原话。'Hoc est enim corpus meum.'这是我的身体。"（《玛窦福音》26：26）

审问持续了五个小时。"你想活还是想死？"国王最后问道，"你仍可
133 自由选择。"

"我把灵魂献给天主，身体由陛下定夺。"

"若如此，你将死。我不袒护异端。"

六天后，兰伯特在史密斯菲尔德被处决。大火将他的双腿烧尽，但守卫用戟挑起他尚未断气的身体，用力推入火堆。他大喊了两声："基督我主！唯一的主！"接着便断气了。

罗马教廷也派来了教宗特使。雷吉纳尔德·博勒枢机是英格兰人，此次作为教宗特使从罗马而来。英王一听说他此行的目的，自然拒绝他入境，还派去了很多间谍和刺客。亨利亲自给查理五世写信，信中提醒该枢机意欲在诸国之间挑拨离间，此人性情"恶毒无比，专做歹事，常流鳄鱼之泪，逮准时机便反咬一口"。

枢机抵达法国的时候，亨利给他的驻法大使写信，称"我们很愿意见到博勒被绑缚到加来"。博勒自己也听到风声，英格兰悬赏十万片金箔想把他弄到英格兰，死活不论。他最终保住了性命，但无功而返。

英王同时也对博勒的家人下手。克伦威尔写道："可惜了，就因为这个愣头愣脑的博勒，或说得好听点——因为这个蠢人做的蠢事，使得一个这么大的家族遭受灭顶之灾。"博勒一族十分显赫，能一直追溯到金雀花

王朝。博勒的母亲玛格丽特·博勒是索尔兹伯里伯爵夫人，据说其外祖父克莱伦斯公爵，当年在伦敦塔中被爱德华四世下令扔进装满马姆齐白葡萄酒的酒缸中溺死。单凭这一家族的谱系便足以让枢机博勒和他的亲属有重大的嫌疑。实际上真正让他们陷入危机的是他们所拥护的旧信仰。他们自知处境维艰，尽量深居简出以免受到怀疑。但一切皆因为雷吉纳尔德·博勒公开和政府作对而功亏一篑。 134

枢机的弟弟杰弗里·博勒爵士被逮捕并遭审讯。此人性情多变，刚遭施压便招供，将自己所知晓的家族所有活动全盘托出，甚至在细节上添油加醋。导致他的另一个兄弟蒙太古勋爵亨利和他的侄儿埃克塞特侯爵都遭到逮捕。关押在伦敦塔中的杰弗里·博勒随后试图用垫子将自己闷死。玛格丽特·博勒遭到了审讯，并断然否认任何对针她的诽谤。审讯她的人说道："就算是男人，我们也从未见过这般人物，此人顽强不屈、立场坚定，真是巾帼不让须眉。"她最终被投入大牢判了死刑。

押赴刑场的时候，她对刽子手说她不会引颈受刑，因为她并没有得到审判。她被强行押上断头台，而刽子手显然是个新手，对着她的头和脖子一通乱砍，一连砍了好几分钟，砍得刽子手筋疲力尽，才把头砍下来。听到自己母亲的死讯，博勒枢机称："现在，我成了殉教者之子。"接着他用类似的说话方式说道："我们应当高兴，因为我们在天堂里，多了一个主保圣人。"

杰弗里·博勒供出了蒙太古勋爵曾说国王"某日必暴毙——死于腿疾——我们将欢欣鼓舞"。他害怕一旦众人"皆下狱"，世上再"难见诚实之人"，还说"我相信，那些在国王身边弄权的小人，有朝一日必得报应；我相信太平之世终将到来"。所谓"太平之世"在当时是一句俗话，说话者可以借此表达任何含义。此类事情还有许多。有证据表明博勒枢机家族中的同辈一直和远在海外的他保持联系，甚至在他面临生命危险的时候提醒他。这在当时被认为是同天主教串通推翻国王的重罪，但怎么看都只是心怀不满的大家族私下里抱怨而已。但国王并不想放过任何反对他宗教政策的迹象。一旦统治者没有安全感，那没有人是安全的。蒙太古勋爵

和埃克塞特侯爵随后因为叛逆罪被绞死。在嘉德勋章[①]花名册上，他们的
135 名字上标示着“Vah, proditor!”，即“啊，逆贼!”埃克塞特侯爵之子爱德华·考特尼被关进伦敦塔，一关便是十五年。直到玛丽上台后才重获自由。这是对付王位潜在继承人的手段。

而亨利也已经得到了他所期望的王位继承人。1537年春，亨利的新妻子有了身孕，并于10月12日诞下一个健康的男孩。因为这一天是忏悔者圣爱德华的纪念日，所以此子得名爱德华。国王的血脉终于得以存续。然而简·西摩本人却可能因为分娩时的伤口感染患上了产褥热，并于十二天后死去。享年二十九岁。

宫廷中，追悼会持续了将近三周，西摩的遗体于11月12日被安放在温莎的圣乔治圣堂（St George's Chapel）。国王下令伦敦的教堂举行一万两千场弥撒为西摩的灵魂代祷。此事有力地证明了亨利笃信旧信仰的信条和仪轨。亨利身着紫色衣衫，紫色是英格兰王室表达哀悼的颜色，玛丽小姐身穿黑色衣服，头戴白色头巾，表示王后因分娩而死。在塔山的贝尔旅店有一男子因为散布预言遭到逮捕，此人说这个王子在出生的时候便已杀母，将来必“同其父亲一般杀人如麻”。

几个月后，在伦敦的一处教堂墓地，几个闲人正围观一个小孩的葬礼，目睹了骇人的一幕。围观人群中的一位牧师发现送葬人员举止异常，便快步走上前去一看究竟。他打开裹尸布，发现裹着的不是孩子的尸体，而是一个蜡制的儿童人像，被两根长钉刺穿。据说这预示着小王子的死，继而，有关这场巫蛊式葬礼的消息传遍了英格兰。

在抚养王子一事上，英格兰王室制定了周全的预防措施和法规以应对一切情况。除非有国王亲笔签名的许可状，否则任何人不得接近王子的摇篮。王子的食物必须预先试毒，衣物必须由王子的仆人亲手洗，除了这些
136 仆人，任何人都不得接触这些衣物。王子住处的所有房间必须一天三次用肥皂水擦洗干净。人们总会担心婴儿和小孩染上疾病。在王室藏品中，能

① 全称最高贵的嘉德勋章，一种授予英格兰骑士的勋章，是英格兰的顶级荣誉。

见到一个美丽的浮雕，浮雕上亨利怀抱自己襁褓中的儿子，这是亨利为数不多展示自己人性一面的场景。来年春天，亨利花了很多时间陪儿子，“抱着逗他……或者将他抱到窗前，让臣民们看到，以此抚慰民心”。之后六年，正如爱德华勋爵自己在日记中写的那样，“在女人堆里”长大。其实他父亲何尝不是如此。

没过多久，亨利便开始寻觅另一个妻子。他告诉身在布鲁塞尔皇宫的大使：“贵族和枢密院日日叨扰，劝朕早日择后，添王祚之保障，彼等提醒朕辰光流逝可谓飞快，日月流转，须早日抉择，切勿拖延。”“谓”一词是古文的用法。“余谓”可能意为“我认为”。因此会有以下说法：“余谓……”；“余谓汝之所谓……”

尽管亨利在为自己准备第四次婚姻，但从没有把简·西摩抛之脑后。他两次前往简的故乡狼厅，并且下令“朕真正的王后，挚爱的简王后，她的遗体”将同自己合葬。而他自己的葬礼，可能比他想象中要来得早一些。1538年春，他本已肿胀的腿上，溃疡变成了结块，据说“他的脾气无处发泄，郁结成疾”。似乎有一块血块进入了他的肺里，导致他卧床十二天无法活动，呼吸困难。他的双眼外凸，青筋暴起，和病魔做着不懈斗争。英格兰国王驾崩的传言四起，王位由爱德华还是由玛丽继承的争论也随之出现。针对这个话题的激烈争论最终平息了。因为没过多久，亨利便康复了。

他又一次开始大兴土木。扩建汉普顿宫，使其最终能容纳一千间房 137
间，成为罗马统治时期以来英格兰最大的建筑。1538年秋，亨利又开始在萨里建造一座梦幻般的建筑，名无双宫，之所以起这个名字，因为此宫举国无双。这个王宫由角楼、塔楼、穹顶、城垛组成，上半部分是木质结构，饰以灰泥板和雕花板岩。花园中雕像和瀑布林立，还建有以鸟类、金字塔、丘比特为形象的喷泉。这个宫殿和亨利穷奢极欲、极为自负的形象十分吻合，但直到亨利驾崩都没有建成。从建造这个宫殿起，亨利的寿命只剩下九年了。 138

12

耶稣圣体

1539年初，由于教宗下诏制裁英格兰国王，英格兰人开始担心外国侵略。据传法国国王、西班牙皇帝响应教宗针对英格兰国王的法令，决定和教宗联手，而苏格兰国王詹姆士五世也承诺支援。一个英格兰廷臣写道：“彼为刀俎我为鱼肉。”据称有八千雇佣军在低地国家集结。有人在马盖特沿海看到了一支舰队，足足有六十八艘舰船。这是英格兰自“诺曼征服”时期以来第一次面临侵略。亨利尽管遭受绝罚，但敌军宣称英格兰人民依然奴性十足，臣服于异端国王。一个商人从伦敦写信称他们会因为是“犹太人或信仰异教”而遭到敌人的“合法”奴役。

英格兰舰队有一百五十艘舰船，亨利对其进行了检阅，并下令在全国范围内征召民兵。他还巡查了英格兰南部海防较为薄弱的地区，要求修建新的防御工事。同苏格兰接壤的国境线上，要塞得到了加固。国王的舰队从泰晤士河起航，驶向朴次茅斯。被拆毁的隐修院遗址上的建筑石料被用来建造防御工事。枢密院每天开会商讨备战事宜。国王的卫兵得名“侍卫
139 绅士”，穿着天鹅绒紧身上衣和外套，饰以金链，每个人右手握着一把巨大的长柄战斧。

5月初，年龄从十六岁到六十岁不等的几千民兵带着各式各样的武器

装备，由麦尔安德列队行进至伦敦市区。麦尔安德自古便是武装军团的集结点。斯特普尼和贝思纳尔格林“铺天盖地都是手握武器的士兵”。6月，托马斯·克伦威尔在泰晤士河筹划了一次军演，该军演在两艘驳船上进行，一艘船只由打扮成教宗和枢机主教的人员指挥，另一艘船则由打扮成英格兰君臣的人员指挥。毫无疑问，梵蒂冈一方被打败，人员纷纷落水。

亨利本人则心如火燎。他最害怕的事情发生了。驻伦敦的法国大使写信回国，惴惴不安地请辞，因为他害怕英格兰国王的怒火会波及自己身上。此人是“世上最危险、最残暴之人”，此人“毫不讲理，亦不懂得体谅”。法国大使总觉得亨利会在接见他的时候向他发起攻击，甚至将他置于死地。

而进攻英格兰的计划由于法国和西班牙之间的龃龉而搁浅。也有可能根据两个国家的间谍回报，英格兰国内的不满情绪并没有高涨，是故英格兰人民不会起义反对国王。最终并没有舰队入侵英格兰，英格兰全面警戒状态也随之撤销。但亨利很清楚进一步挑起国内的不满情绪并非明智之举，他已经在信仰一事上把人民逼到了可以容忍的极限。因此，他认为安抚占全国人口大多数的保守派，或称持正统信仰者是明智之举。这一决定也是他凭直觉做出的。

显而易见，亨利不再走宗教改革的道路。1539年春起草的《宗教统一》声明中，亨利谴责了不加选择地阅读英文版《圣经》，导致国内“飞短流长、信口雌黄”。他曾希望《圣经》能够让人们读了以后“温柔敦厚”，事实上却引发了对立和纷争。人们在酒馆，甚至在教堂内“傲慢 140
地”争短论长，愤怒地谴责对《圣经》内容的不同阐释为异端或教宗党。《圣经》在未来只能默读。这一声明最终没有发表，而是以更为正式的公告形式出现。

信仰纷争在宗教法庭的记录中可见一斑。圣奥尔本斯堂区的西西里·马歇尔夫人被控“藐视圣体和圣水”，同堂区的另一个居民被指“藐视圣母”。克里普门堂区圣吉尔斯教堂的约翰·汉弗莱因为“宣扬反对圣事和教堂仪式的言论”遭到传讯。肉铺街圣尼阁堂区有一女子被检举“忙于研究新知识，怠慢教会仪式”。阿尔德门外圣博托尔夫堂区的玛格丽特·安布斯华斯因“教唆少女，大行巫蛊之事”遭到传讯。罗伯特·普拉特和他的妻子“对《圣经》颇有研究，称能够从《圣经》中找到圣神”。类似的例子还有很多，这些人被统称为“捣乱分子”。

1539年春，议会召开会议讨论宗教事宜。当时有人称议员们被召集起来商讨“制定指导英格兰教会进行改革统一的方案”。而达成统一意见并非易事。

例如，对于如何看待弥撒仪式里的面饼和葡萄酒，依然众说纷纭。信仰正统天主教的人员坚信“实体变换”这一信条，认为面饼和葡萄酒确实成了基督的圣体和圣血。此乃信仰之奥义。人们之所以相信，因为这件事断无可能达成，并且可以体现天主的大能。路德也相信圣事过程中基督的确降临，但否认其以“实体”出现。他的这一信条被称为“圣体共在论”或“圣礼联合”，即尽管面饼和葡萄酒转变成了基督的圣体和圣血，但依然保有其自身的完整性。

那些较为激进的改革派则旨在摧毁教士权力和迷信礼仪。他们宣称圣餐仅仅是基督牺牲的纪念仪式或追忆仪式，基督只牺牲了一次，并且他的
141 牺牲持续到永远，不能在圣坛上无止境地重演。是故“Hoc est corpus meum”应该被翻译成“这象征着我的身体”。基督在天堂，而不是在地上，哪怕在弥撒中，他也不存在。

以上三类信仰中的细节，自然因人而异。一名改革派否认面饼和葡萄酒会奇迹般地产生变化，但相信只要参加礼拜者心怀无比的虔诚食用圣餐，就“确实能够凭借信仰获得耶稣的圣体和圣血”。这种说法被称为“实质主义”。当时宗教是社会生活最为重要的组成部分，这类争论也上升到了国家层面。议会会议刚开始，便设立了一个小型委员会专门来讨论这些问题，其中争议最大的问题便是圣体圣事。

这个委员会由四个保守派主教和四个改革派主教组成，克伦威尔作为国王宗教事务代理人担任主席。不出所料，这个委员会无法达成双方都满意的结论，最终亨利介入。他允许保守派代表诺福克公爵向上议院提出六

个问题，而这些问题务必简明扼要，而且规定只能获得一个答案。经过深思熟虑，保守派呈上了一份名为《六条信纲法》的文件，文件中清楚地重申了例如忏悔告解、教士独身等事宜。本质上说这份文件旨在消除宗教矛盾，在信条问题上达成统一。那些厌恶该法案的人称其为“六钉之鞭”或“该死的法案”。

《六条信纲法》对于克兰默和克伦威尔等改革派来说是一个沉重打击，而对于保守派来说则是一大胜利。“实体变换”这一名词尽管在克兰默的运作之下最终不再使用，但其概念和内容一切照旧。而最终决定权在亨利手中，亨利亲自修订了法案的草稿，是故面饼和葡萄酒被定性为“绝非他物，就如耶稣所说，是他自己的身体”。亨利死后，克兰默称：“基督只能用心来吃。用嘴去吃并不能获永生。唯有公正之人方可吃耶稣的身体。”而当时他只是被迫保持沉默。

后来，克兰默也记录下了自己的观点，称《六条信纲法》“与真理相
去甚远，也有悖于神职人员和律师的共识，要不是国王陛下亲自来到议 142
会，这类法案根本不可能通过”。但该法似乎受到了民众的欢迎。法国大使写信回国说道：“民众对于国王关于圣事的说法感到欢欣鼓舞，与新信仰相比，他们明显倾向于信奉旧信仰。”民众甚至没做好准备用英语阅读祷告词。一名改革派失望地说道：“司铎一点也不乐意用英语传授诫命、信条、主祷文，太令人失望了！而人们也根本就不想去学！啊呀，然后他们就说这是新派主祷文……”

至此，否认“实体变换”将被判火刑，而拒绝遵循其他五条信纲的人将被没收全部财产并投入监狱，服刑期限由国王决定。这是英格兰历史上最为严厉的宗教法律。其中的条款本质上是国王的信仰宣言。这一信仰由统治者的意志和强力的惩罚塑造而成。据记载约有两百人遭到逮捕并锒铛下狱。用当时的话来说，他们“摊上事了”。而一些无所畏惧的人并没有因此退缩。约翰·哈利顿斯号称怀特查佩尔受天启的砖匠，依然在晚上九点到十二点从自家窗户向外传教，宗教改革者们称其为“传播光芒之人”。他家隔壁的一个面包师傅提醒他这么做违反了《六条信纲法》，他

答道："你烤你的面包，我上我的火刑架。"

诺福克公爵对他的专职司铎说："看到了吧，我们成功禁止了司铎娶妻。"

专职司铎回答道："但是大人，您是否能禁止人妻和司铎通奸呢？"

由于这些新举措，两个主教被迫辞职。休·拉蒂默离开了伍斯特，尼古拉斯·萨克斯顿离开了索尔兹伯里。总主教克兰默被迫将妻儿放逐。初夏，总主教在兰柏宫召见了苏格兰福音派信徒亚历山大·艾利休斯。克兰默说："你真是幸福，逃过了一劫！若我能随心所欲，定会辞去总主教之
143 位。"他随之承认自己"迫于恐惧"才签署了法令。德国的路德宗信徒对《六条信纲法》充满恐惧，认为这代表了英格兰宗教改革的终结。亨利终于原形毕露。他根本无意宣扬福音。他只想通过剥夺旧教会的财产增加财政收入，从而增强自己的权力。

《六条信纲法》出台一事还有一段精彩的后续。托马斯·克兰默不堪忍受良心的煎熬，针对法案条款中的错误和不公写下了一系列学术性笔记。他的秘书拉尔夫·莫里斯坐驳船从兰柏宫出发，准备将笔记本递呈给国王。而此时在河的南岸，正举行"斗熊"活动。一只饱受折磨的熊挣脱束缚，跳入泰晤士河，一群狗对其紧追不舍。

驳船上除了克兰默秘书之外所有人都跳入水中。熊爬上了船。莫里斯见状惊慌失措，纵身跳入水中，一心逃命的他早已把笔记本一事抛到了九霄云外。然而，他最终游到岸边的时候，发现笔记本漂在水面上。他叫来熊的饲养员帮忙打捞。而饲养员捞起笔记本以后，把笔记本交给了一个司铎。司铎一眼便看出上面的笔记违反了《六条信纲法》，于是控告莫里斯叛逆。在随后的争执中，莫里斯愚蠢地承认了这些笔记是坎特伯里总主教本人所写。那个司铎则拒绝归还笔记。

莫里斯因此惊恐万分，走投无路之际拜访了托马斯·克伦威尔。第二天，克伦威尔召见了那个司铎，此人正准备把笔记本送给克兰默的政敌。克伦威尔"从他手中一把夺过笔记本，并严词恐吓他好大胆子，竟敢拿枢密院委员的书为非作歹"。这件事至少可以表明一点，即朝廷内部也人人

自危，剑拔弩张。当时风传克兰默被送进了伦敦塔，甚至有传闻说他已遭处决。同期，托马斯·克伦威尔和诺福克公爵在克伦威尔的住处吵得不可开交，两人争吵的原因不明。是不是因为克伦威尔如今已自身难保？ 144

13

不　贞

简·西摩去世后，亨利就一直在寻找新的妻子，要能再生一个儿子的话，王位的传续便可无忧了。人们普遍认为国王的妻子几乎就相当于用来繁殖的母马。在查理五世已经向亨利推荐了米兰公爵夫人的情况下，法国宫廷依然不断将其他贵族小姐推荐了过去，寄希望能借此同亨利攀上关系。亨利要求法国大使把其中八人带到加来，这样他就能一次性查看她们是否合自己心意。这个要求遭到了拒绝。

而意欲同欧洲北部的新教国王结盟的克伦威尔准备举荐克里维斯的安妮成为新王后。安妮才过世的父亲哪怕不能确定是路德宗信徒，但至少是个宗教改革派。安妮的姐姐已经嫁给了萨克森选帝侯。这些人都可能成为价值不可估量的盟友。亨利也担心法国国王、神圣罗马帝国皇帝、教宗联合起来，将来再次向英格兰发难。正在这时，查理五世动身从西班牙前往法国。亨利需要朋友。

据传克里维斯的安妮贤淑貌美，她的一幅肖像画被带往英格兰，该画出自汉斯·贺尔拜因笔下。亨利看了一眼便宣布此女完全值得迎娶。据说
145 当时她只会说德语，而且不通音律。但和国家大事相比，这都是鸡毛蒜皮的小事。经过为期数月的商议，安妮小姐于 1539 年末登船前往英格兰。

亨利急不可耐地想见到她，所以微服骑马前往罗彻斯特，暗中观察她。看到本人后亨利大失所望，将其比作佛兰德的母马。亨利严厉斥责了南安普顿伯爵，因为后者先前从加来寄信给他，大赞安妮美貌。公爵给自己找的理由是他以为事情已经水到渠成。国王的怒火于是落到了克伦威尔头上。亨利告诉克伦威尔这个未婚妻“和传闻相比一无是处”。并且声称“早知如此，根本不会允许她入境”。接下来一次两人的会面中，亨利问道：“难道没有其他办法了吗？我难道不得不像牲口一样被牵着鼻子走了？”

的确没有其他办法了。亨利不敢以抛弃他同欧洲北部新建立的联盟为代价撕毁婚约，一如他所言：“不敢激怒全世界。”他对克伦威尔说：“我受到了不公正的对待。”克伦威尔之后会为此付出代价。尽管国王在朝廷内明说自己极为不喜欢这个新娘，但是婚礼依然于 1540 年 1 月 6 日隆重举行。亨利对安妮总是小心翼翼地以礼相待，因为不懂英语，安妮可能并没有感受到亨利对自己的厌恶之情。婚礼后的第二天早晨，克伦威尔问亨利是否对安妮有所改观。答案是并没有。他怀疑她并非处女，而且带着“恶心的体味”，他对其厌恶至极。克伦威尔甚至怀疑亨利是否同安妮圆房。这点上克伦威尔猜对了。亨利和安妮结婚六个月有余，尽管偶尔同床，但并无子嗣。亨利有一次同御医说自己“duas pullutiones nocturnas in somno”，用平常的话讲，就是他梦遗了两次。

克伦威尔一次独自倚在走廊的窗边，一个廷臣上前对他说道：“看在天主的面上，想想有没有什么办法能让陛下发泄吧。”

克伦威尔立马直起身说道：“是嘛，有什么办法啊，嗯，嗯，这是个大问题。”

最终他们提议应该让国王同安妮和平分手，这样克里维斯的安妮就不 146
会步安妮·博林，甚至阿拉贡的凯瑟琳的后尘。于是他们说服教牧人员代表大会以无子嗣为由宣布此次婚姻作废，议会通过了这项裁决。克里维斯的安妮似乎并没有因为离婚觉得尴尬，毕竟她拿到了一大笔抚恤金。她很快便学会了英语，并毫无怨言地继续在英格兰生活了十七年。她拥有很多地产，在刘易斯，现在依然可以看到她当年名下的一栋房子。

亨利不遗余力地关注自己独生子的安全和教育。爱德华身系英格兰的未来。他的第一幅肖像画可能是由汉斯·贺尔拜因于1540年绘制。画上的小男孩衣衫华丽，俨然他父亲的缩小版。此外还有一点也和父亲一样，即眼神镇定而笔直地从画中直射而出，他抬着右手，似乎准备宣布什么事情，左手中的拨浪鼓造型像极了一根小型权杖。

同年，一个名叫理查德·考克斯的教师奉命进宫教授三岁的王子成为仁君所必须学习的知识。四年后，另一位名叫约翰·奇克的教师也应召入宫辅佐太子。此二人都是伊拉斯谟一派的人文主义学者，宗教观点似乎和亨利一样，取折中道路。太子的老师绝不可能信仰路德宗。但事实上爱德华一登上王位，马上采取了更为激进的新教主义政策。届时他将得名“虔诚的顽童”。

他还接受了希腊文和拉丁文的课程，并很快得其要领。还学了作为国王必须掌握的骑马和射箭。随着学习的深入，王子开始了自己的研究，在一张盖着黑色天鹅绒的写字桌上，摆着各式各样用以研究数学和天文学的工具，其中包括一个指南针、一把金属尺。架子上摆放着棋盘，墙上挂着沙漏。他有着各式各样用来写字的石板和钢笔。他在卧室隔壁的一间房子
147 里，保存着和他母亲简·西摩有关的各种资料以及自己的藏书。他有一个玩偶，两副眼镜，以及各种雕塑和彩绘之物，举个例子，他有一把长矛，还有一根镀银的“独角兽角”权杖。

1540年春，托马斯·克伦威尔受封埃塞克斯伯爵，他的仕途依然蒸蒸日上。他现在执掌国家大权，且刚升职便把奇切斯特主教投入伦敦塔，罪名是支持拒绝宣誓国王至高之人。他还因出言威胁达勒姆主教、温彻斯特主教、巴斯主教引起了国王的不快。

尽管如此，依然有不少人暗中反对克伦威尔。他总以一副高高在上的态度对待贵族，因此以诺福克公爵为首的贵族和他势不两立。他被指控独揽大权、腰缠万贯，并且毫不节制地挥霍国王的财富。

1540年6月10日早晨，克伦威尔照常去上议院开会，当天下午三点，

他正准备走向他位于议事桌首席的座位。诺福克公爵高声喝道：“克伦威尔！不准坐在那儿！你不配坐那个位置！叛徒不配和绅士同席而坐。”“我不是叛徒。”克伦威尔答道。而这时卫兵头领和另外六个警卫朝他围了上去。

“我宣布逮捕你。”

“凭什么?”

“到时候你自然会知道。”

克伦威尔勃然大怒，一把把帽子甩到会议室的石头地板上，说：“我鞠躬尽瘁，竟得如此回报。”枢密院成员闻此言个个怒不可遏，大吵大闹并用拳头狠狠敲击桌子。

实难细数克伦威尔是因为多少人的忌恨和反对才倒台的。之所以他遭到许多贵族的厌恶，是因为后者痛恨一个铁匠的儿子竟然地位在他们之上。信奉旧信仰的人憎恨他是因为他摧毁了圣地和隐修院。公众对他的指责也多种多样。他被控收受贿赂，在宽恕罪犯、任用官员等事上滥用职 148
权。如果“有罪”一词在这里适用的话，他在这些事上的确有罪。克伦威尔上台后的确做了这些事，而且国王从前对这类事采取了容忍的态度。例如，收受贿赂是当时行政系统能够运作的唯一办法。

另一项指控指向了克伦威尔的信仰，他被控持有异端思想，在朝野间支持异端分子。据称克伦威尔是个路德宗信徒，时刻在阴谋算计如何改变国家的信仰。据英格兰驻神圣罗马帝国大使称，克伦威尔让“所有的虔诚信仰在英格兰无立足之地，遭全面禁止”。克伦威尔和德国路德宗贵族们的信件被发现，尽管有可能这些信件都是伪造的。据德国的诸侯们所言，克伦威尔曾间接地发出威胁——若亨利让宗教改革的进程倒退，他就要弑君。他曾说过要是有谁反对改革，他就会拿匕首刺进对方心脏。若这种威胁的话真出自克伦威尔之口，那他便犯了叛逆之罪。当然，这项罪名便是对他的主要指控。

他被允许和指控自己的人对质，而在自己同僚面前公开受审的申请则没有得到批准。他因叛逆而被判剥夺公民权，这一判罚是他自己一手制定的。《剥夺公民权法》在上下议院全票通过。只有克兰默尽力为他说好话，克兰默给国王写信，称赞了克伦威尔先前的工作。“我喜爱他，因他是我朋友，”他说，“至少我把他当朋友看。”

或言克伦威尔的命运很大程度上是政教合一带来的后果，但亨利和克里维斯的安妮糟糕的婚姻也或多或少是原因之一。法国国王和神圣罗马帝国皇帝没能结成同盟，因此亨利不再和德国的亲王们联盟，此次婚姻也被证明毫无目的。尽管此次婚姻是克伦威尔在亨利的要求和同意下撮合的，但他依然无法在亨利的失望和愤怒之下全身而退。

当然，针对克伦威尔的宗教法令，保守势力的反弹让亨利感到震
149 惊——其中“求恩巡礼”便是力证。虽然国王也参与其中，但在大众心目中，克伦威尔就是宗教改革的主要推手。他是给主子出馊主意的“佞臣”。因此，克伦威尔被抛弃，是政治博弈的结果。

不过，克伦威尔倒台也有更为隐秘、深层的原因。他遭到逮捕和审判是外交博弈的一部分。法国国王弗朗索瓦一世一直以来都很憎恶克伦威尔，觉得他是个异端，而且是西班牙的支持者。诺福克公爵作为特使前往法国的时候，弗朗索瓦提出建议，如果克伦威尔下台，那也许就能达成一个协议。诺福克公爵随即把这一说法告知亨利。亨利本身就很乐于见到自己被归为宗教保守派，为了进一步讨好法国，将克伦威尔说成是伪装的路德宗异端分子，蒙蔽了自己也是符合他一贯作风的行为。这些指控其实都是子虚乌有的，不过这都不重要。从结果上看，克伦威尔发挥了他的作用，通过解散隐修院让国王变得富有，他的剧情现在该落幕了。

克伦威尔被关进了伦敦塔，等着他的是斩首的利斧。他的住处被查抄，抄出了大量“从教堂掠夺来的十字架、圣爵、主教法冠、花瓶等物”。亨利剥夺了克伦威尔的所有头衔，并宣布这个老臣只能被称为“梳棉工人克伦威尔”，突出他出仕前所做的低贱工作。教堂敲响欢乐的钟声，伦敦街上举行了多场即兴聚会。

行刑前一晚，克伦威尔给亨利写了一封悔过书，信上写道“陛下最痛心、最悲惨的罪人，最可怜的奴仆”乞求“开恩，开恩，开恩”。不过，

开恩并不在亨利用以交易的商品之列。7 月 28 日早晨，克伦威尔在刑场上说自己持旧信仰而死，接着引颈受刑。两个刽子手“衣衫不整、凶神恶煞”，当时有一份记录描写了这两个刽子手如何“花去近半小时剁下克伦威尔大人的头”。

克伦威尔的倒台预示着对那些被亨利和保守派确认为异端的人的更为
严厉的迫害。前剑桥思定会成员罗伯特·巴恩曾是受克伦威尔庇护的改革 150
者之一，克伦威尔也曾让他担任和德国路德宗人士联系的线人。1540 年 2 月，巴恩在讲道时，批评了保守派的领军人物温彻斯特主教史蒂芬·加德纳，指责他在“《圣经》的花园中”培植“毒草”。讲道结束后，他用力将手套甩到地上，以示反对主教的立场。巴恩遭到逮捕，但他宣布收回自己的说法。三个月后，时值 1540 年春，他在圣玛丽斯皮特尔讲道的时候，再次传播了被认为异端的信条。这次他被送进了伦敦塔。可能这次他被用来当作推翻克伦威尔的筹码。一手遮天的克伦威尔，其最亲近的支持者到最后竟然是个彻头彻尾的异端。克伦威尔被处决两天后，巴恩在史密斯菲尔德被烧死。

巴恩的死并非个案。有一次，亨利烧死了两个所谓参与克伦威尔阴谋的改革派，绞死了三个否认国王至高的“教宗党”司铎，借此耀武扬威地重申自己的“中间道路”。他宣称自己不属于任何派别，对所有人一视同仁。有一点除外，据说支持教宗的人会被绞死，而反对教宗的人会被烧死。

从此以后，亨利再也不任命重臣。沃尔西和克伦威尔的时代已经过去。如今亨利决定亲自管理国事。他自称虽然“年岁已高”，但依然足以管控枢密院诸事，阅读大使奏章。国王议会的组织形式还是比较正规的，其中包含大约十九个贵族或高级教士，并且每天都进宫开会。会议内容都会记录在案。枢密院现在和国王一起制定政策，指导法律的施行、国库的收支。当然，枢密院中的委员地位有高有低，如今地位最高的是史蒂芬·加德纳、托马斯·克兰默，以及诺福克公爵。

诺福克公爵手上还有一张牌。就在上一年末，他把自己漂亮的侄女带

151 进了宫，作为宫女服侍克里维斯的安妮。由于凯瑟琳·霍华德的出生日期不详，她当时可能十六岁，也可能二十二岁，而且断然不是那种端庄恬静的女子。她的家族有一句格言，即婚姻须不止于“鱼水之欢”。换句话说，婚姻必须带来其他好处。凯瑟琳·霍华德研习了所有能够取悦君王的把戏，而且她对此也并不反感。1 月 28 日，亨利和克里维斯的安妮正式解除婚姻才过去十九天，便同她完了婚。而这一次大婚最终成了她的大劫。

她不久便见识到了丈夫的火暴脾气。亨利腿上的溃疡又一次发炎，有时需要通过痛苦的手术才能挤出脓水。他变得郁郁寡欢、心情低落。他开始后悔处死克伦威尔，并抱怨自己被几个枢密院委员诓骗，他们“欺君误国，让自己处死了最为忠心耿耿的臣子”。他时常会因为自己的错误而迁怒别人。据说他“对几个重臣下了恶毒的论断”，并在宫中处决了许多人，使得“朝廷不像朝廷，反而像是个家庭”。他时常发脾气，甚至不愿听音乐。他不让他的新王后出现在他面前长达十天之久。

国王的病情不久便得到缓和。1541 年春，亨利的溃疡愈合了，4 月 10 日，法国大使称“王后据称已有身孕”。然而，这一传言最终被证明是假的，但也可能是凯瑟琳·霍华德流产了。这似乎是国王长久以来挥之不去的诅咒。此外，法国大使还称亨利对妻子心怀不满，“尽量避免同她一道做事”。

然而，6 月 30 日，国王和王后出巡北部地区，此次巡幸声势浩大。亨利从未去过那些地区，对于那些地区的了解也仅限于暴动和叛乱。这次是向北部地区人们展现浩荡王威的机会。他带了五千骑兵，一千步兵，这次的巡幸队伍俨然是一支全副武装的军队，从格拉夫顿行进到北安普敦，再从林肯行进到波士顿、唐克斯特、庞蒂弗拉克特、约克等地。亨利身穿
152 由金线织成的衣服，仁慈地接受了先前叛乱分子的投降。他一手导演了这一出彰显权力的戏剧。

而在戏台的后面，还有另一场剧正在上演。凯瑟琳·霍华德一方面似乎让自己日益老去的丈夫心生厌烦和不满，另一方面也显露出不贞的迹

象。甚至在两人北巡途中，她也与一个名为托马斯·卡尔佩珀的贵族私通，在自己侍女的纵容安排之下，她从后门和后楼梯外出与其私会。卡尔佩珀成了她“可爱的小傻瓜”。

与此同时，人们谣传凯瑟琳在五年前就同她的维金纳琴老师来往甚密。亨利·曼诺克斯曾吹嘘凯瑟琳许诺给他“初夜，尽管很痛苦”。祸不单行，凯瑟琳在那个时期的另一个情人弗朗西斯·迪勒姆也浮出水面。据说此后两人还结为夫妇。很可能迪勒姆以公开身份为由进行了要挟，不管怎样，凯瑟琳任命他为私人秘书兼宫内男侍。这是一个大错特错的决定。

有一个知道凯瑟琳·霍华德先前风流韵事的人跑去向克兰默告密。总主教克兰默于是召见了凯瑟琳先前的几个仆人，这些人证实了传言非虚。尽管这件事必须禀报国王，但没人愿意去报告这种事。一旦这些传言被证明是捏造的，那就是死罪。11 月 1 日，在皇家圣堂，国王公开感谢天主“开恩赐我良缘”。在礼拜过程中，总主教给国王留了一封密函，里面详细记述了王后先前的风流韵事。

亨利并不相信这些事。他坚持认为这些报告源于派系斗争，意在摧毁诺福克公爵和王后。亨利要求克兰默彻查此事，“不到水落石出不罢休”。于是，国王的卫兵在凯瑟琳和侍女们跳舞的时候上前打断她们的活动，并坚称“不是跳舞的时候了”。年轻的王后于是被关在自己的住处内，惊恐 153
万分，瑟瑟发抖。她一定预料到自己将会有麻烦。

随着克兰默和枢密院进一步深入调查此事，发现很明显王后罪责难逃。曼诺克斯和迪勒姆受到了审讯，审讯中曼诺克斯交待了他如何“时常同王后莺期燕约、颠鸾倒凤”。迪勒姆也承认自己“同王后多次云雨交欢，两人身着紧身衣裤，在被褥间或床榻上行男女之事。”

克兰默至少两次同凯瑟琳面谈，但发现她“神色黯然、心事重重，自己从未见过这种精神状态之人”。她一想到自己将要面对的命运便陷入恐慌，大喊大叫。有几次她眼看就要“情绪失控、癫狂发疯”。在情人一事上，她诓骗克兰默，称迪勒姆“纠缠不休，施强力”奸污了她。她承认几天后迪勒姆的确送了她爱情信物，他认得“伦敦的一个驼背矮女人，此人精于（用丝绸）制作各类花卉”。她还承认迪勒姆称她为“妻”。欢愉之夜，他会带来葡萄酒、苹果、草莓。不过“对于诸如‘我必得全心全意爱你’之类的话，我不记得曾说过”。她给国王写信，表达深深忏悔，后者似乎因而有所宽慰。毕竟再怎么说，她在同亨利成婚后，并没有对其不忠。

不过，所谓三人成虎，而宫内又是谣言的温床。一旦王后先前的污点为人所知，近期的类似行为便难以隐藏了。托马斯·卡尔佩珀这个名字浮出水面。有关有这个年轻男侍的流言传到了枢密院，枢密院诉讼词中写道，这些流言“使事态更为沉重，增加了这件事的严重性”。他们召来王后的几个侍女，向其询问王后的行为。其中一个名为玛格丽特·莫顿的侍女说王后和卡尔佩珀有一次四目相接“两人的眼神，在我看来脉脉含情”。她还称两人在王后的密室内独处过五六个小时，“他们定是飘飘欲
154 仙了”——16 世纪，人们用这个词形容性高潮。另一个侍女称两人做了很多“气喘吁吁”的事。王后的侍女长是安妮·博林的弟媳，背信弃义的她已经“遭到逮捕，但整个人精神错乱”，正是她暗施方便，让卡尔佩珀得以溜进王后的房间。疯疯癫癫的她将被押赴刑场。

枢密院随后审问了卡尔佩珀。此案事关重大，因为和王后私通即属叛逆。他否认和王后发生了实质性的性行为，但承认“自己意欲对王后行不轨之事，王后亦有相同想法”。枢密院并不采信他的说法。他和王后定是飘飘欲仙过。“王后婚前做了什么你应该知道，”克兰默对他说，“她婚后做了什么天在看！”据称王后在巡视北方的时候依然和迪勒姆眉来眼去。

亨利在温彻斯特主教伦敦的住所参加了一次枢密院晚间会议。他看了所有审讯记录后怒不可遏，周围人觉得他快要疯了。他让人拿来了自己的佩剑，想要去杀死自己年轻的妻子。他发誓她“将承受死亡的痛苦折磨，而非荒淫之快乐”。说完便浑身瘫软哭了起来，这对于“勇武”的国王来说，实属“罕见”。王后不贞的消息不胫而走。她的叔叔诺福克公爵对法国大使说她“同七八个男子有染”，应该被判火刑。

12 月 1 日，卡尔佩珀和迪勒姆被带到威斯敏斯特大厅受审，罪名是

叛逆。审判过程中，凯瑟琳被称为“淫妇”。此二人被判有罪，并被判绞刑剖腹。亨利·曼诺克斯因为在凯瑟琳成为王后之前很久同其有染，被判缓刑。卡尔佩珀因为是贵族，所以从轻处罚，改判斩首。

1542 年 2 月 13 日，凯瑟琳·霍华德和卡尔佩珀一起被押赴刑场。她和国王成婚还不到两年。她在泰晤士河边乘船踏上最后旅程的时候恐慌得
不能自已，要靠人搀扶才上得了船。一个小型船队载着她从锡永宫前往伦 155
敦塔。在伦敦塔里，她享受到了王后应有的礼遇。三天后，凯瑟琳在绿塔被斩首，并且据说行刑的时候她十分顺服并且表示悔过。实际上为了练习赴死，她要求把断头台搬到牢内，从而学习如何优雅地把头放上去。她的尸体被葬在圣伯多禄锁链堂，离安妮·博林很近。她的许多家族成员也被关进了伦敦塔，但最终被释放。诺福克公爵得以自保，再不过问政事。不过从此以后，亨利不再真心信任他。

王后被处决的当天，亨利举行了盛大的宴会，和二十六个贵族小姐同桌进餐，此后类似的宴会一个接着一个。他大吃大喝，致使自己本已肥胖的身躯愈加臃肿，床也因此增大至 7 英尺（约 2.13 米）宽。但在独处的时候，他总是垂头丧气。在一本英文翻译版的《箴言》上，他用双线标出了下面这段话：“因为淫妇的嘴滴下蜂蜜，她的口比油更滑，至终却苦
似茵陈，快如两刃的刀。”（《箴言》5：3） 156

14

战争游戏

1542 年夏，教宗保禄三世建立了“神圣罗马公教异端裁判部”，由六个枢机担任裁判长。教宗称：“哪怕是我的亲生父亲，只要他是异端，我也会堆起木柴烧死他。”宗教信仰的道路危机四伏。和教宗断交的亨利急切地盼望查理五世能效仿自己。作为英格兰国王，他希望成立一个大型的最高事务会对宗教差异进行讨论，有可能的话，将这个问题彻底解决。

外交形势似乎朝着对亨利有利的方向发展。亨利正谋划着同查理五世联合对抗法国，然而两国直到 1544 年夏才得以组成联军发起侵攻。而此时巩固北部地区领土安全才是要务。在 1541 年夏，亨利在北巡即将结束的时候，同意和苏格兰国王詹姆士五世在约克郡会面。但也许担心遭到绑架或是暗杀，詹姆士并没有到场。苏格兰国王的父亲詹姆士四世在不到三十年前的弗洛登战役中死于亨利军队之手。由于苏格兰人一直认为英格兰北部是自己的领土，因此劫掠边境的行为愈演愈烈，亨利对此已经大为光火，此次会面失败更是火上浇油。1542 年夏，苏格兰军队劫走了一个亨
157 利的钦差，两国正式开战。

法国国王和大臣们喜出望外。弗朗索瓦一世对英格兰大使说：“你们的陛下（亨利）跟苏格兰人开打了，你们现在腾不出手了。”英格兰的注

意力都落在了宿敌身上，法国国王可以高枕无忧了。苏格兰人现在也士气高涨，叫嚣着："一切都是我们的，英格兰人都是异教徒。"1542 年秋，一定程度上东山再起的诺福克公爵率领两千人的军队挺进洛锡安将当地收获上来的粮食付之一炬，将村镇夷为废墟，接着后撤到贝里克。

作为报复，一支一万五千人的苏格兰军队于 11 月的最后一周挺进坎伯兰。同其对峙的不是英格兰军队，而是郡里的农民和劳工。英格兰军指挥官被突然出现的苏格兰军队搞得措手不及，而当地农民和劳工则拿起手边的武器，翻身上马准备作战。因为在英格兰的这个地区，时刻备战是明智之举。这些农民和劳工于是对苏格兰军队发动了一系列进攻，将他们的阵型打乱，并捕杀掉队的士兵。一群骑兵出现在地平线上，人们大喊诺福克公爵的军队来了。

诺福克公爵当时根本不在附近，尽管如此，苏格兰军队依然向边境溃逃，数千英格兰军队在后面追击，这些军队是由北方权贵托马斯·沃顿爵士临时组建起来的。但是，苏格兰军在撤退的时候迷路了，于是开始在索尔维湾的河水中仓皇逃命，当时索尔维湾正开始涨潮。苏格兰士兵们要么在河中淹死，要么被追军杀死。而大多数人则在位于格雷特纳和埃斯克之间的索尔维莫斯沼泽被包围，最终命丧黄泉。许多苏格兰大贵族被俘并带到伦敦。"世人皆称这一切都是由于指挥不当和运气不佳所致，"约翰·诺克斯说，"但只要稍微了解天主，便能够很明显看出这一切都是他的安排……"

詹姆士五世在听到这一消息以后忧心如焚，最终气郁而死。实际上，他的心结来自权力的丧失。12 月 8 日，詹姆士之妻玛丽诞下一女，玛丽作为苏格兰王后境况堪忧。听到这个消息，詹姆士说："魔鬼与之相伴，既有始，必有终。由女娃而始的亦会由女娃而终。"他这句话的意思是由 158
罗伯特·布鲁斯的女儿所建立的斯图亚特王朝，将在他自己刚出生的女儿手中灭亡。但苏格兰王后玛丽注定不是末代女王。这一王朝要到一百七十二年之后安妮女王驾崩才算终结。詹姆士的预言说对了一半，他在做出这一预言的十天后驾崩。英格兰国王闻之喜出望外。这就是统治者毕生所追求之事：获得荣誉，征服敌人。凯瑟琳·霍华德让他蒙羞一事带来的沉重心情似乎烟消云散了。

1543 年初，议会召开会议。第一项议程便是给国王一笔特别津贴以支付同苏格兰开战的军费以及“其他紧急要务”——这里指即将到来的入侵法国行动。议会还通过了一项有关“推广真信仰，废除假信仰”的法案。这项法案是政府为了消除国内信仰分歧所做的另一次努力。戏剧和幕间表演不得提及《圣经》的内容，不得在公开场合阅读《圣经》。商人和绅士可以在家默读《圣经》，“但父母、工匠、旅人，以及身份在自由民之下的仆人、农夫、劳工等不得阅读《圣经》”。

这一年春末，出台了一份构建英格兰信仰的文件，名为《基督徒必备之信条与学问：英格兰国王陛下编》，简称《国王书》。尽管这份文件从本质上看是保守的，但重申了英格兰走罗马天主教和路德宗中间道路的立场。这份文件否认了教宗的权力，但保留了弥撒中的圣餐礼。炼狱的概念并没有被完全废除，但被进一步淡化了。实体变换的奇迹得到了确认。信仰和工作在获救的道路上同等重要，而圣地和朝圣无助于获救。

枢密院在此期间忙于处理有关宗教异端的事。3 月 15 至 19 日的五天内，有七个嫌疑人被逮到枢密院受审，并分别被送进了监狱。例如，3 月
159 17 日，一个神职人员因“妄议祭坛之圣事”被押往弗利特监狱。据说保守派领袖史蒂芬·加德纳“弯弓引箭射领头鹿”。在复活节讲道的时候，加德纳将再洗礼派教徒和那些质疑信仰圣母玛利亚的人聚集起来，从讲道台对着他们大喊：“异端！柴堆！火焰！”坎特伯里大教堂的专职司铎被烧死，敲钟人从司香手中拿过香炉，把里面的燃烧的木炭倒进了新挖的坟墓中，这个被烧死的教士被控异端。

不过坎特伯里大教堂中有一个人逃过一劫。总主教克兰默作为宗教改革的主要支持者也遭到了怀疑。据说在一次布道过程中，他说祭坛之圣事仅有“比喻之意”，祭坛上的面饼并非基督的身体，仅仅是一种象征或纪念。如果他真的说了这样的话，那他就是冒天下之大不韪了。克兰默自己

管理的教堂内，有一些议员开始暗传对其不利的话语。据说，枢密院中思想较为正统的委员称卑贱之人被烧死，而煽动异端的头目却深受宠信，如此势必生乱。1543 年春，他们向国王送去一份声明，建议成立委员会调查克兰默的讲道内容。

几天后的一个傍晚，皇家驳船来到了兰柏宫，国王邀请总主教上船游览。两人坐定后，国王转身对克兰默说："哎，司铎，我有个消息要告诉你。我现在知道了谁是肯特郡最大的异端了。"说着他拿出了枢密院在坎特伯里大教堂收集起来的指控书。克兰默读完急忙跪倒。他希望这件事能够开庭审理。他承认自己依然反对《六条信纲法》的精神，但宣称没有做任何反对《六条信纲法》之事。国王长久以来一直信赖总主教，同时也想避免在已经混乱的教会中再造分裂和矛盾。

因此他让克兰默自己担任法官调查此事。克兰默不敢答应，但国王坚持如此。克兰默于是指派自己的堂区秘书长和注册官彻查指控的发起人。主要涉事人员的家遭到了搜查，搜出了相互串通的文件，其中就有史蒂 160
芬·加德纳的信。克兰默还发现有些和他表面交好的人也涉足此事。不过克兰默并非睚眦必报之人。他不动声色地让这场风波就这么平息下去。有一次国王让他骂一个暗中与他为敌的人"恶棍"，克兰默答道这不是主教该说的话。

11 月末，出现了进一步想把克兰默拉下台的事件。这次国王准备赌一把。他一方面授意枢密院以异端罪传唤总主教，"一旦理由充分，便将他送进伦敦塔"。但当晚他又传总主教进宫。克兰默匆忙赶到的时候，亨利将枢密院的计划一五一十地告诉了他。

克兰默似乎很顺从地接受了这个消息，并说了类似想要得到公正的审判之类的话。国王喝止了他。"你难道没意识到只要他们把你投入大牢，马上就能找三四个恶棍来制造假证告发你吗？只因你现在是自由身，这些恶棍不敢说这样的话或在你面前显露原形罢了。"亨利对异端审判的本质再清楚不过了。

亨利于是把自己的戒指赐给了克兰默，这标志着君王的支持，也表示亨利决定亲手处理此事。有了这层保障，克兰默返回兰柏宫。第二天早晨，克兰默很快接到了枢密院的传唤，但他前往之后受到了无礼的对待，被迫“在仆人和男侍的围绕下”等了整整三刻钟。这个消息很快便传到了国王耳朵里，亨利闻此怒不可遏。“他们对我怎么不这样?”他问道，“很好，我要跟他们一一谈话。”这一切简直太戏剧化了，而莎士比亚还真将其写成了一部戏剧。

克兰默站在枢密院众人前，这些从前和他共事的人称他由于涉嫌宣扬异端邪说而被逮捕。他于是拿出了国王的戒指，众人见状大惊失色。“我不就说嘛，大人们。”其中一人大声叫道。这些犯了错误的枢密院委员们被带到了国王面前，国王对他们训话，要他们和睦团结。“大人们啊，”
161 亨利对他们说，“我以为我的枢密院持重、睿智，但我现在觉得自己被蒙蔽了。看看你们是怎么对待我的坎特布雷大人的?”

作为反克兰默阴谋的领袖之一，诺福克公爵说道：“臣等尽管提出将坎特布雷大人关入监牢，但无意伤害他。我们之所以这么做，是想让他在审判后重获自由，愈加荣耀。”这种理由实在太过于牵强。“好吧，”国王答道，“我恳求你们不要这么对待我的朋友。你们如何兴风作浪，我一清二楚。你们之间依然存在间隙。我建议你们化干戈为玉帛。”克兰默在亨利统治期间从此安然无虞。

亨利力保总主教不仅出于自己的真实情感，而且出于政策考虑。他不想让自己的国家，或者说白了，不想让自己的宗教进一步分裂。然而，在宗教信条最核心的方面，改革派似乎失败了。一个改革派写道，走遍全国都找不到一个牧师“真心诚意寻求上帝的荣耀。他（国王）已经让这种信念消失殆尽”。国王与这句话相应的行动便是同神圣罗马帝国皇帝查理五世缔结了新的同盟，查理五世是西班牙帝国中最为笃信天主教的国王。

不过宗教改革依然有机会找到一个新的捍卫者。1543 年夏，亨利迎娶了第六位，也是最后一位王后。据西班牙大使的说法，国王在宫中“郁郁寡欢、时常唉声叹气”，迫切需要女性的陪伴和关爱，而凯瑟琳·帕尔本人便身处宫中。她是玛丽公主的贴身侍女，两度丧夫，当时正和国王的侍卫托马斯·西摩恋爱。然而国王将托马斯·西摩派到布鲁塞尔担任大使，并决定自己迎娶凯瑟琳·帕尔。这是个无法拒绝的要求。尽管亨利身体肥胖，体质虚弱，但他毕竟是君王，答应他的求婚是凯瑟琳·帕尔应尽的义务。据说，克里维斯的安妮就曾说过：“凯瑟琳夫人给自己挑上了重担。”

按照当时的标准来看，凯瑟琳·帕尔受过良好的教育，并且很虔诚。她甚至写过两本宗教手册，其中一本名为《罪人的诉苦》。因而她对于宗教改革产生了兴趣，并且将其放在心中至高的位置。据说“每天下午在私 162
室中，她会花上一小时让专职司铎向她、她的侍女，以及贵妇人们召开读经研讨会……”在这些贵妇人中有一些暗地里信奉路德宗——如伊丽莎白·霍比夫人、莱尔夫人、巴茨夫人、萨福克公爵夫人等。亨利八世王朝末期最有意思的一个特点便是女性对宗教的虔敬再次兴起。据当时的记载：“少女们……手中总拿着《诗篇》，积极参加布道会和默想活动。”据约翰·福克斯所说，凯瑟琳·帕尔便是其中一员，“对福音书展现出极大的热忱”。这很快便给她带来了麻烦。

英格兰和西班牙从1543年开始一直到1544年初都在为大举入侵法国备战，联军指挥员由亨利和查理共同担任。不过，此次战争的军费开销异常巨大，英格兰国内，金银钱币被掺入了大量合金，导致成色下降。就这样，皇家造币厂铸造了更多的钱，因为钱币面值不变，但贵金属含量降低了。物价自然也上升了，上升速度约为每年百分之十，此后经过二十年，英格兰经济才得以恢复。一切都是国王好战的恶果。

亨利还找到了其他的筹钱办法，他决定向国民收取“恩税”。所有名下土地年产值超过四十先令的国民必须给国王上税，这是他们对统治者应尽的义务。谁拒绝谁就要受罚。伦敦的一名市政官被发配到苏格兰边境充军，边防军长官接到指示派他去执行最艰难危险的任务。另一名市政官被直接关进了伦敦塔，一关就是三个月。

还没等入侵法国，就已经造成了大量的流血事件。苏格兰撕毁了索尔维莫斯惨败后和亨利许下的所有承诺和条约，再一次和老盟友法国结盟。
163 亨利无法对身后的敌人熟视无睹，因此他决定惩罚表里不一、言而无信的苏格兰人。5月初，一支英格兰舰队开往福斯湾，舰队指挥官赫特福德伯爵爱德华·西摩奉命“将爱丁堡洗劫一空之后，放火烧城，将其夷为平地，让遭天谴的记忆刻在他们心中永世不忘”。他还接到命令攻下城堡，摧毁荷里路德宫，同时烧毁周边所有村镇。这样的恐怖行动继而蔓延到了利斯和圣安德鲁斯，“胆敢抵抗之人，不论男女老幼格杀勿论”。这再次证明了惹怒国王只有死路一条。

赫特福德伯爵谨遵君命，并于5月9日发回战报，称爱丁堡“城镇已被烈火与浓烟吞噬，大快人心”。九天后，他在信中写道，任务圆满完成，“陛下定已获悉苏格兰经历了多年来未遇之灾难”。一支法国舰队前来援助盟友，并运送了一支大军同苏格兰军一起向英格兰边境挺进。一方面苏法联军气势汹汹，另一方面赫特福德伯爵再次发起进攻，同年秋天摧毁了243座村庄、5个集镇、7座隐修院。两国的杀戮游戏时断时续，直到奥利弗·克伦威尔时代才告一段落。

英格兰军队于1544年向法国进发。这是英格兰有史以来规模最大的远征军：48 000人开赴英吉利海峡。这支军队需要6 500匹马来运送枪支弹药。温彻斯特主教史蒂芬·加德纳奉命担任了所谓“后勤上将”的虚职。他说自己“不断地分发奶酪、黄油、鲱鱼、鱼干等物”。敌军称其为“史蒂芬鱼干”。

164 根据战争的初步计划，英军和西军应直捣巴黎，但亨利发现了这个计划的漏洞，即这样做的话，英军的后方将毫无防备。对于亨利来说，第一要务是在渡过索姆河进攻首都之前打下布伦和蒙特勒伊。6月末，英军集结到布伦周边。7月14日，亨利渡过英吉利海峡。几天后，他骑马从加来出城，穿过几个由英军驻防的城镇，来到了法国境内，他带着一支巨大的火枪，有着长长的铁质枪管。他一路向南行进了25英里来到布伦周边同自己的军队会合。不久，攻城炮开始从城堡东边向位于山顶的布伦开炮。

除军事行动之外，外交行动此时也在紧锣密鼓地开展。1544 年夏，弗朗索瓦向两个国王写信，私下力劝两人同自己签订协议，同时也希望借此离间两人。亨利把自己收到的信转交给盟友查理，然后答复法国国王，说自己正在制定一个政策，揭露“你对我们荣誉的无情侵犯。你心知肚明，这份荣誉我们珍视至今。我到老都不会让我的荣誉遭到玷污”。一个月后，尽管他还在围攻布伦，依然写了（或者说口述了）一封信给凯瑟琳·帕尔。他在信中说：“朕戎马倥偬，为诸君将士日理万机，全无歇息、空闲之时。”战时的国王精力充沛，日理万机。他对再次披上戎装感到很高兴，据麾下一个指挥官说，他“心情舒畅，身体康健，七年来从未见他如此”。亨利在追求荣耀，这是此次战争唯一的真实目的。

查理五世在迪济耶或称圣迪济耶耽搁了七个星期，浪费了原先进攻巴黎计划的一半时间。西班牙军队的通信和补给都已经被切断，但查理五世依然下令继续进军。西班牙军队继续进军的消息让亨利大吃一惊，但并没有想到自己的盟友已经叛变。弗朗索瓦和查理单独签订了停战条约，这项条约中没有把亨利算进去，只需要一个借口条约便可生效。见到自己的军队处境危险，查理宣布必须和法国签订条约。西班牙人和法国人又一次在 165
外交的舞台上携手共步。

围攻布伦所花的时间让英军始料未及。布伦守军作战的英勇甚至连亨利都肃然起敬。“他们携手作战，”他在给王后的信中写道，“比勃艮第人和佛兰德人勇猛得多……”不过，最后他获胜了，布伦居民从城中走出投降。不过，蒙特勒伊依然坚守不降。所有人都心知肚明英军绝没有机会攻到巴黎。就在这个节骨眼上，查理和弗朗索瓦签订了和约，让亨利孤军奋战。可以想象亨利对于盟军叛变发了多大的火，多么不愿相信。不过众人都清楚，这次侵略迟早失败。他花了大约两百万英镑攻下布伦，但这仅仅是布伦，并不是巴黎。这笔钱大约抵得上英格兰十年的开销。他还变卖了大量从教会那里夺来的土地。这直接导致了王室在接下来几年中的财政紧张，也成了内战的起因之一。不过这是后话。就 1544 年当时，英格兰财政已经告急，史蒂芬·加德纳有感于此，仿效三十年前的科利特，写下了

“最差的和平好过最好的战争”。9月的最后一天，亨利坐船返回英格兰。

但法国的威胁依然存在，且在其同西班牙媾和之后变得愈加危险。第二年春，弗朗索瓦入侵英格兰的意图变得昭然若揭，为此，他着手组建一支庞大的舰队，甚至通过陆路从地中海地区购买战舰。英格兰则进一步加固海防，经过训练的当地民兵全部进入警戒状态。法国的此次军事行动未能成功，由于逆风，法国的帆船刚出航就被吹回港口。一段时间过后，食物开始供应不足。由此，法国指挥官下令撤军。在朴次茅斯附近战争差点打响，法国舰队向英格兰船只开炮，但又一次因为逆风不得不撤退。一支
166 法国舰队在肖勒姆附近出现，但又掉头离开，因为船员染上了疾病。在此次海上军事骚动中，一艘名为玛丽·罗斯号的舰船在朴次茅斯港自己沉没
167 了。这个事件可谓此次英法武装冲突的标志。

15

全家福

1545 年，国王委托某位不知名的艺术家画了一幅全家福。画中亨利坐在王座上，威风凛凛。两手边分别坐着他的继承人和去世已久的简·西摩；画的右侧站着伊丽莎白小姐，左边站着玛丽小姐。亨利把手搭在儿子的脖子上。画的背景是位于白厅底层的国王寓所。凯瑟琳·帕尔并没有出现在这个戏剧性的场景中，但她现在已经俨然成了皇室家族中的一员。国王赴法作战期间，英格兰由她摄政。她一般都在汉普顿宫，且一开始和玛丽同住，接着和伊丽莎白同住。两个公主接受的是广义上的人文主义教育，和伊拉斯谟的思想一脉相承，而该思想不久便成了早期新教教义的一部分。

凯瑟琳还会指导小王子爱德华学习。爱德华称她为“最亲爱的母亲”，并且告诉她“我从您那里获益良多，一时难以完全消化”。凯瑟琳自己也在学习，爱德华写道：“我也听闻母后的拉丁文日见娴熟……我十分开心，毕竟文字是永恒的。”尽管这是句客套话，并不能反映爱德华的真实情感，但他的确也在努力钻研古典知识。例如，他阅读并默记了四本
加图的著作。他读西塞罗著作的时候读的是拉丁文版，读希罗多德著作的 168
时候读的是希腊文版。不久他又开始学习法语，至少从理论上说，他将来

是要当法国国王的。此外，他还刻苦攻读地理、历史，为登基后的统治工作打基础。他对自己的老师约翰·奇克说：“我只是履行职责而已。”身居高位，加上有一个如此自负的父亲，爱德华的角色意识和使命感已经形成。尽管他年纪尚小，但据说他的言谈举止俨然像个大人。

他的帽子装饰着钻石和蓝宝石，他的衣服由金线织成，他还有一把黄金匕首，挂匕首的绳用珍珠串成，刀鞘上镶满了钻石、红宝石、祖母绿宝石等。他行走或骑马的时候，周身熠熠生辉。他有一幅绘于 1546 年的肖像画被保存了下来。画上的他身着礼袍，站在柱子和窗户中间，右手拿着黄金匕首，左手特意放在遮阴布上，象征王祚永续。

此外，他还会腾出时间参加君王专属的运动。他有打猎用的手套、钓鱼用的鱼竿、击剑用的剑。他还拥有猎犬和马匹。他热爱打猎和拉长弓。他会打网球，也会参加贵族的马上枪术比赛。他还会演奏鲁特琴，这一点和他父亲很像。

他对于自己同父异母的姐姐玛丽有着特殊的情感，但同时又掺杂着义务感。他请求凯瑟琳·帕尔不要让玛丽参加“国外的舞会和娱乐活动，因为这样和基督教国家最高贵的公主这一身份不符”。他做此提醒的时候才八岁。在往后的日子里，这对姐弟对如何定义“基督徒”各执一词。但从爱德华的担忧中呈现出的玛丽的形象，和那个充满愤恨、狂热地烧死异端分子的玛丽大相径庭。玛丽喜欢跳舞，对衣着很有品位，而且喜欢打牌。她热爱音乐，这一点和她的父亲及兄弟姐妹都很像。音乐是打开都铎王朝大门的钥匙。有一幅伊丽莎白的肖像留存至今，画上的伊丽莎白正在用餐，身边有一群演奏乐曲的乐手，其中小号手有十二个，定音鼓手有两个，还有横笛手、短号手、小鼓手等。不论在街上还是在工作岗位上，人们都会放声歌唱，“石匠在墙边唱歌，水手在船上唱歌，瓦匠在屋顶上唱
169 歌”。许多理发店里都会放一把鲁特琴，供人们在等候时演奏。

而玛丽在学识方面也颇有名气，另一个王族——葡萄牙的玛丽公主对“她的美德与学识”大加称赞。1545 年最后一个月，玛丽在凯瑟琳·帕尔的指导下翻译了伊拉斯谟对《约翰福音》所做的注解，并于第二年出版。

爱德华的另一个同父异母姐姐对学习怀有的热情也丝毫不比弟弟逊色，并早早地显露出语言天赋。伊丽莎白不费吹灰之力地掌握了希腊文和拉丁文，她早上学希腊文，下午学拉丁文。在其统治后期，尽管以当时的眼光来看她已经垂垂老矣，但她依然即兴用拉丁文做了次演讲，让大臣们兴奋不已。她还会讲西班牙语、意大利语、佛兰德语，以及一点点威尔士语。十一岁的时候，她便给继母看了自己翻译的《罪灵之鉴》，这首诗原文是法语，由纳瓦拉的玛格丽特所写。伊丽莎白散文体的译文洋洋洒洒共计二十七页。她的主导师罗杰·阿斯卡姆称，伊丽莎白在十六岁的时候，“思想摆脱了女性之柔弱，她生来就如男子般勤奋。她才思敏捷，过目不忘，无人能出其右……”而爱德华儿时的玩伴简·多默并不怎么看好伊丽莎白，她说伊丽莎白在十二三岁的时候“自视清高、目中无人”。在上面的例子中我们可以明显地看出这两位少女所接受的人文主义教育足以媲美任何学校抑或大学所提供的教育。这尽管不能说独一无二（托马斯·莫尔给自己女儿也提供了相同的教育），但的确非同寻常。

不过这一家人的天伦之乐将被国内紧张的宗教形势破坏。亨利依然亲自过问宗教事宜。1545 年末，有一次他来到议会，在开口讲述国家分裂的时候潸然泪下。他说：“宗教的根基是人与人之间的仁爱之心。但我听闻如今这一切似落入寒冬，人与人之间的分歧无比巨大，关爱无比缺失……有些人被称作教宗党，有些人被称作路德派，还有些人被称作再洗
礼派，这些都是魔鬼起的名字……”他接着说：“我听闻如宝石般珍贵的 170
上帝之语竟然在酒馆里被拿来争吵辩论、吟诗歌唱，这实在是不敬至极，令我十分痛心。”

克兰默自己则在重塑对他来说无比神圣的信仰。在此过程中，总主教通过缓慢、逐步的冥想和研究，拒绝接受实体变换的理念——面饼和葡萄酒变成了基督的身体和血。最终，他认为这一奇迹发生在领受圣餐信徒的心中，信徒在领受祭饼的时候，灵魂产生了变化。圣餐礼是一个流变的过程。

对此事的争论使得那些直言不讳、喜欢刨根问底的人内心无法平静。

亨利一直想要净化天主教会，去除里面较为恶劣的迷信思想，同时他也想要一个在自己统治之下的国教。然而，他所塑造的却是一个脆弱的，在某些方面前后矛盾的四不像。在他死后，英格兰的宗教信仰发生了天翻地覆的变化，便是其不稳定性所导致的。1545 年夏，英文版连祷文面世，但弥撒以及其他的教会活动依然采用拉丁文。同年，下议院通过了一份严惩异端的法案，该法律的惩戒力度之大史无前例，而这也是英格兰宗教分裂的另一标志。在耶稣受难节“爬向十字架”的仪式于 1546 年初被废除，当时克兰默还想把涉及鸣钟、十字架的所有仪式一并废除，国王一开始同意，但后来反悔了。他依然想在法国国王和神圣罗马帝国皇帝面前维持自己作为秉持正统信仰国君的形象。当时他还在同他们进行谈判。

英法两国军事行动无疾而终之后，显然两国必须签订条约，从而不必再将资源浪费在冤冤相报的战争之中。因而两国开始了外交谈判，亨利轻描淡写地称之为“说明”。他对大使说：“你必须严阵以待，一定要争取到最大的利益，摆出姿态，宁愿谈判破裂也不退而求其次。”由于两国之间互相猜忌毫无信任，所以此次谈判靠的就是尔虞我诈、声东击西、膏唇
171 岐舌等手段。最终两国于 1546 年夏签订了《阿德尔条约》。根据条约，亨利占领布伦八年，并于到期之日交付 200 万埃居给法国。这是亨利有生之年签署的最后一个条约。

亨利的枢密院委员们显然缺少他在议会中推崇的“人与人之间的仁爱之心”。其中较为保守的一派对于凯瑟琳·帕尔在王室内部施加的影响疑虑重重。玛丽正在翻译伊拉斯谟著作这一行为本身就意味深长，众多学者对《约翰福音》的诠释也是之后爱德华统治时期的宗教改革的一部分。因此凯瑟琳所鼓励的改革精神来源于人文主义思想。

1546 年最初的几个月里，国王抱怨妻子谈论信仰的论调。约翰·福克斯提到国王带着讽刺的口吻对史蒂芬·加德纳说：“不如就让我回到小时候好了，领受一下我妻子的教导。”之后，加德纳找准机会悄悄对国王说，王后的观点根据法律来看是异端，“养虎为患的后果不言而喻”。福

克斯也说了类似的话。亨利于是指派加德纳找王后贴身的侍女谈话。

当时，对于异端的揭发检举与日俱增，一个同王后和其侍女走得很近的女士惨遭迫害，尤其能体现出这一点。安妮·艾斯丘和宫里的人认识，她的哥哥是国王的卫士兼侍酒官，但她遭到了监视。一个寄宿在她对面的间谍报告称："午夜她开始祈祷，一祈祷就好几个小时……" 1546 年她被传唤到了位于加特巷的异端审判委员会，在委员会的萨德勒厅中，她承认自己说过"上帝并不存在于人造的神殿中"。她被问及吃了圣饼的老鼠是否也领受了上帝。对此她笑而不答。

她先被关进了伦敦监狱，然后被带到了伦敦主教埃德蒙·邦纳面前。
埃德蒙·邦纳在后来有一个外号叫"血腥邦纳"。而在当时他作为迫害者 172
来说还算心慈手软。安妮的"好友们"事先和邦纳打了招呼，所以邦纳以安妮承认错误为名把她放了。但后来安妮又因为持异端思想获罪，那年夏天，她被带到了格林尼治宫的枢密院受审。一方面她"系出名门"，因为她顽抗不配合的姿态特别引人注目。枢密院中的保守派还希望对她施以酷刑或火刑能够让她供出宫内的一些小姐们。她被要求承认圣体圣事是"肉、血、骨"，对此她回答："明明心里都知道，口头上还非要反着讲，真为你们感到羞耻。"当她被要求就圣餐一事发表看法的时候，她回答："她不会在异国唱神歌。"史蒂芬·加德纳指控她说话拐弯抹角，她借用耶稣的话回答道："我将真理告诉你们，你们就因此不信我。"（《若望福音》8：45）加德纳说她鹦鹉学舌。而现在，身陷囹圄的她疲惫不堪，且"病得很重，一心求死"。在狱中她创作了一首民谣，其中一段是这么写的：

我见着一个王座
本应坐着正义
然而却坐着
愤怒残暴的责罚。

在伦敦塔中，她被要求供出同谋，她拒不开口并被上了酷刑。但她依然没有供出任何同伴。她在狱中的日记来年以德语发表，她写道：“我没有供出和我持同样观点的贵族夫人，于是他们把我送上刑架，他们花了很长时间对我用刑，我躺着不动，也没有喊叫。枢密院大人和瑞奇大人不怕弄疼自己的手，亲自拷打我，直到我奄奄一息。”7 月 15 日，安妮被带到了史密斯菲尔德施以火刑，她当时已经被折磨得站都站不起来了。她被绑到木桩上，周围的柴火也点燃了。在火刑过程中，天空下起了雷雨，围观群众中有一人喊道：“你们烧死了基督的信徒，必遭报应。”刚说完，一
173 个信仰天主教的马车夫就上前把他打倒在地。群众中信仰的分歧一目了然。

一个月后，凯瑟琳·帕尔被定为调查对象。二十年后，约翰·福克斯在《福克斯殉教者书》中讲述了这个故事。很可能当时他听到了宫中关于此事的传闻，他不太可能凭空捏造出此事，因为这件事和他编纂新教《殉教者书》的根本目的不符，反而会抹黑史蒂芬·加德纳的声誉。不过，他可能出于这个目的对这件事做了添油加醋的描写。他确实写道在这个时期，国王长时间待在自己的房间内，只接见近臣。在这个氛围下，国王允许加德纳秘密调查自己妻子的宗教观点，寻找是否存在异端思想的蛛丝马迹。他甚至准许发表指控王后的文章。此事极有可能是真的。从他自己的道德标准来看，很明显他对自己死后儿子身边的那些人不大放心。

幸运的是，指控王后的文章掉到了王宫的地上，被某个“善心人”捡到并呈给了凯瑟琳·帕尔。比较有可能的是这个“善心人”了解到反王后的阴谋之后，私下提醒了她。于是，王后陷入了“深深的忧郁、痛苦之中”，鉴于她丈夫对待先前几任妻子的手段，王后有这样的反应不足为奇。不过，她的恐惧在国王把自己的御医派去服侍她之后进一步加强了。此人知道国王正在谋划之事，于是对王后进一步指明了有哪些人欲对其除之而后快。

不过国王在一天傍晚召见了王后，开始和她讨论宗教问题。王后借此机会为自己先前的“大胆”道歉，并称自己先前并非想“摆明观点”，而

是国王当时“身有微恙”，她的话是供国王消遣的。为了进一步向国王证明自己，据传凯瑟琳还说希望“倾听陛下博学之良言，让自身从中获益”。亨利自负的心得到了满足，他和蔼地宽恕了她。“是这样啊，亲爱的！”

国王与王后，以及全部随从在一两天后去御花园游玩。枢密院大臣托 174
马斯·赖奥思利带着大约四十个士兵前来，以犯异端罪为由抓捕了凯瑟琳·帕尔以及她的一些侍女，但遭到国王阻拦。亨利把枢密院大臣拉到一边询问缘由。弄明白缘由之后，他大声斥责：“混账！废物！畜生！傻子！”然后让这些人统统退下。

上面这个故事只是一家之言，再找不到其他出处，不过能够感受得到，里面有些情节或多或少是真实的。确实，宫廷生活刀光剑影，充满了敌对和猜忌，而且毫无疑问，针对宗教改革的步伐和性质的看法并不一致是矛盾的焦点。国王让大臣之间互相敌对的阴险行径也反映了这一点。国王通过该手段控制众人，树立权威，连自己的妻子也不放过。根据福克斯的进一步记载，国王此后再也不相信思想保守的温彻斯特主教史蒂芬·加德纳，便是他率先着手开始调查凯瑟琳。这种不信任态度可以从国王最终对史蒂芬·加德纳的处治上得到证实。王后再次得宠，从此闭口不谈宗
教。没过多久，她便开始一心照料晚年重病的丈夫了。 175

16

最后的日子

国王已经五十五岁了，他不准别人在自己面前提及死亡。他多数时候待在白厅或格林尼治宫的私室之中，私室墙上挂着挂毯，有两三张桌子、一个用来放盘子杯子的壁橱以及几把椅子。此外还能找到一些用来放松娱乐的乐器。在私室外的会见厅，廷臣们对着空无一人的王座行礼。王座依然是国王之位，必须受到崇敬。

亨利如今病魔缠身。皇家账本显示大量开支被用于购买大黄——一种用于治疗性格暴躁病的御用特效药。他总是憋着一股巨大的火气，但他之所以这样，实际上是因为无时无刻不在忍受着病痛的折磨。他十分肥胖，必须坐一种被称为“行椅”的座椅才能往返于走廊和房间。行椅是轮椅的前身，用来减轻腐烂的双腿给他带来的负担。编年史作家爱德华·霍尔写道，他“上下楼梯的时候无法自己行走，只能搭乘升降的器械”，无疑这种器械就是某种滑轮组或升降机。他看东西不得不戴眼镜，当时被称为“叆叇”，是夹在鼻子上的。

不过他依然能够对手下人“重拳出击”。史蒂芬·加德纳因为未能把
176 主堂区的一些土地同国王进行交换而遭到免职。这是当时给出的理由，但主教遭黜也可能是因他密谋反对凯瑟琳·帕尔所致。据说尽管史蒂芬·加

德纳被禁止面见国王，但依然会跟随其他枢密院委员一起来到国王卧室前，一直待到其他更为尊贵的枢密院委员们离开，希望以此给世人留下他依然受到重用的印象。事实上，很容易就能得出当时“保守派”正遭到肃清这一结论。保守派中地位最为尊贵的诺福克公爵没过多久就被送进了伦敦塔。

诺福克公爵自国王即位以来，很长时间一直是枢密院中的重臣。但在1546年11月，他和他的儿子萨里伯爵成了亨利恐惧和猜疑的牺牲品。萨里伯爵将代表自己家族的图案放到了英格兰皇家徽章之上，成为其四个图案中的一个。而且他还让自己的妹妹去当国王的情人，以此进一步拓展家族势力，据说他还提议国王死后，让他父亲来摄政。他们面对着双重危机，因为霍华德家族是金雀花王朝的旁系后裔，对王位有一定的继承权。在指控书上，国王亲自加上了一些话，这里用黑体表示：“**此人之意图该如何判定？可会**危及、折损、诋毁太子或确定继承人这一头衔……”爱德华的继承权将不惜一切代价得到维护。

12月初，诺福克公爵和萨里伯爵被捕下狱。当时，据说诺福克公爵掌握了一份由史蒂芬·加德纳策划的秘密计划，这份计划的目的是恢复教宗统治。此外，据称萨里伯爵还说“新人”（宗教改革派）将在国王死后“付出代价”。1547年，萨里伯爵被带到了市政厅的一个特殊委员会面前，随即被判死刑。诺福克公爵暂且逃过了审判，但被关进了伦敦塔。他之所以最终保住了性命，仅仅是因为国王驾崩了。

多国大使的报告无一例外地汇报了国王身体每况愈下，日薄西山。国王看起来“精神涣散”，“从他的年纪和肥胖程度来看，他病得极重，朝不保夕”。据称御医们无计可施，还有传闻说国王已经死了。一个大使写 177
道：“不管他现在健康状况如何，以后只会每况愈下，此人命不久矣。”

不过，谁去告诉国王他将死的消息呢？就算“想象”这件事，都会给自己惹上叛逆的罪名。并且，抹杀最后的希望亦非明智之举。医生让安东尼·丹尼爵士负责此事，这段时间他担任国王寝宫的男侍长。安东尼走到君上身旁，对其耳语道：“以凡人之判断，您这次可能是挺不过了。”

随即他建议国王准备好以一个虔诚的基督徒的态度面对死亡。此外，他还建议国王召见托马斯·克兰默，但亨利回答他先“睡一会”。总主教到达现场的时候，已经太晚了，哪怕当时国王没死，也没法开口说话了。1547年1月28日凌晨2点，国王驾崩。在位时间共计三十七年零九个月。

在国王的暮年时期，很难界定其个人的宗教信仰。据福克斯所说，国王对于用领圣体仪式替代弥撒很感兴趣，但这一路德宗的想法无法得到证实。证据表明他这一生至死都是个天主教徒。他将祈求“天主及圣母玛利亚”之护佑，他还下令弥撒日日举行，直到永远，以拯救其灵魂。信仰路德宗的人不会说这样的话。虽然没有证据，但据说国王依然相信炼狱，尽管他在自己制定的宗教法令中否认其存在。

至于整个国家的宗教，当时的人们看法不一，直到现在依然如此。当时的英格兰是否不论从信仰人数还是宗教实践来看都是一个信仰天主教的国家，只不过宗教领袖为国王而非教宗？抑或是正处于让宗教避繁就简的艰难斗争之中？也许，最佳的解释是英格兰当时陷入了由于顺遂国王之意愿从而招致的纷乱迷惘中。国民有着逆来顺受的天性，这种天性在恐惧和暴力威胁之下展现得尤为明显。有一个法国人在目睹这一切后说道，如果当时亨利宣布信仰穆罕默德的真主，英格兰人民也会接受。某些虔诚之人
178 不会违背自己的良心——于此我们想到了托马斯·莫尔和安妮·艾斯丘——但对于大多数人来说，宗教行为由习俗决定，并由当权者控制。公众的崇拜仪式和14、15世纪并无分别，从遗嘱可以看出归正宗并没有对多数国民产生多大影响。不过，亨利确实建立起王权至高的原则，并以此为工具达到宗教改革的目的。

1546年夏，神圣罗马帝国大使给皇帝发去一份急件，信中指出改革派的影响力出人意料地急剧扩大。“那些新教徒，”大使写道，“有公开的拥护者……且臣听闻这些人当中，有些还深受国王宠信，臣唯愿他们能够像去年一样远离朝廷。”他还指出了这些人中声名最为显赫的两位，“赫特福德伯爵、海军司令大人”。此二人即爱德华·西摩和约翰·达德利，他们将成为下一个朝代的奠基之臣。

1. 亨利八世登基之时：如黄金般出众的青年

2. 阿拉贡的凯瑟琳，卡斯蒂利亚的伊莎贝拉和阿拉贡的费迪南之女，亨利的第一任妻子，一个不幸的女人

3. 该木版画展示了弗洛登战场上的英格兰骑士，他们战斗的时候，国王并不在场

4. 金襕地——外交盛景

5. 亨利写给他的“好枢机”托马斯·沃尔西的信，当时两人还亲密无间

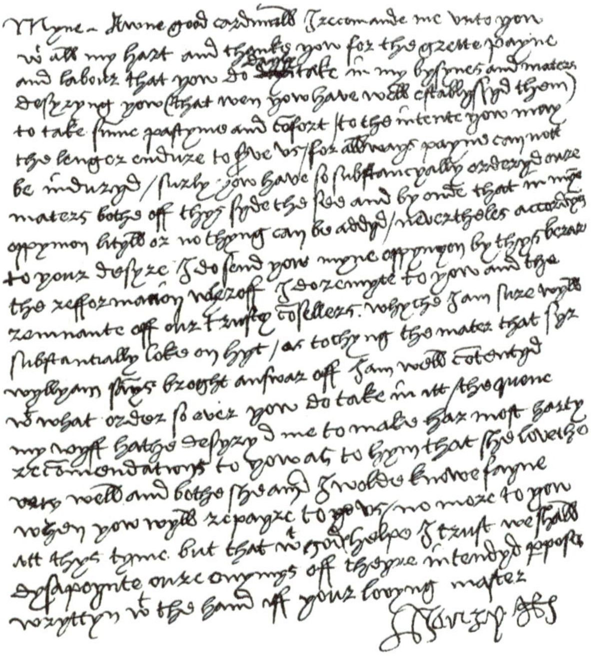

Myne awne good cardinall I recomande me unto yow
wt all my hart and thanke yow for the grette payne
and labour that yow do dayly take in my bysynes and maters
desyryng yow (that wen yow have well establyshyd them)
to take summe pastyme and comfort / to the intente yow may
the lenger endure to serve us / for allways payne can nott
be induryd / surly yow have so substancyally orderyd oure
maters bothe off thys syde the see and beyonde that in myne
oppynion lityll or no thyng can be addyd / nevertheles according
to your desyre I do send yow myne oppynion by thys berar
the reformation wheroff I do remytte to yow and the
remnaunte off our trusty consellers whyche I am sure wyll
substantially loke on hyt / as tochyng the mater that syr
wyllyam sands brought answar off I am well contentyd
wt what order so ever yow do take in itt / the quene
my wyff hathe desyryd me to make har most harty
recomendations to yow as to hym that she lovethe
very well and bothe she and I wolde knowe fayne
when yow wyll repayre to us / no more to yow
att thys tyme but that wt godd's helpe I trust we shall
dysapoynte oure ennemys off thayre intendyd purpose
wryttyn wt the hand off your lovyng master
Henry R

6. 倒台前风光无限的沃尔西

7. 托马斯·莫尔——英格兰的良心，遭到国王敌视

8. 国王将教宗踩在脚下，当时典型的寓言画

9. 不幸的安妮·博林，她承受了丈夫的怒火

10. 第三代诺福克公爵托马斯·霍华德，最终背上叛逆罪的廷臣

11. 卡尔特隐修院嘉都西会会士殉教图。他们眼睁睁看着自己被开膛破肚

12. 求恩巡礼——北方人民为了“旧信仰”而发动的叛乱

13. 简·西摩，爱德华六世的母亲，唯一为国王生下男嗣的配偶

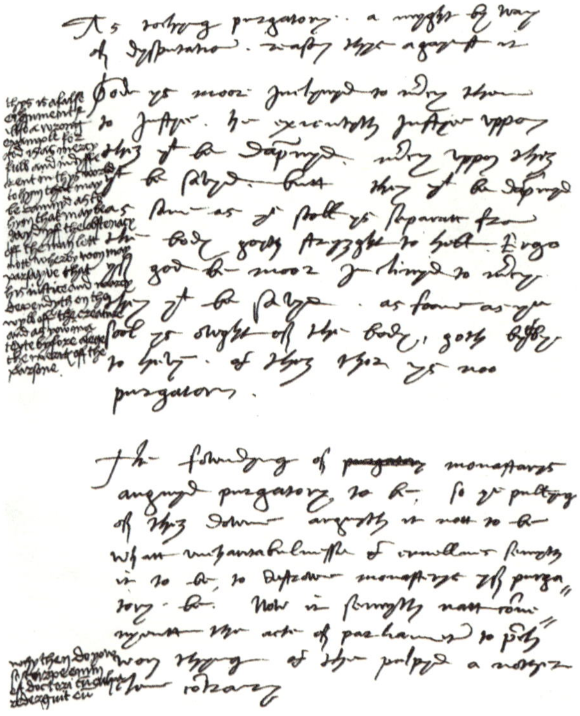

14. 拉蒂默主教反对炼狱的文字，斥其为教宗党的臆想。亨利本人对此事的观点写在了边缘空白处

15.（下左）托马斯·克伦威尔正装照，之后他也遭到羞辱并被杀害

16.（下右）克里维斯的安妮，与国王并不相配的王后，最终逃过一劫

17. 1539 年《大圣经》，第一部受官方认可的英文版圣经

18.（下左）凯瑟琳·霍华德，很快结婚，又很快被杀

19.（下右）凯瑟琳·帕尔，亨利最后一任王后，也是最为幸运的王后

20. 都铎家族寓言画，用作官方宣传

21. 面色苍白、形容消瘦的爱德华六世

22. 玛丽登基前的九日女王简·格雷小姐

赫特福德伯爵爱德华·西摩是爱德华的舅舅，简·西摩的哥哥，在妹
妹嫁给国王之后进入枢密院。在小王子接受洗礼的时候受封伯爵，从此平
步青云，深受国王宠信，他随后统领苏格兰边防军，驻守北方国境，在那
里彰显了自己的军事才能。他参加了国王侵攻苏格兰和法国的战争，继而 179
统领了国王的一支禁卫军。约翰·达德利的父亲是皇家顾问官，在亨利统
治初期被斩首，不过他很快便证明自己有指挥海战的才能，继而由海军中
将晋升为海军司令①，他也参与了远征苏格兰和法国的行动，并赢得了亨
利的赏识和友谊。西摩和达德利其实就是两个军阀。

因而，此二人对于国王的遗言和遗诏十分关切。时值1546年12月30日，距离国王驾崩还不到一个月。12月26日，亨利在一些顾问官的陪同之下修订了遗诏的原稿，当时丹尼、佩吉特、西摩、达德利都在场。亨利将王位传给儿子，以及儿子的子孙，如若有变，则传给由王后所生的任何儿女，不过对于这个决定，他是过于自信了。王位之后便传给了玛丽小姐，接着传给了伊丽莎白小姐。这些事都一一发生了。除以上这些人外，国王最小的妹妹萨福克公爵夫人也享有王位继承权，不过亨利排除了其姐姐的夫家苏格兰斯图亚特家族的继承权。这个做法在伊丽莎白统治时期引发了许多麻烦。

亨利接着任命了十六人组建摄政委员会，在爱德华六世统治的前期统管国家事务。但是，亨利其实并没有在遗诏上签字。也许是为了留下修改细节的余地，从而维持朝中稳定，亨利一直把这份未签字的遗诏留着，直到为时已晚。最终，这份遗诏于国王驾崩前一天，也就是1547年1月27日盖上了刻着国王名字的“干印”（或称摹真玺），拖了这么久，遗诏的内容可能已被更改。国王的签名先是盖了干印，然后用墨水勾描出来，这个过程也是在国王再无法对更改遗诏内容做出反应的时候完成的。

摄政委员会的所有成员都是“新人”，或称为专业之人，他们在亨利统治的最后一年权倾朝野。这些贵族仅在最近几年才获得如今的地位。他

① 15世纪以来是英格兰（及其后的大不列颠和联合王国）皇家海军的名义首长。这个职位主要由廷臣或英格兰王室成员担任，而非专业海军将官。

们中的一些人偏向归正宗信仰——如丹尼和西摩等——但绝大多数人无疑对于亨利确定下来的信仰表示满意。亨利主动在指导自己幼子的摄政委员会中寻求平衡与稳定。

也许这就是为何保守派领导人史蒂芬·加德纳被排除在摄政委员会之外。国王可能已经预见到加德纳会从内心同情教宗，而国王如果在年幼时
180 持有这一立场会十分危险。这是国王经过慎重考虑后亲自做出的决定。据说他除去了加德纳的名字，并解释说：“此人顽固不化，没有资格待在他儿子身边。”佩吉特称当时他和其他大臣试着让国王回心转意，但国王反驳道：“他总对我们的想法大惊小怪，我们都知道此人冥顽不灵。”据说他还说：“此人我记得很清楚，现在他已经没什么用处了。如果我遗嘱中提到他，让他成为你们（摄政委员会）中的一员，毫无疑问，他会和你们所有人作对，你们也别想控制他。此人生来就爱招惹是非。我本人可以驾驭他，让他做这做那，但你们肯定做不到。”亨利之所以把加德纳排除在外，原因不在宗教思想，而在个人性情。看起来，国王很可能想要在天主教的改革之路上继续他的“中庸”政策。但就这一点来看，他将会大失所望。

王位的继承人在他自己的编年史中记述了国王死后随即发生的诸事。爱德华原本一直住在位于赫特福德郡内的城堡，随后移居恩菲尔德宫，并在那里得知了父王的死讯。“第二天……他（爱德华本人）被带到了伦敦塔，并在那里停留了三周。这段时间里，摄政委员会天天都聚在一起讨论如何施行国王的遗嘱。”他接着在编年史中写道：“他们认为让公爵担任护国公兼国王的监护人是最佳方案。”这里的新公爵便是爱德华·西摩本人，他在担任护国一职之后获得了这个爵位。

佩吉特和西摩甚至在国王死后都一直在秘密策划着某事。佩吉特后来在给西摩的信中写道：“别忘了你在威斯敏斯特廊台、在国王咽气前答应我的话。也别忘了你在国王咽气后，和我商定的有关你如今所占之地的事。”亨利死后二十四小时，西摩从赫特福德写信给佩吉特。这封信于凌晨三四点送出，信使接到的命令是：“快，尽快，不惜性命，尽快将信送

达。”信中谈及其他诸事之外，西摩还告诉佩吉特：“我权衡再三，认为”亨利的遗诏在诸事妥善安排，“免除后顾之忧”以前，还“不足以让天下人满意”。 181

是故，此二人开始谋划夺权。从极端情况下看，佩吉特还可能在丹尼的默许下在遗诏上添了几笔。比如，遗诏上有一句所谓“未尽之赐”，规定亨利许诺给大臣的褒奖，必须在其死后马上落实，这样的话，“新人们”便轻而易举地获得了土地和荣誉。

国王驾崩带来了恐惧和欲望，人们就此展开豪赌，各种手段无所不用其极。大臣们强取豪夺、肆无忌惮，在充满紧张和疑虑的氛围下争权夺利。也许，这种气氛是亨利营造的，但从某种意义上说，他和前后世的君王并没有多大不同。

2 月 4 日，新成立的摄政委员会决定无视国王遗诏的基本观点行事。亨利设立了一个少数服从多数的体系，意图维持政府中权力的平衡，这一体系只有在“多数人”书面同意的情况下才能推翻。但摄政委员会认为应让“某个特定的人”引领国家的发展方向，继而立马把该体系推翻了。西摩一方面能力超群，另一方面又是新国王的血亲，于是顺理成章地当选护国公兼国王的监护人。神圣罗马帝国大使对此并不乐观，他对皇帝的姐姐汇报说西摩（或者，我们现在应称其为萨默塞特）“冷若冰霜、尖酸刻薄、固执己见”。不过，在这场权力斗争中，他获胜了。

国王的遗体被取出内脏并清洗干净，但医生发现遗体的动脉阻塞得极为严重，“体内的鲜血连半品脱都不到”。随后，遗体被放入一个铅制棺材，举行葬礼的时候，该灵柩要由十六个人来抬。一支千人的军队护送灵柩，从威斯敏斯特前往温莎。送葬队伍由二百五十名送葬人以及教会和国家的权贵组成，浩浩荡荡，绵延四英里。送葬队伍当晚在锡永宫停靠的时候，据说铅制棺材有一处裂开了，有人看到一条狗正在舔舐从棺材里滴下的血。这惊人的一幕应验了十五年前佩托神父的可怕预言——“狗群会舔 182
你的血——没错，舔你的血！”不过此事太过戏剧化，不大可能是真的。

国王的灵车共有九层，为了便于其通行，温莎的道路特地重铺。灵车

的顶端是国王的蜡像，供围观者瞻仰。蜡像身穿朱红色天鹅绒外套，一身
珠光宝气。而国王真正的遗体已经开始腐烂，被放入了圣乔治教堂的墓
183 穴中。

17

打碎祭坛

1547 年 2 月 20 日，一个小男孩神情肃穆地沿着威斯敏斯特教堂的过道走了下来，王冠、宝球、节杖则由权臣们捧在手中。“耶！耶！耶！”周围人群喊道，“爱德华王！爱德华王！爱德华王！”一天前，伦敦为他举行了庆典，庆典上展示了凤凰、狮子、王冠、花朵等形象。人群中传出歌声：“开怀歌唱，开怀歌唱，歌声中再没有忧伤，爱德华王登基，我们欢乐无比。”爱德华驻足观看了杂技演员表演走钢丝舞。

爱德华加冕时才九岁，有些人将他称为新一代的约西亚[①]。约西亚是亚们之子，八岁成为国君并且“行耶和华眼中看为正的事”（《编年纪下》34：2）。他摧毁了亚述异教徒雕刻的偶像，并将他们的祭坛打碎成灰。在其统治时期，得授上帝真正的律法，并将它变为犹大之律法。那些想要根除罗马天主教信仰的人特别看中两人的相似点。爱德华是一个神授的君王，他所拥有的力量是《圣经》赋予的，直指基督教信仰的根源。

此外，王位的继承一事得到解决，原本辅佐亨利的枢密院如今辅佐他的儿子。不过，约翰·福克斯在《福克斯殉教者书》中总结道：“诸事有

① 即上文提到的约史雅，约西亚是新教的叫法。

184 了新气象，一如舞台上新人上场，旧人就都下台了。”在这些下台的旧人中，有思想保守的史蒂芬·加德纳和诺福克公爵，这也使得宗教政策的天平偏向了进一步改革。史蒂芬·加德纳其实参加了加冕仪式，但这只是他在新国王即位时必须履行的公共义务而已。护国公萨默塞特公爵如今主导了枢密院的工作，并且成了实质上的国王。他出行时，护卫总会拿着两根金色的权杖走在前面，他还要求凯瑟琳·帕尔把皇家珠宝赐给他妻子。他还得意忘形地在一封外交书信中称法国国王为“兄弟”。驻巴黎的英格兰大使被告知非神授之君王使用这一称呼并不合适。

萨默塞特公爵与其真正兄弟的关系剑拔弩张。托马斯·西摩被授予终身海军司令的军衔。他的一本早期传记如此描写他：“无所畏惧、穿着体面、风度翩翩、声如洪钟”，不过还写道，他可能“多少有点虚伪”。他便是那群飞黄腾达的虚伪小人之一。他现在想做小国王的监护人，毕竟小国王是他的侄子。不过他被任命为枢密院委员并得到默许可以从职位上捞好处。然而，他的野心没有那么容易得到满足，他开始密谋推翻自己兄长爱德华·西摩的统治。

此外，他还未雨绸缪，暗通守寡的太后。凯瑟琳·帕尔当年被亨利追求的时候就想嫁给他，如今亨利已死，凯瑟琳和托马斯很快便建立起联盟。两人干柴烈火，一拍即合，凯瑟琳从切尔西的寝宫中写信给托马斯让他大清早便去她家，这样“你的到来便不会遭人怀疑”。很多人认为如此急于见面不合礼数。如果凯瑟琳很快被证明怀有身孕，说孩子是亨利的也会有人信。若太后再有身孕，整个王朝将面临难题。玛丽和伊丽莎白这两位年轻的公主对于“父王尸骨未寒，王后（也就是我们的继母）行如此不知廉耻的大不敬之事”感到愤怒，上面的这段话为伊丽莎白所说，她同
185 时提醒姐姐要谨言慎行，不动声色。她们所面对的是“一帮过于强大的敌手，他们执掌大权”。伊丽莎白本人被迫对凯瑟琳·帕尔“巧言令色”，沉默寡言、精于权术一直是她的武器。

托马斯·西摩尽管没有成为国王的监护人，但他暗中讨好自己的小外甥，博取好感。他开始同小国王私下见面，一边偷偷给他钱，一边数落兄

长悭吝。“您贵为人君，却穷如乞丐，”他对爱德华说，“您连玩耍赏赐的钱都没有。”他甚至从小国王那里取得了一封写给凯瑟琳·帕尔的信，信上爱德华提议让他的继母嫁给西摩。“是故，”他写道，“你无须害怕忧愁，不必担心无援，我舅舅（护国公）人很好，不会惹麻烦。”换句话说，他是要在萨默塞特公爵发现凯瑟琳同他人秘密成婚而勃然大怒时，给凯瑟琳提供保护。确实，护国公得闻此事后极为恼怒。

更有可能这封信是西摩口述让小国王写下的，若真是如此，小国王是否还像人们想得那样怀有超越自己年龄的稳重和虔诚，就值得商榷了。登基几周之后，爱德华就开始说粗鄙和渎神的话，使用“以上帝的血之名”一类的词。他告诉老师是一个同学让他这么做的，那个同学对他说“国王经常骂人”。和小国王一起学习的同学都是贵族子弟。那个让爱德华说粗话的同学在爱德华面前受到了狠狠的鞭打。

护国公实质上是个宗教改革派，同他关系最近的那些人也持有相同的宗教观点。他的私人医生威廉·特纳的著作在前朝遭到封禁。据称护国公的六个女儿都接受了教育，“接受了良好的文学熏陶，了解了上帝最神圣的律法”。这个说法间接说明了她们接受了基督教教育。他在一份声明中警告“父母须让子女”远离诸如保龄球、网球等“邪恶、有害的游戏”，在不久之后，这样的命令可能就会被形容为过“清教徒式”的生活。

约翰·布拉福德是一个极端的宗派成员，他在爱德华统治末期遭到了达勒姆主教的讯问。“大人，”他说，“爱德华国王统治时期所教授的信条 186
是上帝最为纯粹的信仰。”主教很快便做出了意味深长的回应：“你所谓爱德华国王统治时期的宗教，指的是什么宗教？他统治的时期又是指哪年？”改教行动很快便露出端倪。新国王加冕礼的十天前，伦敦圣马丁教堂的管理者和助理牧师把教堂内所有圣像全部拆毁，并把墙上的所有画像都用白色的涂料掩盖。实际上，他们此举操之过急，因而都被送到伦敦塔里关了一段时间。

不过人们宗教感情的变化很快便浮出水面。当时有一本日记，关于

1547 年的记录中有这么一段："今年大斋节，坎特伯里总主教在兰柏宫大厅公开吃肉，自从英格兰成为基督教国家开始，这样的事情闻所未闻。"托马斯·克兰默已经将英格兰教会的本质描绘了出来，他曾说自己和其他主教应当作为新国王的臣子重新受任。他们再不是使徒的接班人，而是国家的官员。英格兰教会现在成了国家的教会，教堂的布道台成为颁布法令、传达枢密院意志的地方。也许应当记得，爱德华是首位在登基的时候便成为英格兰教会至高领袖的国王。

新朝伊始，托马斯·克兰默便开始蓄起了胡须。这一行为可以看作他悼念先主，但实际上改革后教会中的教士们都偏爱留胡须，因此这一举动也可以看作他们意欲同削发剃须的教宗司铎们划清界限的标志。如我们所见，在经过深思熟虑之后，总主教最终拒绝承认圣体圣事中耶稣有真实降临。如今，他邀请了一些新教改革派人士来到英格兰，并让他们在两所大学中担任最高职位。

之后六年中，大约有七十名欧洲神学家来到英格兰——其中包括讲道员、学者、人文主义者、牧师等。他们同在海外的同事们保持着紧密的联系。在一段时间内，似乎年轻的爱德华国王最终会成为伟大的欧洲新教运动的领袖。遭受查理五世迫害的新教难民也来到了英格兰。一群佛兰德移
187 民加入了伦敦思定会，在格拉斯顿伯里隐修院的废墟上建立起了一个瓦隆纺织工人的聚居地。在萨默塞特公爵的庇护之下，英格兰对于宗教十分宽容，没有一人因为自己的宗教信仰而遭受处决或折磨。这段时期在 16 世纪英格兰历史上绝无仅有。

约翰·加尔文发起了一项教条严苛、纪律严明的改革运动，这些欧洲难民和学者大多深受他影响。加尔文是一个法国学者，擅长系统化思考及统御他人。1536 年，二十六岁的他发表了《基督教要义》，书中为一座从本质上看全新的上帝之城树立了准则。他几乎凭一己之力在很短的时间内建立起一整套专制、不讲人情的神学体系。加尔文毫无私心，一心为公。也正是这一点成就了他的伟大。

为了躲避法国国王和教会的迫害，他首先前往巴塞尔，继而前往斯特

拉斯堡。在日内瓦，加尔文凭借坚定不屈的意志和道德热忱，建立起一个新的宗教团体。对信仰加以规范，并设计了一套礼拜仪式。他建立了委员会，监督这个全新的上帝之城的道德状况。当时，欧洲的宗教改革在天主教的打压之下有所倒退，但加尔文凭一己之力重新唤起了改革的精神，加速了改革的进程。

加尔文派宗教思想的核心是得救预定论，这一理论可以追溯到保禄和奥思定。上帝在创世之前就许了一些人永恒的生命，其余人则将永堕地狱。如果上帝是全能的，他一定知道哪些人应得应许，哪些人应受责罚。上帝如窑匠，造了荣耀、慈悲的器皿，同时也造了愤怒、耻辱的器皿（《耶利米书》18）。接受了这一信条的人中，有些人可能会害怕自己灵魂的命运，从而坠入绝望之中。但对于大多数信徒来说，预知命运和得救预定论是治疗焦虑、冷漠的灵丹妙药。这一信条给人以启发，赐人以活力， 188
鼓励人们自我牺牲，唤醒人们基于道德的勇气。知道自己得到拯救之后，会有怎样的快乐呢？这种快乐便是支撑着奥利弗·克伦威尔的“天佑”之喜。真正的教会由上帝的选民组成，而这些人唯有上帝知道。一旦你在上帝的荣光中得到拯救，你将不再堕入罪恶。这一信条赋予了那些觉得自己地位被剥夺的人崇高的地位。

这一信仰在当时的英格兰传播开来，尤其在由欧洲宗教改革分子建立的教堂中传播更甚，这些人为了逃避查理五世的迫害，来到英格兰寻求避难。这一信仰自然吸引了宗教狂热分子和理想主义分子，因为他们总能让世界产生惊人的变化，加尔文主义迅速传播开来，成了当下“炙手可热”的宗教改革分子所奉持的主导思想，并于不久之后蔓延到了波兰、波希米亚、普法尔茨、荷兰等地。

如今，在小国王爱德华继位后，一些宗教热情高涨、思想激进的人开始从亨利的宗教政策施加给他们的阴影中走了出来。比如，托马斯·昂德希尔宣称自己是斯特拉特福德堂区“热情的福音宣讲者”。当时最有影响力的激进派传道士休·拉蒂默在新朝伊始重获自由，和克兰默总主教一起住在兰柏宫。他谴责那些不愿在布道时宣扬归正宗信仰的教长，称其“疏于本职，因租税生怨怼，居封地而长歌，厌出使之辛劳，纵口腹之贪欲，如设五十周年之大宴，狼餐虎噬，于高楼广厦之中，歌舞升平”。他在讲道的最后说了两个词：“甚好，甚好。”

对于老派司铎的不满有时候会在街上爆发。枢密院下令伦敦的男佣和学徒不得“以傲慢、恶毒的态度对待司铎，不得辱骂、议论他们，不得把他们的帽子和披肩扯下”。几年后出版的《新教徒之貌》将人们的不满描写得活灵活现。关于学徒，书中写道：“这些人完全不把逢节日去教堂这
189 件事放心上，而是成群结队前往集市，要么对路人破口大骂，要么拿着《圣经》，要小聪明般把里面的名言警句篡改后说出口。”这些例子展现出世间风云变幻带来的不满和阴郁。

那些立场更为坚定，或者说更为虔诚的天主教徒如今则移民前往法国或意大利，随身带去的还有那些岌岌可危的圣髑。那些被逐出伦敦卡尔特隐修院的修士便在此列。有一件木雕作品展示了信徒迁徙的情形，木雕下方刻着一句铭文：“教宗的走狗，运走你们的破东西，收拾行囊离开。”一位司铎从泰晤士街殉教者圣麦格努斯教堂的钟楼上一跃而下，跳入下面的河中。

1547 年春，爱德华登基已有三月，政府发布了一系列对教堂进行普遍净化的法令。墙上的壁画都要清除，所有圣人、圣徒的雕像都要搬走，“让类似的记忆一丝不存”。玫瑰经念珠将不得再用。“在圣像前点蜡烛、亲吻圣像、跪拜圣像、装饰圣像”将被视为迷信遭受谴责，游行前往圣地也遭到禁止。在伦敦一些思想比较激进的堂区，教堂的有色玻璃都被敲碎去除。其他思想较为虔诚的堂区，人们的热情也同样高涨。在什罗普郡的文洛克，当地圣人的遗骨被扔到火堆中焚烧。在诺里奇，“助理牧师等闲杂人员”会前往教堂寻找受人崇拜的偶像。在达勒姆，钦差们在圣体节的游行中上蹿下跳。当时规定复杂的复调音乐不适合在教堂演奏。风琴也不再有人弹奏。宗教改革派称旧教会的音乐“尽是喧闹、哀嚎、呼啸、装聋作哑、装神弄鬼，弹风琴既愚蠢又无聊”。

此项强制令还规定使用英文版连祷文，并用英语念诵日课。堂会理事

必须为所在教堂购买伊拉斯谟的《新约释义》——宗教改革的核心书籍。此外，还必须在教堂中放置一本托马斯·克兰默的《布道书》，书中收集了英格兰教会的十二篇布道词，这些布道词应于每个礼拜天在讲道台上诵读。克兰默几乎凭一己之力写下了这些布道词，以此表达他对归正宗信仰 190
的看法。这就是为何此书中没有提到弥撒，对于洗礼也只有只言片语。人们力量的源泉来自阅读《圣经》，因为“《圣经》是完满的，那里有低凹的山谷、有平原上的道路，每个人都可以轻易地行走，那里还有高高的丘陵和山脉，只有少数人才能攀登”。克兰默行云流水、沈博绝丽的文笔也为新信仰的传播助了一臂之力。

1547 年 5 月，政府宣布对教堂进行普遍“巡查”，并制定出六条巡回路线，钦差们针对堂区内的教士进行讯问，以了解强制令是否得到了贯彻。有没有好好选读英语连祷文？有没有司铎还在讲道的时候宣扬教宗至上？是否还有“不恰当地使用圣像……衣服、石头、鞋子、供奉、亲吻、蜡烛架、蜡烛等物”？前往探访的钦差命令所有堂区叫停他们的传统节日（堂区啤酒节），原本在这些节日上，堂区会发起募捐，筹集修缮教堂的资金。纪念当地圣人的节日也被禁止。

旧教会季节性的大型节日一个接一个遭到取缔。感恩祭时持奉圣体的游行；纪念罗宾汉的五月游戏节；复活节后霍克节[1]的“捆绑”活动，即把异性捆起来，只有得到亲吻或小笔赎金才能获释——所有这些节日都被斥为教宗的遗俗。所有仪式都不再包含“孩童主教”[2] 的元素，即一个小男孩身着盛装模仿主教，教堂也不再用鲜花装饰，宗教工会也遭到了解散，与之同时消失的还有讲述先人故事的露天历史剧。当时有作家写道：“从前，英格兰以快乐闻名于基督教国家，如今这种愉悦和欢乐再难寻觅，只能得名愁苦、悲伤的英格兰。”

教堂内部用石灰和白垩刷白，十字架被皇家盾徽取代，诫命以文字形式呈现，替代了壁画。一个激进的布道者形容：“粉刷后，处处闪耀着令

① 英格兰中世纪节日，在复活节下一周的周一、周二庆祝。
② 中世纪流传很广的习俗，由男孩扮演主教，一般出现于诸圣婴孩殉道庆日。

191 人愉悦的光芒。”而传统的信徒则将新教堂比作仓库，不过对于宗教活动本身来说，新教堂很适合唱赞美诗、阅读《圣经》、布道。如今，这些较为激进的、改革后的教堂和先前任何时代都不同，并且预示着一种全新的宗教即将出现。1547 年冬，圣保禄主教座堂的大十字架，连同其他圣像一起，在一夜内被全部拆除。最终，教堂的藏骨屋和小礼拜堂被改为住宅和商店。很明显，英格兰人对宗教再不像从前那样满怀虔诚了。约翰·利兰为了撰写《旅程》，提前五年周游了英格兰的西南部，但他一座建造中的教堂都没找到，他在书中赞美的教堂都是前几个世代建成的。

两位主教公开反对改革。被排除在国王摄政委员会之外的史蒂芬·加德纳对过于狂热的改革予以谴责。“若你们将老运河凿开个口子，”他说，“你们无法想象水将从这个口子中流出多远。”他被警告反对摄政委员会将引火烧身，对此他回应道：“我本就是要死的。”加德纳给护国公写信，要求他不要在国王年龄尚小的时候推进宗教改革，他认为此举会让社会动荡。他还写信给托马斯·克兰默，对《布道书》中的一些信条进行了批驳。加德纳被传唤到了摄政委员会，并勒令服从新的强制法。他对此不置可否，随即被送进了弗利特监狱，和他同去的还有他的厨子和两个仆人。

伦敦主教埃德蒙·邦纳已经先于加德纳前往弗利特监狱。当改革派的萨福克公爵夫人经过加德纳牢房窗下的时候，说道：“哎哟，主教大人，狼闭嘴了以后，羊儿们可开心了！”不过，主教们并非唯一对此次改革提出抗议的人。据法国大使称，“在英格兰北部，由于新统治者每天变着花样反对从古代便开始践行的宗教”，人们怀着悲痛、愤怒的心情咕哝抱
192 怨。抱怨声越来越大，最终引发了暴乱。

18

教宗党一个不留！

护国公萨默塞特从本质上来说是个军人，打仗是他的强项。他刚担任护国公，便对国防十分上心，牵挂着南方的海防和北方的边防。他之所以心系北方，是因为北面苏格兰的威胁依然强大。他已经在苏格兰境内证明了自己的军事才能，两年内针对那个国家打了一场侵攻战、一场边境袭击，都战果颇丰。如今，他又把目光瞄向了这个国家。早在1543年，爱德华王子就和还在襁褓中的苏格兰玛丽女王订婚，但一直没有下文。很可能这件事就会这么不了了之。但萨默塞特公爵依然公开表示希望两个国家能够团结，在归正宗信仰的引领之下，建立起一个“大不列颠”王国。

和许多英勇善战的指挥官一样，他拙于言辞，比起商议，更愿意直接下达命令。例如，他开始通过公告号令全国，在不到三年的时间里就颁布了七十七条。这些公告涵盖面很广，从囤积粮草到规范肉类价格，无所不包。这些公告并不一定都得到了摄政委员会的批准，但几乎每一条都制定了严厉的惩罚措施。可能他对于自己权力的由来和本质感到不安，因此需要通过公告这种强力的手段来证明自己。不管出于何种原因，总之他获得 193
了傲慢、冷漠的名声，风传他不会真的咨询摄政委员会同僚们的意见，而更喜欢独掌大权。一名老廷臣在给他的信中写道：“最近，一旦阁下遇到不顺心之事，动辄火冒三丈。”不过只要国家的利益和他自身利益挂钩，他确实会以一种所谓家长式的关切为国家着想。

从很多方面看，他的确生性贪婪，吞占了数不清的教会财产和房产。在他领导下的宗教改革付出了不少代价。爱德华登基三个月后，萨默塞特开始在河岸街尽头建造宫殿，该宫殿后来被世人称为萨默塞特宫。为了给这个宫殿腾出地方，三座主教宫殿连同河岸街圣母教堂都被拆毁。位于克勒肯维尔的耶路撒冷圣约翰教堂的一间小圣堂被炸毁，为建造斯特兰德宫提供砖石和其他材料。萨默塞特公爵还掠夺了圣保禄主教座堂的财物。法国大使写道：“当他在这个城镇建造宫殿时，工人们不论是礼拜日还是节日都不歇工，实际上他们甚至在耶稣升天节的最后一天都在工作。”大使并非想指出宫殿建得有多快，而是想指出护国公意欲无视从古代流传下来的宗教节日。据说当时人们看到教会财产被野蛮地掠夺，心中已生反意。后来，约翰·斯托在他的《伦敦调查》一书中写道：“这些大不敬的行为使他们遭到了人们公开的反对和上帝秘密的报复。”

但在当时，护国公似乎得天独厚。1547 年夏末，在同苏格兰进行了多场无果的谈判后，他率军入侵了这个北方邻国。此次侵攻不仅针对苏格兰，还针对法国。法国新国王亨利二世决定收回去年根据《阿德尔条约》割让给亨利八世的布伦。亨利二世于春天登基，才二十八岁，年轻气盛的
194 他自然渴望建立军事上的荣耀。他一方面在国内秣马厉兵，另一方面和老盟友苏格兰巩固关系。据说两国海军正联合起来侵扰英格兰船只。萨默塞特还想借此惩罚苏格兰正式废除小王后玛丽和爱德华六世婚约一事。荣耀也是他的梦想。

春末，军队和船员被调集了起来，理由很牵强——苏格兰方面在边境发动了一两场劫掠行动，需要有所应对。达勒姆主教卡斯伯特·滕斯托尔奉命返回自己堂区备战。8 月 31 日，萨默塞特公爵率军越过边境，同时发布公告称他此举“只为维护两国及其君主的荣誉”，在马瑟尔堡附近一处叫平基河谷（Pinkie Cleugh）的地方大破苏军。此外，苏格兰守军还遭

到英格兰军舰的炮击。

约有一万名苏格兰士兵在此次战役中丧生。当时的一个编年史作家写道："尸体堆积成山，远远看去还以为是成群的牛羊。"残军中一些人逃往爱丁堡，一路丢盔弃甲，另一些人躲到附近沼泽地的柳树下，只把嘴露出水面，仿佛水獭一般。得胜的萨默塞特公爵掉转马头立即回国，在战败国苏格兰留下了一支占领军。他决定在苏格兰建造一些堡垒，并派军驻守，以此来恐吓、慑服当地人民。这一举动导致了随后的经济危机，逐渐人们就会意识到占领苏格兰的代价远高于收益。苏格兰人并没有顺从的打算。

萨默塞特公爵急着回国，因为他担心法军可能会从英格兰南岸登陆，苏格兰的贵族已经请求亨利二世派遣援军讨伐共同的敌人。此外他或许还对弟弟心有余悸，怕遭他暗算。小国王之后回忆道："1547 年 9 月，海军司令对我说，我去苏格兰的舅舅若想给那里带去和平，必导致大量伤亡，甚至搭上他自己的性命。而且他的确挥霍了大笔钱款，却一无所得。"从这个角度看，托马斯·西摩说得没错。爱德华接着写道："我舅舅回国后，他（托马斯）说我过于软弱，不争取自己的权益。我说我已经做得 195
够好了。"

不过萨默塞特回国也是召开新朝第一次议会的必要条件。议会于 11 月 4 日召开会议，开幕时举行了弥撒，其间《光荣颂》、《信经》、《羔羊颂》都用英语唱出，这是个确定的信号，表明宗教问题将在此届议会上得到解决。事实上，此次议会刚开始便制定法案，废除所有以拯救某人灵魂为名举行追思弥撒从而索要捐款的活动。这些活动被认为和炼狱有关，不足以取信于人，是无用的迷信。这些活动让人们忽视了"他们在耶稣基督死后所获得的真正、完美的拯救"。

官方的说法很是道貌岸然，称那些从迷信活动中解放出来的资金和土地都被用于建设学校和其他机构，而实际上大部分资金直接进入了国库，被当作军费投入了苏格兰战争。爱德华六世时期建立的学校数量统计有误。大多数声称由他所建立的学校实际上在他登基前很久便已存在。他所做的仅仅是通过给校长发放固定薪金代替当下已经废除的捐款，使机构得以存续罢了。然而，爱德华在位期间，圣奥尔本斯、伯克姆斯特德、斯坦福德等地建起了免费学校。同样的世俗变化进程也影响到了大学。先前隐修院式的机构被解散，由新式学院取而代之。例如，剑桥大学三一学院于1546年成立；剑桥大学伊曼纽尔学院于1584年建立，学院所在地原先是道明会的会址，后被收购，专作学院开设之用。

收缴上来的捐款收入中有一部分很明显被用于他途，而这一用途我们便熟悉多了。神圣罗马帝国大使称：“不论地位高低，所有乡绅们……都翘首以盼获得国王的赏赐和好处。”其余的资金则大都被大权在握的一小群人瓜分。托马斯·莫尔在他的《乌托邦》中如此描述统治集团的腐败：“富人以全体国民之名串通谋取私利。”据说下地狱都要好过上增收法庭，
196 该法庭专门用来分配隐修院的收入。当时，“有钱能使鬼推磨”这句谚语口口相传。“既然花钱就能保住家产，家财万贯之人又怎会遵纪守法呢?”这便是针对当时英格兰统治情况的描述。

据统计，有超过两千五百所捐款机构从这块土地上消失，为逝者祈祷也遭禁止。1548年初，政府还颁布了针对圣烛节手持蜡烛、圣灰星期三涂灰、棕枝主日携带棕榈枝等风俗的禁令。

这届具有宗教改革倾向的议会还通过了一项法案，允许两种领圣体（即面饼和葡萄酒）仪式共存。由此，在以拉丁语念诵的弥撒中，插入了以方言念诵的《领圣体经》。肉豆蔻酒或马姆齐葡萄酒被赐予那些“优秀之人”，而其他人则只能喝波尔多葡萄酒。之后，议会进一步决定在印刷品、教育或阅读《圣经》方面不再设限，以此希望英格兰成为《圣经》之国。此后，主教只有获得国王颁布的专利特许证才能上任，从而保证这个新建立的基督教国家能够有一批长久的官员队伍。日渐月染，英格兰人民的宗教信仰慢慢地改变了。

议会还颁布了新的《叛逆法》，推翻了前国王由于国家不时动乱而制定的严苛律法。仅在言语上反对国王不再被认为是叛逆，更进一步的叛逆行为需要由两个证人共同举证，而不像从前那样只需一个证人即可定罪。

根据伟大的行政历史学家亨利·哈勒姆的说法，需要两个证人共同举证是“都铎一族为历史留下的极为重要的纲领性条款”。

出于类似的宽容精神，议会废止了自1414年便开始实施的《烧死异端法》。此外还有一项可能更为重要的举措，即撤除了《六条信纲法》。1539年撤除工作开展初期，《六条信纲法》被斥为“钳制多元观点之法”。该法旨在拥护正统的天主教，不让积极的宗教改革者发声。该法律 197
在爱德华当政的新气象之下已无必要，或者说已不再得当。另外，撤销该法自然会被认为是一项宗教宽容的措施。因此议会把先前用于杜绝叛逆和异端的所有措施一并抛弃，虽然没有明说，但前朝严苛的法律大多都被废除了。

除此之外，还出台了一项措施，但该措施就远没有那么开明了。议会通过了《流浪罪法案》，但凡不愿工作之人，都要被贬为奴隶。只要有两名治安法官听取有人“游手好闲”的诉状，并且有两名证人作证的话，便可判此人有罪。获罪之人的胸口将被烙上“V”字，为奴两年，他们不仅会被戴上镣铐，还会被人鞭打驱赶。任何试图逃避强制劳动的人，初犯会被判终生为奴，再犯则将被处死。如此严苛的惩罚反映出16世纪英格兰社会对于无业游民的顾虑。这些无业游民成群结队流窜于全国各地，要么乞讨，要么偷盗，肆无忌惮。有一个历史悠久的组织，名为“顽固乞丐”。该组织有着一整套传统和黑话。“这货布衫真排场，咱上去卸倒他，扯了就走”大约就是在讲“那人的衣服很不错，我们去把他打翻在地，抢了衣服就跑”。

不属于任何一个领主的人群出现，被视为礼崩乐坏的象征，让人们对未来充满担忧。1577年，威廉·哈里森写道：“这一人群才出现不足六十年，但近年来显然有蔓延的趋势。现在，据我听闻，这类男女总数可达一万人。”但立法一事也显示了政府在通过“巡视”教堂，颁布强制令、公告等手段维持社会秩序。不论是谁，只要自由走动，就会遭到拘留或监禁。人们忧心忡忡，担心社会动乱。

的确，在萨默塞特公爵统治的前几个月中，由法律引发的骚乱已经浮出水面。1548年春，威廉·佩吉特写信给护国公，称全国已呈纷乱之势。“旧信仰的崇拜方式遭禁，而全国十二个地区中，有十一个地区尚未刊印
198 新信仰的崇拜细则。”他提醒护国公千万小心，谨慎行事。“为了某事成立委员会，制定法律，又为另一件事发布公告，环环相扣，规定太过繁杂，实难在人民之中施行……您应可怜可怜那些穷人的孩子，考虑一下思想传统之人以及整个国家的安定，不要一下子烧红那么多烙铁。”而萨默塞特公爵不以为然，斥其为卡珊德拉[1]，妖言惑众。

但关于宗教问题依然存在前所未有的分歧。有些人说萨默塞特公爵做得过头了，有些人说他做得还不够。这一点在王室成员内部便可看出。爱德华宣称宗教改革让他“内心舒适平静”，甚至开始用法语针对教宗至上撰写论文。与此同时，他的姐姐玛丽则一周听四次弥撒。不同教堂中，保守派和改革派则就不同形式的分饼礼吵得不可开交。一个教堂倾向沿用罗马的仪式，而另一个教堂则按照日内瓦的仪式操办，临近的其他教堂则可能会遵照苏黎世或维滕贝格的仪式。嘲弄保守派的讽刺诗广为流传，其中一首名为《由我汉斯·哈特里克之手，让教宗党一个不留!》，另一首的封面印着“芭蕾舞剧《拴起这头母驴，假小子》——巴比伦淫妇灭亡记”。

白马谷的斯坦福堂区（时属伯克郡）的理事将这一时期称作“英格兰从天主教会独立出来的分裂时期”，此时“所有虔诚的典礼和善事都不再见于教堂”。唐克斯特的艾德维克街堂区的司铎写道，在祈祷节“无人列队吟诵祈祷文，反而有恶人抛下十字架，心怀歹意地站在道路上”。博德明的学校中男孩子分成两派，一派扮演信奉“旧信仰”的人，一派扮演信奉“新信仰”的人，并精心设计了一系列冲突。一次他们用火药炸死了一头牛犊，校长手拿皮鞭上前阻止了事态的进一步恶化。社会和宗教秩序须不惜一切代价维持。一个十三岁的男孩因为在举行弥撒的时候，把帽子扔到了祝圣的圣体之上而被扒光衣服，在圣玛丽伍尔诺斯教堂内受到鞭打。

---

① 卡珊德拉（Cassandra）：希腊、罗马神话中特洛伊的公主，阿波罗的祭司。因神蛇以舌为她洗耳或阿波罗的赐予而有预言能力。

由此，1548年春，除非得到特许，否则禁止布道。这一举措是为了 199
让那些总在宗教分歧一事上火上浇油的“轻率、爱惹事、精力旺盛、鲁莽”之人闭嘴。但这还不够，到了年末，一切布道活动都遭到了禁止。但只有一个例外，即思想保守的温彻斯特主教史蒂芬·加德纳。他在承诺遵守新宗教政策之后，得以从弗利特监狱中被释放，但摄政委员会告知他须在国王面前布道，所以他几乎没回自己位于索思沃克的宫殿。他被要求念出并签署一些有关最近宗教改革的条款。换句话说，他被命令公开赞同如摧毁圣像、两种领圣体仪式并存等事。

他一口回绝，并称这“像教训小孩”。由此，他被传唤到宫中，护国公警告他若再如此，将治他抗旨之罪，并剥夺他的主教头衔。加德纳这才稍稍让步，同意撰写一篇有关此事的布道词。他答应在1月29日圣彼得节布道，但在圣彼得节的前一天下午，他接到护国公的消息，后者禁止他提及任何有关实体变换信条的内容。他刚想派手下的专职司铎去做一个口头回复，但随即打消主意，并对他说：“你不用去了，我自有分寸。”

第二天下午，他登上了新建于白厅御花园的户外“讲道台”，小国王坐在阳台的窗边俯视着他。聚集在御花园中的“听众都是平时难得一见之人”。所有人都希望听到主教能够接受宗教改革。加德纳说道：“我将坦白说出我对当下英格兰教会状态的看法，谈一下我是否喜欢这种状态，以及我是怎么看待这种状态的。”这句话从某种程度上说模棱两可。他极不情愿地赞同废除追思弥撒捐款，不过依然觉得应当为死者祈祷，他接受仪式和庆典从本质上说只是“无关紧要之事”，同时也不反对宗教改革，但他依然相信司铎应当遵守贞洁之誓。尽管护国公警告他不准提及实体变
换，他依然引用“这是我的身体”这句话肯定了圣体圣事的力量。 200

布道结束，加德纳乘船回索思沃克，一路“心情颇好，没怎么说话”。他手下的专职司铎听到传闻说他会被关进伦敦塔，但加德纳主教认为“这只是谣传，他觉得自己已经为了取悦摄政委员会做了这辈子最大限度的让步了”。第二天，他就遭到了逮捕，罪名是“有意不服从”，并被送进了伦敦塔，在那里，他被严密关押了五年。

尽管国内矛盾重重，萨默塞特依然一心扑在苏格兰。1548 年初，他给苏格兰人民发去了“一封书信，也可以说是规劝词”，写道他为两国“居同岛、书同文”，休戚相关而感到欣慰，由此，应为两国“再次冠以不列颠这一古称”，废除英格兰、苏格兰两个国名。他再次坚持让爱德华和玛丽结婚，以此作为两国联合的基础，但苏格兰人再次对此置若罔闻。是而，当确认未来的苏格兰女王玛丽实际上已经和法国国王的嫡长子，也就是法国太子订婚的时候，英格兰方面极为震惊。从此，这个命途多舛的小公主开始登上历史舞台，并在接下来的三十九年间让英格兰笼罩在阴影之中。哪怕年仅十岁，据说“她已经拥有一个倨傲、高贵的灵魂，一旦被怠慢，便会表现出极大的不满”。来自洛林的吉斯家族的玛丽，也就是詹姆士五世的遗孀（小公主的母亲），在女儿前往法国后，实际上成了苏格兰的女王。而法国也在英格兰北部边境开始筑巢孵卵。

法国国王依然渴望收服布伦，但护国公的军队在平基河谷打的大胜仗让他不得不暂时收手。英格兰也想和法国停战，因为只要打仗，便是劳民伤财。1548 年 2 月，英格兰年轻的国君在格林尼治隆重接待了法国大使，两人一起观看了围攻演习，为了让双方都轻松，两人用拉丁文进行交谈。
201 四个月后，法国军队在利斯登陆，准备支援苏格兰盟友。在东洛锡安的哈丁顿镇附近，突围和反突围作战此起彼伏，但大规模的战役并没有打响。尽管如此，法国军队在苏格兰境内出现是一件令人忧心之事，彰显了萨默塞特公爵意欲依靠驻军让苏格兰屈服这一政策的漏洞。

护国公的弟弟托马斯·西摩依然没有停下夺权的脚步。但在年轻的伊丽莎白小姐和凯瑟琳·帕尔住到一起以后，他的短板便进一步显露了出来。伊丽莎白当时只有十四岁，但幼小的年纪并没有阻挡那个喜欢被称作“继父”的人。他会只穿睡衣和拖鞋进入她的房间，而且会和她嬉戏打闹，拍拍她的背，拍拍她的屁股。此外，显然伊丽莎白公主被这个长相英俊的海军司令迷得神魂颠倒。据说最终凯瑟琳·帕尔发现他们依偎在一起。伊丽莎白于是搬了出去。据传闻伊丽莎白公主其实怀上了西摩的孩子，枢密院还由此询问了她的随从。尽管这一说法没有得到证实，但外国的大使们都很喜欢散布有关安妮·博林女儿的情事。同时，这件事也让本就小心谨慎的伊丽莎白进一步谨言慎行。

凯瑟琳·帕尔于 1548 年初秋逝世，六天前她刚诞下一个女婴。西摩又抓到了一个提升自己地位的时机。很快，人们就发现他仍然对伊丽莎白小姐图谋不轨。他询问伊丽莎白的家仆托马斯·帕里：“她尊贵的臀部有没有长大？”他还开始询问：“殿下房子的状况，有多少仆人？”她还有哪些房子和土地？这些土地好不好，是不是终生都归她所有？不过和前一个问题相比，这类问题还算上得了台面。

一天，西摩和一个廷臣一同骑马出门前往议会。廷臣说：“大人，现在有些关于大人的传闻，不堪入耳。”

“说什么？” 202

“我听闻您图谋迎娶玛丽小姐或伊丽莎白小姐。大人，若您真的涉及此事，那是在自取灭亡，引火烧身。”西摩否认自己有这个想法，廷臣答道：“我很高兴您说您并无此类想法。”他警告西摩前两代的国王都特别忌惮功高震主之人，新国王是不是也有这种疑心病呢？西摩的亲哥哥，也就是护国公萨默塞特，也可能同他作对。

但西摩并没有把这类警告放心上，并认为现在正是在爱德华身上做文章的时候。他对爱德华说：“自我前次见您开始，我觉得您已经成长为一个优秀的绅士。我相信不出三四年，您将拿能够掌控属于您自己的东西。”国王到了十六岁，他也许便有能力，也想要按照自己的意愿行事，从而罢黜护国公，届时西摩便可能步步高升，获得恩宠。不过当时，国王只是简单地回答：“不。”

西摩仍继续谋划着他的大计。他加强了自己居所（伍斯特郡霍尔特城堡）的防御，并购入大量的啤酒、牛肉、小麦。还想方设法获得了进入御花园和国王寝宫的“备用钥匙”。他带着随从，几次三番从霍尔特城堡前往白厅。他还说：“这宫里所有人加起来还不及我带来的人多，若想劫走国王，现在便可。”1549 年 1 月 16 日晚，在国王寝宫外，西摩被爱德华的狗吓了一跳，接着他便一枪把狗打死了。宫人闻声大喊：“来人啊！有刺客！”随后他被国王的侍卫控制。当时的情况很像他要绑架国王并以国王的名义挑起内战。之后据说他企图控制位于布里斯托尔的皇家铸币厂，还为此组建了一支私人军队，这些都表明了他企图谋反。

私闯国王寝宫的第二天，西摩被正式逮捕并关进了伦敦塔，过不了多久，他就要面临叛逆罪的审判，来决定是生是死。护国公如今处境艰难，因为他要宣判亲弟弟的死罪。“他们不会杀我的，”西摩说，“除非他们要
203 陷害我。”但没过几天，他便和枢密院中的“朋友”抱怨道“我觉得他们把我忘了”。小国王也开始反对他，写下了“要是他之前死了就好了”。要是他死了就好了。

在审讯过程中，西摩对伊丽莎白图谋不轨一事的调查也正式展开。小公主和家中地位较高的人都受到了盘问。“他们众口一词，”审讯官在给护国公的信中写道，“我认为他们要不是事前通了气，绝不可能这样。”因此，西摩的步步高升已经超出了被允许的限度，已经涉嫌叛逆。伊丽莎白抱怨道：“国外有传言说我被关进了伦敦塔，一起被关进去的还有我和海军司令大人的孩子。”传闻是假的，但她的三个随从被撤了职。有烟雾弥漫之处，或许就已经有了火苗。

哪怕被关在伦敦塔，西摩依然机关算尽。据休·拉蒂默说，西摩用从紧身裤上拔下来的金属套做成钢笔，并自制了墨水，“从未见过像他这样的手艺”。有了钢笔和墨水，西摩写了两封信，一封写给玛丽公主，另一封写给伊丽莎白公主。“到这个最后关头，两人应合力反对护国公殿下。”他把这两封信藏到了他的一只鞋子里，但在查房的时候被发现。

国王作为正义之源，必须就此事发声。“朕确知，”国王对枢密院说，“海军司令，也就是朕之舅舅，行诸多不利之事，事事指向叛逆，朕知道你们希望此事秉公而断。朕认为合理，这就授意照你们说的办。”第二天，也就是2月25日，一份剥夺财产和公民权的法令被送到了议会，其中一项针对西摩的罪状是企图“插手国王陛下的统治，威胁殿下的人身安全，颠覆国家政权”。

3 月 20 日，他被带到了塔山斩首。护国公用颤抖的手签下了死刑核
准状，但没有参与议会对其弟弟的处理过程。据推测，议会中有些人很乐 204
意看到他们手足相残，并希望最终把两人都干掉。不出所料，有人指责萨
默塞特公爵杀害同胞。一个“信仰虔诚、地位尊贵”的女士如此斥责道：
“你弟弟呢？瞧，他流淌在地上的鲜血正在向上帝控诉你呢。”萨默塞特
公爵被斥为“吸血鬼、饿狼”。人们预测“兄弟中一个倒了，另一个也时
日无多”。 205

19

克雷迪顿的谷仓

小国王登基后第一年，英格兰国民在社会和宗教领域的分歧变得愈加明显。当时最受欢迎的教士休·拉蒂默在一次布道时说道：“从前，人们满怀同情，而如今，怜悯成了稀缺之物。伦敦城内，同胞们冻死街头，和牲畜一起病倒在家门口——此等光景我不知该如何形容——就这么活活饿死。”政府下调了钱币的成色，让这个本已贫穷的国家通货膨胀愈加肆虐。1540—1547 的七年间，物价上涨了百分之四十六，在 1549 年又上涨了百分之十一。不断增加的人口意味着穷人和农民的生活愈加艰苦。食物昂贵，收入微薄。这个时期也被称为“价格革命”，但“革命”带来了席卷全国的饥荒和贫困。不仅如此，就连英格兰政府自身也无力偿还债务。

拉蒂默知道哪些人是罪魁祸首。“你们这些地主老爷，”他说道，“还有你们这些放债人，我或许应该称你们为新贵族，你们的财产太多了……导致那些累死累活依靠劳动为生的穷人困苦不堪。”人民的怨气主要集中在圈地体制上，圈地的方式多种多样，而圈出的土地用途与先前大相径
206 庭。圈地方式中有一种称为“集中”，即把小农场集中到一个人手中；另一种方式是把先前的公用地圈到一个地主名下归其所有；还有一种是把耕地用作牧场。拉蒂默在布道时反对的就是这些“牧场主、圈地者、放债

者……有些地方先前还有许多住家和居民，现在只剩一个牧羊人和他的狗”。有人说圈地实际上在先前就大范围开展了，但在当下达到了高潮，因为在这个物价飞涨，收入下降的时期，任何经济困难都会被放大。

休·拉蒂默还指出了降低钱币成色带来的问题。“现在的先令（合12便士）很小，”他说，“前一天，我把一先令几乎当成格罗特（合4便士）来花。”换句话说，当时的一先令只有先前三分之一的价值。约翰·海伍德则用另一种说法对此进行了表述：

> 这些退斯通银币看起来发红：是不是很像你？
>
> 这是尊贵的象征：因羞愧而脸红。

也就是说，银币的表面只有薄薄一层银，都能看到里面铜的颜色。一旦钱币没有受到认真对待，经济便开始崩溃。改革派人士约翰·胡珀尽管才入朝当官当不久，依然致信威廉·塞西尔，称“关于物价，我已如实道来，此外人口众多，百姓的房屋日益毁损，生计每况愈下；除了神会把重病之人带离尘世，活着的人们必需品短缺。您知道的，残酷无情的饥荒带来了巨大的苦难”。

1549年夏，一群暴民针对圈地揭竿而起，他们愤怒地拔掉了隔开土地的围栏。人们认为围栏是招致苦难的象征，这些围栏把荒芜或公共的用地圈了起来，地主由此不断提高佃租，佃户的权利遭到侵害。习俗让位于协议和竞争。就此，护国公领导下的政府派出一些钦差，调查何故“众多之人变得极为贫穷，不得不背井离乡”，此次调查的目的乃是确保从前朝 207
延续至今的相关法律皆得到遵循。

有一项措施体现了护国公对此事的考量，即位于汉普顿宫的皇家鹿园被“取消了私人公园性质”，换句话说，对外开放了。许多堂区的公用地也得到了恢复。神圣罗马帝国大使给自己国家朝廷的汇报称：“我听闻一件绝密之事，护国公在枢密院说按照他自己的看法，农民的要求合情合理，因为那些无处放养牧群的穷人确实需要公共用地，也需要那些之前一直是公共财产的土地，贵族和富人不能将这些土地夺取，并到自己的园中或据为己有。”他可能还进一步想到，如果新信仰不能促进社会公正，不能保障穷人的权利，那这样的信仰无疑连最要紧的几件事都没做好。

然而，分歧和不满依旧继续。威廉·佩吉特爵士在1548年末对萨默塞特公爵称，前朝“对所有事都管得太紧”，但“现在则管得太松”。先前“哪怕说并无歹意的话都会招来危险，而现在每个人都能肆无忌惮地想说就说，想做就做”。在这个由年幼国王统治的国度里，纷乱四伏。

有人说国王死了。爱德华在日记中写道：“就因为有传闻说我死了，我当季就巡视了伦敦。”有人说与苏格兰的战争打得一败涂地。的确，这场战争并没有得胜。还有传言称婚礼、洗礼、葬礼都要收费了。还有小道消息称护国公和枢密院都贪污腐败。为防万一，所有摔跤比赛都遭到了禁
208 止，所有戏剧或其幕间节目都被责令延期，让民众有机会聚集到一起并非明智之举。穷人被指控挑事，但民众不满的理由应该出自其他地方。罗伯特·克罗利于《财富之路》一书中指责“大农场主、牧场主、富有的屠夫、法律界人士、商人、绅士、骑士、贵族，以及不可明说之人”挑起了大规模的叛乱。

1549年5月，威尔特郡发生暴动，不过当地权贵驱散（一称屠杀）了抗议者。牛津郡暴乱分子被一支一千五百人的军队击败，这支军队由格雷勋爵领导。其中一些人被逮捕并绞死，就好像处置战犯一样，而其他人则逃回了自己家中。类似无疾而终的起义还在萨塞克斯、汉普郡、肯特郡、格洛斯特郡、萨福克、埃塞克斯等地爆发。尽管这些抵抗都被扼杀在了摇篮里，但整个王国极为不太平。

然而，什么都无法阻挡6月初爆发的大规模抗议活动。此次抗议运动被称为“西部起义”或“祈祷书暴动”，这也反映出宗教问题和社会问题相互纠葛，难以分辨。1549年初，爱德华在位时的第二届议会批准发布《公祷书》，并授权该书作为《统一礼仪法》的一部分，该法的目的是“统一全国范围内圣事的仪轨以及执行方式”，是一部极为重要且长期不变的法律，为后世有效地规定了英格兰教会的信条和仪式。

该法案基本上是由托马斯·克兰默在咨询了主教们的意见之后拟定的，并经由上议院高级神职人员自由讨论，以表示这个法案是经过了激烈的讨论才通过的。当时一个作家写道：“涉及耶稣圣体和圣血的习俗根深蒂固。我相信他们可以在圣神的帮助下很好地协调此事。”圣神并没有介入此事，尽管该法案得到了通过，但十八位主教中，依然有八位投了反对票。

克兰默在讨论过程中坚称：“我们的信仰并非要相信他存在于面饼和葡萄酒中，他应在天堂。”他拒绝实体变化这一信条，故坚称在圣体圣事 209
中，基督仅因接受圣体者的信仰而存在于精神层面。不论是《圣经》还是基督教会早期的教父们都没有提到过这一信条，克兰默认为这一信条是敌基督及其后裔教宗额我略七世于11世纪末期所捏造并推行的。但较为保守的主教反过来将这一说法斥为异端。当时有一个名叫彼得·马特尔的改革派人士写道：“对于圣体圣事的争论如火如荼，每天，上议院都在就此事争论，主教间这样的争论史无前例，下议院的人们都会挤到上议院的旁听席上听他们争论。”就像如今人们会对政治经济政策激烈争辩那样，当时的人们也针对宗教原则唇枪舌剑、议论纷纷。

修订过后的《公祷书》仍在使用。此书既是一本日课经，也是一本弥撒经，还是一本礼仪手册，赋予英格兰教会以力量并维护其统一。然而，和所有革命性的事物一样，该书一经发表便引起了极大的争议。这本有关崇拜礼仪的书由庄严、晦涩的英语写成，我们可以来看一个例子。在中世纪婚礼仪式上，新娘须承诺“餐桌之前，床榻之上，常持驯良之态”。在古英语中，这句话押着头韵，美感十足。而现在，新人们的诺言变成了：“不论境遇顺逆，家境穷富，身体好坏，彼此相爱相惜。”

在新修订的英文版《公祷书》文本中，我们还能看到一处明显的变化。“耶和华啊，天上的父，照着您亲爱的儿子——我们的救主耶稣基督定下的制度，我们——您谦卑的仆人，在您的威严与恩赐之下，在此庆祝您儿子要我们庆祝之纪念日：以缅怀他神圣的受难、伟大的复活、荣耀的升天。”之前被认为是“神圣的牺牲”，现在成了“纪念日”。基督在十字架上牺牲应受到纪念，而非重复或重演。

结果，弥撒中所有比较神秘的仪式都被废除了。其间再没有“将
210 《圣经》移位，匍匐亲吻圣爵……举起手指、手或拇指贴着太阳穴；向面饼或圣爵吹气”，再没有神秘的低语和突然的转身。崇拜仪式被重新编排。在仪式到达高潮的时候，不再举起祭饼和圣爵，崇拜圣体圣事被定性为偶像崇拜。弥撒不再暗示牺牲，主礼者（不再称作司铎）的职责仅仅是将面饼和葡萄酒放到圣坛上。弥撒从此被揭下了神秘的面纱。

在原先的仪式上，司铎会象征性地将圣体向东举起，朝向“各各他”的方位，并背对信众，仿佛正在通过神圣的仪式同耶稣交谈，因为基督会在审判日从东方而来。而现在则规定主礼者应站在圣餐台的北侧，面向信众。先前精致华丽的法衣被禁穿，主礼者只可穿着白色祭服。记载着宗教节日的传统日历也被指为彻底的迷信而从《祈祷书》中删除。

然而，最为重要的一点便是如今不再使用拉丁语，而是使用英语来开展宗教仪式。一位平信徒多次提到凭借英语无法理解弥撒的神秘，宗教仪式最好使用信众无法理解的语言，这一说法得到了较多人的认可。只有使用信徒无法理解的语言，弥撒仪式才能充满魔力，正如念诵咒语一般。先前的宗教仪式已经传续千年。圣歌和圣咏中的字词以及弥撒的仪轨，都成了民众记忆的一部分。如今，仅凭一份议会法案就要将这一切全都破除。这一切也代表了中世纪天主教世界自此分崩离析。

主礼者若拒绝使用新修订的祈祷书，将被惩以六个月监禁并剥夺职位。如犯三次，将遭终身监禁。实际上，该法案的目的便是“统一”。但如果萨默塞特公爵和克兰默希望消除宗教分歧，那他们不久就该醒悟了。此次同传统宗教仪式决裂的运动在西部郡县引发了大规模抗议。新的祈祷
211 书和宗教仪式于 1549 年 6 月 9 日圣灵降临节推行，在德文郡的桑普福德考特尼堂区引起了诸多不满。第二天，堂区民众找到了司铎，问他想要采用哪种仪式，新的还是旧的。司铎回答采用新的。但民众称除了“旧的、古而有之的信仰”之外，他们一概不接受。

司铎自己也并非不愿接受民众的请求。他同民众一同回到教堂，穿上

传统祭服，用拉丁文举行弥撒，所有被禁止的仪式一个不落。这一消息从桑普福德考特尼向外传开，传遍了德文和康沃尔。各地纷纷鸣钟传播佳音。人们要求旧圣事应“在圣坛上演绎并受到崇拜，所有反对之人都应像异端一样死去”。人们还说：“我们不接受新仪式，不接受英文《圣经》。”“祈祷书暴动”由此拉开序幕。人们对宗教的不满演变成了对社会的不满，并在全国普遍经济困难的阴云下蔓延开来。时移俗易正当时，天翻地覆未可期：

鹪鹩携着木刀，心怀杀念
麻雀在绿山上，建起教堂
猫儿对着耗子，屈身服从
……

也许人们早就预见了此次暴动，一个改革派人士告诉他身在欧洲大陆的同事，“我国大部分人的确依然笃信教宗”。另一个改革派人士马丁·布策在寄给故乡斯特拉斯堡的信中写道：“凡事大都以法令形式推行下去，故大多数人虽然表示服从，但心不甘情不愿。”这确实是暴动的主因，在伦敦开会的议员们强行让人民移风易俗。在稍后的日子里，布策写道：“那些醉心于宗教仪式的人当中，没几个人真心想要基督的国降临。”

一个桑普福德考特尼当地的乡绅试图阻止暴动，但被砍死在堂区教堂
的台阶上，他的尸体朝着南北方向被掩埋，以此看出他被认为是异端。开 212
了杀戒的暴动迅速蔓延。埃克塞特历史学家约翰·胡克在当时写道，消息“风起云涌，如惊雷一般响彻全国……几个堂区之中，意欲起事之人拍手称好、勠力同心”。德文和康沃尔的暴民联合起来，一起攻占了克雷迪顿，但后来支持国王的军队仅仅只是放了把火烧了乱民藏身的谷仓，就把克雷迪顿夺了回来。“克雷迪顿的谷仓”成了当时流行的战争口号。

埃克塞特以东三英里有个克利斯特圣玛丽村，那里传出了一个故事。那个著名的航海家沃尔特·雷利正骑马去镇里，看到一个老妇人在去教堂

做弥撒的路上，手里拿着玫瑰经念珠边走边祈祷。他勒马对其横加指责，“称她将受到法律的惩罚”。老妇人加快脚步前往教堂，谴责雷利“针对宗教发表了无情、不得体的言辞”。她还对本堂区的群众说雷利威胁道“若她不把念珠、圣体、圣水交给他的话，乡绅们便要把堂区内所有房子都烧了，并把里面的财产全都抢光”。这一句不加分别也并不明智的恐吓得罪了整个社区的居民，人们找到了雷利并将其毒打一顿，还把当地一个磨坊烧了。这些事件成了暴动的一部分。

7 月初，两千名起事者列队前往埃克塞特，在队伍前面带路的是身穿祭服，唱着圣歌的司铎，领头的司铎捧着由珠宝装饰的圣体盒，里面装着圣体。他们的目的是占领这座象征着可憎之异端的城镇。埃克塞特居民在缺粮缺水的情况下奋勇抵抗，他们之中有人说道：“他就算把自己一条胳膊吃了，剩下一条继续作战，也不会投降。”

乱民们撰写了一系列文章，指出“我们一定要让先人流传下来的神圣信条得到遵循、维持、奉行，让圣体圣事恢复往日的尊严”。他们谴责《公祷书》是“圣诞剧”或“圣诞游戏”，这种说法源于当时人们接受圣
213 体的时候，男女要分成不同小组。而这一场景和节日舞蹈的第一步惊人地相似，因而遭人嘲弄。

当地权贵无力亦无意镇压此次暴动，因此萨默塞特公爵别无选择，出动了本部人马，而其中大多数是从德国和意大利招来的雇佣兵。英格兰统治者动用外国军队镇压本国人民，在此之前闻所未闻。此次平乱总共打了六仗，其中最为血腥的战斗就发生在克利斯特圣玛丽当地。7 月 25 日，罗素勋爵向大约两千名所谓敌军发起了攻击，这一战有一千名叛军丧生，九百人被俘，但等待着这些俘虏的将是克利斯特荒原大屠杀。据说不出十分钟，所有俘虏的喉管都被割断。村庄被付之一炬，许多村民惨遭屠戮。在萨默塞特护国公统治期间，没有异端被烧死这一说法可能没错，但此次大规模的屠杀行为应该算作宗教战争恐怖的表现。此次屠杀的消息传开之后，又一支叛军向克利斯特荒原进发，结果又有两千人在那里遭到处决。

罗素随后前往支援埃克塞特，但当他到达的时候，叛军已突围离去。

但报复行动依然可以实施。一个“群众司铎”穿着祭服被吊死在位于城南的圣托马斯教堂的尖塔上，和他一起被挂着的还有钟、念珠、圣水桶等代表旧信仰的物件。博德明市长被罗素叫来共进午餐，午餐过后受邀观看绞刑。随后罗素问市长：“在你看来，这样的惩罚是不是足够严厉？”

“是的，大人，没错。”

“好吧，起来，轮到你了。”

这个市长实际上是被迫参加叛乱的。但报复行动时常没那么公正。最后一战在暴动的发源地桑普福德考特尼打响，这场战役过后，“祈祷书暴动”可以说被彻底镇压。

但一波未平，一波又起。7月的第二周，诺福克居民拆毁了圈地用的栅栏，并在罗伯特·凯特的带领下，在诺里奇城墙外的茅斯霍德荒原安营
扎寨。周围乡村的居民也蜂拥而至加入他们的队伍，一起抗议乡绅极不公 214
正、充满压迫的统治。据估计有大约一万六千人在城墙外聚集。一群来自海登的村民列队前来，以堂区旗帜为前导，象征着拥护旧信仰。据说，萨默塞特和枢密院委员们认为此次暴动是由于“某些不规矩的教宗党司铎”从中作梗而蔓延开来的。

凯特和暴动的其他几个头目给护国公写了一系列文章，罗列了民众的不满。他们祈望“不论何等贵族，居何领地，皆不得吞并公用地”，“遭无理租赁的登记注册土地，须恢复至亨利七世第一年的状态”。不论哪个领地的贵族都不得剥削公用地。私人管辖权必须废除。总体来说，从他们的诉求就能够明显地看出这些人对乡村古而有之的、传统的那一套深信不疑。这些叛军并不要求改革，而要维护传统，他们反对自由市场的侵蚀，反对新兴富裕地主的权力，反对货币不断贬值。他们希望回到可以称之为封建主义的时代。正因为如此，他们希望恢复旧信仰。具有标志性的一个事件便是诺福克的暴动最先在戏剧舞台前爆发，当时舞台上正在上演有关将托马斯·贝克特的遗骸放入坎特伯里主教座堂圣地内的戏剧。

有传闻世上有多少白色的公牛，叛军就在诺福克留下多少绅士——换句话说，一个不留。最早有关暴动的记载上写道：“所有权力都掌握在乡

绅手中，因此他们无所不用其极，而留给我们的，只剩苦难……我们能吃什么？药草和草根。我们也是血肉之躯，也有灵魂，这便是我们一生所能期望的？”一头被宰杀的羊身上，留下了这么一首小诗：

> 你的羊很肥，普拉特先生
> 对此我们感激至深，
> 所以我们给你留下羊皮，让你给你老婆买首饰，
> 你也该感谢我们才是。

护国公早已对神圣罗马帝国大使表示：“一切都表明人们对绅士积怨
215 已深，将他们都当作敌人……在诺福克，绅士及其用人可能遭到了残酷的对待。”以防万一，他为年轻的国王组建了一支由两千名骑兵、四千名步兵组成的卫队。伦敦的城门得到了加固，伦敦桥上建起了一座开合桥。7月18日，戒严法颁布，根据该法，暴动只有死路一条。该法律的颁布反映出地区性的暴动威胁了都铎王朝治理下社会的整体和谐，因为这一王朝的政体建立在中央和地方非正式的契约之上。一旦这一基础动摇了，将牵一发而动全身。

茅斯霍德荒原的叛军自称“国王的朋友和代表”，再次强调自己是传统意义上忠君爱国的表率，掩饰了自身内部等级的混乱，使这支队伍从表面上看还算秩序井然。叛军队伍每百人指定一个发言人，凯特下令在一棵大栎树下伸张正义，那棵栎数于是得名“改革之树”。一些绅士和地主被押到树下，被判掠夺穷人财物罪，随后被拘禁在军营内。

茅斯霍德荒原叛军营地周边的萨福克等地也扎起了当地叛军的军营，这些营地交织成一张东安格利亚暴动网。大约有三千名约克郡居民聚集到一起，宣称“英格兰就不该有国王，贵族老爷都该被消灭”。这个要求远比凯特和他手下来得激进，但如今，他们所有人统统被斥为混乱的根源。

7月31日，北安普敦侯爵率领一千五百名士兵来到诺里奇城下，试

图切断城内对叛军的粮草供应，他的军队在城内穿街走巷，但四处的断壁残垣根本无法提供掩蔽。叛军从茅斯霍德荒原蜂拥而下，据一个编年史作家描述，叛军们“狂呼乱喊着”将北安普敦侯爵的军队拦腰截断，北安普敦侯爵逃跑，将诺里奇拱手让给了叛军。凯特在主教座堂周围的空地上扎营，并当上了叛军统帅。他和手下已经犯下叛逆罪，因为他们袭击并杀戮了国王的军队。

萨默塞特公爵和枢密院在接下去的一周内每天开会，但讨论不出结
果。护国公首先想亲自率军讨伐凯特及其手下，但不知何故改变了主意。216
他转而命华威伯爵约翰·达德利带领六千步兵和一千五百骑兵前去。8 月 23 日，在距离诺里奇三英里的地方，达德利向凯特发去最后通牒，勒令其投降，否则无异于以卵击石，必败无疑。政府军遣使带着招降的命令前往叛军军营，但在那里，一个男孩脱下裤子并做出“下流之举”，作为回应，达德利的士兵将其击毙。

凯特提出与达德利会面，在叛军营地里引起了骚乱，凯特的追随者不同意他离开营地。而此时达德利向诺里奇发起了进攻，他的军队突破了诺里奇城堡的吊门，手握利剑大喊着冲进城内。军队内的骑士和绅士们也纷纷拔剑，互相亲吻对方的刀刃，据霍林斯赫德[1]的说法，“这是大危机时期参战之人的古老传统”。达德利的军队一直打到了集市，也就是许多乱民扎营的地方，并随即在那里绞死了凯特的四十九名手下，由于吊的人太多，绞架都被压断了。叛军分成三队散开，并向达德利的军队发起了多次突袭。

由于城市的许多地方着火，供给也日渐不足，凯特决定最好撤离茅斯霍德荒原，转移到诺里奇东边地势较为易守的杜辛戴尔。他还带着那些绅士（或者可以称为人质），因为在谈判时能派上用场。第二天，达德利率军前往杜辛戴尔，在那里他对叛军提出招安，但遭到拒绝。在稀里糊涂打了第一场遭遇战之后，达德利军队的枪炮先瞄准叛军开火，待对方军阵开

① 拉斐尔·霍林斯赫德：英格兰编年史家。他的作品《英格兰、苏格兰和爱尔兰编年史》，通常称为霍林斯赫德的编年史，是威廉·莎士比亚许多剧本的主要参考来源。

始动摇，达德利的骑兵则发起冲锋。叛军队伍前列那些头领，包括凯特在内，见状纷纷逃离战场。其余的人用推车以及身边的辎重垒起路障，因为他们几乎必死无疑，要么战死沙场，要么之后被绞死，但达德利再次提出招安。他来到叛军阵前，担保只要服从命令投降，便可赦他们的罪。叛军队伍中大多数人抓住最后的机会，高喊“天佑爱德华王！天佑爱德华
217 王！”到下午三点左右，战斗结束，叛军死亡两千人。

凯特藏到了约八英里外的一个谷仓中，但最终没有逃过搜捕。第二天，他在武装护卫的押送下回到诺里奇，三百名负隅顽抗的叛军被绞死在那里。凯特自己则在伦敦受审后最终戴着镣铐被吊死在诺里奇城堡的城墙上。1949 年，该处竖起了一块牌匾，上面写着“以此补偿并纪念一位高贵、勇敢的领袖，他带领英格兰平民进行了长期斗争，以摆脱被奴役的生活，追求公正和自由”。

然而，当时对他的裁决十分暧昧。凯特曾经是达德利的佃农，有传闻说两人密谋欲推翻护国公。尤其是达德利军队的财政官还给凯特送钱。据传闻玛丽公主也参与了此次阴谋。然而就算情况属实，这几个主谋依然没有留下任何蛛丝马迹。一切如堕雾中，扑朔迷离。我们可以记下当时的大事件，但人们私下的所作所为无从知晓。我们能够看到大致的形状和轮廓——一个穿着斗篷拿着刀的人在微笑，一个图谋不轨的人拿着开口的钱袋——但什么都无法总结出来。

叛乱算是平定了，但起事范围之大使护国公的统治深受打击。他的行为前后不一，前一刻还试图消除乱民的不满，后一刻就赤裸裸地派军镇压，他既想安抚调解，又想武力镇压，因此得了既软弱又残暴的名声。而如果萨默塞特等人对此事如此拿捏不准，那德文郡和诺福克当地官员的反应必然会软弱而暧昧了。但这一事实并没有让东安格利亚大权贵诺福克公爵逃过一劫，他于 1546 年被关进伦敦塔，罪名为叛逆。而玛丽公主作为诺福克最大的地主，并没有采取任何措施来平息骚乱，此事颇耐人寻味。

此时，华威伯爵约翰·达德利站了出来，此人据说与萨默塞特交情颇
218 深，但一旦涉及政治，成者王侯败者寇。在亨利当政的时候，达德利在苏

格兰和法国都打过胜仗，他在军事指挥上的名声再次在打败诺福克叛军一事上得到了验证。而且和萨默塞特不同，他是真刀真枪上了战场。他为人谨慎、心思缜密，而且不会盛气凌人，待人接物常采取以和为贵的态度。

他率领凯旋的军队回到伦敦，实质上也就把这个城市纳入了自己的控制之下。他大权在握，蠢蠢欲动。显然萨默塞特的政策越来越站不住脚。据称他一开始对叛军过分纵容，由他夏天所写的一系列信件可以看出，他几乎想要同叛军联合对抗“羊群的拥有者”。可能和亨利八世对待“求恩巡礼”时一样，这只是个谈判策略，但足以激起地主阶层的猜忌和厌恶。萨默塞特的“轻率”和“软弱”遭到了谴责。

失败还有另一个原因。面对游击战，英格兰对苏格兰的统治摇摇欲坠。到了夏天，恢复元气的法国国王亨利二世对英格兰宣战，开始围攻英格兰殖民地布伦。此外，年轻的苏格兰女王是他未来的儿媳，也在他的掌控之中，他似乎也有把苏格兰纳入囊中的意思。英格兰内忧外患，萨默塞特治国无方暴露无遗。

因此达德利在抵达伦敦后立马开始同枢密院中主要的委员进行商议和计划。玛丽公主不久便收到了罢免萨默塞特的提议，而且似乎很可能让她取而代之。甚至有可能让她担任其弟弟统治前期的“摄政女王”。然而，达德利在结交保守派的同时，也在讨好改革派。枢密院最终选择联合起来对抗护国公。

枢密院的主要成员写信给查理五世说明罢免萨默塞特的原因。此人已经变得“傲慢自大”，惯于“嘲讽讥笑直言敢谏的官员”，举手投足都将
“执拗无礼”展露无遗，他的公告和策略让人民“自由散漫、大胆妄为， 219
继而在四处造反起事”，在动乱中，萨默塞特依然为自己建造了“四五处极尽奢华的居所”。

反对萨默塞特的暗潮在春末夏初之际浮出水面，萨默塞特意识到了情势有变，立马试图拉拢支持者。他发出了信件和公告，而枢密院随即发出与之对应的信件和公告。10 月 5 日，小国王传召“所有他所爱的臣民”到自己居住的汉普顿宫，他接见他们的时候“身披铠甲，手持武器”，护

国公显然和他谈过了。小国王还召见了一些萨默塞特的追随者，并对他们说：“朕希望你们像对待朕一般对待国舅。”但爱德华也许对萨默塞特并不怀有一丝真情，甚至可能由于这一系列的事情对其心生怨恨。他最终回到伦敦的时候，神圣罗马帝国大使说小国王“看上去显然受了惊”。

两天后，护国公将爱德华从汉普顿宫移驾至温莎堡，由自己手下的披甲战士守护。他召唤贵族和人民支持自己，但没有得到任何回应。甚至和他一起计划宗教改革的克兰默现在似乎也反对他。

达德利和枢密院一方面通过公告的形式昭告天下，另一方面则写信给各国大使和两个公主，甚至以防万一还写信给小国王本人，表达了自己的忠心，并谴责萨默塞特无视他们的建议并行越权之事。眼见军队都将枪矛指向自己，护国公屈服了，因为其他任何选择都会挑起内战。贵族间的争斗将会让玫瑰战争重演，而这是谁都不愿见到的事。他在得到从宽处理的承诺之后投降了。然而他和其党派成员立马被送进了伦敦塔。在那里他对二十九项指控表示“认罪”。

尽管达德利可能是这些事件的幕后推手，但很明显他不是这些事件的
220 直接受益者。有段时间似乎保守派在枢密院占了优势。因而在圣诞节的时候，有一份公告出台，对某些“心肠歹毒”之人予以谴责，并否认“他们将重新以拉丁语举行弥撒，重演变面饼和水的戏法，并举行那些毫无用处、迷信的仪式……”萨默塞特和宗教方面的革新之举（如颁布《公祷书》）关系密切，因此他的倒台自然就燃起了和他宗教观点相左之人的希望。有传闻显示保守派正策划向达德利发起攻击，控告他暗中参与了萨默塞特的所有行动，但据说克兰默已经说服国王将改革派人士吸纳进枢密院从而让改革派在人数上占优。经过一系列复杂的人员调动，达德利最终打败了保守派，并将他们的主要成员排挤出了枢密院。1550 年 2 月，萨默塞特从伦敦塔中被释放，并得到了赦免。但英格兰的政局早已面目
221 全非。

20

治世之庸臣

达德利并没有篡取护国公的头衔，他生性谨慎，不愿以这种方式彰显自己的名位。反之，他决定凭借枢密院开展行动、掌控大权。达德利为自己想到的头衔是枢密院议长。如今，小国王的领导地位得到了进一步巩固，他有时会出席枢密院会议，尽管很有可能只是走个过场，因为一切都已经打理妥当。

然而，尽管达德利没有自称护国公，但他觊觎着另一个头衔。最终，在他羽翼渐丰之时，受封诺森伯兰公爵。他的专职司铎约翰·胡珀称颂其为“基督忠诚、无畏的战士”，“上帝最为神圣、虔信的传话者”，由此将公爵的改革派立场昭告世界。然而，人藏其心，不可测度，诺森伯兰公爵将死之时，坦白自己一直以来都在秘密奉持着英格兰天主教这一旧信仰，由此可知他其实是打着改革的旗号来维持、巩固自己的权力。

他支持宗教改革还有一个原因，即希望并期盼着自己能够通过掠夺隐修院获利。新当选的温彻斯特主教被迫交出自己的土地以换得一份年薪，
诺森伯兰则把这大片土地纳入自己和手下的名下。达勒姆的主教辖区被撤 222
销，堂区收入被拿去建设诺森伯兰的新领地。主教的领地被看作教会大餐的最后一道菜。圣保禄主教座堂的一个牧师遗憾地说道：“贪官污吏们无

所不用其极，甚至那些能够用来救济穷人、维持教育、促进基本宗教交流的好东西，也被他们用以满足自己世俗、邪恶、贪婪的野心。”慈善为行贿让步。在由年幼国王统治的国度里，手握大权的成人能够肆无忌惮地瓜分王国财产。

爱德华在和公爵交往的过程中有着逆来顺受、消极被动的反常表现。一位法国的观察者写道：“只要有重要的事，他（诺森伯兰公爵）会想要国王去做，或让国王提出，同时不让别人看出这个主意是他的想法。他会在晚上所有人都入睡的时候溜进国王的寝宫，不让任何人发现。第二天早上，小国王便会来到枢密院，提出某些仿佛是他自己的倡议——众人都为此大吃一惊，以为这些都是小国王自己的想法。”另一位外国观察者注意到，国王总会看着公爵，而且会“因为诺森伯兰的示意”而离开会议或讨论的现场。慢慢地，他学会了处事，学会了统治，但没有任何迹象表明他拥有独立的统治权。诺森伯兰把控着人事任免和土地分配大权。据称他鼓励小国王习武，如练箭、打猎等，意图把他支开，自己独断专行。

不过，在宗教问题上，爱德华似乎已经形成了自己的想法。萨默塞特倒台的时候，他十二岁。这个年纪已经足以对信仰着迷，从他对玛丽的宗教行为予以谴责可以看出他在宗教观点上有着坚定的立场。前一年，他完成了一篇批判教宗装腔作势的论文，文中他总结道教宗是“恶魔的亲子，是恶人，是敌基督，是可憎的暴君”。尽管撰写这篇文章可能得到了他人的协助，但文章的基调明显是他自己定下的。一次他审阅新主教的祝圣仪
223 式流程，看到其中有一段向圣人祈祷的祷文，他直接提笔以不敬神为由将其删除。他还规定了在全国的教堂每周布道一次。一个改革派人士写道：“相信我，世上已有千年未出现过如此博学、虔诚、平易近人之君王。”

正如我们所知，他还被称作“虔诚的顽童”，他的个性带有强烈的少年理想主义色彩。此外，他不是还被称作“小约西亚”吗？对于这个称号，他或许希望自己能够做到名副其实吧。因此在他刚执政不久，便被要求裁决离奇的主教礼服案。

诺森伯兰专职司铎约翰·胡珀得到晋升，成了格洛斯特主教。但这个

即将上任的主教发现了一个问题，即在就职仪式上他必须穿宗教礼服——白法衣加无袖黑长袍——但他先前曾将这套衣服斥为巴比伦大淫妇的服装。他说自己不要穿成一只黑白相间的喜鹊。白色法衣是变戏法的人才会穿的魔法袍。他还应对坎特伯里总主教宣誓效忠，但他先前已发誓不服从《圣经》以外的任何权威。其抵制让新制定的教规面临分裂危机，结果就是他被关进了弗利特监狱。克兰默就此事请求国王裁断，在爱德华的命令下，双方达成了妥协。胡珀应在祝圣仪式上穿礼服，但在处理自己堂区事务时可以不穿。胡珀主教自此得名“不遵国教之父”。用《圣经》上的话来说，便是“最小的火能点着最大的树林”（《雅各书》3：5）。

1549年末，议会召开会议，批准了宗教改革运动。废除了中世纪教会神职人员的八个等级，去繁从简，只分主教、神父、执事三级。而布道牧师的分级总体上也被简化了。司铎再无须“为生者和死者献祭品、行弥
撒”，只需传播福音，开展圣事即可。但神职人员队伍中依然有很多人私 224
下支持教宗。他们会在举行圣餐仪式祷告的时候，以先前拉丁文弥撒的节奏轻声背诵祷词，会朝圣餐桌弯腰鞠躬，会跪倒举起双手，会在胸口画十字。这些罗马教会的遗毒，给了许多教众莫大的安慰。

议会还通过了一项法案，禁止在堂区教堂竖立除“未被列圣的国王、贵族像”之外的任何雕像或人像。因为《公祷书》已经提供了能够指导宗教仪式的所有信息，所以其他祈祷书——不论是礼仪书还是弥撒书——都应销毁。要么烧掉，要么送去书籍装订商那里当作装订材料使用，当然，还可放到厕所里供人方便之用。来年春，法令出台，石质祭坛必须移除，代之以木质圣餐台。一个保守派主教回应说：“我保证，拿吃牡蛎的木桌替代祭坛肯定特别适合领圣餐……”

为了避免引发民众抗议，圣保禄主教座堂的祭坛在深夜被拆除，并在台阶下方放了一张桌子。不过据当时的编年史记载，三天后“圣保禄主教座堂中有一男子被杀，之后又同时发生了两起冲突”。这些“冲突”或者说骚乱频频发生，导致政府针对此事发布公告，公告对“多起争执、暴动、冲突、流血事件在这些教堂内发生，此外还有人用手枪射杀鸽子”表

示遗憾。教堂如今变成了激烈争论的中心。

堂区教堂如今变成了一间了无生趣、空空荡荡的房间。除了可能还留着一两篇纪念性的文字，一块挂着皇家盾徽的木板之外，没有任何装饰。之前放祭坛的地方如今放着一张桌子和一张给领圣餐者坐的长凳。威廉·哈里森在稍后的日子里写道：“我们这个时代死一般冰冷……教堂里结着悲伤的寒冰。”但在这些简陋的教堂中，普通信众在礼拜的时候比先前坦率多了，阅读《圣经》被奉为首要之事，基督教信仰的基石——信条、
225 信仰宣誓、祈祷——得到了全面的强调。在王宫内，以《圣经》和先知为主体的诗歌取代了十四行诗和民谣。爱德华时代的戏剧也多以《圣经》为主题。

尽管如此，依然有可能踩到雷区。1550 年春，琼安·波切尔，史称肯特的琼安被捕，罪名是宣扬基督的肉身并非童贞玛利亚所孕育，是透过玛利亚而生的奇迹，如同穿透玻璃的一束光。在接受审讯的时候，她机智地指出了宗教权威早已容许更改信条。她说：“前不久，你们因为一片面饼而烧死了安妮·艾斯丘（否认实体变换），但后来又相信并推行了你们因之烧死她的信条……”这句话一点不假。但她依然被判火刑。在史密斯菲尔德的火刑架上，牧师正在对她做临终祈祷，她大声喊道：“此人满口胡言，如同无赖。”说完就被烧死了。她被斥为“再洗礼派”，只要有人怀有可能颠覆、破坏现有政权的信仰，都会被套上这个带有羞辱性质的称号。

当时的局势很紧张。政府对爆发另一场大规模的暴动总是心有余悸，资源的匮乏也让政府变得疲软。由于国库已空，同法国谈和势在必行。诺森伯兰立即着手操办此事，将布伦归还给法国国王，但只拿到原先承诺的一半补偿款。亨利八世取得的这个战利品，最终成了一个代价高昂的错误。这个决定在当时遭到了严厉的批评，批评者认为英格兰失去了欧洲事务的领导权，但的确也给花费巨大的对外扩张政策画上了句号。佩吉特在给诺森伯兰的一封信中写道：“此一时彼一时。”加来作为英格兰从法国那里占有的巨大财富，不久也将拱手让人。诺森伯兰还从苏格兰撤军，将

这个萨默塞特最得意的政策完全扭转。协助镇压东西地区起义的雇佣军也在拿到了钱款后被遣散。我们或许可以把这段时期英格兰政府的一举一动看作岛国属性初现端倪的表现。

暴乱的影响还可以从后来的一个议会法案中看出，即《惩治国王之臣民的非法集会和暴动法》。此外，诺森伯兰还开始着手消除其他引发民众 226
不满的根源。他开始尝试扭转前朝和护国公当政时期就出现的钱币成色下降问题，此事复杂而艰巨。在这件事上，他和其他枢密院委员们的工作收效甚微。在他的领导下，枢密院重新成了统领全国事务的最高机关。

玛丽公主曾称诺森伯兰为“英格兰最反复无常之人”。对于这样的“褒奖”，诺森伯兰回应道，在他看来，玛丽对他和新宗教都构成了严重的威胁。她是王位的下一任继承者，如果爱德华去世，诺森伯兰将面临下台甚至更糟的处境。此外她还是旧信仰唯一坚定的支持者。也许将她除掉是最为便利的做法，但由此激起的民怨将威胁到国家的统一。她还是查理五世的表妹，而查理五世是欧洲最强大的君王。诺森伯兰知道得罪此人并非明智之举。查理五世皇帝刚把德国几个省份的叛乱镇压下去，很清楚英格兰对战争几乎毫无准备。然而，1550 年春，她遵循旧信仰的特权被取消，她被要求服从《统一礼仪法》。神圣罗马帝国大使立即对此表示反对。

此后，玛丽觉得自己岌岌可危，她对神圣罗马帝国大使说，枢密院委员们“所作所为邪恶狡猾，对我尤为恶毒”。她认为他们其实正在策划着谋害自己。故而，到了夏天，她制订了乘船逃往欧洲大陆的计划，到了那里，她可能会前往佛兰德，寻求表哥的庇护。6 月末，四艘神圣罗马帝国的战舰以及四艘较小的舰船驶到了埃塞克斯沿岸的莫尔登附近。此时，似乎玛丽退缩了。她不停地说：“我该怎么办？要是那样的话，我成什么人了？”舰队最终离去，玛丽公主遭到了枢密院更加严密的监视。她的专职司铎被禁止主持弥撒，对于此事，玛丽回应会亲自庇护他们。 227

爱德华给玛丽寄去一封信，其中一部分由他亲笔书写。信中他谴责玛丽将自己的虔诚放错了地方，并警告她“在朕的国度，允许你如此位高权重的臣民不守法，将使朕内心不快。你与朕的血缘之亲，地位之高，在当今情势之下将让你罪加一等”。信中责备或处罚之意由此可见一斑。玛丽在回信中对弟弟说他的来信使她“比患上任何疾病，甚至比死亡更难受”。两人的不合导致了巨大的悲伤和猜忌。

她被传唤到伦敦解释自己行为的时候，身边簇拥着五十名身穿天鹅绒上衣、戴着金链的骑士，身后跟着八十名手拿玫瑰经念珠的家臣。这个队伍传达的信息再明朗不过。除了表明她秉持旧信仰的立场，还展现了玛丽的力量。如果最终不免一战，玛丽极有可能获胜。她身后有着旧信仰力量的支持。两天后，她和随行人员一起前往威斯敏斯特，在那里成千上万的人们上街欢迎她的到来。据记载，“披甲之人从天而降，落到地上，随即消失”，大地为之震动。还有记载说“三日同现空中，众人难辨真假”。

前不久，爱德华开始写日记。他在1551年3月的日记中写道：“玛丽小姐，我的姐姐，来威斯敏斯特同我见面。”她奉召同爱德华和枢密院委员开会，会议上爱德华明确表示“无法忍受”她参加弥撒一事。

“我的灵魂属于天主，”她回应道，“我不会改变我的信仰，或做口是心非之事。”

“我不限制你的信仰，”小国王答道，“你不能像国王一样发号施令。你必须像臣民一样服从。你树立的榜样会滋生太多麻烦事。”

后来两人的一组对话被记录了下来：

“等陛下您再长大一点，经验再丰富一点，就会比现在明白更多事。”她说。

228 “你也有需要学的事。学无止境。”

此事刚过，查理五世皇帝便发来消息威胁如果爱德华不允许自己的姐姐参加弥撒，他就发动战争。爱德华在日记中写道：“关于此事，现在不给任何回应。”最终，英格兰政府给出的回应是玛丽乃国王之臣民，须服从国王制定的法律。

但诺森伯兰的许多时间和精力都花在了处理派系斗争和对他统治的反

抗上。萨默塞特又一次成了最具威胁的人，他度过了短暂的狱中生活之后重返枢密院，致力于将他的后继者拉下台。萨默塞特尽管没有命丧伦敦塔，但出狱后丧失了大部分的权力和地位。对于他这么一个倨傲的人来说，这口气是无论如何都咽不下的。他开始发动一场诽谤造谣运动，或称“公众指责运动”，而矛头指向了议长大人的政策。

他还建立了一个针对诺森伯兰的小团体，成员大都来自伦敦，对他十分拥戴。很有可能他的最后一着是在议会发动政变，据说他还雇了一个杀手，意欲直取诺森伯兰的首级，并煽动伦敦居民敲鼓吹号高呼“自由!”然而，议长大人并没有坐以待毙，而是于 1551 年秋天下令逮捕了萨默塞特。在随后的庭审中，萨默塞特被控煽动叛乱，因为说了诸如“绅士的贪婪给人民揭竿而起的理由”。然而，针对萨默塞特谋划暗杀的指控似乎是诺森伯兰一手捏造的。事实上，在诺森伯兰自己临刑的前一晚，他承认自己捏造了证据，并请求萨默塞特儿子的宽恕。

萨默塞特的死刑在塔山举行，有大批民众前来观看。萨默塞特在断头台前向民众致意，他开口说道：“大人们、善良的同胞们……”他说的时候，传来了一声巨响，“仿佛是从附近房屋里传出的炸药声”，同时还有飞驰的马蹄声，好像“一大群健壮的马匹正冲向人群，四处践踏”。围观人群惊慌失措，四处逃散，大叫“耶稣救救我们，耶稣救救我们”或“他们从这边而来，他们从那边而来，快逃，快逃”。并没有马群，也没有炸药。只有一个人骑着马前往断头台，这时人们大叫：“发发慈悲吧，
发发慈悲吧。天佑吾王。天佑吾王。”萨默塞特手里拿着帽子，静待喊声 229
平息。“没这回事，善良的人们，”他说，“没这回事。是天主的旨意，我将赴死。”又说了只字片语之后，他调整好情绪，默念三遍“主耶稣拯救我”，把手上的戒指一个个褪下，给了刽子手，接着把头枕到断头台上，引颈受戮。事后，好多人冲到断头台前，用手帕蘸死者的血。

据记载，在这个时期，宫内为小国王准备了许多运动和娱乐，以免其“忧心”。但爱德华本人似乎对自己舅舅的命运无动于衷，并没有受到多大影响。他在 1552 年 1 月 22 日的日记中写道：“早晨八点到九点之间，

萨默塞特公爵被斩首于塔山。”十九个月后，诺森伯兰也将站到那里。

国事一片混乱。护国公统治期间降低货币成色自然而然地造成了通货膨胀，导致基本的生活必需品和粮食的价格飙升。1551 年的收成很差，算上前两年，这已经是连续第三年粮食歉收了。欧洲市场对英格兰的毛织品需求量下降，据记载，安特卫普堆积着大量布料。亨利统治末期，货币已经贬值了一半。比如，面粉的价格翻了一番，因此半便士一个的面包体积只有先前的一半，圣巴多罗买大教堂的管理者不得不提高救济粮的供应量。诺森伯兰和他的同僚们对这些事束手无策，面对席卷而来的灾难，他们只能眼睁睁地看着，爱莫能助。

这一年夏，一场名为“大汗病”或“汗热病”的传染病席卷全国，对本已深陷苦难的英格兰人民来说，真可谓雪上加霜。该病又被称为“调情终结者”，因为宫中有些人晚上九点还在跳舞，十一点就死了。该病在晚上发病，病人会打寒战，不停颤抖。之后便高烧、呕吐。一旦发病，便会流汗不止，随后在昏迷中死去。传染病暴发才几天，伦敦便有一千人死亡，之后几周，死亡人数又增加了两三千。关于伦敦的一部编年史中写
230 道：“得病之人一旦睡着，七八分钟后便说不出话，并很快失去意识，他们一旦醒来，即刻一命呜呼。”这一年，全国上下弥漫着恐惧。

1552 年 1 月 23 日，为了处理迫在眉睫的宗教问题，议会于处死前护国公的第二天召开第四次会议。此次会议最著名的成果便是修订出台了第二版《公祷书》，书中加入了宗教改革的新措施。童贞玛利亚和圣人不再是祷告的对象。书中没有提到弥撒，因为弥撒已经被另一种名为“主的晚餐”的仪式取代。祭服的样式被简化。任何《圣经》中没有提及的祈祷或行为都被废除。至此，归正宗信仰完全展示在英格兰人面前，其仪轨从本质上说一直延续到了今天。

领受圣餐时是否需要下跪这个问题一直处于争论的风口浪尖。下跪是否暗含对面饼和葡萄酒的崇拜？抑或仅仅是一个表现虔诚的姿势？主教们对此各执一词，最终，《公祷书》对此特地加了一条说明，解释下跪的动

作中并不含迷信成分。葬礼上，不得为死者祈祷，牧师无须对遗体讲话，死者躺在合上的棺木中，和生者不能有任何接触。从更广的意义上，我们或许可以认为过去对现在不再产生任何影响，这种自由或遗忘的态度对英格兰人选择自己人生的方向产生了巨大的影响。

由《公祷书》建立的新宗教仪轨，得到了第二部《统一礼仪法》的保护。在该法的推动下，圣盘等有价值的财产基本都遭没收，如今弥撒被废除，因此做弥撒所需要的工具就成了无用之物。圣餐杯、烛台、圣体光、圣膏瓶、圣体盒、盛器等被一扫而空。祭披、大圆衣、地毯、挂毯、靠垫等被从教堂移走。金线、银线织物，以及所有铁制品或黄铜浮雕都被 231
没收。英格兰宗教改革在这个时期达到顶峰。实际上可以说绝大多数起决定性作用的基督教新教信条和实践都是在爱德华六世统治时期形成的。伊丽莎白一世仅对此做了修补。

周日强制去教堂礼拜也被以法律形式确定了下来，若初犯，将被处六个月有期徒刑，三次违反则将被处终身监禁。但有些人对新的宗教仪式感到失望，拒不从命，但多数情况下只是受到了牧师训斥而已。其他人则单纯对布道、规劝、说教、讲道感到厌烦。休·拉蒂默写道："在布道期间让信众自由上下走动无疑会造成混乱……牧师耳边尽是嘈杂的人声，很多时候他会忘了自己该做什么。"

一部新《叛逆法》出台，专门用来保护宗教领域所起的变化。如今，质疑王权至高或不顺从英格兰教会奉行的教规都被认为是严重的违法行为。那些在布道时反对新教规的保守派主教要么被关进了伦敦塔，要么被软禁家中。

克兰默刚完成了两部巩固宗教改革的作品：《宗教信纲汇编》和《教会宪法典》。他所遵从的四十二条信纲从未在议会或教士大会上通过，但成了伊丽莎白于1563年颁布的《三十九条信纲》的模板，这些信纲依然是英格兰教会的基础，反映了克兰默成熟的神学理论，有着鲜明的加尔文派风格。"唯信可称义"以及"生命预定论"得到了肯定。第二十九条信纲指责实体变换"与《圣经》含义明确的文字相违背"，"从而孕育出许多迷信思想”，弥撒仪式被称作“装神弄鬼、阴谋诡计”。

宗教法典由克兰默及其同事所编纂，用以替代罗马宗教法。拒绝基督
232 教信仰只有死路一条。通奸将被判终身监禁或流放。男子如果勾引单身女子，则必须娶她为妻，若男子已婚，则必须将自己财产的三分之一给予那名女子。事实上该法案从未有过法律效力，宗教法庭依然毫无原则地胡乱判案。

但拥护爱德华的改革派也有所建树。亨利在政治上所取得的成就如今在宗教领域上演，教宗被完全抹杀。因信称义的理念弱化了圣餐仪式，削减了牧师的权力，而且使教会再无法替人代祷。否定实体变换给了弥撒致命一击。罗马教会的仪轨被抛到了一边。

是年秋天，诺森伯兰再次冥思苦想如何应对暴乱的威胁。12 月，他“急切、诚恳地要求枢密院中的贵族们保持警惕，防止那些现在已经蠢蠢欲动的人谋反”。三个月后，英格兰的一些地区颁布了戒严令。民怨沸腾，但并没有出现暴动，而对于那些尽失人心的枢密院委员来说，只要有风吹草动，在他们看来都是杯弓蛇影。

这些委员中有一位十分著名。他就是威廉·塞西尔，此人在之后的伊丽莎白统治时期位高权重，当时他年方三十，担任枢密院委员、御用书记官，且作为管理者和“机要秘书”的才能已经显露无遗。他曾在萨默塞特手下从事，并在老上司下台后被关进了伦敦塔，不过没过多久便被释放，并在诺森伯兰的提拔之下从事政府工作。1550 年冬，他写了一份政府报告，毫不遮掩地指出了国家的现状。他写道：“神圣罗马帝国皇帝意欲一统欧洲，不过想要做到这一点，他必须首先镇压宗教改革，而除非他打败英格兰，否则便无法摧毁宗教改革。除宗教之外，他与英格兰之间还有其他争端，而天主教集团也会不遗余力地想要打垮我们。我们内部也不团结。大部分国民都会倒戈……”

最后一句话坦白地承认了改革派并不得人心。塞西尔说，如果英格兰
233 和查理五世开战，大部分国民将听命于教宗而非国王。大多数贵族、大部分主教，几乎所有的法官和律师，以及牧师和治安法官都会做出和民众

一样的选择。有些人认为爱德华时期的宗教改革总体上受到人民的欢迎，这样的想法应当被纠正。民众或许默认改变，但根据塞西尔的说法，他们内心中无疑是抵触的。英格兰民众驯良恭顺的习性中夹杂着无力与恐惧。 234

21

九日女王

1552年元旦，小国王起草了一份“某些涉及重要事宜，急需我的枢密院议定”的文件。他不再单纯写枢密院，而是写**我的**枢密院。他现在已经十四岁了，开始真正行使权力。理查二世十四岁的时候就不得不面对农民大起义[1]带来的影响。

4月初，爱德华病倒了，关于他所患何病众说纷纭，有的说是天花，有的说是麻疹，但他很快便康复了。他对一个儿时玩伴说：“朕除了书写有所不便之外，并没有受天花困扰，但如今朕已几乎痊愈。”尽管他身体还没有好到参加议会，但他在4月15日的日记中写道：“我签署了一份列有我想要通过法案名称的议案，该议案将在议会中宣读。”

他身体恢复后，开始亲自签署皇家御用许可证，而不是让枢密院委员代笔。他亲自参与外交以及诸如货币成色下降等敏感事务。有一份由他亲笔撰写的文件存世，文件记录了有关枢密院内诉讼方法的事宜。不论报告上的内容是他人向爱德华提议的，还是爱德华自己想出来的，似乎都能看
235 出他具备一个优秀管理者应有的品质。他有时候用希腊文记笔记，这样他

① 指1381年反对理查二世人头税的农民暴动。

的随从便看不懂他在记什么。这一年夏天，他出宫巡视，随行的有四千名骑兵。这是向他臣民展现能力和权威的最佳手段，大队人马先是造访了朴次茅斯、南安普顿等地，随后前往威尔特郡和多塞特郡。

然而，在那个充斥着疾病和死亡的时代，最显赫的人物亦不能幸免。是年秋，爱德华看上去比先前衰弱了许多，为他看病的是一个意大利医生，此人和其他医生一样，也研究占星学。根据希罗尼穆斯·卡达诺的记录，国王"身材中等偏下，面色苍白，眼珠呈灰色"，他"只是体型不好，并非患有某些痼疾。他肩胛骨有点突出"。卡达诺还记录道爱德华"走起路来像个老者"。

1553 年 2 月，爱德华染上了风寒，随后发烧。到了下个月，他依然看起来"十分瘦弱"。春天的时候，他搬到了格林尼治的王宫中，在这段时间里，神圣罗马帝国大使记录道，小国王"随着时间的推移变得愈加虚弱，一日不如一日"。他的痰时而发绿，时而发黑，但都铎家族的暴脾气依然不减。只要他的意愿没有得到满足，他就大声呵斥枢密院的委员们："你们趁我现在像病猫就在我嘴里拔牙，你们等着，总有一天我会拔你们的牙！"

5 月 12 日，神圣罗马帝国大使写道爱德华"肺部长有肿瘤，并且正在化脓"。此外还写道："他身体开始糜烂，而且总会猛烈地咳个不停，他的身体干瘪，而且有热度，腹部肿胀，他一直发着低烧，久久不退。"据记载，两周后"他除非服用一种药，否则无法入睡，医生称这种药为鸦片……他吐出来的痰呈黑色，臭气熏天，含碳量极高，令人闻之欲呕"。6 月 12 日，他签署了《四十二条信纲》，但为时已晚，该法律从未得到施行。到了夏天，"国王自己放弃了希望，说自己太过虚弱，坚持不下去了"。当时他十六岁，这个年龄段是都铎家族男子的一个坎。他的伯父阿
瑟王子死于十五岁，他同父异母的哥哥里士满公爵死于十七岁。 236

关于爱德华的病，众说纷纭，但很有可能是肺部感染导致的肺炎。当时有传闻说他是被毒杀的，但这种可能性极小。若是如此，何人得益？眼看国王日渐虚弱，诺森伯兰恐惧万分。根据亨利八世的遗嘱，下一个接替

王位的是玛丽小姐，而玛丽对诺森伯兰怀恨在心，斥其为毁掉旧信仰的元凶。若她继承了王位，宗教改革至今所做的一切都将付诸东流。这是件无法想象的事。

因此，这一年的初夏，诺森伯兰和国王计划改变继位顺序。有人说这个阴谋是诺森伯兰公爵一手策划的，但那个“虔诚的顽童”没有理由会坐视宗教改革就这么被逆转。国家能否获得拯救，就看“顽童”能否活下来了。诺森伯兰自己似乎对政事感到厌倦，他写道：“我现在已经什么都不想管了。”

在国王患病初期，诺森伯兰会亲自向玛丽汇报病情。2 月，爱德华因为风寒发烧卧床，玛丽受邀前往王宫探视，在那里她受到了前所未有的“隆重接待和盛大欢迎”。诺森伯兰带着一百名骑兵前往城郊迎接，当她来到白厅，枢密院的所有人都向她低头致敬，仿佛她已经登上了英格兰的王位。但随着爱德华的死期似乎一日日临近，把玛丽排除在继承人行列之外变得刻不容缓。绝不能让英格兰出现一个信仰天主教的女王。但若是这样，最终受益的又是谁呢？

简·格雷是亨利七世的外孙女（由其小女儿所生），是排在玛丽和伊丽莎白之后的第三位继承人。简还是诺森伯兰的儿媳，因此对诺森伯兰来说让简继位有着不可估量的好处。她作为坚定的改革派，宗教立场无懈可击。她曾询问玛丽的一位侍女为什么在圣餐礼上屈膝。“我是在向造我的主行屈膝礼。”“呵，你说的那个主，难道不是面包师烤出来的吗？”她对
237 玛丽的老师说：“跟随玛丽公主行忤逆上帝话语之事，是羞耻的。”因此她是新信仰的坚定拥护者，而且还博览群书。伊丽莎白的老师罗杰·阿斯卡姆拜访她的时候，发现她正在看柏拉图的《斐多篇》。罗杰问她为什么不和家人一起去公园猎鹿。她答道：“游园之乐之于阅读柏氏著作之乐，如晦星之于朗月。”她将是女王的理想人选，在诺森伯兰充满父爱的眼光下看来尤其如此。

所以，一份新的遗嘱拟定完成，这份遗嘱很可能是爱德华和诺森伯兰通力合作的结果。玛丽和伊丽莎白再次被宣布为私生女，从而没有权利继

承英格兰王位。5月末，小国王准备了一份他称作“他对于王位继承的看法”的文件。在这份文件中，他第一次写道自己的王位应传给“简女士的男嗣”，他当时还寄希望于自己能活到简的孩子降生，他当下还不能想象英格兰由女王来统治。但大约三周后，他把先前的文字删去，代之以“简女士和她的男嗣”。他的病情可能再次加重了。不论如何，他应该很清楚自己将不久于人世。

许多枢密院委员反对此事，认为一个年幼的国王无视议会通过的法律实属非法。法官们应召前往格林尼治王宫聆听国王的提议，他们一致表示这么做违背法律。国王态度强硬，完全不把法官们的意见放在心上。法官们于是要求多给他们一点时间考虑。他们于两天后回到枢密院，宣称如果准许更改王位继承人，那将犯下叛逆罪。

当时诺森伯兰不在场，但他听说法官们的裁定之后，“怒不可遏地来到枢密院会议室，气得全身发抖……并说谁胆敢再嚷嚷，就休怪他拳脚无情”。法官们纷纷离席。第二天在紧急召唤之下，法官们再次前来，并被带到了国王的床前。国王“面带愠色斥责他们”。“我遗嘱已下，为何抗命不从？赶紧安排下去！”枢密院委员们一语不发。法官们吓得哆哆嗦嗦。他们要求书面指示，并且要求如果将来他们同意更改继承人这个做法被定为非法，能够赦免他们的罪。经过争论，他们得出结论：服从统治者 238
的命令并非叛逆。因此爱德华的遗嘱得以通过。这些高官最终签署了废黜玛丽小姐继位权的文件。

小国王时日无多。7月1日，他出现在了王宫的一扇窗边，此举可能是为了破除他已死的传言。但他看上去“是那么消瘦孱弱”，所以人们的顾虑并未就此打消。第二天人群又聚集到窗下，希望国王再次出现，但最终等来的是一个侍卫，后者对人群说“天实在太冷了”。

牛津大学的一位医学教授被召到宫中，同他一起前去的还有一个“智慧之女”，他们献上了具有治疗之力的神秘液体。两人先被要求承诺不向外透露国王的真实健康状况，随后被领进国王的寝室。伦敦塔的守卫数量翻了一番，大难将临的传闻已经闹得满城风雨。神圣罗马帝国大使听说有五百人的军队被派去包围玛丽小姐位于赫特福德郡汉斯顿的宅邸，目的是将她逮捕。大使进一步说，玛丽小姐将被带到伦敦塔，表面上说是让她为登基做准备，实质上是想把她无限期地囚禁起来。诺森伯兰及其同党在伦敦努力争取最大数量的军队，泰晤士河中的军舰做好了出海的准备。在诺森伯兰的指示下，新教派的牧师们将在自己的讲道台前宣布玛丽无继承王位之权利。据传诺森伯兰公爵想把英格兰拱手让给法国，以换取法国国王的支持。这传闻可能有点过头了。不过诺森伯兰可能想过如果英格兰发生暴动，就利用法国军队来镇压一事。法国国王亨利二世不论如何都不会想要敌人查理五世的表妹成为英格兰女王的。

7月6日，爱德华的生命走到了尽头。根据当时一份很受欢迎的单张报纸（或称“大报”）的说法，在晚上八九点钟，爱德华轻声说出了自己的临终祷告。“主耶和华，请将我带离这苦难残破的人生，带到您的选民之中……”无疑这是报纸作者虔诚的幻想，旨在让爱德华以加尔文派信
239 徒的方式面对死亡。还有一份记录的真实性也值得我们多留个心眼。在这个版本中，将死的国王感觉到，而不是看到他的随身御医和枢密院的绅士们。他问道：“你们在我身旁吗？我以为你们在远处呢。”

“我们听到陛下您自言自语，但不知道您说的是什么。”

“我在对上帝祈祷。”

一位随身御医将他扶起。“我很虚弱，”他说，“主啊，求你怜悯我，带走我的灵魂吧。”根据《方济会编年史》上的记载，爱德华去世当日，天上出现了异象。伦敦城狂风骤雨，夏日午后漆黑一片，大树被连根拔起，街道变成河流，掉到城市公园中的冰雹鲜红如血。据说亨利八世的坟墓开了，老国王从墓中起身，抗议自己的遗愿遭到了藐视。

玛丽意识到将要发生的危险，两天前就逃到了位于诺福克肯宁霍尔的宅邸，那里有着她的朋友和盟友，会比较安全。爱德华去世后，死讯三日不发，诺森伯兰意欲在这期间落实好一切。他仍会去和国王说话，就像国王依然健在一般。

简·格雷女士来到了伦敦，7月9日，她被告知国王想同她说话。她

被带到了诺森伯兰的宅邸锡永宫。在那里，诺森伯兰公爵和其他几个贵族接待了她。诺森伯兰公爵告诉她："国王已不在人世。"接着向她解释了新遗嘱上的条款，即让简女士继承王位。说完后，他和其他人向简单膝跪地。简听到这个消息大吃一惊。王位可不能传给她，她并非合适人选。但过了一会她平复了心情。抬起双手祈祷，请求上帝保佑她统治好这个国家。

也是在当天，玛丽得知了自己弟弟的死讯。她坐到桌前给国内位高权重的贵族写信。"大人们，"她写道，"朕向你们问好。朕得闻确切的消息，前任国王，即朕疾病缠身的弟弟，已离开了我们，去了天主身边。"她继续写道，"奇怪的是，朕弟弟在周四晚上早已去世，你们却至今未通
知朕"，接着她要求"在伦敦宣布朕继承王位以及统治这个国家的权力和 240
头衔"。据说，当时的贵族们面面相觑，贵妇们纷纷哽咽。玛丽收到的回信让她莫要信口雌黄，"惑乱"人心。

7月10日，全副武装的传令官在齐普赛街、圣保禄讲道十字架，以及弗利特街宣布简女王继位的消息。据记载，这个消息并没有让人们欢欣鼓舞，甚至没有得到广泛接受。群众对这个消息就算没有公开表示不满，至少也用沉默表达了自己的态度，他们神情"充满悲伤，纷纷背过脸去"。据编年史记载，酒商之子吉尔伯特·波特大喊"玛丽小姐才更配得上这个称号"，说完就被抓走了。第二天早上，他的耳朵被连根割了下来。

人们可能会觉得诺森伯兰胜券在握。他控制着舰队和国库，握有全国要塞和卫戍部队的指挥权。而玛丽手下并没有部队，只有家中的一些仆人。但诺森伯兰的权力在面对玛丽稳固的地位及其支持者的怒火时，就显得力不从心了。英格兰王位的交替容不得出尔反尔。诺森伯兰自己一手酿成的危机爆发了。枢密院中一些委员暗地里对他议论非非。其他人则感到迷茫和不确定。威廉·塞西尔更是穿上武装，准备逃离英格兰。

诺森伯兰决定凭借武力将玛丽逮捕并带到伦敦。如果他早一点展开行动，只要赶在爱德华死之前，确实有可能成功。起先据说诺森伯兰让简·格雷的父亲，也就是萨福克公爵带兵抓捕玛丽，但新登基的女王发表声明

阻止了这个计划。于是诺森伯兰只好亲自率领六百名全副武装的士兵从伦敦出发。他们取道肖尔迪奇，伦敦居民们看着他们离开。诺森伯兰注意到“人们都挤着来看我们，但没有人对我们说一路平安”。他要自己的同事们相信他，但至于他们是否会忠于自己，他心中并没有十足的把握。

241 玛丽则非常坚定。她和父亲一样，意志如铁、目空一切，她具有都铎家族特有的王者气概，而且还怀揣着从异端手中拯救英格兰的宗教使命。曾经人们以为她会逃往布鲁塞尔，去神圣罗马帝国皇帝那里避难，但作为一个女王，怎么能抛弃她的王国呢？以萨塞克斯伯爵和巴斯伯爵为首的支持者们蜂拥而至。当地城镇和乡村的人民纷纷拿起了武器。似乎整个东安格利亚地区人民都为了玛丽揭竿而起。诺里奇城宣布玛丽是合法的统治者。诺森伯兰曾向诺福克周边海域派去一支小型舰队，意在把守航路，然而这支由六艘战舰组成的舰队临阵倒戈，加入了玛丽的阵营。玛丽前去检阅新军队的时候，众人纷纷高呼：“玛丽女王，我们的好女王，万岁！”她离开肯宁霍尔，前往萨福克的法兰林汉姆城堡，在那里她可以击退任何来犯的军队。但她处境依然十分危险。如果她战败受审，罪名很可能是叛逆。国家的命运以及她所奉持的信仰，如今到了紧要关头。

诺森伯兰带领手下前往剑桥郡，并让由各地佃农组成的军队在纽马基特集合。然而海军倒戈的消息一传来，军中便开始哗变，纷纷宣称他们拒绝帮助贵族反对玛丽女王。诺森伯兰向枢密院发去急报，要求增援，但“石沉大海”。枢密院由于没有了诺森伯兰这个天赋异禀的领导人，开始怀疑整件事是否明智。当时的一位编年史作者写道：“人们都开始缩头缩脑。”

激进的牧师仍在讲道台上反驳着玛丽。威廉·塞西尔等人已经开始策划政变。他们在伦敦塔内会合，那个地方离简女王很近了，但依然逃不过忠于诺森伯兰的守备部队的监视。7 月 19 日，星期三，诺森伯兰的军队公开叛变，枢密院委员们成功离开了伦敦塔，并在泰晤士河北岸的贝纳德城堡会合，该城堡位于伦敦桥以北四分之三英里处。

一起在那里会合的还有伦敦市长、市参议员以及其他著名人士。阿伦德尔伯爵率先发言。如果他们继续支持简·格雷女士做女王，那内战将无法避免，而且很有可能外国势力也会介入。这样将给英格兰及其人民带来极大的灾难。说到这里，彭布罗克伯爵起身拔剑出鞘，并大声宣布“我将赌上性命，凭此剑让玛丽登上王位”。没有一个人为诺森伯兰或简说话。有一百五十人前往伦敦塔各门，以玛丽女王之名要求守卫交出钥匙。简的父亲意识到无力回天，于是冲进女儿的房间，扯下了她座位上方的华盖。简的政权总共只存续了九日。 242

枢密院的委员们接着前往齐普赛街的讲道十字架前，以同样的方式宣布玛丽是英格兰的女王。围观的人群喊道“天佑女王”，彭布罗克伯爵把钱袋和绣花帽扔向了人群。圣保禄主教座堂的钟声响起，伦敦城其他地方的钟声也遥相呼应。贵族们于是列队前往大教堂，圣咏团唱起了《天主赞美诗》，这首赞美诗大约有七年没在教堂唱过了。学徒们收集木材在伦敦的主要十字路口燃起篝火。当晚枢密院写信给诺森伯兰，要求他放下武器。

如今被困在剑桥的诺森伯兰公爵赶紧前往市场十字架[①]。对聚集在那里的愤怒人群说他只是遵照枢密院的命令宣布简继承王位并反对玛丽的，现在枢密院改变了主意，他也随之改变主意。他向天空抛起自己的帽子并喊道：“天主保佑玛丽女王。”他对一个同僚说玛丽心地仁慈，会大赦天下。他得到的回答是“你可别对现在掌权的这些人抱任何希望”。

阿伦德尔伯爵奉命前往剑桥逮捕诺森伯兰。“我从命，大人，”诺森伯兰说，“但请求善待，就事论事。”

“大人，你早该请求善待了。我必须奉命行事。”

8月3日晚上七点，玛丽女王带着五百名随行人员大获全胜返回首都。她骑的马披裹着金线织成的马饰，她的紫色天鹅绒长裙上有金线绣出的图案。她戴着一条金项链，还有各种宝石，脖子周围及头巾上被珍宝盖得严严实实。当地的名门望族在阿尔德门迎驾，随后玛丽一行穿过欢呼的 243

① 旧时建于市场中用来张贴告示和用作宣读命令的十字形建筑物。

人群，列队前往伦敦塔。在那里，前朝的囚犯们在等着迎接她，其中就有诺福克公爵和保守派主教们。见到玛丽，他们单膝跪地敬礼，她上前将他们搀起，并亲吻了他们每个人的脸颊。“你们是我的囚犯了！”她说完后便赐了他们自由。礼炮声“如巨雷轰鸣，大地因之震动”。

之后不到三个星期，诺森伯兰被带到了塔山的刑场。他对身边的人群忏悔道自己“罪恶地苟活着，一辈子都在作恶”。可能是因为看到周围的人听到这句话很惊讶，他于是谴责了那些激进的牧师将他带离了真实信仰。“我恳求你们，”他说道，“相信我死的时候，心中秉持着天主的信仰。”一天前，他在伦敦塔的圣伯多禄锁链堂听了弥撒。据说他转换信仰是不顾一切为了让自己免于一死，或者可能是想让自己的家人免于进一步处罚。但他回归天主教信仰也可能完全是出于真心。

死前，他背诵了一篇祷文以及圣咏《由深渊呼主吟》。刽子手依照传统请求他的宽恕，这个刽子手穿着一条白色的围裙，像个屠夫。“我死千次亦不为过。”诺森伯兰对刽子手说。他在身边的木屑中画了个十字，然后将头枕到垫头木上。刽子手一斧下去，诺森伯兰便身首异处。有几个小
244 孩子将顺着断头台缝隙流下来的血擦拭干净。

22

扶摇直上

神圣罗马帝国大使宣称玛丽胜利夺回王位是天主的神迹和旨意。新任女王本人也认为自己是在天主的特许之下才登上王位的。让国家恢复旧信仰既是她的宿命，也是她的职责。从世俗层面来说，新王朝也可以说是革命的结果，人民通过起义的方式推翻了一个业已建立起来的政权。此外，玛丽获得王位很大程度上是由于信仰天主教的贵族们对她效忠，而信仰新教的贵族则一个都不支持她。她一听到自己在伦敦被宣布为女王，立马下令在她所在的法兰林汉姆小圣堂再次竖起苦像。

玛丽得胜后首次骑着马进入首都，许多房屋的窗子装饰上了圣母像和圣人像，作为接受改变的象征。玛丽称王的消息传到了埃克塞特主教座堂，那里的信徒们正在听改革派牧师迈尔斯·科弗代尔讲道，这个消息在人群中轻声传开，人们一个接一个起身离开教堂。只有很少几个“虔诚”的人留下了。全国范围内，弥撒再一次由拉丁文吟唱。在没有任何法令或声明的情况下，象征旧信仰的圣人像、祭台等道具很快地恢复到原来的样子。苦像得以竖起，圣母像和圣人像也放回了原先熟悉的位置上。肯特的
一个法官刚想处死一些做弥撒的牧师，自己却被投入大牢。白厅的皇家小 245
圣堂中，如今每天会举行六七次弥撒，雷打不动。弥撒再次成为真信仰最

重要的组成部分。

对于弟弟葬礼一事，玛丽犹豫不决。她不想使用改革后的丧葬仪式。她说："她不能让自己的弟弟像狗一样被埋到土里。"然而她得到的建议是异端国王最好使用异端葬礼，这样才能免遭公众非议。于是，她妥协了。她不情愿地同意可以按照爱德华生前喜欢的仪轨埋葬他的遗体，但她决定在葬礼的前一天为死者举行用拉丁文唱诵的弥撒，以及在葬礼结束几天后举行盛大的追思弥撒，使得他的灵魂和自己的原则得以两全。

1553 年 8 月 18 日，玛丽签署了《关于宗教之声明》，明确禁止使用诸如"教宗党"之类的大不敬词语，她还下令"从今往后，不得以讲道或讲课之名在教堂公开或私下诠释《圣经》，或教授任何同宗教相关之事，大学院系除外"。换句话说，她把一切激进或改革派的讲道活动都禁止了。她声称自己无意强迫宗教行为，但依然在声明中加上了一条不祥的限制性条款，即"直到双方达成共识，出台新政策为止"，预示着将来会有不好的事发生。

然而，某些地区强烈抵制重新皈依旧信仰。一些牧师声称爱德华国王统治时期的信条才是真信条，对于他们那一代人来说，有这个想法也是很正当的。伦敦又一次成为激进派的中心。一个天主教专职司铎在圣保禄讲道十字架旁讲道，一大群人喊道："胡说八道！""把他拉走！把他拉走！"有人朝讲道台扔去一把匕首，司铎急忙穿过旁边的校舍逃走。尽管如此，原本在英格兰首都安家的欧洲改革派人士如今都急忙返回苏黎世、日内瓦，或斯特拉斯堡。而定居在格拉斯顿伯里的瓦隆纺织工则很乐意重返故乡。

此外还发生了几起暴动事件。萨福克的一个教堂在举行弥撒的时候遭人纵火。一个名为托马斯·弗劳沃的激进派在领圣体的时候，从自己的皮
246 带里抽出一把木刀，朝主持仪式的司铎身上接连猛刺。而没过多久，宗教改革派就被迫转入地下，他们会在夜色的掩护下去野外或前往停泊在泰晤士河中的船上秘会。伦敦主教埃德蒙·邦纳决心将异端连根铲除。他对一个改革派人士说道："没错，没错，你们是有组织的，但我会把它摧毁。"

他曾被以诺森伯兰为首的枢密院判处终身监禁，被关在马夏尔西监狱。没过多久，他便因为疯狂迫害改革派人士而得名“血腥邦纳”。

另一个官复原职的主教史蒂芬·加德纳才从伦敦塔出来，便同一个异端对峙理论。那个人说：“大人啊，按照您对异端的定义，我可不是异端啊，我们崇拜永生的神。”

“天主啊！”主教大喝道，“代表大人，我难道没和你说过如何判断异端吗？他拥护‘永生的神’，仿佛还有一个已死的神一样。那些异端分子嘴里说不出什么，只会说‘耶和华永生，永生的神，主耶和华’，什么都不会讲，就会说‘耶和华’。”说到这里，他摘下帽子，在手里又捏又揉，“他的前额有一束头发一直翘着”。他最后说道：“把他带走！就没碰到过这么顽固不化的恶棍。”面对另一个激进派牧师，他迅速做出判决：“把这个疯狂的傻子拖下去，关进大牢。”他在威斯敏斯特的会吏长和他一样脾气暴躁，在处置一个阿里乌教派（该教派认为神子的地位低于天父）信徒的时候，他直接向那个人脸上吐口水。当下，也就是玛丽当政期间，“天主教徒”一词代表了胜利，因此“新教徒”便象征着耻辱。

想要判断什么才是英格兰人的真信仰几乎不可能。不过显然只有少数
人皈依了新信仰，而全心全意拥护天主教信仰的人比前者稍多一点。改变
宗教政策、攻击旧信仰的仪轨、除去教堂内的装饰等事对于人民的虔诚心
肯定造成了灾难性的影响。人们与神圣之物的联系不再紧密。可能人们并
没有在天主教与新教之间来回改换信仰，而更像是从中世纪的狂热虔诚逐
渐演变成随波逐流，甚至无动于衷。这一点与宗教改革有着直接关系。因 247
为英格兰的宗教改革与其说不注重肯定信仰和原则，不如说更为注重分配
权力和财富。决定英格兰宗教的是习惯和风俗，而非信仰和虔诚。

除去不幸的简·格雷，玛丽是英格兰第一位女王。而在她之前唯一可能坐上王位的玛蒂尔达从未登基，称号也仅仅是“domina”（夫人）而已。但玛丽的家族中有一个先例——她的外祖母伊莎贝拉，作为卡斯蒂利亚王国的女王，她维持了一个王朝应有的气派。无疑阿拉贡的凯瑟琳和女儿谈起过执政女王的礼节和气势。玛丽的曾外祖母玛格丽特·博福特在自

己儿子亨利七世背后掌控着实权。她的表姐玛格丽特作为佛兰德摄政女王已经统治了二十年。玛丽打小就是以未来女王的身份被抚养大的，任何臣民除了亲吻她的手以及在正式场合礼节性地跪地亲吻之外，都不得亲吻她。她的家族中有女性掌权的传统，这是她可以倚仗的。

她将自己的家臣提拔为第一批顾问官，但她又不能将前朝的枢密院委员们全部免职，因为只有他们才拥有维护国家统治的知识和能力。登基前两天，她召见了这些人，待人到齐，她双膝跪地，对他们讲述了身为君王所担当的天赋之责：“我将国事与人民托付给你们，在此恳求你们按照自己的誓言履行职责。”根据玛丽心腹西班牙大使的说法，在场所有人都被深深打动，不知如何作答。但玛丽这么做只是出于政治考虑。她知道这些人中有许多人在先前对她怀有敌意并在废黜她继承权的文件上签字，因此她并不信任他们。她对西班牙大使说：“她将利用他们的虚伪达成宏伟的目标，争取他们的支持从而防止他们再次图谋不轨。”

当时的枢密院很庞大，有将近五十名成员，从某种程度上说臃肿而笨拙。玛丽因为枢密院委员们之间的分歧而大为光火，他们总是“出尔反
248 尔、朝令夕改”，指责别人，为自己开脱。其中一些人对玛丽一直很忠诚，而另一些人则直到最后都怀有二心；一些人是刚从监狱里出来的主教，而另一些人则是因没收隐修院土地而发迹的权贵。之后有一次，玛丽说自己大部分时间都花在朝枢密院委员们大喊大叫上了。但在这个枢密院中，很快便出现了一个由六七人组成的小圈子。圈中最有名的当属温彻斯特老主教史蒂芬·加德纳。他之前被关押在伦敦塔，如今受命担任大法官。其他几位成员大多是来自前朝的专业行政官员。

玛丽卖力地做起了管理国家事务的工作。她清晨起床，随即祈祷，并聆听私人弥撒，接着在书桌旁一直工作到下午一两点。稍微吃几口午饭后，又回到书桌旁工作到半夜。她书写信件、接见臣民、同枢密院磋商事宜。然而依然很多人认为她需要一个丈夫。一个女性君主毕竟让人觉得不自然，想要消除这种反常的印象，唯有让她身边出现一个男性形象。

玛丽执政第一年的 10 月 5 日，议会召开会议，她的婚姻问题迫在眉

睫。上下议院的大多数人都希望她找一个英格兰人做伴侣。在四天前的登基仪式上，她将头发披了下来，象征自己尤是处子之身。

此次议会上，还讨论了一些意义更为普遍的问题。议会通过法案肯定亨利八世与阿拉贡的凯瑟琳之间的婚姻有效，从而将玛丽的继位合法化。议会还通过法案推行亨利八世去世时的宗教制度，从而将爱德华所做的革新完全废除，此事经过了极其漫长的审议过程，一直审议了四年多，才最终以 270 票比 80 票通过。是故，虽然没有占到大多数，但依然有不少人支持爱德华的改革。然而，议员们也让改革派所坚持的两件事浮出水面。其一，不归还教堂财产；其二，不恢复教宗的权力。

到了下个月，下议院议长来到了女王和枢密院面前，向女王呈上了有 249
关女王婚姻的请愿书，并发表了一番长篇大论，力劝女王选择自己的臣民为伴侣。选择外国人并不合适，因为外国国王有着自己的利益和优先考虑的事情。玛丽起身，给了一个未经深思的草率回答：“朕的下议院成员们，若汝等逼迫朕接受一个朕不喜欢的丈夫，会让朕因之丧命。若朕同一个不爱的人结婚，不出三月必将踏入坟墓……”

然而，女王的婚姻早已有人介入。玛丽被宣布为女王才过去九天，西班牙大使便向她提起此事。玛丽回答她会遵照表兄查理五世的建议，也就是说实际上她会毫不犹豫地嫁给西班牙王室成员，而她自己也早已是其中一员。确实，她有一半的西班牙血统。毫无疑问，与玛丽最般配的男性是西班牙国王的长子腓力。而这正是英格兰上下议院所担心的事。

1553 年夏，玛丽在自己的私人小圣堂召见了西班牙大使，当时议会正在开会。这间小圣堂是她一直以来举行圣体圣事的避难所，在那里她对大使说：“她夙夜以泪洗面，乞求天主告知自己婚姻的答案。”她跪倒在地并开始吟唱一首格里高利圣咏：《圣神请降临》。似乎就在这时，她得出结论嫁给腓力。从某种意义上说，选择腓力是自然而然的事。女王怎么能下嫁给英格兰臣民呢？

英格兰方面也出现了一个可以考虑的对象——爱德华·考特尼。此人是爱德华四世的曾孙，约克王朝的后裔，因为犯下莫须有的叛逆罪已经在监狱中被关了十五年。他身上金雀花王朝的血统对于都铎王朝来说一直是个威胁。玛丽出于尊敬将其释放，但无意同其结婚。“我绝对，绝对不会嫁给他，”她对枢密院说，“我跟你们保证，我这人说话算话，言出必行。”他不符合她的品位。由于长时间被关押，他身体虚弱，精神消极。
250 玛丽义无反顾地选择了西班牙。

当晚，西班牙大使觐见，在鞠躬行礼的时候，他在女王耳边轻声说道自己特来呈上国王的书信。之后他递上一封信，玛丽接过信，随即将它藏了起来。第二天晚上，西班牙大使乘坐驳船来到了王宫，带着提议让玛丽同腓力成婚的正式文件。几天后，女王由众人带领前往皇家小圣堂做晚祷的时候，宫廷内有人喊道：“卖国贼！”让所有人都吓了一跳。玛丽神情自若，但她的妹妹则吓得直哆嗦。

伊丽莎白公主在婚姻运作过程中基本上就是一个旁观者。在玛丽大获全胜进入伦敦的时候，她对姐姐表示拥护，要同心协力对抗篡位者，但两人不论从什么方面来看，都没有团结在一起。伊丽莎白被认为在暗中为新教背书，因此不久便遭到了怀疑。根据法国大使的说法，“伊丽莎白不听弥撒，不陪姐姐去小圣堂”。她被认为性格高傲、脾气暴躁，和她的家人如出一辙。神圣罗马帝国大使作为另一个消息和传言的渠道，认定“伊丽莎白公主非常可怕，她的灵魂充满了魔咒”。

然而她知道什么时候应该屈服。听到自己拒绝听弥撒被视为造反，她跪到女王面前请求给予自己天主教信仰的指导。但她此举的真诚性受到了怀疑，据说她时刻准备着和异端来往。她在1553年秋天第一次参加弥撒，在去小圣堂的路上一直在抱怨自己深受腹痛折磨，“一脸苦痛难当的表情”。她从来没戴过姐姐送给她的那串美丽的玫瑰经念珠。玛丽宣称自己不想要伊丽莎白继位，但想要这么做，唯一的办法自然是生下自己的孩子。女王如今已经三十七岁了，长得瘦瘦高高，嘴唇很薄，眼神犀利。而伊丽莎白年方二十，不论年龄还是姿色都更胜一筹。她可能会是个威胁。

而这个威胁似乎在1554年初的一次暴动中浮出水面。西班牙的使者
251 们于1月前来商定玛丽同腓力的婚姻协议，伦敦居民对此“一点都不感到

开心，悲伤地低着头”。学童们向西班牙使团投掷雪球。协议的具体条款于1月14日公布，尽管协议上限制了腓力在制定政策上的决定权，但是一位编年史作者写道：“几乎所有人都感到羞耻，天天盼着事态急转直下。”除了政治方面，宗教方面的不满也弥漫了开来。1553年末，弥撒和拉丁文日课被确定为宗教仪式的唯一合法形式。12月，在议会召开会议前夕，一只死狗被扔进了皇家会议厅，狗头被剃成了僧侣模样。还有一次，一只猫被吊死在弗莱德大街，身上被套着天主教祭服，爪子里夹着一块类似“唱歌的饼”（即圣体）的面饼。

新教运动的领袖们开始一齐行动，其中就有托马斯·怀特爵士（那位著名诗人的儿子），以及萨福克公爵和他的三个兄弟。当然，这位萨福克公爵就是九日女王简·格雷的父亲。爱德华·考特尼或许是出于被玛丽拒绝的愤怒，也加入了他们。这些人和法国大使结成联盟。法国因为英格兰女王决定和西班牙王室后裔结婚而觉得十分屈辱。有些人造反仅仅出于反对西班牙，而其他人则是坚定的改革派，对英格兰回归天主教感到不满。一些造反者实际上曾是诺森伯兰和爱德华六世时期的军人。他们计划在康沃尔和德文首先起事，随后怀特率领自己的手下在肯特郡起事，而萨福克将在米德兰地区发动叛乱。所有军队届时将在伦敦会合，他们希望到那时会受到伦敦居民的欢迎。

就在这一年刚开始的前两周，密谋者纷纷开始潜伏于伦敦，但在此期间，爱德华·考特尼表现出了犹豫不决的迹象。他公开声明女王终究还是会和自己成婚，然后一直在王宫附近游荡。他还花费巨资定制了一身朝服，并口无遮拦地把他知道的事都说了出来。大法官史蒂芬·加德纳找他谈了话，并掌握了此次阴谋的大部分信息。加德纳传唤其中一个叛乱者彼 252
得·卡鲁爵士来伦敦。卡鲁惊慌失措，试图煽动自己统辖的埃克塞特起事，但并未得逞，卡鲁于是逃亡法国。

怀特因为这个意料之外的噩耗而手足无措，只能号召肯特郡人民起义。1月25日，肯特郡的教堂中传出警戒的钟声，怀特还发布了一项声明，大意是西班牙军队正乘船而来，准备征服英格兰。怀特率人登上停靠在梅德韦的战舰，将船上的大炮拆了下来运到位于罗彻斯特的要塞中。暴动刚发生的几天里，女王不为所动。“让西班牙国王来好了，”她说，“不会有事的。”但她的处境并不安全。她没有军队，而且担心枢密院中许多人私下其实期盼着暴动能够成功。伦敦人民答应从民兵队伍中挑选出五百人给她，从而保护首都和女王。

法国国王答应派遣八十艘战舰支援起义，这个消息不知怎么传到了英格兰朝廷。法国大使受到了严密的监视，他的一个侍从遭到了逮捕。此人带着一些大使的密函，还有一封来自伊丽莎白写给她姐姐的信。这不算叛逆，但至少会让人起疑。为什么法国国王会对公主的信感兴趣？

诺福克公爵率领伦敦的民兵团抗击罗彻斯特，但等他来到伦敦桥的时候吓得不轻，因为他看到自己手下的军队正在叛逃到怀特那一方。他们喊道：“哎！怀特！哎！怀特！”这样的欢呼声似曾相识。“我们都是英格兰人！”诺福克和其他几个指挥官为了保命飞快地逃走了。接着，怀特出现在了伦敦桥上，说道：“愿意跟随我们的，多少人我们都欢迎。想离开的，多少人我们都让他们走。”最终有三四百人加入了他的队伍，还带去了武器。这次起义看起来势头大好。如果怀特直接向伦敦进军，伦敦人说不定会为他们打开城门。

尽管孤立无援，女王依然意志如铁，目空一切。她骑马穿过伦敦的大
253 街小巷来到市政厅，在那里她见到了聚集起来的伦敦居民。玛丽嗓音低沉，常常被比作男子，眼神犀利，能让人心生敬畏。她站在市政厅台阶上，对市民们说道，她是英格兰的合法女王，她恳求得到伦敦人民的爱戴和忠心，对抗那个自以为是，“凭一己之私欲无视法律，放任城狐社鼠为非作歹、大肆破坏”之人。她还承诺会召开议会讨论将腓力作为配偶是否合适，如果议会否决，那她也不会对其有任何牵挂。

她的勇气和态度打动了伦敦人。第二天，两万五千市民拿起武装保护女王，对抗怀特以及他的手下。怀特已经从罗彻斯特来到了格林尼治，但当他来到伦敦桥南岸，发现城门紧闭。他已经被定为叛徒，并悬赏一百英镑捉拿他。作为回应，他在自己的帽子上大大地写下了自己的名字。

他同伙的处境也让他开心不起来。原本打算在米德兰起义的萨福克公爵最终失败，他逃到了自己的一处宅邸，但他的猎场看守出卖了他，把他的藏身处告诉了来搜捕他的人。他在米德兰造反的同盟是约翰·格雷勋爵，也就是那个不幸的简·格雷的舅舅。后者不吃不喝在一棵古树的空树干里藏了两天，最终还是被发现了。格雷家族就此覆灭。

怀特在伦敦桥前犹豫不决，一方面伦敦桥已经升起，另一方面伦敦塔上的枪炮正瞄准着他们。现在渡河是不可能了。怀特犹豫了好一阵，他的手下也各执一词，最终他决定率军前往金斯顿桥，过河后再折返到伦敦，他伦敦城的朋友曾答应会迎接他们。第二天早晨，他带领一千五百人以及从梅德韦的战舰上拆下的大炮出发，并于下午四点到达金斯顿。他发现金斯顿桥有一部分已经坍塌，河对岸有一小队卫兵，卫兵见到他们后就逃走了。怀特利用停泊着的驳船修好了桥，过河后再次率军前往伦敦。

女王在凌晨两三点醒来，被告知驳船已经准备好，正等着她移驾到安 254
全的温莎堡。“我该走还是留？”她问同她关系最近的人。西班牙大使给出了最好的建议。“如果您逃走的话，”他告诉她，“您出逃的消息将传开，整个城市将暴动，乱民会占领伦敦塔并释放囚犯。异端分子们将屠杀司铎，伊丽莎白将被宣布为女王。”玛丽感受到了这句话的分量。

早晨九点，怀特带领手下筋疲力尽的军队登上了骑士桥的小山丘，但女王的骑兵队在海德公园角把他们截断。怀特损失了后卫部队，但他依然沿着街道（现在是蓓尔美尔街）向前推进，一些市民聚集起来围观，但并没有采取任何行动。他们散开让叛军从他们中间穿过。一些廷臣看到伦敦居民对暴乱者无动于衷后惊慌失措，不久“叛乱！”的喊声便传遍了白厅。“完了！完了！全完了！”女王回答道，如果没人愿意为她而战，她会出去为自己而战。她很愿意和那些侍奉过自己的人同生共死。

但事态并没有发展到那样。怀特和他的残军穿过河岸街和弗利特街，缓慢地朝老城区进发。但鲁德门大门紧闭。“我明明都联络好的。”怀特绝望地说道。他坐到了百丽·索维奇庭院（现在名为百丽庭院）外面的长凳上，而他的手下则四散在鲁德门山的街头巷尾。女王的几个骑兵冲到怀特面前的时候，他交出剑投降，随后被逮捕。

暴动结束后的几天里，伦敦市内从史密斯菲尔德到塔山的各个重要位置都竖起了绞刑架。一些叛乱的士兵直接被吊死在自己门外。法国大使写道：“从未见过这么杀人的，每天都有人上绞架。”但杀人者有时也会动恻隐之心。2 月 22 日，四百个头上戴着绞索的人被带到了女王面前，并得到了女王的赦免。

简·格雷夫人自从玛丽登基后就一直被关押在伦敦塔。若在他时，肯定早晚会获释。但父亲参与叛乱一事使情势发生了天翻地覆的变化。女王
255 对格雷一族下了狠心。威斯敏斯特老院牧曾想让年轻的简转信天主教，但遭到断然拒绝。她被带往绿塔，前往刑场的一路上都在轻声祈祷。她平静地走上台阶，对围观者说自己接受王位的确犯法，但绝无恶念。她默诵诗篇中的“神啊，求你怜恤我”（《诗篇》51），接着放下自己的头发，露出脖子，对刽子手说：“恳求你下手痛快点。”跪下的时候她又问，“我能躺下让你砍我的头吗？”

“不行，夫人。”

她用手帕蒙上了自己的眼睛，接着摸索垫头木的位置。“我该怎么做？那东西在哪里？”旁边的一个人指引她找到了垫头木，接着她便低头枕了上去。她的丈夫、父亲、叔伯们都被斩首。

还有一个遭受怀疑的人依然没有遭到处罚。伊丽莎白公主依然毫发无伤地在赫特福德郡的阿什里奇别墅住着，但她也在静待事态发展。很明显怀特的叛乱目的是拥立她为女王，替换掉她的姐姐，但没有确切证据表明她参与了阴谋。她的贴身仆人都被带到了伦敦塔接受审讯，随时都有可能被绞死。她自己则被传唤到伦敦，她先是称病，后来在 2 月 18 日坐轿前往首都。穿过伦敦大街小巷的时候，她穿着一身白衣，象征自己无罪，据西班牙大使描述，她白皙的脸看上去“盛气凌人、目空一切”。他和他的主子都期盼着伊丽莎白被处死。此间出现了一个极具煽动性的传闻，即伦敦的一面城墙会奇迹般地说话。如果有人说“天佑女王”，不会得到回应，但如果说“神拯救伊丽莎白”，城墙则会回答“好”。大众从来都是

这么容易受骗。自然，这一切都是一个女仆在恶作剧。

女王拒绝同妹妹见面，伊丽莎白被安置在白厅的一个套间内，门外戒备森严。她就这么被监禁了几个星期，但到了4月初，枢密院找她谈话，256
并指责她煽动叛乱，针对此项指控，伊丽莎白愤怒地予以否认，话语间带着一如既往的轻蔑。最终枢密院决定将她从白厅转移到伦敦塔，听到这个决定，她“心情沉重”。不难理解她为何忧伤。她的母亲先是被带到了伦敦塔，接着被处决，很可能她将重蹈母亲的覆辙。她请求给她点时间给女王写封信。在信中她诉说了自己的悲伤，因为她“在不知错在何处亦毫无证据的情况下被定罪，这似乎便是我当下的处境：无端端被您的枢密院奉您的命令关到伦敦塔，那个地方更适合虚伪的叛徒而非真诚的臣民”。她继续宣称：“我从未以任何形式实践、咨询、应允任何对您有害的行为。”

玛丽没有回应。据说，伊丽莎白说：“很好，若是回天乏术，那我只得欣然接受。”她坐驳船前往伦敦塔，在塔桥附近上岸。“登岸的是一个真诚的臣民，”她对护卫和狱卒说，“我作为真诚的臣民无端下狱，登上这台阶。”当天下着大雨，她悲伤地坐到了一块石头上。

“小姐，”伦敦塔副总管说，“您最好避一下雨，这么坐着对身体不好。”

“坐在这里要比坐在一个更坏的地方好，天知道你们要把我带到哪里，至少我一无所知。”

她被护送进了伦敦塔，所有的门都在她身后闭上。她不确定自己是否还能再次看到外面的世界。后来她对法国大使说自己当时绝望至极，甚至想要给姐姐写信申请斩首时用剑而不是斧头，就像自己母亲那样。不久，针对她的监禁严密程度便稍稍放宽了一些，4月中旬，她被允许在监狱外的“小路”上散步，欣赏伦敦塔的花园。在她散步的时候，总是身前身后各有两个守卫随行。其他的囚徒被下令“不得望向伊丽莎白殿下出现的地方”。

她被监禁五天后遭到询问。她和怀特等乱党是什么关系？有没有收到 257
过他们的信件或消息？她回答说对这些人以及他们的行动一概不知。她宣称自己清白无辜并要求对方出示自己叛逆的证据。并无证据。“大人们啊，”她说，“你们查得可真仔细。”她一直保持着平静和威仪，危险教会了她喜怒不形于色以及拐弯抹角地说话。

5 月 18 日，伊丽莎白获释，由伦敦塔转移到牛津郡的伍德斯多克，由亨利·贝丁菲尔德爵士监视。据说她用自己的一颗钻石在宅子的一块窗户玻璃上刻了几行字：

> 无端见疑，
> 无凭无据。
> 囚犯伊丽莎白如是说。

她依然是个囚犯。一队士兵驻扎在附近的山丘上俯视宅邸，没有贝丁菲尔德的准许，任何人都不得入内。

7 月 20 日，腓力在南安普顿登陆。他登上英格兰土地的时候，拔剑出鞘，仗剑而行，这可不能说是个好兆头。腓力习惯祖国大地的阳光，但到了英格兰后，迎接他的是接连数日的雷雨，随行人员中有很多都感冒了。在他到达的三天后，他在温彻斯特主教座堂和主教宫殿受到接待。晚餐过后，女王首先接见了他，“两人彼此相视而笑，在场众人大大松了口气，内心欣喜万分”。玛丽能听懂西班牙语，但不会说，腓力在当晚对着在场的众臣，平生第一次，也是最后一次说了英语。他原本想说“晚上好，诸位大人”，但他最后只勉强说出了“哇上还奥”。当晚两人的交谈很可能用的是法语。西班牙诸人应该并没有被女王所吸引，其中一人描述女王的时候说她“比我们想象中还要老”。她中等身高，过于苗条，甚至到了瘦削的程度。腓力当时二十七岁，比玛丽小十一岁。

258 7 月 25 日，两人在温彻斯特主教座堂完婚，掌礼官宣布两人为英格兰、法国、那不勒斯、耶路撒冷、爱尔兰的国王和女王。一天前，腓力从父亲手中接过了那不勒斯国王的称号，从而能和英格兰女王以平等的地位结婚。在婚礼弥撒的过程中，有人注意到女王完全把视线投在缀满珠宝的苦像上。婚宴上有一件事让西班牙使团非常不满，玛丽用餐盛的是金碗，而腓力则是银碗。在很多宫殿中，玛丽用的是国王的寝宫，而腓力则只能使用王后的寝宫。他现在的地位模棱两可、含糊不清。他从未加冕，因此并无任命权。他不能在英格兰机关安插自己的人，女王也从未授予他权力。

8 月 18 日，女王夫妇穿过伦敦城，去参加庄严的庆典活动，虽然此类庆典这段时间似乎已经销声匿迹。史蒂芬·加德纳一次在圣保禄讲道十字架旁讲道期间，劝导市民们“安分守己”，这样腓力“或许会在这边多住一段时间”。没过多久，二十辆载着西班牙黄金的车从伦敦城的大街小巷穿过。

但世界上所有的财富都无法抚平英格兰人民的恐惧和疑心。据传闻，西班牙大军将侵略英格兰，西班牙修士将接管英格兰教堂。人们担心这么下去英格兰国将不国。一位编年史作家记录道：“英格兰人顽劣不化，毫不敬神，不知羞耻地对待修士们，穷人不惮于离开土地……一群人试图把唐·佩德罗的斗篷扯下来，而唐·佩德罗的侄子唐·安东尼奥则问他们为什么要把十字架戴在身上，并以此耻笑他们。”宗教分歧和仇外情绪酿出了呛人的烈酒。

相应地，西班牙人则对英格兰人充满蔑视。我们不妨在这里检视一下英格兰这个法国大使口中的“贱岛”总体名声如何。外界认为英格兰女性姿色美好，而男性英俊潇洒，有着红宝石一般的肤色。语言则被认为很粗野，但对于生活在恶劣环境下的人们来说，还能从他们身上指望些什么呢？他们从本质上说就是蛮夷。英格兰人说话之粗鄙令外国人震惊，哪怕 259
小孩都会狠狠地下赌咒。英格兰所有人都会因为喝他们最爱的“双料啤酒”而醉醺醺的，这种酒和威士忌一样烈，让英格兰人“像三月的兔子一般如癫如狂”。也可能是因为喝了啤酒容易打嗝，打嗝成了英格兰全民参与的一项运动。只要吃完一顿饭，打嗝比赛便开始了。英格兰人吃午餐的时间不定，在十点到十二点之间任何时候都可能，傍晚六点则是晚餐时间。

而这些蛮夷吃什么呢？和腓力同行的西班牙贵族震惊于英格兰食物的多样性。“这些英格兰人用木棍和泥建房子，却吃得像国王一样好。”他们不仅吃牛腿、羊肉、牛犊肉、羔羊肉、猪肉，还吃培根、腌肉、水果馅饼，以及各种禽肉。然而，这并不表明所有英格兰人都这么吃，较为贫穷的人们会吃用乳制品制成的“白肉”——如黄油、奶酪等，他们还会吃豆子、豌豆、洋葱、大蒜等。

西班牙廷臣们如此描绘他们的东道主：“皮肤白，气色好，十分聒噪。”当时正值乱世，每个人都会披甲上阵。英格兰人很快便发觉自己受到了羞辱。他们除了吃喝什么都不会，他们跳舞的时候只会“昂着头跑来跑去”，女人们都是“长舌妇”，所有人都是小偷。西班牙廷臣走在当地人中间，“只将身边众人当作牲畜，视而不见”。街头巷尾常有争吵斗殴，甚至连白厅也不能幸免。一次有五百个英格兰人参与的斗殴，最终造成六人死亡，几十人重伤。此外还发生了一些比较友善的误会。阿尔瓦公爵夫人拜访女王的时候，两人都不同意让对方屈居下座，推来让去导致最后两人都席地而坐。

是年秋，女王夫妇婚姻的果实可能，甚至可以说似乎马上就要成熟了。女王觉得自己怀孕了，御医也支持这一判断。如果此事为真，那她手头悬着的问题（包括民众接受她丈夫的问题）就能解决了。英格兰的各个教堂中唱起了天主赞美诗，并为王位继承人的安全诞生祈祷。当然也有
260 人因为继位的是天主教的血脉而恐惧万分。一张纸被钉到了白厅的宫门上，纸上写道：“高贵的英格兰人民啊，你们难道会那么愚蠢地去相信我们的女王怀孕了？你们把她当成什么了，猴子还是狗？”整个国家都对此
261 翘首期盼。

23

父辈的信仰

怀特叛乱失败以及紧随其后腓力的到来让女王信心大增。宗教改革（或可称为宗教复辟）的步伐加快了。弥撒在全国范围内开展。1554 年的棕枝主日上，人群再次高举棕榈枝游行，“爬向十字架”的仪式也再次于受难节上演；复活节又出现了象征耶稣复活的古老仪式。先前替代圣像和图画的《圣经》语录被抹掉或用石灰水刷白。圣保禄主教座堂的唱诗班爬上尖塔高唱圣歌，让废弃已久的传统重见天日。伦敦主教埃德蒙·邦纳下令城内每一座教堂除其他宗教用具外，都要配备“一个随烛台游行的十字架，一个为死者祈福的十字架，一个香炉，一个用以盛放乳香的器皿，一个唱圣颂时使用的铃铛……”教堂内须有高高的祭坛，祭坛上的台布和悬挂物一样都不能少。他要求在司铎举起圣体的时候，信众不得低头，不得躲在柱子后面，更不得擅自离开教堂。教堂音乐自然又重新奏起了。

这些改变让一些人痛苦不堪。已经结婚的牧师们被夺了饭碗。约克郡温拜的堂区牧师在堂区全体信众面前穿着白法衣，手捧一支点燃的蜡烛说道：“大人们，我被诱惑、被欺骗，以为自己的婚姻是合法的……”以此 262
请求得到原谅。爱德华统治时期的二十二位主教中，只有七位保住了主教的位置。老一辈改革派——克兰默、雷德利、拉蒂默——被迫在牛津接受教牧人员代表大会的主教和教士们的讯问。他们之前被关押在伦敦塔，现在则转到了博卡多监狱。博卡多监狱位于牛津北门的岗楼内。女王尤其不喜欢克兰默总主教，女王的母亲正是遭此人所陷害。邦纳曾挖苦其为“坎特伯里先生”。

这些人被带到教牧人员代表大会，可以说是进行了一次类似走过场的审判。每当问及涉及实体变换问题的时候，场内常常会喧闹起来，把克兰默的声音盖过，这样就没人能听到他在说什么。他被描述为“不学无术”、“笨手笨脚”、“粗鲁无礼”。

审讯雷德利在后一天进行。“你们能看到此人冥顽不灵、自命不凡、奸诈狡猾、喜怒无常，”讯问他的人总结道，“但你们也能看到真理不容动摇。所以和我一起高呼吧，真理胜利了！”在场教士们异口同声高呼了起来。雷德利受审全程“周围一片混乱，大叫、讥笑、咒骂声不绝于耳”，这个神学家齐聚的大会俨然成了一个斗熊场。

拉蒂默到场的时候，由于他年老体弱，所以获准坐着受审，他胸前挂着系绳的眼镜，拄着拐杖。他最终被判定为异端，然而他坦然接受自己的命运，并以此作为对上帝的赞美。一个审讯他的人对他说：“若你秉持这样的信仰能进天堂，那这个天堂我不去也罢。”

有大约八百名改革派人士逃亡到欧洲中部的新教国家，其中许多是教士和来自大学的学者。萨福克公爵的遗孀带着包括洗衣女工和弄臣在内的许多仆人一起逃亡。法兰克福、苏黎世等城市中共建起了八个英格兰人社区，这些社区发行了许多以谴责玛丽及其政策为主题的小册子。这些流亡
263 者自然期望这个崇拜偶像的女人被暗杀。她是万恶之女王。同时，他们还把自己看成四面受敌的少数族群——在宗教迫害阴云下生存的一小群虔诚之人。这一形象久久不散，从而促生了更为激进的加尔文主义派别。匿名撰写《向上帝谦卑祈愿》一书的作者谴责英格兰重新信仰天主教“实属不知感恩、邪恶无比”。这些宗教难民留下了一份较为恒久的遗产——《日内瓦圣经》，莎士比亚对这本书有着深厚的感情。在气氛较为包容的伊丽莎白统治时期，一个主教带着愉快的心情回忆起自己当年的流亡生

涯：“喔，苏黎世啊苏黎世，我在英格兰回忆苏黎世的次数，甚至比在苏黎世回忆英格兰的次数还要多。”

一个与这些人迥然不同的教士于1554年来到了英格兰。枢机主教、教宗特使雷吉纳尔德·博勒流亡二十二年后终于回到了祖国。他怀揣着把祖国带回罗马怀抱的虔诚信念，急切地赶回来了。英格兰依然在教宗的绝罚名单上，也许英格兰的全体国民都会因此堕入地狱。博勒的全家都被亨利八世下令处决，他的母亲玛格丽特·博勒在笨手笨脚的刽子手刀下充满痛苦地被枭首。博勒认为自己是圣徒之子。他冷峻而虔诚，严肃而诚实。

11月末，他乘坐的驳船穿过伦敦桥前往白厅，船头摆放着一个巨大的银十字架。他到达白厅的时候，腓力拥抱了他，而女王则在巨大的台阶上方等候他。枢机主教博勒走到她跟前的时候，女王扑进了他的怀抱。“您回来了，”她说，“真让我开心，登上王位之欢悦亦不过如此。”他则摘引加俾额尔对童贞女说的话，用拉丁文回答道：“Ave Maria，gratia plena，Dominus tecum，benedicta tu in mulieribus”（意为“万福，充满恩宠者，上主与你同在，在女人中你是蒙祝福的”，《路加福音》1：28）。这时，女王感到胎儿在腹中跃动。这一刻，她蒙受了祝福。

四天后，上下议院齐聚白厅的大会议室，枢机主教站在女王右侧向议会发表讲话。大家觉得女王是想把自己怀孕一事公之于众了。博勒告诉议会自己此次回国，目的是想把天国的钥匙还回来。条件是所有反对教宗的 264
法律都须废除。“我是来调停的，”他说，“而不是来责难的。我不是来强迫的，而是再次前来呼吁的。”据说当场就有人流下泪来。第二天，上下议院在威斯敏斯特开会，一致同意（只有两票反对）服从教宗。教权与王权的分裂局面由此结束。

11月30日，圣安德鲁日，枢机主教博勒坐在威斯敏斯特大厅前端升起的平台上。他起身时，玛丽、腓力，以及在场众人一齐跪下。博勒奉耶稣基督及至圣教宗儒略三世陛下之名，赦免“该国及其臣民一切异端与分裂教会之罪，以及由此导致的责难与苦痛。以圣父、圣子、圣神之名，朕准许尔等重归母亲——圣而公之教会的怀抱”。

有人听到女王当场抽泣，她一生最为庄严神圣的目标达成了。大厅内许多人喊道“亚孟，亚孟”，随之泪如雨下。一些人相拥而泣。众人慢慢行进至小圣堂，圣堂内传来天主赞美诗的歌声。消息传到罗马，圣天使城堡拉响礼炮。女王在这一年画了一幅肖像，画上的她戴着一根珍珠制成的贴颈短项链，项链上挂着一个大大的T字型十字架。她的腰间挂着一个珐琅圣髑盒，盒上饰有象征着四大圣史的图案。她喜爱珠宝，但她的珠宝需要有所寓意。

博勒主要的目的是为一个已经千疮百孔的宗教重整秩序、指明方向。他尝试重整教会财政，任命了二十个主教，组建了训练年轻司铎的研讨班。他在罗马居住已久，因此十分急切地想要恢复教宗的至高权，但英格兰的上下议院的思想早已超前，因此这一举措并不现实。他还想把亨利统治时期没收的隐修院土地讨回来，但此举涉及太多既得利益者，因此也无法施行。贵族们怎么会交出自己已经拥有了三十年的东西呢？神圣罗马帝
265 国大使曾说过，不论如何“天主教徒比异端掌握着更多的教会财产”。

庄严的赦免仪式结束后，议会开始处理教会土地的问题，并通过了一项法案，明示这些土地一直以来皆受成文法约束，任何权威不得干涉。一份祈愿书被送往教宗那里，恳求其同意让世俗之人继续拥有教会财产。在同一次议会会议上，史蒂芬·加德纳成功让议会通过了他复兴《异端法》的提案，以火刑处死异端的刑罚于是重见天日。

天主教信仰的另一些方面也复苏了。嘉都西会会士被派往西恩，而本笃会会士则回到威斯敏斯特。道明会在史密斯菲尔德的圣巴多罗买大教堂重组，方济会在格林尼治重组。至圣救主会的许多修女在亨利统治时期逃离了英格兰，现在都纷纷回到了锡永。

但玛丽统治时期天主教的复兴并没有完全恢复旧信仰。在女王看来，弥撒圣祭是信仰中唯一至关重要之事，其余的都是次要的。唯一复原的圣地是位于威斯敏斯特教堂的忏悔者爱德华的圣地，但玛丽在位期间从未前往朝圣。坎特伯里的圣托马斯圣地和沃尔辛厄姆的圣母祠依然无人参拜。一些习俗也遭到了默默的无视。人们对圣人和圣母鲜有兴趣。众人闭口不

提炼狱。玛丽依然是英格兰教会的最高领袖，教宗至高的信条仅限于嘴上说说。据说，当时英格兰大约有一半人口年龄在二十岁以下，从未经历过教宗统治的阶段。因此不可能将教宗至高的概念再次强加于他们头上。

《圣经》的重要性以一种和中世纪天主教背道而驰的方式得到再次肯定，比如枢机主教下令用英文翻译《新约全书》。同时肯定了传道的力量，并组织了一大批传道员对归正宗信仰进行驳斥。复活节期间，于斯毕塔菲尔德举行的斯毕塔传道会聚集了两万听众。邦纳主教为了便于传道员 266
工作，亲自指导了一套“有益且必备之信条”，以及十三篇典型传道词。一切工作都是为了让英格兰人民重拾旧信仰，同时去除其中较为迷信的成分。可以说大致上玛丽是想重塑亨利八世在位末期时的天主教信仰，而实际上她在继续自己父亲未竟之事。

类似亨利八世统治期间的节日和庆典也重见天日。堂区麦酒节、主显节后的星期一募捐、霍克节的集会再次流行。铺张浪费的教会游行在许多神圣的节日又在伦敦的大街小巷出现。1555 年圣体节，邦纳主教双手高举圣体，带领游行队伍沿着白厅行进。许多人“双膝跪地，泪流满面，对天主感恩戴德”。是年于威斯敏斯特举行的五月游戏节上，经过人们的精心准备，“长枪林立、枪炮齐列、鼓声轰鸣，还能见着恶魔和巨人，人们跳着三种不同的莫里斯舞蹈，苏格兰风笛和六弦提琴乐音悠扬、五月夫人骑马而来，美丽动人，身边还有吟游诗人陪同”。象征着诺森伯兰公爵的暴君也粉墨登场，紧随其后的是“他的顾问官以及其他诸官员，其中一个是恶魔，高喊着火，还有一个拿着标枪，貌似死神”。以上的记录出自伦敦人亨利·马琴的日记。

正所谓几家欢喜几家愁。议会通过《异端法》两周后，也就是 1555 年初，一群男女的秘密集会被发觉；他们用英语开展宗教仪式，并做出了如下祈祷：“愿神让玛丽女王回心转意，不再崇拜偶像，否则便让其减寿。”抓捕开始了。

玛丽的反异端运动的第一个牺牲者是圣保禄主教座堂议员约翰·罗杰

斯，此人曾在教堂庭院的十字架旁讲道的时候反对天主教的各项举措。于是，当局决定“拿他开刀”。他被从新门监狱押赴不远处的史密斯菲尔德刑场，他的妻子和十个孩子前来为他送行，他们见到他的时候开心地大
267 喊，仿似他是去赴宴一般。一路的围观者也为他喝彩。他被绑到火刑架上的时候，被问及是否放弃信仰，如果放弃，便可以得到宽恕，但他拒绝了。火焰熊熊燃起。他看似并不痛苦，将双手沐在火焰之中“仿佛在用冷水洗手一般”。

格洛斯特主教约翰·胡珀也很早便牺牲了。他被从新门监狱带出来，脸被兜帽裹住，在警卫的押送下前往他自己的堂区，并于2月9日被绑上了火刑架。受刑的时候他十分痛苦，因为火刑用的树枝太嫩，燃烧缓慢。火焰只烧到了他的腿和下半身便熄灭了。胡珀主教喊道：“看在仁慈的上帝面上，好人们，把火烧旺点吧！”于是行刑者把火烧得更旺了些。一个在现场的人写道：“他用手猛捶胸口，直至一条胳膊掉了，于是他用另一只手继续捶胸，脂肪混着血水从他的指间滴下……”他的痛苦又持续了三刻钟，最后“安静地死去，如同卧床的孩子”。

就在同一天，一个纺织工、一个屠夫、一个理发匠、一个牧师、一个侍从、一个学徒被邦纳主教以否认实体变换教条之罪处以火刑。没过多久，伦敦的几个监狱便关满了准备殉教之人。其中有个牧师在被定罪为异端后，双脚被脚镣摧折，所以他是坐在椅子上被绑到火刑架上的。福克斯在他有关玛丽统治期间火刑的记录上写道：“他受刑之时，坐在火中，孩童们围过来，以对于他们来说十分得体的语言喊道：主啊，请赐您仆人以力量，信守您的承诺……主啊，请赐您仆人以力量，信守您的承诺。”

一个年轻的农民在切斯特北门外被烧死。一罐焦油和沥青的混合物被放在了他的头上，火焰烧上来的时候，这些易燃物全浇到了他的脸上。斯特拉特福勒堡堂区有一个男人、两个女人被捆在一起烧死。在刘易斯有十个人同时被烧死。托马斯·豪克斯在临刑前对朋友们说，如果烈火焚身之痛并非难以忍受，他将举起双手。断气之前，他拍了三次手。在剑桥的耶稣格林公园执行火刑的时候，有人向火堆里扔书以助长火势。其中一本书

正好是有关圣餐礼的英文书籍，受火刑之人捡起书开始读，直到浓烟和火 268
焰吞噬了书页。另一个受难者据说在火中“安然而睡”。一个神学博士在走向火刑架的时候突然跳起舞来。

“博士大人，你这是做什么，”郡督问，“你还好吧？”

“很好，郡督大人，感觉从没有这么好过，因为我要回家了。再跨过两道台阶就到了，而且我现在可是在天父身边。”

可以来描述一下行刑的场景。将一根柱子或长杆固定在地上，前面设一个台阶或一块突出的横板。受刑之人被领到横板上，以便能让围观群众看见，不论男女，受刑前都要脱到只剩贴身衬衣。随后用锁链将受刑人捆在火刑柱上，但不捆双手。接着在周围堆上一捆捆木柴和大束芦苇。有时候会比较难以点火或控制火势。木头可能太嫩，风向也可能不对。有时候会有受刑者的友人将一小袋火药绑到受刑者的脖子上，但有时候爆炸力度太小，反倒增加了受刑人的痛苦。

按照习俗，受刑人会在受刑前祈祷或歌唱。他们会跪倒，匍匐在火刑柱前。很多人会亲吻火刑柱或周围的柴堆。围观者并非，也无须次次都同情那个将死之人。很多情况下，人群会向受刑人投掷木块或石头。一个受刑人刚开始唱圣歌，便因为遭到当头一击而闭上了嘴。一个宗教委员和蔼地对袭击者说：“说实话，你毁了一首好听的老歌。”处刑当日会有许多小贩们前来。在达特福德，火刑当天“来了许多水果商，运来了一马车一马车樱桃叫卖”。只要有人为火刑添柴，便可以在炼狱中“豁免”四十日的苦痛。是故家长们会指派孩子往火刑柱旁边添加木柴。

史蒂芬·加德纳曾经觉得刚开始烧死几个人便够了，因为火刑的惨状足以杀鸡儆猴，让异端心生警惕、噤若寒蝉。但他的想法过于乐观了。殉教者意志坚定，许多围观者公开表达同情，单单这两点就足以让加德纳感到心寒。据说一次火刑便能抵得上百余次反对教宗的传道。加德纳似乎试 269
图停止火刑，但为时已晚。实际上这场恐怖的运动可能发挥了效果，曾有人说这场运动由于受到了公众的反对而逐渐收敛。但比较有可能的是，能抓来烧死的异端人数变少了。

女王和枢机主教博勒尤其不觉得有必要撤销该政策。异端是地狱散发的气息，会毒害身体政治的健康。受异端蛊惑之人应受永世之责罚。博勒在一封写给伦敦居民的公开信中写道：“再没有人比他们对国家更为有害的了。”女王自己则认为异端之人犯下了叛逆与煽动之罪，这两条罪行在她看来十恶不赦。患病的公羊将让整个羊群染病。怀有这个想法的人不止她一个。伟大的改革派人物加尔文宣称基督徒的职责便是消灭那些宣扬假神的人，他也确实因为不同意西班牙神学家塞尔维特对三位一体的看法而将其烧死。克兰默也对烧死持洗礼派观点的琼安·波切尔一事表示庆贺。因此，并没有人真正质疑过火刑的优点——在一个本就不安定的社会中，火刑能够便捷地处理问题。

四年中，有三百名男女在火刑柱上丧命，其中大多数来自宗教改革较受欢迎的英格兰东南部地区。在邦纳主教手下，有一百一十二个伦敦人被判死刑，而约克郡只有一人被烧死。这一点可能反映出英格兰北部受新教的影响较小，但也可能反映出当地政府不愿夺人性命。被烧死的人中大多数是工匠和商人——社区中的个体户。

在审讯他们的时候，会问一个至关重要的问题：“你对祭坛上的圣体怎么看？”如果他们不信面饼和葡萄酒不论实际上还是精神上都代表着基督的圣体和圣血，那他们将被判为异端。邦纳判决的时候会说一句话：“你们中肯定有异端。”对于他这句话，如果有一个犯人答道：“是啊，大人，我就是。”而另一个人反驳道：“大人，思想是自由的。”邦纳便会下
270 令把那个态度强硬的人烧死。女王去世前三个月的时候，给汉普郡的郡督发去一封斥责信。指责他见到受刑者在被火烧到的那一刻放弃信仰就停止行刑。由此，她获得了“血腥玛丽”的绰号。

约翰·福克斯所著的《福克斯殉教者书》于1563年出版。书中的受难故事几个世纪以来被流传为新教民间传说。福克斯勾画了一系列人物形象，如邪恶的司铎和假仁假义之人残害践行真信仰的人们。但这些殉教者并非都怀着同一个信仰，其中有些人否认基督的神圣性，有些人谴责给婴儿洗礼，另一些人则质疑三位一体的信条。他们被关在同一个监狱中，经

常拒绝一起祈祷。顺带应当提一下，在随后的伊丽莎白统治期间，有大约两百名天主教信徒被绞死或剖腹挖肠而死。这些被处死的人如果按照亨利八世的宗教政策，也会被处以火刑。

而福克斯的著作成功地妖魔化了16世纪晚期的英格兰天主教，这一形象久久萦绕在人们心间，哪怕那个火刑柱四立的年代早已一去不返。 271

24

焦虑的岁月

玛丽在领受枢机主教赐福的时候，并没有感到婴儿在腹中跃动。那个受祝福的婴儿本就不存在。1555 年 4 月，伊丽莎白在重重护卫之下，奉命从伍德斯多克前往白厅，伊丽莎白之所以受召见，是因为作为假定继承人，在玛丽的子嗣诞生时她需要在场见证这一切。此外还有一层实际的考虑，便是以防万一女王在分娩时死去。腓力在伊丽莎白公主到达的两三天后与其见面，据说最后他请求自己的妻子原谅她妹妹。腓力国王还给了伊丽莎白一颗价值四千达克特的钻石。伊丽莎白在后来曾说腓力爱上了自己，但可能性更大的情况是他担心一旦妻子死了，自己的安全便没了保障，英格兰人民可能会揭竿而起反对他。

玛丽身体并不好。据威尼斯特使称："她体格并不健壮，最近还总是头疼，而且心脏也受了严重的感染，不得不靠吃药、放血撑着。她吃得也很少。"他还说有一个年轻人宣称自己才是真正的爱德华六世，"引得民众一阵骚动"。结果此人被鞭打游街，耳朵也被割了下来，但这件事并不
272 能让女王安心。空气中弥漫着不安的气息。在伦敦只要有人群聚集就会被驱散。这一年夏天阴冷而潮湿，庄稼纷纷枯萎，田地变为泥沼。对于 16 世纪来说，这便是一场自然灾害。日用品的价格翻了一番，甚至翻了两

番。饥荒眼看就要降临。

女王的预产期在4月底，王室届时将喜迎新成员。玛丽退居到较为安静的汉普顿宫。教堂钟声齐鸣，圣保禄主教座堂内唱起了天主赞美诗，但什么事都没有发生。玛丽依然宣称自己满怀信心，能感觉到腹中的胎动。司铎和唱诗班继续在伦敦的大街小巷游行，身后跟着济贫院的穷人，他们数着念珠为女王祈祷。圣体在烛光的映照下沿齐普赛街游行。但所有的祈祷都落了空。女王没有诞下子嗣。她就这么与世隔绝地度过了5月。她坐在地上，抱膝埋头，万念俱灰。

她以泪洗面，不断祈祷。她觉得天主在惩罚自己。她犯了什么罪呢？她没有根除国内的异端，教会依然分裂。她开始相信自己除非把监狱里的所有异端全部烧死，否则就不能安全诞下子嗣。5月24日，她致信主教们，催促他们尽快尽力抓捕“乱民”。将大量异端焚烧献祭也许能让自己怀上孩子。

国事则被搁置。神圣罗马帝国大使在给自己君上的信中写道：“臣能预见将发生难以形容的暴动和骚乱。”他还讲述了自己听到的传闻——玛丽从未怀孕，或者更为可怕的是，有人会将别人家的新生子抱到她床头。人们还担心女王其实不孕不育，永远不可能生下子嗣。导致她假孕的也可能是囊肿或肿瘤，若是得了这种病，恐怕就回天乏术了。

伊丽莎白奉命从伍德斯多克来到汉普顿宫，女王和廷臣们很不乐意看到她的到来，后者还要在伊丽莎白面前跪下并亲吻她的手。伊丽莎白被迫请求姐姐原谅，但她对此并不在意。一个星期后，姐妹俩有了近两年时间 273
以来的第一次见面。福克斯、霍林斯赫德两个编年史作家对于此次会面都做了记载。女王对伊丽莎白说：“你是不会承认自己依然坚持自己信仰的。但我会向天主祈祷，你早晚会露馅。”

“若不如你所言，”伊丽莎白回应道，“我亦无须你的褒奖或宽恕。”

女王问伊丽莎白是否会向外散布自己含冤下狱，在伦敦塔和伍德斯多克遭受禁闭。伊丽莎白说自己毫无此意。“我已经挺过去了，”她说，“我必须挺过去。”

闻此，女王低声用西班牙语说：“Dios sabe”——“天知道”。伊丽莎白于是告退，不过，伊丽莎白自此恢复了自由。

腓力无法忍受在英格兰待下去了。对于他来说，娶了这么一个又焦虑又沮丧的妻子简直大错特错。现在也没有儿子能继承王位了。“告诉我，”他给一个顾问官写信称，“关于离她而去以及宗教事宜，我该对女王说什么。我觉得我必须说点什么，天主助我！”他父亲查理五世退位出家的消息让他更急于离开英格兰宫室。腓力对妻子说他就离开两三周时间，但他心口不一。8 月底，他们在格林尼治分别，因为前往多佛路途太远，对女王身体不利。

一如往常，威尼斯大使也在现场。腓力离去时，女王陪同他穿过王宫的厅堂馆廊，表情十分平静。腓力出门前往河边时，她站在台阶上方，浑身上下“尽显王者的地位与高贵”。随后她退回自己房间俯瞰泰晤士河，“觉得对方看不到自己后，她潸然泪下”。她看着驳船慢慢远去，直至消失，腓力从头上提起帽子以示告别。

几周过去了。女王在处理完国事之后，夜夜给离去的丈夫写信。而对方的回信常常是只言片语，而且只提公事。她甚至不惜大动干戈给皇帝写
274 信，表达她“由于国王不在而经历的无以言表的悲伤”。她可能也听说了腓力在布鲁塞尔皇宫中乐不思蜀，他在那里觥筹交错，莺歌燕舞，这种快意他从未在伦敦显露过。他还频频拜访美丽的德阿莱尔夫人，并对其爱慕不已。此外，他还有其他女伴。他最爱吃大块的肥腊肉，据说他对女子的品位也高不到哪里去。

1555 年秋，腓力获得了尼德兰境内西班牙领地的领导权，当玛丽写信让他回到自己身边时，他答复回去可以，但必须让他在英格兰的统治集团中占有一席之地。这个答复从本质上说便是委婉的拒绝。英格兰对于他来说是个代价高昂的烦心事。据说玛丽对侍女说自己将回到婚前的生活。她据称看起来老了十岁。

眼见女王处境艰难，一些人自然就蠢蠢欲动。议会分为两派，互不相让，女王自己也抱怨道“狂热的反对派人数众多”。她于 1555 年秋的选

举时提议回归“智慧、庄严的天主教”，但她的提议并没有得到执行。当时的议会并没有现在意义上的党派和团体，有的只是一群见风使舵、心怀不满之人。11 月，大法官史蒂芬·加德纳由于“尿闭”逝世，让玛丽政府雪上加霜。温彻斯特会吏长在狱中写道：“鸡蛇[①]已死，但其剧毒的鸡仔，以及巴比伦的大淫妇依然活着。”

1555 年末，有风吹草动表明一场针对女王的武装叛乱即将爆发。“肯定听说了吧，”亨利·达德利爵士私下对朋友说，“现在外面在传加冕的事。”他指的是有流言说玛丽即将加冕腓力为国王，这对于英格兰的安全与独立来说是无法容忍的事。单单这个流言就足以煽动“西部的绅士们”，他们正在密谋起事，计划前往伦敦拥立伊丽莎白，并把玛丽送回布鲁塞尔她丈夫的怀中。

进一步完善这个计划的人则是亨利·达德利爵士自己，他想把法国也卷入这件事。法国国王承诺提供舰队和钱款，船员则由西部的私掠者组 275
成。怀特岛总督准备投降，达德利承诺进攻朴次茅斯，而在那里，他将发现所有大炮都没用了。法国国王亨利二世于深夜接见了达德利，给了他大笔钱款，并建议他侦查诺曼底海岸，为法国入侵做好准备。

但隔墙有耳。巴黎的英格兰大使在会面刚开始便立即用密信通知了玛丽。一个参与叛乱的人惊慌失措，在枢密院面前把自己同伙的姓名全盘供出。这些人于是锒铛下狱，其中一些人还遭受了严刑拷打。

然而，即使在把这些人处决后，玛丽依然心神不宁。法国大使回忆这段紧张时期时，形容玛丽“恐惧不已，生怕遭自己侍从所害”。她“惊恐万分”，觉得到处都有人陷害她。白厅和格林尼治宫站满了武装守卫。她不再抛头露面，每天睡眠不足三小时。

达德利叛党供出了伊丽莎白的名字，但没有明确证据表明她参与了此次谋反，尽管如此，她依然无法摆脱嫌疑。法国统帅写信给法国大使，命其“务使伊丽莎白小姐不要搅和进你给我提到的这件事中，一旦那样，便

① 中世纪传说中的怪物。据说是从公鸡蛋里孵出来的蛇，有瞪视人即让人石化或死亡之能力。

前功尽弃”。伊丽莎白的五个仆人遭到逮捕，其中一个被定为叛逆，但后来得到了赦免。伊丽莎白公主显然是下一任王位继承人，必须慎重对待。玛丽试图掩饰自己的真情实感，但在私下她提到伊丽莎白的时候，言语中常常显露出轻蔑和憎恨。腓力将带领皇家军队入侵的传言不绝于耳，给当下的局势又增添了一层阴云。

1556 年 5 月初，一颗炫目的彗星出现在伦敦上空，有半个月亮大小，“吐着火焰，使围观民众大为惊叹”。往后七天七夜，此星一直在空中燃
276 烧，这预示着世间将生大变。一个由十二人组成的流氓团伙走街串巷预言世界末日将至，等引起骚乱后，他们便趁乱行窃。但总的来说，暴动和叛乱的传言愈加频发。

在这段焦虑的岁月中，玛丽主要依靠雷吉纳尔德·博勒为自己出谋划策。在他的命令之下，玛丽当政时期最著名的火刑于牛津执行。三个著名的改革派主教——雷德利、拉蒂默、克兰默——被正式剥夺了官衔和圣职。坎特伯里总主教受到了最屈辱的对待。他穿戴着整套总主教祭服，只不过这套衣服由粗帆布制成。在将他身上衣服层层扒去的时候，邦纳主教发表演说：“此人藐视教宗，最终得到教宗之审判。此人拆毁教堂，最终在教堂内得到裁判。此人废除圣体圣事，最终在圣体前接受裁决。”仪式的组织者几次拉扯邦纳的衣袖，求他不要虐待这位身患重病的老者了。但邦纳不为所动。一个剃头匠把克兰默头颅周围的头发剃掉，接着克兰默被强迫跪在邦纳面前。邦纳把克兰默的双手指尖磨破，从而毁坏他接受过病人傅油圣事的双手，并说道：“你现在可不是总主教大人了。”克兰默于是被套上一件旧衣服，戴上一顶油腻的平民帽，然后交予世俗官员处置。

火刑架被立在了贝利奥尔学院外的壕沟中。雷德利和拉蒂默首先受刑。“喂，是你吗?”雷德利看到自己同事后喊道。

“是啊，我尽快赶来了。”

他们到达火刑柱跟前，纷纷跪倒亲吻它。雷德利带了小礼物给行刑者——一些生姜和肉豆蔻，还有他的手表。拉蒂默没有送礼物，但顺从地

站着，任由别人把自己外衣扒去，他贴身穿着寿衣，以示自己的命运。雷德利获得了一小包火药，用来绑在脖子上。“有没有给我兄弟留点?”

“有的先生，我留着的。” 277

“那赶紧去给他，别去晚了。”

两人面对面被绑到了火刑柱上，雷德利脚下的柴火先被点燃，拉蒂默对他喊道：“雷德利大人，好好享受，保持尊严。蒙上帝天恩，今天我们就在英格兰点燃这支蜡烛，让信仰之火永不灭。”这句话成了整个宗教改革史上最受称颂的名言，但也许是约翰·福克斯在《福克斯殉教者书》第二版中捏造的。此事的真相无从知晓。

火焰燃起时，雷德利喊道：“主啊，我将灵魂交予你手中。”拉蒂默喊道：“天国之父，接受我的灵魂吧!”拉蒂默似乎欣然接受了烈火，“接着他用手轻抚脸颊，仿似沐浴在火中，随后很快便断气了……”雷德利便没有这么幸运。火势很小，烧得很慢。雷德利痛苦地大喊：“我烧不着!我烧不着！主啊，发发慈悲吧！让火焰烧上来！我烧不着!”火势渐旺，向上蔓延，他脖子上的火药袋随之爆炸。他升天的时候到了。

前坎特伯里总主教托马斯·克兰默从博卡尔多塔目睹了自己两个同事遭受火刑，且无疑被看到的景象深深触动。据说他跪倒在地，泪流满面。有一些泪水也可能是为他自己而流的。他自始至终都效忠于独立的英格兰，并将国家独立视作神的旨意。他难道可以不服从国家的元首、教会的领袖吗，哪怕她希望回归罗马的统治？从他内心来讲，他否认教宗至上。但同样从他内心来讲，他必须服从国家元首。

在其两个同事被烧死后，他从博卡尔多塔被带到了基督堂学院院长室，在那里他平静了许多。一个西班牙会士前来同他会面，试图用信仰天主教的优点来劝他改变信仰。不论是出于客套，还是出于对痛苦死亡的恐惧，不久便证实他的确说了一系列转变信仰的话。他写下了一份声明，承认教宗为英格兰教会最高领袖，这是他对女王和议会履行义务。在另一份 278
服从声明中，他声称自己相信天主教会颁布的所有信仰条款，尤其接受圣体圣事。1556 年 3 月 18 日，在第六份服从声明中，他坦白自己是一文不值的罪人，扰乱了神圣的教会，在真信仰的国度横加掠夺。这是一份意义极为重大的信仰声明。正所谓一条三文鱼可抵一千只青蛙。

尽管人们认为这六项信仰声明可以让克兰默得到豁免，至少不用遭受火刑。但他毕竟是英格兰教会分裂的领袖，是宗教改革最有力的鼓动者。玛丽不能容他，除了因为他是异端之首，更因为他在处死她母亲一事上的所作所为。3 月 20 日，克兰默被告知第二天将对他处以火刑。

克兰默在人生最后一天早晨被带到了圣玛丽教堂。他站在台上，有人专门针对他给底下的人群讲道。他看上去“十分悲伤”。时而抬头望天，时而低头看地。随后，他就自己接受天主教真理一事发表了简短的演讲。他一开始说自己满怀悲伤，对自己写了许多罪孽深重的文字表示忏悔。当下，人们以为他会开始重申自己相信圣体圣事。但他当场翻供，否认自己先前发布的六项声明。在场听众议论纷纷，甚至大声喊叫。他说，自己之所以那么写，“是因为害怕死亡”。这个大学教堂当下一片混乱，克兰默必须大声喊话才能让底下的人听到。“对于教宗，我拒绝承认他，他持着错误的信条，是基督的敌人，是敌基督。”

在场的一个贵族对克兰默大声说：“别得意忘形，好好做个基督徒。”

但克兰默并没有就此住口：“对于圣体圣事，我在书中已经表达了自己的观点，我依然坚信那些观点，反对温彻斯特主教的观点！”换句话说，他并没有接受天主教实体变换的教义。

在场官员把他从台上拉下，穿过喧闹、迷茫的在场群众，把他赶到场外
279 的雨中。他被带往火刑柱，西班牙会士一次又一次问道：“Non fecisti?”——“你没做吗？你没做吗？”

他在火刑柱前跪下祈祷。他被绑起来受刑的时候，火焰蹿升得很快，他把右手伸到火焰中央，称其为“我无用的右手”，因为正是这只手写下了改变信仰的声明。在酷热的火焰中，他用没有被烧毁的那只手抹了抹前额。火焰将他包围时，他祈祷：“求主耶稣接收我的灵魂！”（《使徒行传》7：59）然后非常平静地死去。就在同一天，枢机主教博勒升任坎特伯里
280 总主教。

25

诀　别

1557年3月20日，腓力返回英格兰。在格林尼治，三十二门礼袍齐鸣以示对他的欢迎，这种欢迎方式倒也适合这个来客，因为他就是来谈战事的。腓力已经向亨利二世宣战，以维护神圣罗马帝国在法国和低地国家的权益。当下，他想要得到自己入籍之国英格兰的援助。他声称此次前来只谈新一轮的粮食援助，但实际上他想要的是武器装备和战斗人员。女王的枢密院无意援助他。英格兰已经贫困潦倒，英格兰人民和维护哈布斯堡王朝的利益没有直接关系。

但女王打内心迫切地想支持自己的夫君，并主动向枢密院中大部分不想搅和欧洲事务的委员提议加入战争。腓力在场的时候，她对枢密院说自己有义务服从丈夫，向一个“已经对全世界构成威胁”的国家开战。她单独召见枢密院委员时则威胁他们若不服从，将面对免职甚至死亡。法国大使当时评论道，玛丽想要人们“不仅肉体，就连灵魂都要服从她的意愿”。她与其父亲、妹妹一样固执而专横。

实际上，她的这些举动导致4月末有两艘法国军舰袭击了斯卡伯勒。281
军舰指挥官托马斯·斯塔福德爵士自作主张发起了这次攻击，一小队士兵登陆并占领了当地城堡的要塞。斯塔福德接着宣称英格兰的国防将“在国王加冕仪式之前，移交给一万两千名西班牙人负责”。

此次侵略并未成功。斯塔福德及其手下在三天内就被包围，成了俘虏，然而英格兰对法国利益的损害就此坐实。据揣测，斯塔福德其实是受到一个意欲促成英法冲突的“双面间谍”引诱，才率舰队来到英格兰海岸的。此次侵略确实帮了那些支持英法冲突的人一个大忙。6 月，英法正式宣战：七千名士兵越过英吉利海峡前往低地国家与法军交战。腓力也于后一个月离开英格兰统帅他自己的军队去了。

一切似乎一帆风顺。西班牙军队在圣康坦城外取得大胜，英军两天后到达，加入了攻城战，尽管英军并没有打胜仗，但毕竟是战胜的一方。伦敦点燃篝火，教堂内唱起庆祝的赞歌。

然而没过多久，战况发生逆转。一支苏格兰军队南下在英格兰边境烧杀抢掠，以此来支持老盟友，英格兰不得不派军抵御。12 月中旬，加来附近聚集了一支法军，而加来是英格兰在法国的最后一个驻军城镇。加来组建起战时委员会，向伦敦发去急报，请求援军。加来粮食补给不足，一旦被包围将撑不了多少时日。女王命令组建援军，但两天后，也就是 12 月 31 日，她又收回成命，理由是“据她所获得的情报，并没有人准备进攻加来或佩尔”。佩尔地区面积一百二十平方英里，紧靠加来，也在英格兰的统治之下。

而女王获得的情报有误。由吉斯公爵率领的法军逐渐突破佩尔地区的英军防御，最终包围了加来。加来总督在给英格兰的信中称自己“丝毫没
282 有收到任何期望中的救援与补给”。1558 年新年的第一周，加来陷落。五千居民被遣返英格兰。加来曾经被称作“英格兰王冠上最善良的明珠”，曾经是英格兰和欧洲的贸易中心，让人回想起金雀花帝国。英格兰已经统治加来二百一十一年了。而悲剧已经酿成。

事后来看，法国重新占领加来是否有利值得商榷。驻军需要源源不断的资金支持。后世的英格兰历史学家托马斯·富勒写道：“既已失守，便随它去吧。这个城镇贪得无厌，每年英格兰在它身上花去的金钱是它本身价值的十倍。”失去加来使得英格兰再无须搅和法国事务，国人的注意力

慢慢转向西面，转向新大陆。仅在一年前，塞巴斯蒂安·卡伯特成了“为发现未知土地、领地、岛屿、领土的英格兰商人探险家”公司主管，这家新公司曾经受到腓力和玛丽的制裁。

但当时加来的陷落被认为是灾难。女王悲愤交加，卧床不起。她曾认为自己所做的一切是天主的旨意，但此次奇耻大辱似乎证明天主抛弃了她。她的一位仆人后来对约翰·福克斯说，一次玛丽叹着气对他说：“我死后，若打开我的胸膛，你会发现加来在我心中。”

许多人相信法国当下士气正旺，会入侵英格兰。议会投票认为必须向已经贫困交加、怨声载道的英格兰人民筹集一大笔特别津贴用于国防。腓力本人则提议率领英西联军重新夺取加来。议会否决了这一建议，理由是“光复加来希望渺茫”，且如果没有打胜，“后续之事将愈加艰难”。不管怎么说，和西班牙搅和在一起最终被证明是一场灾难。

能不能通过其他方式怀孕呢？加来陷落的时候，女王让自己相信自己最终又怀孕了。她一开始没有告诉丈夫，直到后来完全确定后才说。3 月末，“预见到在天主的律法之下，所有女性在生儿育女之时都将危急万分”，她立下遗嘱。但此次怀孕依然是希望和恐惧所产生的幻觉。5 月初， 283
很明显玛丽并没有得胎。最后的希望也破灭了。而怀孕的假象也许是病症，这场病不久后将把她拖垮。此后，关于她罹患“痼疾”的报道和传闻越来越多。

在玛丽统治期间，疾病是一大鲜明特征。1558 年初，一场名为“新疟疾”的大瘟疫降临到英格兰人民头上。该病似乎是一种致命的流感，伴以大面积传播的瘟疫和汗热病，席卷之处，不计其数的人因之丧命。这一年的死亡率达到了一个世纪以来的最高峰。这场得名“灼热高烧”的疫病在内忧外患的玛丽统治末期造成了巨大苦难。

当时，“灼热”除了指体温之外还有另一层含义。尽管能处以火刑的人剩下没多少了，但女王依然叫嚣着要置他们于死地。在伦敦郊外发现了一群激进分子聚在一起参加祈祷会，其中十三人立即遭到逮捕。七人于 7 月 28 日在史密斯菲尔德被烧死，剩下六人由邦纳主教下令，在深夜于布伦特福德处以火刑。玛丽发表声明禁止任何人在异端走向火刑柱之时接近、触碰、宽慰或同其说话，违者格杀勿论。

这一年夏天，玛丽从汉普顿宫移驾至白厅，据说她到白厅后心情十分抑郁。一位大使说："事实上，她的痼疾显然无药可医，早晚会要了她的命。至于她能活多久，取决于她的焦虑程度，她的焦虑比任何疾病带来的伤害都要大。"玛丽正在逐渐失去臣民的爱戴和信任，意识到这个事实让玛丽的焦虑进一步加剧。加来的陷落突出表明了她是个不幸的女王，从16世纪的观点来看，这一切皆是神罚。在加来陷落后，腓力听闻参加弥撒的人只有先前的三分之一。因为宗教原因逃离英格兰的人们纷纷在欧洲
284 的城市中抒发自己的愤怒和怨恨，其中言辞最为激烈的当属约翰·诺克斯。他在《向邪恶的妇人军团吹响第一声号角》中写道："我不惮言，天使议会已拟定了复仇之期，将那个英格兰的耶洗别[①]及维持其暴虐统治之人一网打尽。"

9月初，玛丽显然已病入膏肓。她卧床不起，反应迟钝，还发着高烧，部分原因可能是患上了当时席卷全国的传染病。下个月，腓力被告知他的妻子来日无多。

国民和枢密院委员们的注意力现在都转向了伊丽莎白。后者知道王位马上就会成为她的囊中之物。腓力的使者来访，重申了腓力对她的好感，对此伊丽莎白表现得很冷淡。她无须腓力帮助就能继承王位，她于是对大使说自己的姐姐自从嫁给了异邦人，便失了民心。这句话她可能说对了。不论如何她都不会犯同样的错误。大使总结道："这是个自负而聪明的女人。"

11月5日，议会知会枢密院，迫切要求他们说服女王"承认伊丽莎白小姐是她的妹妹和继承人，说的时候一定要绵言细语"。女王同意了这一建议，只求她的继承人替她偿还债务而且不得更改国家的宗教信仰。伊

① 《列王纪》中记载的负面人物，是以色列王国国王亚哈的王后，个性冷酷。她自称是先知，有计划地运用权势使全以色列离弃上帝，去敬拜巴力。

丽莎白自然选择无视，一如她无视玛丽先前遗嘱上的所有条款一样。这条消息传达到她所在的哈特菲尔德庄园时，她已经把自己的廷臣召集起来了。她还寻求了军事援助，以备不时之需。

西班牙大使于11月9日到来，当时玛丽显然已无力回天。据她最亲近的仆人简·多默所言，玛丽宽慰所有照料她的人员，说自己于梦中“见到如天使般的孩童在身前歌唱，歌声悦耳，令人获得脱俗的慰藉”。她定然希望自己一会能受到天使的迎接。11月17日清晨六点，玛丽在一片弥 285
撒声中与世长辞。

枢机主教博勒在兰柏宫中得知这一消息。他当时由于罹患发热传染病已是奄奄一息，人们当时一定认为这一打击足以夺走他的性命。十二小时后，也就是晚上七点，博勒去世。姐姐的死讯传来，伊丽莎白双膝跪地，大声说道：“主之作为，我等观之，甚为奇妙。”

玛丽去世两小时后，议会于八点召开会议，宣布伊丽莎白为“此国之女王”。下议院对此回应道：“神佑女王伊丽莎白，愿王祚绵长。”教堂敲响钟声，街道点燃篝火，富裕人家在屋子外排开桌子，拿出麦芽酒和葡萄酒分享。

而也有一些人对玛丽驾崩表示哀悼。在一次葬礼讲道中，温彻斯特主教称赞了死去的女王心怀诸多美德，虔敬无比，并提到她的双膝因为一直跪拜而磨出了茧。但新女王“亦心怀美德，我们必须服从，老话说得好，‘活狗总比死狮强’”。正因为这句不得体的话，他被褫夺了主教称号。此时，英格兰宫廷正忙活着从安特卫普购买丝绸，为加冕典礼做准备。 286

26

童贞女王

伊丽莎白于11月的最后一周前往伦敦，在那里受到了众多贵族、贵妇、绅士的迎接。主教们列队前往海格特跪地恭迎伊丽莎白。她伸手让主教们亲吻，而队列中唯独不见邦纳主教的身影。“血腥邦纳”的名声已尽人皆知。女王一开始便发出信号，表明了自己的宗教立场。

她先在卡尔特隐修院停留了五日，接着正式前往伦敦塔，为加冕礼做准备。她庄严地骑马穿过伦敦的大街小巷，儿童们向她歌唱，学者们向她致敬。她进入伦敦塔的时候，对身边人说：“有些人本为王侯，却落入此地，成了阶下囚。我本是囚禁于此的阶下囚，如今将登上王位。”据说她径直前往自己被囚禁的房间，并在里面跪地祈祷。

当时的大儒、占星家约翰·迪伊受邀择定良辰吉日。他选了1559年1月15日星期天。前一天则被选定举行伊丽莎白由伦敦塔前往威斯敏斯特
287
的盛大游行。当天伊丽莎白坐在由金线织锦覆盖的敞篷轿子中，身着由金缎制成、貂皮镶边的华丽国袍，且有一千名骑兵随行。

在当天的盛大庆典上，女王如鱼得水、乐在其中。她向围观群众挥手并大声打招呼，喊道：“上帝祝福你们，我的人民！”她举起双手，满脸欢喜，还十分认真地听一个小孩咿咿呀呀地说话，“全神贯注，神情也发

生了奇妙的变化，仿佛孩童的话触动了她的内心”。她优雅地接受了伦敦贫苦妇女们塞给她的小花束和迷迭香。她开心的话语让每个人都印象深刻。“上帝保佑你们!”“我衷心感谢你们!”穿过齐普赛街的时候，有人看到她笑得很欢快。她对一个随行人员说道：“我刚听人群里有人说，我想起了老国王哈利（亨利）八世。”她继承了其父亲代表国家精神的能力。一本英文版《圣经》通过一根丝线从上往下降落到圣驾上，她用双手捧住亲吻，并抱在怀中。“我感谢这座城市给予我这个礼物，我对它的尊敬超过了世上的一切。”听到庆祝真信仰回归的祷告声，她望着天空大声喊道：“阿门!”

在她前进路线的沿途的舞台上，上演了诸多神秘剧的场景。齐普赛街的舞台上正在上演寓言《时间与真理》。她询问那个手中拿着大镰刀和沙漏的老人是谁，尽管她肯定是明知故问。“是时间。”有人告诉她。“时间!”她说，“是时间把我带到了这里!”她穿过圣殿关，对人群喊道：“向你们保证，作为女王，我会为你们做主。”

然而，加冕仪式还面临着一个问题。坎特伯里总主教已死。而约克总主教拒绝加冕她为教会的最高领袖，健在的天主教主教们也纷纷效仿。卡莱尔主教最终被说服在大教堂主持加冕仪式，但前提是了解到伊丽莎白宣誓时将和前任信奉天主教的女王一样，采用古而有之的誓词。有关信仰的矛盾才刚刚开始。

此外还有一个障碍。即根据宗教法，伊丽莎白的身份是非法的，因此
无权登基。因此王位最合适的候选人是苏格兰女王玛丽·斯图亚特，她是 288
亨利七世的外曾孙女，而且恰巧信仰天主教。玛丽嫁给了法国太子，而后者即将登基成为弗朗索瓦二世。自那时起，这对年轻夫妇便将英格兰皇家徽章同法国王室徽章放到了一起，以表明对英格兰的统治权。伊丽莎白和玛丽后来因此以命相搏一决胜负。

加冕当天，伊丽莎白从威斯敏斯特大厅徒步前往大教堂。她前进的道路上铺着华丽的朱红色地毯，她刚走过，围观者便把地毯剪碎带走。她披着头发，以示自己的贞洁。她刚来到教堂门口，伦敦全城的钟声一齐响

起。教堂内聚集的人们被问及是否希望伊丽莎白成为他们的女王，众人异口同声："是的！"接着琴笛合奏，鼓号齐鸣。威斯敏斯特大厅的加冕大宴从下午三点开始，一直持续到次日凌晨一点。

伊丽莎白在来到伦敦前便在哈特菲尔德庄园接见了自己的枢密院成员。玛丽任命的二十九个枢密院委员不久后要么请辞，要么被迫辞职，只留下了六个位高权重的贵族，如阿伦德尔伯爵、贝德福德伯爵，以及某些经验丰富的官员，毕竟他们的经验是无价的。教士和天主教徒皆已清除干净。现在的枢密院成员都是教外人士，要么是贵族，要么是接受过剑桥和律师学院教育的精英。而且他们之间都是姻亲关系，在稍后的日子里，枢密院的二十五个成员中有十八个不仅彼此之间，还和伊丽莎白有着亲属关系。

她最为重要的人事任命之一便是启用了罗伯特·达德利（即之后的莱斯特伯爵）担任骑士统领。达德利来自一个声名显赫（也可以说是臭名昭著）的家族。他父亲便是试图把简·格雷扶上王位的诺森伯兰公爵。达德利七八岁的时候便成了伊丽莎白的玩伴，随后两人可能在伦敦塔以囚徒的身份见到了彼此。"他是我唯一偏袒的人，"据说伊丽莎白说过，"因为
289 在我姐姐统治的那段时期，他于我落难之时善待了我。"不论如何，两人之间的关系持久而亲密，引发了各种流言蜚语。

女王身边的女子都是她的远亲，来自配得上此职位的贵族家庭。她身边经常伴有七个贴身女官和六个下级女官，所有女官的衣服要么黑色，要么白色，要么黑白相间。她不希望身边的女官抢了她华丽服装的风头。对此她制定了严格的规定。女官不得同她谈论国事，也决不允许在没有得到她首肯的情况下订婚或结婚。一些人因为触犯了这些规定而下狱。于是，她很自然地在众人中脱颖而出。她和她母亲一样肤色偏黑，但她通过往脸上敷蛋清、白矾等东西让皮肤保持洁白光亮；她的脸太长，称不上美，但眼睛很大，颇具灵气。她有着父亲的红金发和母亲的高颧骨。她的鼻子有点内钩，看起来像一只鹰。

她任命威廉·塞西尔爵士为首席国务大臣，并对他说："无须顾及我

的个人意愿，你尽可向我提出你认为最好的建议。”从这个意义上说，他从未让她失望。塞西尔直到自己生命终结都站在伊丽莎白一边。她将他比作自己的“灵魂”，并直接用“灵魂爵士”来称呼他。塞西尔最先于爱德华六世朝中任职，并成功得宠于玛丽，成为当时最能干最勤恳的大臣。他总能对某一问题展开详尽的分析，将支持和反对某一政策的论点分成两类一一列出。他对国事和宗教事宜喜欢采取中间立场，所以总能附和女王的意愿。伊丽莎白时代的历史学家威廉·卡姆登写道：“在所有天赋异禀之人中，他做的事最为单调乏味；而在所有处理国事的人当中，他又天赋异禀，无人能及。”除此之外，不论从什么角度来看，他都是个幸存者。

他非常清楚伴君如伴虎。曾于爱德华六世枢密院中任职的书记员给新朝枢密院呈上一份文书，对国事做了自己的总结。“女王贫穷；国家疲软；贵族穷困腐败；善战将士难寻；人民毫无秩序；正义未得伸张；物价 290
高涨；过度注重口腹之欲和穿着打扮；国人分裂；同法国交战；法国国王骑跨于国土之上，一足踏着加来，一足踏着苏格兰；有长期交恶的敌人，无忠贞不渝的朋友。”

基于此，伊丽莎白身边的大臣要求她对上述问题提高警惕——在宗教政策和外交事务上提高警惕。塞西尔有一句格言，大意是一年和平对王国的贡献胜过十年战争。伊丽莎白也秉持了这个信念，她很清楚自己无法负担战争的开销，国库已经见底。因而，必须接受丧失加来的现实，同法国谈和。同苏格兰达成一些协议从而保证北方边境的安全也是明智之举。据说英格兰没有一面墙能够抵挡住炮击。

但有些事她做得雷厉风行。剑桥大学国王学院准备选新院长，来信寻求建议，她在回信中写上了一个人的姓名。

1558 年冬，当时伊丽莎白甚至还没有登基，一份名为《转换信仰之策》的文件便已拟好。作者很可能是威廉·塞西尔，他本人支持归正宗信仰。在这份文件中，他极力主张完全恢复爱德华六世统治期间的“真信仰”，哪怕“转换”蕴含着重重危机。教宗可能会对女王施行绝罚，法国除了讨伐敌人之外，还可能以讨伐异端的名义对英格兰开战。苏格兰的天主教势力可能被挑唆而同英格兰作对。内忧的危险不输外患，主教和许多法官都会反对这一改变。大部分人民也可能因此不满并揭竿而起。然而神的事业是必须贯彻的。只有到那时伊丽莎白和她的国家才能尽享安稳与荣光。到了年末，政府秉承这一精神宣布连祷文和主祷文都必须用英文背诵。

而实际上这一“改变”被证明很难实施。议会在伊丽莎白登基后十一天召开会议。王室成员的队伍进入威斯敏斯特大教堂，按照惯例参加议
291 会前的弥撒，女王见到一队僧侣手持蜡烛。“把这些火把拿开，”她斥道：“我们看得见。”随后，牧师在讲道的时候谴责了那些在玛丽当政时期助纣为虐，迫害异端之人，并规劝女王不要在国内“拜偶像”。人们都清楚皇家小圣堂的圣餐礼主要以新教方式进行，并没有举行圣体的仪式。伊丽莎白绝不可能遵从罗马的意愿。她怎么可能接受一个将自己母亲斥为妓女，将自己斥为私生女的宗教呢？况且她厌恶焚香的气味。

她对于神学的细节并无兴趣。尽管她曾说自己自小研习神学，她认为宗教之间的矛盾就如同“用沙织成绳索或用海底淤泥垒成通往月亮的天桥”。“耶稣基督只有一个，”她对法国大使说，“其他争论都是小事。”她自己的宗教立场也很模糊，她喜欢美妙反复的圣歌，也欣赏罗马教廷圣餐礼的许多仪轨。她自称新教徒，但在皇家小圣堂中留有一个小苦像，许多激进的新教徒认为这是拜偶像。此外，她十分厌恶已婚牧师。

1559 年初接连发布了一系列法令。爱德华六世时期的宗教法律重新开始施行，礼拜仪式再次用英语举行。此外还通过了一些私人法案，将玛丽时期被主教们吞并的土地归还给教外人员。爱德华时期的第二版《公祷书》再次被用来规范公众宗教仪式，但其中内容稍有改动，以避免触动天主教徒的神经。比如，称教宗“令人憎恶、罪大恶极”的内容被删除，圣餐礼中耶稣真实降临的说法得到了默认。在现实中，牧师的着装和站立位置可因循前朝旧制。伊丽莎白认为自己作为英格兰教会的“至高统领”足矣，并不希求“至高领袖”的称号。基督才是领袖。

这一系列列举措在后来被称为伊丽莎白的“和解”，目的是寻求一条

折中的道路。但这些举措并没有得到广泛支持。上议院中信仰天主教的主教们反对这些举措，导致支持《公祷书》的《统一礼仪法》仅以三票优 292
势通过。在威斯敏斯特大厅针对天主教和新教的辩论最终没有任何结论。据称，其中一位参加辩论的人“朝三暮四，立场说变就变，手舞足蹈，左摇右晃，指关节被捏地咔咔作响，眉毛上下翻飞”。辩论结束后，伊丽莎白不得不将两个支持天主教的主教投入大牢，防止他们在公开场合对自己施行绝罚。这么做也为自己向上议院递交的议案扫清了障碍。下议院支持伊丽莎白的举措，而上议院中有许多人对此强烈抵制。支持和反对的两派人马最终难分伯仲。

女王想要平息任何形式的争论，她为自己定的目标是建立一个共识，让改革派和正统派能够和谐相处。而她的和解政策——如果确实算得上是和解的话——并没有让两派人都满意。天主教徒们因为玛丽的政策被颠覆而悲痛不已，改革派又倾向于觉得英格兰教会依然是亲教宗的。一个新教徒猛烈抨击《公祷书》，称其“毫不完善，内容都是从教宗的粪堆——令人生厌的弥撒书上捡拾拼凑而成”。伊丽莎白的宗教政策其实是基于妥协与和解的杂糅体。教会的体制几乎没有改变，而宗教仪式则包含着古代、中世纪、路德宗、加尔文主义的成分。从讲道层面看是新教，而从注重仪轨层面看是天主教。也许当时英格兰的宗教是所有归正宗信仰中改革得最不彻底的一个，没有一套统一的神学理论。这个骑墙派新宗教的目的是吸纳和从前一样多的信徒。因此伊丽莎白一直保持警惕。在其统治末期，哲学家、政治家弗朗西斯·培根说女王并不想要窥探每个人的灵魂。她只想要英格兰教会做到表面上的统一，从而维持秩序。所有英格兰人每逢周末和宗教节日都必须去所属堂区的教堂礼拜，如果缺席将罚款一先令。二十年间，这个国家改换了四次宗教，而现在，变革将告一段落。

伊丽莎白决不允许任何人扰乱她所建立的秩序，经历了17世纪的一小段过渡期之后，这一形式的宗教几乎延续至今。根据女王顾问官的说 293
法，她“将宗教改革置于磐石之上，使其坚实稳固”。这种和解的办法非常符合英格兰人的做事风格，重实用轻思辨，将平常被认为无法调和的东西整合到一起，在妥协和容忍之外，还加上了一定程度的模棱两可。正是这种不清不楚使其得以存续。在伦敦，改革派牧师在讲道的时候宣扬得救预定论和因信称义，而在约克郡，信徒们依然拿着念珠祈祷。“天主教和路德宗之间的区别，”女王对西班牙大使说，“实质上从没有那么重要。”她只想要让两派达成和解，从而维持秩序，让臣民团结。她的谨小慎微还出于政治上的考虑。她不想失去信奉路德宗的德国诸侯们的支持，同时也不想和欧洲的天主教国王们交恶。英格兰人民的信仰和国际形势息息相关。

议会会议临近结束时，下议院议长请求向女王呈上请愿书，称事关国家大事。请愿书中表达了希望，或者说恳求她结婚并生下王位继承人。唯有那时，王国的和平与稳定才能得到保障，王位也可以免受外敌威胁。她顿了一下，接着发表了长长的回复，表达了自己意欲维持“如你们所见，当下童贞的状态”。她含沙射影地指出危机所在，事态会“偏离良善，变得可憎”。换句话说，男性继承人可能威胁到她的王位，对于女性统治者来说，这个危险一直存在。

她从手上取下加冕戒指，说自己在庄严的加冕仪式上取得这枚戒指，因此自己向国家托付了终身，无意找寻其他伴侣。这句话便足以让她在墓碑上刻下“伊丽莎白于此处长眠，她以童贞之身为王，以童贞之身死去”。她对于危机的揣度是对的。其母亲和姐姐的经历提醒了她婚姻的危
294 险，而且一个御医说她的身体可能经受不住生育之苦。另外，正如她所言，她还担心诞下男性继承人。西班牙国王腓力，也就是她的姐夫，实际上已经向她求婚，这一请求伊丽莎白并没有拒绝，而是优雅地避而不谈。后来，伊丽莎白才直接回绝腓力，宣称自己不能嫁给他，因为自己是个新教徒。

议会会议于5月的第二周结束，一个西班牙主教总结了改变的本质。“昨日，皇家小圣堂移出了圣体，弥撒开始用英文举行。拒绝宣誓（王权至高）的主教将被革职，女王会亲自着手选定继任之人。”除一人之外，所有拒绝宣誓的主教都被革职，并代之以更好控制的人选。修士修女们被

赶到了荒郊野外，壁龛中的圣母像和圣人像被再次移除，十字架龛中的十字架也一同被拆走。新的宗教仪轨慢慢（也可能是不情不愿地）被接受，但不出一代人，这样的仪轨就变成了英格兰宗教的核心。玛丽当政时期的异端们很早便走出监狱重获自由。但全国上下并非一片祥和轻松。北方人民并不愿意接受《公祷书》，起义的谣言再次风传。

女王对议会管理得很好。在塞西尔和其他枢密院委员的帮助下，她成功地将教宗党和被玛丽流放，而如今回国的激进派玩弄于股掌之间。从某种程度上说，她已经成了这个新兴国家的象征。她的个人经历直接反映了国家的苦难。她在玛丽和腓力当权时身处险境，不仅生活困苦，而且危机重重。她曾经身陷囹圄，如今胜而为王。

尽管生为女子，但她依然居于人上。她的朝中约有一千五百名男性，她掌控着这个大部分由男性组成的群体，她也学会了如何控制清一色是男性的枢密院。她天生便具有杰出的外交才能，时而奸诈时而顽固。她无须带着一队翻译，因为她自己便会说拉丁语、意大利语、法语、西班牙语、德语。她的聪明和机敏是无价之宝，她的顽固和傲慢也助她同全世界进行永无休止的抗争。西班牙大使曾说人们惧怕伊丽莎白远甚于她姐姐，伊丽 295
莎白下达命令时的威严如同其父亲一般。她曾说过自己的夙愿是“有所作为，在有生之年将声名传至海外，并让后人铭记，直至千秋万世”。其实无须特别的作为。她只需做好自己，便足以，甚至可以说便可以轻易地达成这个愿望。

事实上，从这个时候开始，我们可以将此时算作对伊丽莎白个人崇拜的开端。最终她将被称为《士师记》中有火一般精神的底波拉。她是友弟德；她是以斯帖；她是格罗丽亚娜；她是潘多拉。她是艾斯特莱雅——希腊神话中的正义女神，于黄金时代同人类一起住在地上，后来回到了天庭，化作处女座。女王生日和登基的日子被定为全国节日，人们游行设宴，奏乐以庆。

有许多迹象能够表明伊丽莎白的命运是天定的。她于9月7日出生，这一天也是圣母玛利亚诞生之日。就在这一天，马上枪术比赛冠军亨利·

李建起了一个亭子，“如同教堂一般，里面点着许多灯火”。以她形象制作的绘画、小人、木雕刻画了她荣耀光辉的形象。而这些捏造出来的形象究竟让英格兰人民心生赞叹还是迷了双眼，则是另一回事了。人们深藏在内心的冷漠或怀疑主义态度一定对于许多这类阿谀拍马之事抗拒不已。尽管我们无法揣度 16 世纪中叶英格兰人民的情感和观点，但无疑他们和其他世代的人一样难以驾驭，一样愤世嫉俗。

但伊丽莎白被定义为童贞女王（与另一个童贞女遥相呼应），她的座右铭是“semper eadem”，即“亘古不变”。这句话随即成了她统治的自明
296 之理，抑或是不幸之事。

27

两个女王

1559年夏，伊丽莎白发布了一系列涉及宗教的强制令。祈祷书将用英语背诵，每个教堂都要有英文版《圣经》。有关“捏造的神迹、朝圣、偶像崇拜、迷信”的画像和塑像将从墙壁和窗户上除去，但事后须对教堂加以修缮。不再允许大规模破坏偶像行为。禁止崇拜圣人以及为死者祈祷。

祈祷节的列队游行等活动照常举行。信徒必须在听到耶稣名号的时候脱帽鞠躬，必须在宣读祈祷书的时候下跪。教士继续穿传统祭服，头戴方帽。圣餐礼上，不再使用普通面包，而采用未发酵的圆面包片。“庄重而具有辨识度”的圣歌可以演奏。诸如“异端”或“教宗党”等带有侮辱性的称呼都被禁用。换句话说，通过颁布这套强制令，伊丽莎白试图调和异议，为进一步宗教改革减轻舆论压力。

但在坎特伯里总主教的祝圣仪式上，分歧昭然若揭。马修·帕克起先
不愿担任总主教。他认为这个担子对自己来说太重，于是致信塞西尔，说 297
自己希望留在清静的岗位上，“我年老声嘶，才轻德薄，难当于大庭广众面前讲道之大任”，他希望自己能够被“静静地遗忘”。但女王坚持要他上任，毕竟他曾是女王母亲的专职教士。他被告知“女王想要你早做准

备，尽快前来（伦敦）”。在祝圣典礼上，只有一位主教身着法律规定的法衣，两位主教拒绝穿罗马式的祭服和罩袍，第四位主教认为穿罩袍过为已甚，所以只穿了日内瓦黑袍。这些分歧是先前没有预料到的。从玛丽统治时期幸存下来的十四个主教在过渡期都被革职，有些人因为拒绝宣誓王权至高而在狱中度过余生。比如邦纳主教就被关进了马夏尔西监狱。他试图和狱中罪犯搞好关系，称呼他们为“朋友”或“邻居”。但其中一个罪犯回应道：“你这个禽兽，下地狱去，到那里寻找你的朋友吧。”

此外，便是女王的银制苦像的问题。对于那些信仰归正宗的人来说，苦像是教宗党的偶像，教宗党崇拜物体而不崇拜神。然而女王的私人小圣堂里便立着一个，而且前面还点着蜡烛。借用一个改革派的话来说，这是置于“可憎的神坛”上的“邪恶偶像”。由于此事在教士中掀起诸多不满，是故四个主教在枢密院展开了一场辩论，但他们用尽浑身解数，依然没能让苦像搬离。一次圣保禄主教座堂的首席牧师向伊丽莎白宣讲十字架的邪恶，后者勃然大怒，大声说道：“此事勿再多言。”牧师重新回到这个主题的时候，伊丽莎白斥道：“跳过！跳过！这件事和你讲的主题无关，尽是些迂腐之见。”牧师不得不生硬地结束了讲道，伊丽莎白则转身离开小圣堂。

后来，苦像两次遭到袭击并被破坏，诺里奇主教对此欣喜不已。“真是谢天谢地！那个十字架在那里已经立了太久，现被摧毁对于虔敬之人来说真是大快人心。”而苦像两次被毁后，两次都被放回原位。对于伊丽莎
298 白来说，这是她信仰仪轨和秩序的象征，也是维持西班牙和梵蒂冈关系的手段。她对西班牙大使说：“许多人拿我们同摩尔人或土耳其人相提并论，然而我们只在一些无关紧要的小事上同天主教有所区别。”她无疑也通过苦像对信仰更为正统的臣民表达善意。不久，天主教的安魂弥撒也改头换面，以“在葬礼上庆祝主耶稣最后的晚餐”这一形式重见天日。

秉承调和宗教的精神，女王于这一年春天以巡游的方式前往伦敦东部的圣玛丽斯皮特尔聆听讲道。护驾队伍有上千人，个个全副武装，不过随行的还有跳莫里斯舞的人以及被关在笼子里的两头白熊。庆典期间宗教不

再是禁忌。讲道过后又举行了斗熊活动，两头熊最终都命丧黄泉。伦敦其他地方，自爱德华六世统治时期结束后，赞美诗第一次得以用英语吟唱。据说在圣保禄讲道十字架前，有六千人齐声歌唱。

他要像一棵树
栽在溪水旁，
按时候
结果子。(《诗篇》1：3)

新强制令出台以后，朝廷于夏末开展了一系列巡视行动，以保证强制令得到了有效实施。任命了大约一百二十五个巡视员，按照六条不同的“巡回线路”巡视全国，但获得提名的乡绅要么没能力，要么不愿去做这项工作。因而对此跃跃欲试的律师和教士们便得到了任命，他们自然都是些热心的改革派，希望对教堂来一次大清洗。所有证据都表明，巡视组所到之处，十有八九都立即着手移除祭坛和圣像。伦敦、埃克塞特、约克等城市燃起了焚烧天主教无用之物的篝火，祭服、圣像、旗帜、装饰都被付之一炬。约克总主教对摧毁“为巴力而造的器皿”和“污染腐坏的圣坛”大加赞扬。似乎巡视组铲除迷信的力度超出了女王想要的限度。这便是为
何伊丽莎白随即发布公告，谴责巡视组在维护教堂方面“玩忽职守，缺乏 299
恭敬之心”，称“让圣餐桌盖着肮脏难闻的布，非但不合规矩，而且极不得体；让祈祷之处失去了应有的洁净和装饰”。无疑，何为“应有的装饰”依然由教士们决定。

在一些地区，人们尽管不明说，但依然在强烈抵制改变信仰。有时候直接就把画像和塑像一遮了事，并把其他与旧信仰有关的物件加以隐藏。除了信仰之外，这么做另有缘由。其中最为迫切，也最为实际的原因在于王位继承问题。如果伊丽莎白去世时没有子嗣，那信仰天主教的玛丽·斯图亚特可能就会成为新女王，并把先前做的一切改革全部推翻。

玛丽·斯图亚特出现在法国宫廷之中造成了巨大的外交难题，使伊丽

莎白及其枢密院不得不做出应对。玛丽如今是法国王后，她的丈夫于1559年继位成为弗朗索瓦二世，她也自称英格兰女王。由于玛丽不在苏格兰，因此苏格兰由她母亲吉斯的玛丽摄政。吉斯的玛丽请求自己的祖国派兵镇压苏格兰新教贵族。法国军队已经在诺曼底集结，特威德河北岸的法国要塞士兵也在做着攻守操练。战争的恐惧弥漫开来。

风传法国朝中正密谋暗杀英格兰女王。据说玛丽的叔伯吉斯兄弟计划“借一个名为史蒂芬诺的意大利人之手毒杀伊丽莎白。此人四十五岁上下，身材魁梧，留着黑色络腮胡，将以工程师的身份为伊丽莎白服务”。史蒂芬诺并没有来到英格兰。而伊丽莎白则时刻防微杜渐。呈上的菜品都须经过试吃，呈上的手套和手帕都须经过仔细检查。她每周都会服用解毒药。

之后的一件事，使苏格兰问题进一步复杂化。新教贵族向伊丽莎白朝廷派遣了使者，请求英格兰派兵将法国人逐出苏格兰。伊丽莎白不喜欢战
300 争。因为苏格兰如果发生暴动，苏格兰女王玛丽·斯图亚特的地位将受到严重打击，所以英格兰无须插手，甚至无须表示支持。不用说，在伊丽莎白看来，名正言顺的女王要求获得自己应得之物合情合理，她内心十分支持。而且去谴责一个傅过油的君主并不合适。此外她对苏格兰新教并无好感。信仰那个教派的人们由一个叫约翰·诺克斯的宗教改革派领导，此人对女性君王怀揣恶意并大肆辱骂。

同伊丽莎白相比，威廉·塞西尔对宣扬新教较为热心，同时也是个比较敢想敢做的政治家。他制定了一套包含率领英格兰军队侵略苏格兰，并且在必要的情况下把玛丽·斯图亚特拉下王位的政策。“不论如何，都要把火点上，”他写道，“一旦这个火苗熄了，今生今世就再也找不到这样的机会了。”他显然觉得现在正是同欧洲天主教国家军队正面交锋的时候。他担心法国会密谋颠覆英格兰的政权和宗教。

女王对此犹豫再三，并不支持。她对枢密院说：“开战将招来危险。”塞西尔表示支持女王搪塞政策的都是些懦夫和阿谀之人，是国之祸害。最为懦弱的当属尼古拉斯·培根爵士，他断言“过犹不及，适中则安”。而

女王先是暗地里提供资金，接着又向福斯湾派遣了一支舰队。最后，她于年底被说服并派兵侵入北方邻国。然而，英军并没有攻下法军占领的利斯要塞，这让伊丽莎白愤恨不已。英军的云梯高度不够，于是只能安营扎寨，包围利斯，情势陷入了对英军最为不利的局面。“如今同女王陛下待在一起，让我饱受折磨，”塞西尔写道，“毕竟疟疾发作了五次，症状依然严重。”

支持战争的是塞西尔，因此他有义务终止战争。女王命令他同苏格兰和法国谈和。尽管十分不满，但他不得不服从。1560 年夏，《爱丁堡条约》最终签订，对于英格兰来说，这项停战协议十分体面。英法两国同意从苏格兰撤军，另外承诺玛丽和弗朗索瓦不再声称拥有英格兰王位。英格兰同法国正面抗衡，并经受住了考验。这一点各国都看在眼里。是故西班 301
牙也同法国敌对，尽管伊丽莎白是异端，但只要她同邻国交恶，腓力都在一定程度上支持她。可以说腓力有意的不作为帮助了英格兰新教，使其最终获得成功。

这个条约可能超出了塞西尔和伊丽莎白的预期，但依然存在一个严重的漏洞。玛丽本人并没有在上面签字。吉斯的玛丽在这一年夏天去世，法国撤军后，苏格兰议会宣布信仰新教，而这个决定也没有得到女王的批准，有关教义的争论依然持续不断，一如从前。玛丽·斯图亚特心中或许认为伊丽莎白签订这个条约的目的是为了夺走国民对自己的忠诚和拥护，如果只是把这个想法放在心中，那或许还能获得原谅。但她在巴黎宫中的侍从依然在她路过的时候喊道：“为英格兰女王让出一条道！”她对英格兰王位的执念最终将让她大难临头。

伊丽莎白的终身大事依然是国家的重中之重。欧洲的大人物们纷纷步腓力之后尘，试图博伊丽莎白之欢心。同女王结婚总是有利可图的。到了这一年的秋天，已经有十一二个声名显赫的追求者前来竞争。两个国王、两个大公、五个公爵、两个伯爵，为了权力一争高下。其中最为尊贵的当属奥地利的查理大公和斐迪南大公，而在他们俩身后跳来蹦去以博取关注

的是瑞典国王的长子艾瑞克。伊丽莎白毫不掩饰自己喜欢受人关注，但又
每每表面卖弄风情，实际已然退缩。她从未说过自己绝不结婚，但依然提
出想要守身。她口是心非，说出的话和真实意图常常相悖。她惯用的手段
便是拖延和搪塞。西班牙大使写道：“和这个女子打交道太不容易了，我
302 觉得她体内住着十万个恶魔，尽管她总对我说自己想要出家，在隐修院中
日夜祈祷度过余生。”当然，在这个毫无定数、危险万分的世界中，能让
多国要人为自己的美貌你争我夺总还是有所裨益的。

这一年秋，一个苏格兰神学家给伊丽莎白呈上了一份有关她母亲失宠
的报告，其中记载着安妮·博林抱着尚在襁褓中的伊丽莎白，面对盛怒的
亨利苦苦哀求的情形。这再次让伊丽莎白认识到婚姻生活的苦难。似乎她
一直以来都希望独身。她难道不是已经说过自己嫁给了议会和国家吗？这
种婚姻状态很奇妙，她通过吸纳整个男性世界来成全自己。这一状态可以
称之为“身体政治”。但在当时的大环境下，这是一个勇敢，甚至可以说
是惊人的决定。一个女子，哪怕是女王，不结婚也是难以置信的事。社会
针对不婚女子有强烈的歧视，认为这是在藐视上天以及人间的秩序。人们
认为一个不结婚的女王会因为孑然一身而“郁郁寡欢、疾病缠身”。后
来，坎特伯里总主教连同伦敦主教、约克主教向女王发去牧函，称他们担
心“陛下一直无嗣，将惹怒上帝，并降罪于我们”。这将威胁国家的安
全，甚至存续。

而女王身边还有一个人——她的贴身侍从骑士统领罗伯特·达德利。
达德利帅气俊朗、英气逼人，很明显女王对他喜爱有加，感情很深。1560
年春，有传闻说伊丽莎白不论白天晚上都会去达德利的房间，传闻不久便
成了丑闻，甚至有外国大使将其汇报回国。风传如果达德利丧妻，伊丽莎
白将同其结婚。布伦特福德一女子被控宣扬女王怀上了达德利的孩子。这
一年夏天，同苏格兰签订有利条约后不久，女王沿着泰晤士河南岸巡游。
达德利在女王身边如影随形，每天和女王一起骑马打猎。眼看自己的影响
303 力正在下降，塞西尔开始审时度势。他对西班牙大使说：“女王如此行事，
让他想辞官。若是眼见风暴来临还不停船靠岸，便称不上好水手……”

于是，1560年9月8日，艾米·达德利神秘死亡。她从楼梯上摔下来直接把脖子摔断了。达德利妻子死得这么恰到好处，引起了“重重险恶的猜疑和流言”。她是不是被推下去的？抑或她是不是自寻短见？女王让达德利返回其位于克佑区的家中，回家后的达德利似乎非常惊惶焦虑。他对仆人托马斯·布朗特爵士说：“飞来横祸让我心乱如麻……我的心情无法平复。”他很清楚，“充满恶意的世界”将把此事扭曲到何等程度。

法医陪审团被召集起来检验证据，并最终裁定这是一起意外。当然，这个裁定并没有平息有关阴谋的流言，甚至有传言说艾米·达德利是被谋害的，女王也介入了此次阴谋。这样的传言几乎不可信。从政治上讲，女王不可能在发生了这样一桩事情之后同达德利结婚。热衷于阴谋论的人甚至可能会推测是塞西尔谋划杀害了艾米·达德利，以此让女王和达德利不可能成婚，并同时毁掉达德利的名声。

女王和身边最得宠之人的关系的本质无人知晓。伊丽莎白历经磨难，因此一直很谨慎，甚至可以说很警觉。难道她会因为爱上一个臣民而让自己遭受灾难吗？女王和他人独处的机会很少，甚至可以说没有。她身边一直有贴身女官和下级女官陪伴，甚至就寝也不例外。一旦做出不符合日常起居的事，马上就会被发现。“我的生活很公开，有那么多见证者，”她说，“我不明白怎么会有人不分青红皂白地非议我。”

正在这段时期，塞西尔写了一份私人备忘录，总结了伊丽莎白最中意的婚姻人选，奥地利大公查理以及骑士统领罗伯特·达德利，以及他们各自的优缺点。在两列清单上，大公那一列占据了一边倒的优势。塞西尔写道，以“财富”而论，查理“据报告一年能赚得三千达克特”，而达德利 304
之所得“全由女王恩赐，而且还欠着债务”。以“朋友”而论，大公的朋友有神圣罗马帝国皇帝、西班牙国王以及各位公爵，而达德利“的朋友除了女王的朋友之外，再无他人”。以名声而论，查理“得到所有人的尊敬”，而达德利“受到多人憎恨。且丧妻”。在塞西尔看来，这件事尘埃落定了。但他也说：“只有上帝知道女王会做何决定。”

1561年初，达德利的一个亲戚面见西班牙大使，递交了一份提议。

提议上说如果腓力准许并支持达德利和女王成婚，伊丽莎白应该会乐意让英格兰重返罗马教廷的统治。得闻此变，塞西尔迅速展开行动，并发现了是教宗党在背后捣鬼。他以参加弥撒的罪名逮捕并关押了数个亲天主教的司铎和乡绅。公众对这一举措反应极其热烈，这也向达德利传达了清晰的信号，即任何同教宗和解的提议都会被否决。达德利写道："我认为必须通过揪出一些搞弥撒的人并加以惩戒，从而使教宗党断了念想。"邀请教廷大使来访的计划本在拟议之中，如今也遭到了否决。

伊丽莎白参与达德利这一计划的可能性微乎其微，她的头脑足够清醒，还没有缺乏常识到认不清这一行动实乃愚不可及之举。实际上，在此期间她对于婚姻发表了最为激烈的言论。坎特伯里总主教对塞西尔说女王言及"最为神圣的婚姻，极尽尖酸刻薄，我闻之甚为惶恐"。对话可能源于坎特伯里总主教对教士结婚的提议，但女王的言外之意再清晰不过。"这儿只能有一个女主人，"她宣称，"再容不下男主人了！"一旦结婚，她便成了王后；不结婚，她集国王与王后于一身。德意志一王国大使称婚姻"虽为恶事，但值得拥有"。女王闻之大笑。"值得拥有？"她反问道。她宁愿做一个单身的女乞丐也不愿意做一个已婚的女王。

针对继承权又出现了新的难题。凯瑟琳·格雷夫人是不幸的简·格雷
305 的妹妹，由此，若是她侄女玛丽·斯图亚特不再觊觎王位，她便是合法的王位继承人。但 1560 年 11 月，她暗中同爱德华·西摩结婚，后者是前护国公萨默塞特之子。作为将来的继承人和女王的贴身女官，她有双重义务在结婚前征得女王的同意。而实际上她隐瞒了自己和西摩的关系，这无疑是害怕伊丽莎白禁止他们进一步接触。抛开继承权不说，女王对于人心向背一事一直非常严苛。

事情最终传到了女王耳边，可以料想，女王勃然大怒。她把这对年轻的夫妇关进伦敦塔，并判处终身监禁。凯瑟琳在监禁期间诞下一名男婴，这让女王更担心了，男性继承人的出现将大大削弱伊丽莎白的地位。她决定宣称该婴儿非法，从而使其无法继承王位。在这件事上，凯瑟琳·格雷的庸碌无能显露无遗，她实际上非但遗失了婚姻文件，而且忘了主持婚礼

的教士的姓名；婚礼唯一的见证者也于近期死去。命运或者说天命没有站在她那一边。婴儿被宣布为私生子，凯瑟琳接着被从伦敦塔转移到家中软禁，并于七年后死去。女王认为此次事关王朝更迭的婚姻“必经过周密安排，有着非同寻常之目的”，有传闻称凯瑟琳·格雷和爱德华·西摩是替代她统治的人选。

凯瑟琳·格雷的妹妹玛丽也因为在没有得到正式允许的情况下结婚而被软禁家中，其丈夫被投进弗利特监狱，一关就是数年。当时这段婚姻在坊间被传得猥琐下流，令人咋舌。玛丽·格雷是个侏儒，“佝偻而丑陋”，她的丈夫是个身高六尺八寸的平民。他们对于女王来说没有实质性的威胁。但当时传闻女王自己摈弃自然的愉悦，亦见不得其他人享有。

王位确实得到了百般守护，而玛丽·斯图亚特再一次带来了紧张和担
忧。弗朗索瓦二世于1560年12月驾崩，作为没有子嗣的遗孀，玛丽在明 306
争暗斗的法国宫廷中并不受欢迎。当时查理九世才十岁，在国王未成年期间，玛丽难缠的婆婆凯瑟琳·德·美第奇统摄国政。凯瑟琳“十分厌恶”玛丽。玛丽·斯图亚特回敬其不过是商人之女。但丈夫的去世让苏格兰女王失去了身份和权威。此时是该考虑回国的时候了，毕竟自己的地位在自己的国家将会得到较好的保障。

苏格兰的天主教派和新教派都向她派遣使者，希望她回到名副其实属于她自己的国度。天主教派力劝她从苏格兰东北海岸登陆，在那里，热心天主教的戈登家族将迎接她并陪同她一道风风光光地前往爱丁堡。新教派也希望玛丽回国，并同新教达成一定的和解，从而保障顺利继位。显然，玛丽回国无论如何都会受到热烈欢迎。

玛丽向伊丽莎白宫廷派遣使者，希望表姐允许自己在前往苏格兰的途中在英格兰港口登陆。英格兰女王在众人面前高声回绝了这一请求，并说玛丽除非签署《爱丁堡条约》，放弃觊觎英格兰王位，否则一切免谈。“让你们的女王批准条约，”她说道，“不论她在陆地上还是在海上，我都会让她体会到我作为女王，作为她的亲戚和邻居所能给予她的一切。”

玛丽于是召见英格兰驻巴黎大使。“真是让人百思不得其解，”她说，

“在所有国王和国家中，她竟然是第一个煽动我的臣民与我为敌之人。况且我现在只是一介寡妇，她竟还要阻碍我返回祖国。”她接着旁敲侧击地威胁道：“我不去管她的地位以及她如何对待臣民；但我知道在她的国中，（有些人）一直在等机会。”威胁完毕，她又加了一句讥讽的话。“你的女王说我年轻，说我缺乏经验。我承认自己的确比她年轻。”玛丽当时只有十九岁，但精于讽刺挖苦、含沙射影。很明显，阿尔比恩[1]两个女王
307 并立。约翰·诺克斯曾见过玛丽·斯图亚特。“以我的判断，此人心高气傲、工于心计，拒不接受上帝及真理。”

玛丽于 1561 年 8 月 15 日启程前往苏格兰。她的船刚离开加来港口，另一艘船便由于错估水深和洋流发生海难，船慢慢沉没，乘客和船员无人生还。“天哪！”玛丽叫道，“对于远航来说这可不是个好兆头！”对于即将去统治一个国家的人来说，这也不是个好兆头。在利斯登陆的时候，她和随行人员因为不得不骑驽马而心生不快。她现在已经因为离开华丽壮美的巴黎王宫而悔恨了。她在荷里路德宫下榻的时候，大约有五百个加尔文派聚在她窗外唱圣歌。第二天，这群人威胁了她的天主教专职教士，称他比巴力的牧师好不到哪去。女王说：“我的臣民就是以这种方式表示欢迎和忠诚的，而这还只是开始，最后会怎样我不知道，但在我看来定会十分糟糕。”至少这句话应该是玛丽亲口说出的。然而哪怕是编得再好的历史，都难免有事后诸葛亮之嫌。

1561 年夏，就在玛丽回国前夕，一个骇人的征兆震惊了伦敦。圣保禄主教座堂的中世纪尖顶离地 520 英尺（约 158 米），离塔楼 260 英尺（约 79 米），木质结构，外面涂着铅，在当时看来，这个尖顶拔地而起直入高天。6 月 4 日，阴云笼罩全城，白昼如夜。午后两点左右，云层深处崩出一道闪电，直击教堂尖顶。当时似乎并没有什么事，但到了傍晚，球状尖顶周围环绕着一团蓝色的烟雾。不到一分钟时间，尖顶上的十字架和鹰便掉下来砸破了屋顶，掉到了南耳堂内，尖顶的铅熔化，顺着塔楼流

① 古时用以指不列颠或英格兰。

下，不一会，整个教堂都烧了起来。

据说“整个伦敦城的人都飞奔到教堂庭院”中，个个惊慌失措。女王透过格林尼治宫的窗户看到了大火。一些停泊在泰晤士河边船上的海员临时列队用桶从河中打水，接着他们带着沾了水的兽皮，爬上教堂屋顶灭 308
火。到了午夜，大火熄灭，整个教堂被烧得乌黑，屋顶烧没了，成了一片废墟。人们普遍认为这是一个预兆，预示着人间将生大变，但具体会发生什么事，依旧无人知晓。而对于主教座堂来说，塔楼得到了修复，尖顶则再没有重建。

一些人觉得此次大火是教宗党使用火药或更为让人难以捉摸的法术引起的。一个调查委员会已于当年春天成立，旨在调查“搞弥撒的人以及巫师”，某些信奉天主教的乡绅以施巫术之名遭到逮捕。被逮捕的巫师形形色色，他们都承认施放了黑魔法谋害女王，接着一个个被铐上颈手枷游街示众。英格兰岛流言四起。人们纷纷引用诺查丹玛斯的预言来解释世事，1562 年，有二十个书商因为售卖他的一个预言而遭到罚款。就在这一年，发生了许多怪事。一个儿童的尸体被带到了王宫，这个孩子天生长着拉夫领（即轮状皱领），双手“如同蛙脚”。猪生下来长着人的鼻子：

> 牛猪异形
> 众生异状，
> 世间必生大变。

可谓屋漏偏逢连夜雨，伊丽莎白在此期间病倒了。1562 年秋，她在一封信的结尾附言：“我正发着高烧，无法继续写下去了。”当时她正在汉普顿宫休养。有一次，她为了降低体温而洗了一个澡，却因此着凉，并迅速病倒。实际上，她患上了天花，而这个病可能会要了她的性命。后来她回忆道：“死亡占据了我全身，我当时盼望着克洛托静静剪断我那根虚弱的生命之线，因为在我看来这根弱不禁风的线实在太长，太长了。”（克洛托是命运三女神之一，司掌人类的命运。）伊丽莎白失去了知觉，

“无法言语”。

309 女王刚病倒，塞西尔便被召入宫中，得知女王只有几天阳寿了。枢密院委员们也从伦敦赶来，日夜开会商议如何应对眼前的大难。众人就王位继承权的问题争论不休，国家前途未卜，不知何去何从。玛丽·斯图亚特不在考虑范围之内。英格兰再不能有第二个信奉天主教的女王了。凯瑟琳·格雷是最佳人选，尽管她依然因为私自结婚而失势。但至少她信仰归正宗。

女王完全退烧之后，又恢复了意识。她觉得自己命不久矣，于是当着围绕在榻前的枢密院诸委员之面，要求他们拥达德利为护国公。她说自己深爱着他，但在上帝的见证下，两人“并未发生任何不得体之事”。然而危机总算过去，她天生的好体质占了上风，得以继续留在人间。然而，全国上下以及她自己都意识到她终有一死。在之后的岁月中，女王一直忌讳
310 谈起自己生病一事。

28

三十九步

英格兰的宗教一直以来都和欧洲有着千丝万缕的联系。例如，16 世纪 60 年代初，导致法国分裂的宗教战争就波及英格兰。只要涉及宗教，没有哪个国家能够置身事外。在凯瑟琳·德·美第奇摄政期间，天主教派和胡格诺派为争夺统治地位互不相让，吉斯家族支持天主教派，而波旁家族则同新教徒联合。凯瑟琳本人不得不在这两者之间调停以维持王国的统一。而欧洲其他国家的君主，不论信仰天主教还是新教，都被卷入了这场艰难的斗争之中。其中信仰天主教的君主有神圣罗马帝国皇帝斐迪南一世以及西班牙国王腓力二世。伊丽莎白也无法独善其身。因为如果在这件事上不表态，会让人觉得懦弱。她的枢密院中大多数成员信奉归正宗，意欲支持新教运动。

一如往常，伊丽莎白犹豫不决。不到万不得已，她不会做出决定。只要涉及国事，拖延是她的一贯政策。她不会同信奉加尔文主义的胡格诺派为友，因为她憎恨约翰·诺克斯推行的加尔文主义信条，憎恨《向邪恶的妇人军团吹响第一声号角》一书；她亦极不情愿将紧缺的金钱投入欧洲的战争；关注玛丽·斯图亚特在苏格兰的一举一动，理由则充分得多。不论 311
如何，欧洲若打响一场全面的宗教战争，将带来诸多危险。英格兰可能会因此卷入疯狂的屠杀。另一方面，也可能得到丰厚的回馈。一个顾问官在给女王的信中写道：“陛下或许能够趁乱占领加来。”但伊丽莎白依然迟疑不决。她向凯瑟琳·德·美第奇派遣使者，许诺自己随时愿意出面调解争端。

与此同时，玛丽·斯图亚特迫切地想要和她英格兰的表姐会面，她希望伊丽莎白能够承认自己女王的身份。伊丽莎白本人也乐意借此机会见一下她的亲戚，同时也是邻国的女王。这次会面还可以同吉斯家族和解，从而和法国达成停战协议，因为玛丽同法国前国王结婚时，便已和吉斯家族联盟。不过此事也会带来极大的危险。枢密院对此举行投票，全票反对两位女王会面。他们认为玛丽是在暗中的敌人，依然同法国站在一边，追求天主教的利益。无论如何，英格兰如果再次出现一个信仰天主教的女王，后果将不堪设想。

伊丽莎白坚持同苏格兰女王见面。并许诺将于 1562 年 9 月初在诺丁汉接待对方。诺丁汉城市要员接到信函，奉命准备接待两个女王的随行人员，人数多达约四千人。然而，很快传来消息，西班牙军队正向法国边境挺进，以支持吉斯家族。新教徒可能遭受灭顶之灾，伊丽莎白的调停之举变得毫无意义，而这样的会面也变得极不合时宜。因此伊丽莎白取消了同玛丽的会面。接到这一消息，苏格兰女王整整一天卧床不起。

穷途末路的胡格诺派领袖孔代亲王恳求伊丽莎白给予人力物力上的援助。他依然控制着诺曼底，若伊丽莎白施以援手，他承诺将勒阿弗尔和迪耶普拱手献上，以助英格兰最终夺回加来。伊丽莎白不再犹豫，她迟迟不给新教徒援助的态度让她在安特卫普股票市场上的信誉大打折扣。9 月 22
312 日，她和孔代的公使团在汉普顿宫签署条约，同意派遣六千名士兵前往法国，同时给予大笔贷款。她给玛丽写信称必须“在邻家着火时保护自家房屋免受损害”。若是情势所需，法律便是一纸空文。

10 月 2 日，英格兰军队离开朴次茅斯前往法国，两天后占领了勒阿弗尔。这是夺回加来的第一步。看来女王相比起支持新教运动，对加来更感兴趣。一小批英格兰军队不顾女王的命令，和新教徒军队一起保卫鲁昂。战场之事瞬息万变，这一点女王心知肚明。鲁昂被吉斯家族率领的天主教军队攻破，守城将士遭到屠杀。两军在法国西北部的德勒展开血战，数千人战死沙场，最终不得不稍作喘息。天主教军队和新教军队在凯瑟琳·德·美第奇的安排下停战，天主教势力给予了孔代亲王一定程度上的宗教宽容。用当时的话来说，似乎英格兰的利益“被抛到了九霄云外”。

勒阿弗尔的英军目空一切。他们意欲“打得法国公鸡像母鸡那样咯咯叫”，他们向女王保证“抛头颅洒热血包围每一寸土地”。孔代军和吉斯军如今联合起来对抗世仇，而伊丽莎白则痛斥孔代亲王为“背信弃义、反复无常、口蜜腹剑的恶棍”。她坚称除非交出加来，否则别想让英军撤出勒阿弗尔。她派遣舰队入海，并从伦敦各个监狱征兵。盗贼和强盗可以通过参军免上绞刑架。

但死亡以另一种形式降临。勒阿弗尔的英军行伍间暴发了一种“怪病”。6 月骄阳似火，人们马上意识到这种怪病便是瘟疫。围城的法军切断了勒阿弗尔的水源，城内再找寻不到新鲜的肉类和蔬菜。7 月初，驻军还剩下一千五百人，城中街道在法国炮火的肆虐下已经千疮百孔。女王和枢密院源源不断地将军队送到海峡对岸，但根本于事无补。被疫毒污染的空气远比法军的枪炮致命。英军指挥官沃里克伯爵同敌人达成协议。实际 313
上也就是投降了。勒阿弗尔再次回到了法国人手中，城中的英格兰军队获准登船回国。

一波未平一波又起。回国的士兵把疫病带回了英格兰。在夏天接下来的日子里，只要他们所经之地，不论城镇还是乡村，死亡疯狂蔓延。病征为高烧、战栗、头痛、昏睡，病人多数有气无力地死去。8 月，伦敦的死亡人数达到每周七百到两千人。一直到 11、12 月的大雨冲刷了街道，疫情才最终平息。

勒阿弗尔大灾难让女王学到了两个沉痛的教训。轻信他国诸侯的承诺并非明智之举。介入并非自己发起的战争是危险的。在后来的条约中，伊丽莎白完全放弃了加来。

1563 年初，议会召开会议讨论国是，尤其是给当时正在进行的英法战争提供资金。但上下议院更忧心王位继承权的问题。最近女王病倒一事愈加彰显一旦她驾崩，国家将岌岌可危。此次讨论事关重大，连玛丽·斯图亚特都派遣大使旁听，意欲借此机会从中渔利。

下议院详细阐述了独身的危险。如果没有仔细考虑婚姻或者没有选择继承人，那么整个国家从某种意义上来说都是贫瘠的。这将种下无尽祸根，其中包括内部冲突和外敌入侵。针对他们的请愿，女王发表了一篇直言不讳同时又模棱两可的讲话作为回应。讲话中，她说自己和他们一样，甚至比他们更加深刻地认识到了危机。她在书中看到过有一个哲学家，在面对复杂问题的时候会先默背一遍字母表，然后再着手处理（这个故事另一个版本的主人公是罗马皇帝奥古斯都）；她也有类似习惯，在精心思考
314 之前会先等待并祈祷。然而“我肯定，在我死后你们将会有许多后继女王，但你们绝不可能再有一个像我这样天生的国母了”。这句话可以被理解为是非常客气的回应了。

对于之后几天上议院呈上的情愿，她的回应更为直接。她希望上议院能比下议院多一点远见，而他们“一个个坐立不安、自以为是、喋喋不休”。她断言立储将导致内乱和杀伐。她脸上是天花的疤痕而非皱纹。不论如何，正如同施洗者的母亲[①]，她也可能在晚年怀胎。当时她实际上才二十九岁。

大法官宣读了她对上下议院发表的最后讲话，讲话中她承认自己并非断然不婚。“如果我能够通过违背自己的意愿满足你们的要求，我不会拒绝。”“如果”一词表明这个承诺几乎不可能兑现。她承诺会同国内的博闻广识之人商议，“只要我一息尚存，比起活着为你们祈祷，是否更该重视死后如何保障你们的利益”。这句话的意思极为含糊不清，颠来倒去怎么理解都可以。

伊丽莎白同时在另一群人面前坚持自己的主张。似乎威廉·塞西尔和

---

① 指施洗者约翰的母亲以利沙伯。根据《圣经》记载，她年老不能生育，但由于虔诚，天使长加百列显现，告知她将生下一个儿子，这个儿子“在主面前将要为大，淡酒浓酒都不喝，从母腹里就被圣灵充满了”（《路加福音》1：15）。

枢密院中其他一些成员都支持议会的请愿。尽管他们没有直接在女王面前陈述主张，但间接对女王施加了压力。“此事千头万绪，”塞西尔写道，“臣无法参透。愿神给予此事一个圆满的结局！”但很明显他认为议会必须就立储一事进行思考并提出建议，哪怕削弱君权亦在所不惜。

他还认为女王就算无须受制于枢密院，也必须接受枢密院的指导。她须得到来自男性的明智建议，从而继续秉承神意统治全国。枢密院委员弗朗西斯·诺利斯爵士对女王解释说她应该摒弃“偶尔会占据您心智的情感和热忱。您最为忠诚的枢密院经过深思熟虑所得出的结论，一直以来都是最有价值的”。枢密院是“国父”或“警卫”。不能让伊丽莎白专政。 315

但她依然是议会的女主人。她先前的那位君主四年内召集了五次议会，但在她当政的前三十年，总共才召集了七次议会。有一次她对议长说：“召集议会的决定权在我，结束议会和确定方案的决定权亦在我：我有权肯定或否决议会的一切议案。”法律由枢密院制定，或在枢密院明确希望或默许的情况下由议会制定。诸如诺利斯、哈顿等女王的大臣在下议院中保留席位。议长由女王钦定，从而贯彻她的意愿。在她漫长的统治期间，当然出现过厌烦和不满，但基本上她都能通过精彩的演说、政治协商，或有选择性地将拒不服从的议员投入监狱从而掌控议会。事关权谋，她从无败绩。

有人提出了“言论自由”，但这一问题从未得到解决，针对这一问题的困惑在下一个朝代将死灰复燃。一个政治哲学家曾说过，一般来讲，议会是朝廷的延伸，一切法律皆源于“国王、上议院、下议院所指定的各式法令”。

1563 年，塞西尔还起草了一份继承法案，建议在女王无嗣驾崩的情况下，政府的权力应立即移交枢密院。到那时，英格兰将会和威尼斯一样，成为由寡头政治集团统治的国家，或称为贵族共和国。塞西尔提出届时议院有责任选举新君主。由选举产生世袭君主的想法前所未有，令人震惊。该构想否认了都铎王朝的整套架构和精神。当然这也反映出塞西尔忧心忡忡，被迫出此权宜之计。而这个法案从未递交讨论。如果伊丽莎白看到，毫无疑问会将其废除，塞西尔可能也意识到此举实属僭越。

议会通过了两个极为重要的法案。《技工法令》提出了诸多措施，技
316 术工人的最低工资由当地治安法官评估，雇用合同按年签署。学徒必须遵守伦敦的风俗并服务七年。收获时节所有具有劳动能力的男性都必须下田工作。这个法案可能只是为了满足当下的需要，但这一偶然出现、脉络不甚分明的法律却沿用了两百五十年。

另一个法案针对的是“顽固乞丐”和无业游民问题。进一步规定每个堂区都必须以公共资金支持“老弱、贫苦”人群。许多世纪以来，济贫一直由教会负责，如今则成了地方性的世俗事务。教会给予穷人的礼物曾被称为“赠品”，而富人吃剩下来的食物则被称作“圣母面包”，当然现在这些东西都已消失。亨利八世统治时期的解散隐修院运动使济贫一事不得不另寻他途。

我们可以从总体上认为宗教改革给世俗当权者提供了更大的空间以规范、管理整个国家。1553 年，英格兰第一家济贫院——布莱德威尔济贫院成立。1579 年，埃克塞特也建起了济贫院。伦敦官方就建立了五家“慈善机构”，做着在中世纪本应由教会做的事。圣托马斯医院和圣巴多罗买医院专门收治病人和老人，这两家医院如今仍健在。基督公学接收孤儿，而贝特莱姆医院则接收精神病人。1572 年通过法案，首次在地方上征收《济贫法》税。随后又出台了一系列相应的法规。然而，直到 16 世纪，“国家”一词才有了现代概念中的含义。

因而，多少可以有把握地说，这两个法案是影响英格兰社会、经济结构的重大举措。然而议会的这些举措并非注定就是仁慈的，相反，这些举措十分严格且专横。例如，对于流浪汉的惩罚力度在加大。一般的游民将遭到鞭刑，并投入监狱，直到为他们找到主人。游民中的危险分子将被流放出境，如果他们回国，将被送上绞架或充当划桨手。

317 1563 年，主教和高级教士齐聚一堂，一如往常，教牧人员代表大会同议会一起召开。这是归正宗重新确立以来的首次大会，因而众人觉得代表教会确立一个法律框架十分重要。一份题为《下届议会及教会会议所要

处理事项之总注释》的文件表达了“以信纲形式确定某些信条”的意愿，从而确定英格兰宗教的基础。

是故，经过了一番磋商和辩论，确定了《三十九条信纲》。其中有几条没来得及在议会立法之前拟出，所以必须等到三年后的下一届大会再处理，这一信纲一直到1571年才成为官方的宗教教义。但最关键的工作已经完成。1563年，教牧人员代表大会以必要的形式确立了英格兰教会史上最为重要的教义声明，这些教义沿用至今。礼拜仪式必须使用本国语；不允许举行弥撒，崇拜圣体圣事被视为渎神；罗马天主教有关实体变换和炼狱的教条被否定；不得祈求圣人。强调君主是教会的最高领导。

总的来看，《三十九条信纲》透露出温和的加尔文派基调，但没有一条信纲和路德派或加尔文派冲突。这些信纲集16世纪归正宗信仰之大成，被认为是走向广大国民认可的“三十九步”。比较严谨的改革派对这一结果并不满意，随着时间的推移，他们被称为“清教徒”。达勒姆主教写道：“我得承认我们做着许多违心的事，但我们无法将其消灭，尽管我们已尽力对其展开攻击。我们受制于权威，得不到女王的首肯什么改革都免谈。我们也无法更改法律。我们唯一能做的事就是选择容忍还是打破教会的和平。”这些话可以被认为是之后教会分裂的预言。

广大民众的宗教信仰无疑是杂糅且多样的，既非全然旧，亦非全然
新。归正宗信仰才兴起不久，而天主教信仰则苟延残喘了多年。当时有两 318
个学者统计，女王刚登基时，全国只有百分之一的人口积极、坚定地秉持新教信仰。1561年，牛津大学的神学教授尼古拉斯·桑德撰写了一份名为《英格兰普通民众之天主教信仰倾向》的文件，宣称“农民和牧民信仰天主教”，毫无疑问，这些人占据了英格兰人口中的一大部分。他还说工匠并不接受归正宗信仰，“除了那些坐着干活的人，比如纺织工和修鞋匠”。他还列出了信仰天主教的人口占绝大多数的地区，包括：威尔士、德文、坎伯兰、诺森伯兰、威斯特摩兰。经过了几十年时间，新教信仰接受度较高的地区有：肯特、埃塞克斯、萨福克、诺福克、萨塞克斯，当然，还有伦敦。

1561年夏，卡莱尔主教报告称在当地贵族的纵容之下，他堂区中的许多教堂仍在举行弥撒。同年夏天，赫里福德的法官下令将圣老楞佐日定为宗教节日，在这一天，肉铺不卖肉，商贩不敢开店。一群拒不服从国教的天主教司铎来到德文郡并受到了热烈欢迎，他们“大吃大喝，被捧上了天，就算耶稣在世都得不到这样的礼遇”。温彻斯特主教抱怨他的教众“冥顽不灵，对迷信和教宗卑躬屈膝，应该天天给他们做思想工作，但牧师人数实在不够”。赫里福德市议会上，“没人信奉这一（归正宗）信仰”。拉德洛镇上，只有六个人信奉归正宗。直到1567年，东约克郡仍有十七家教堂按照天主教传统布置，而七年后，北安普敦郡有超过十二家有十字架龛的教堂遭到查封。在伊丽莎白统治期间，兰开夏郡活跃着七十五个拒不服从国教的天主教司铎，在约克郡，这样的司铎超过一百人。

然而，就算大多数英格兰民众依然信奉旧信仰，也几乎没有人想要公开践行，和官方唱反调。有些人断言如果参加新教仪式会获罪，但所获之
319 罪会转嫁到女王头上。只要他们每周去教堂，遵从归正宗的新仪轨，信仰什么就是他们的自由。他们可能什么都信，也可能什么都不信。服务、服从权威比反抗容易得多，也安全得多。

这便解释了为何归正宗仪式就算不能说是模棱两可，至少也可以说是具有一定弹性的：只要公开表示所有基督徒信奉统一信仰即可，礼拜规则和仪式可以根据教众的倾向做些许调整。因而，据塞西尔得到的消息，1564年时的宗教仪式形式多种多样，“一些人在高坛上举行仪式和祈祷；另一些人则在教堂中殿……一些人严格按照《公祷书》来开展仪式，一些则会中途抑扬顿挫地唱起圣歌……一些人跪着领受圣体，一些人站着领受圣体；一些人在圣洗池受洗，一些人则用脸盆受洗；一些人划十字，一些人不划”。

混乱还蔓延到了衣着领域，“有些司铎穿白法衣，有些不穿；有些戴方帽，有些戴圆帽，有些戴顶上有纽扣的帽子，有些戴有檐的圆帽；有人穿学术礼服，也有人穿其他服装”。教堂内参加礼拜的教众漫不经心、糊弄了事引起了诸多不满。教堂的内部装饰已经被扒个精光，实在没什么东

西可以看了。据说周日酒吧座无虚席，人们宁愿去看斗熊也不愿去参加礼拜。据一个教士说，庄严的仪式已不复存在，许多人“比起祭坛更爱啤酒，比起去教堂更爱下田收玉米；这些人做礼拜只是随大流而不是出于信仰，他们觉得只需脱个帽，下个跪，咳声嗽，吐口痰”，唱首赞美诗，在牧师讲道的时候打个盹，便万事大吉了。此外，归正宗司铎短缺也是个问题，全国有九千个牧师职位，却只有七千个正规教士。

然而，夸大英格兰民众对天主教的热情是不明智的。威尼斯大使哪怕在伊丽莎白登基前十八个月便发现三十五岁以下的民众很少真正信仰天主教。他们不拥护新信仰，但对旧信仰也意兴阑珊。一个本笃会会士称这些人“对信仰无感”。因此，可见那个年纪的英格兰民众对信仰的态度十分淡漠。他们已经记不得什么时候君主不是教会领袖了，而这一点实难让人对宗教产生虔敬之情。 320

除了淡漠之外，可能还有不确定和迷茫。索尔兹伯里主教在女王面前讲道时叹道：“贫者见弃于人，犹如没有向导的羊群……他们奉命改换信仰，却没有得到指引，不知何去何从：他们不知道该摈弃什么，亦不知能得到什么。”许多人蒙昧至极。有人对一老人说信基督可得救，老人回答：“你说的这个人我知道，一次我在肯德尔耶稣圣体节看戏，戏里就有，他被钉在树上，鲜血直流。”

然而，一些人很清楚地知道自己应该相信什么。直到 1572 年，一位匿名的编年史作者写道，除伦敦以外，“全心全意信福音的人”还不到四十分之一。然而，这些人数不多但极具热忱的少数派在 1563 年《福克斯殉教者书》出版之后深受鼓舞。此书详尽、生动地描写了秉持新信仰的人们在玛丽当政时期被残酷烧死的情形。例如，福克斯描写了根西岛上一个妇女在被烈火吞噬的时候生产，刚诞下的婴儿也被扔进火焰和母亲一起烧死的故事。这个故事曾经被普遍认为是捏造的，但当时的其他文件显示恰如福克斯所描述的那样，此事确实发生过。这本书里的木版画当属圣徒传记中的精品。它为一个缺少圣徒的国家提供了连篇累牍的圣徒事迹。

福克斯还撰写了一份宗教改革的新历史，其中英格兰教会恢复了一直以来都被罗马教廷掩藏的“古老基督教”。大约公元1100年开始的“敌基督时期”最终得到了净化。福克斯声称：“因为上帝将我们英格兰人置于一联邦之内，一教会之内，让我们同舟共济，让我们不要同室操戈、分崩离析。”在当时，联邦一词指的是身体政治和共同利益，指超越自私和党争，由所有社会阶层的人们共同组建的一个理想化、富有成效的联盟。其目的是建立一个“笃信上帝的联邦”。

321 英格兰人再次成为被上帝选中的民族。福克斯通过编纂新教历史，实际上给这个最新建立起来的宗教确立了形式和意义。该书在伊丽莎白统治期间再版了五次，成了继《圣经》之后最受欢迎、最不可或缺的宗教书籍。最后政府下令每个堂区教堂中都必须放上一本，和伊拉斯谟的《〈圣经〉释义》放在一起。

许多较为激进的改革派不满足于当下的宗教解决方案，仍在等待着进一步的改革。韦尔斯大教堂首席牧师便是他们中的一员，有些循规蹈矩的教士会佩戴方帽，此人便训练自己的狗将他们头上那顶教宗党气息浓厚的帽子扯掉。16世纪60年代期间，这些宗教激进分子在一定程度上依然是伊丽莎白治下教会中不安与不满的源头，但他们已经开始为自己确定身份。比如，在这一时期，清教运动开始从教会中露出端倪。伦敦的一百名教士被召集到兰柏宫，这些人里有一个教士走在最前面，穿着正统的服装：头戴四角帽，披着黑色圣带，穿着学术袍。有人问走在后面的教士要不要穿同样的服装，这些教士显得很不高兴。周围人说道：“这些教士一个个愁眉苦脸的。”他们回应道：“我们的灵魂将因染污而死亡！”最终，六十一人同意穿上这套服装，剩下的三十九人被停职，并给了他们三个月时间悔改。

奉女王之命，针对激进派新教徒的其他举措也得到了落实。任何人只要拒绝签署信奉国教声明，就领不到主持宗教仪式的证书。结果许多虔诚的牧师被迫回归世俗社会，成了律师甚至医生，或者再次出国前往苏黎世或日内瓦。一些支持清教运动的小册子和布道书很快就被星室法庭严令封禁，“违反女王禁令”擅自发布书籍之人，将被处以三个月监禁。

这些宗教激进分子认为他们遭到了迫害，便更加紧密地团结在了一起。他们奉日内瓦加尔文派的礼仪书为圭臬，弃用被其称为“守旧之人”所用的英格兰传统祈祷书。这些人在伦敦特别活跃。约翰·斯托于1567 322
年写道：“一群自称清教徒或耶和华未被玷污之羔羊的人……在阿尔德门外麦诺里堂区举行他们的礼拜仪式。”

他们对于洗礼、得救预定论等问题观点各异，但对于宣讲、传播福音则怀有同样的热情，他们强调《圣经》的至高地位，憎恶现行宗教中的教宗党遗俗，极力强调安息日的圣洁，同时谴责当时普遍存在的放荡风气。个人信仰是本质所在，而这种信仰是承蒙上帝恩典，并非通过司铎取得。可以这么说：这些笃信上帝之人强调建立一个精神性的教会，而传统派则偏爱一个实实在在的教会。

1567年6月，一群笃信上帝之人租用了伦敦切克大院的普朗姆尔大厅，表面上庆祝婚礼，实际上准备开展为期一整天的布道、祈祷活动。市政官员得知了这一计划；于是他们被包围，其中一些人被郡督逮捕并带到了伦敦主教面前。有二十四人锒铛下狱，被关押了一段时间。从这件事上我们或许可以一窥那场最终导致国家分裂的宗教纷争之源。

这些笃信上帝之人在英格兰政府高层拥有支持者。许多主教对这项运动心怀同情。莱斯特伯爵（即罗伯特·达德利）只不过是支持激进改革者的贵族中最为有名的一个而已。威廉·塞西尔也被认为是支持者之一，除了他之外还有女王枢密院的其他成员。剑桥大学内也开始聚集起一群著名的清教徒。女王本人并没有动摇。她无意强硬推行正统宗教，她想要的是顺从。在她看来，只有这样才能给国家带来安宁。她不会迫于压力更改教义，也不欣赏任何形式的宗教改革。

而其他人也和女王一样对现行宗教充满信心。1562年，索尔兹伯里主教约翰·朱厄尔在《英格兰教会之申辩》一书中宣称：“我们已经尽力将基督教信仰恢复到古时候的状态。”他的信心源于一个事实，即“《圣 323
经》诚不我欺，是故我们遍览《圣经》，《圣经》便是不可撼动的宗教”。这些温和的改革派相信他们发现了古代的真理，而这些真理一直遭到教宗埋没。在伊丽莎白统治时期，新教慢慢成了多数人接受的信仰，他们也许是出于恐惧或漠然而表示顺从，但这种顺从的态度确实帮助新教成了英格兰的传统宗教。几年之内，再见不到其他形式的信仰了。在 16—17 世纪之交，这个独一无二的王朝教会得名“安立甘”，即英格兰的产物。

此外还有一项进一步的改革措施能够让女王和她的枢密院赢得一定的赞誉，即币改。伊丽莎白召回了成色不足的钱币，重新铸造的时候下调了其中廉价金属的分量。这么多年来，钱币的价值第一次等同于其面值。伊丽莎白女王扭转了从她父亲当政时便开始的经济下滑局面，这一成就足以载入史册。在她的墓志铭上，此事位列其伟大成就第三名，仅次于确立宗
324 教和维持和平。虔诚、和平、繁荣，三者密不可分。

29

棋逢对手

苏格兰和英格兰女王都仍单身，这一反常的状态给两人带来了不少麻烦。玛丽·斯图亚特正在积极寻找法国或西班牙配偶，据传她可能同西班牙王子唐·卡洛斯结婚，甚至和自己的小叔子法国的查理九世[①]结婚。若如此，苏格兰国力将大增，对邻国造成的威胁也会加大。伊丽莎白此时做出了一个令人瞠目结舌的举动——她对自己朝中的苏格兰委员提议，让他们的女王考虑一下是否可以同自己的老情人罗伯特·达德利结婚，甚至提出两个女王可以住到一起，开销由伊丽莎白提供。玛丽对这个提议思考了一段时间，毕竟这是取得英格兰王位的一个途径，但她从未真正想要接手伊丽莎白抛弃的东西。她很愿意通过暧昧的承诺来安抚自己的竞争对手，但实际上她正在为自己寻觅一个外国王子。

这也让伊丽莎白开始重新审视自己的婚姻大事。奥地利的查理大公再次成为热门人选，1564 年初，她给哈布斯堡宫廷写信，称“她始终都秉持恭敬之心，为了国家和人民能得到最大的利益而做出选择”。她将议会的话铭记在心。然而最大的问题便是大公的信仰。查理是一个虔诚的罗马 325

① 弗朗索瓦二世的弟弟，于 1561 年在兰斯加冕为法国国王。

天主教信徒，绝不可能容忍任何妨碍自己奉行信仰之事。罗伯特·达德利于1563年秋受封莱斯特伯爵，但他的新爵位也没法助他成为合适人选。他依然是女王最为宠信之人，是她真正“毫无畏惧、毫无怨言”的骑士。根据苏格兰大使的记录，在达德利受封的仪式上，“她忍不住把手伸到他颈边挠他痒”。然而，如果女王有了丈夫，这样的亲密动作肯定就不再可能出现了。

因此他似乎下定决心破坏女王和大公可能发展的婚姻。他联合法国暗中将查理九世推上舞台，但两人年龄悬殊，十四岁的男孩和三十一岁的女人的结合将为世人耻笑，使社会不稳。她说过不了几年，查理就会抛弃她，让她成为一个怨气冲天的老妪。西班牙大使问她是否想要同法国国王结婚时，她“半掩其面哈哈大笑”。

这个计划失败之后，莱斯特伯爵以大公信仰为由反对此次婚姻，这段时间他一跃成为新教真信仰的守护者，所以他提出这一反对也在情理之中。比如他支持“笃信上帝”的牧师们抗议《公祷书》中罗马天主教的元素。他反对这桩婚姻的立场使他同塞西尔、诺福克公爵、萨塞克斯伯爵交恶，萨塞克斯伯爵亲自前往维也纳试图促成此次婚姻。因此英格兰朝廷和枢密院的核心成员们分裂成两派。萨塞克斯伯爵和莱斯特伯爵的家臣纷纷拿起武器“准备尽力一搏”；萨塞克斯伯爵的支持者佩戴黄色的缎带，而莱斯特伯爵的支持者则佩戴粉色缎带。女王命令他们“不要胡搞”，放下武器。尽管如此，莱斯特伯爵继续召集“大批持剑盾之人”。后来事情发展到两个位高权重的贵族互相“谩骂挑衅，意欲一决雌雄”的地步，女王令两人一同骑马穿行于伦敦街巷以示和睦。萨塞克斯伯爵最终被任命为北英格兰事务会议长并被派去了约克。然而，此次争执突显了先前几个
326 世纪里声名显赫的贵族世家之间剑拔弩张的关系。当时的英格兰朝廷在一定程度上依然是中世纪的架构。此外，女王的存在可能让身边的豪门贵族更加想要争相展现自己的男子气概。他们的确是军阀，但同时从某种程度上说也是争宠的情人。

伦敦和维也纳朝廷之间的谈判艰难而缓慢地进行着，对伊丽莎白来

说，只要这些由宗教引起的延宕和争论可以推迟最终决定就行。这说明她同时还在安抚以马克西米利安二世和西班牙国王腓力二世为代表的哈布斯堡帝国各方势力。腓力认为她做自己表弟的新娘再合适不过。他的大使从女王的洗衣女官那里购得了有关她的生理期的信息。

也是在这个时候，政府试图将女王的肖像标准化。1563 年末，威廉·塞西尔起草了一份公告，对“绘画、雕刻、印刷品”中关于女王的画像予以谴责，这些不讨人喜欢、劣质的肖像引发了“深爱女王之臣民的不满”。最终决定由“一些黠灵（技巧高超）之人”绘制一张精美的原件，其他肖像都以此为准。因为婚姻的协商中也常常会用到肖像，所以女王可能想要一张更为完美的画像。也在这十年间，她开始寻求能够让自己永葆青春的不老仙丹。威廉·塞西尔在日记中写道一个名为科尼利厄斯·拉诺依的荷兰人因犯“欺君之罪被关进伦敦塔，他许诺自己能够炼出不老仙丹”。

然而玛丽·斯图亚特的所作所为让伊丽莎白同哈布斯堡方面的谈判蒙上了阴影。苏格兰女王玛丽的注意力转向了一个年轻人——达恩利勋爵亨利·斯图亚特。此人在利兹出生，但他的父亲是声名显赫的第四代伦诺克斯伯爵，曾因派系斗争而不得不流亡海外。更巧的是达恩利是亨利八世的妹妹玛格丽特·都铎之孙，玛丽·斯图亚特的表弟。从苏格兰方面讲，他是詹姆士二世的直系子孙。同他结婚能大大加强玛丽在伊丽莎白死后继承英格兰王位的可能性。此外，达恩利信仰天主教，最让苏格兰教会教士们
担心的是两人的结合将导致天主教再次在苏格兰占据统治地位。年轻的达 327
恩利勋爵获准拜访苏格兰，毫无疑问他前去拜访了表姐，也就是玛丽女王，并向她致敬。玛丽看到他“一边骑马一边持矛刺靶”（一项骑士的比赛），没过多久两人便如胶似漆了。玛丽对他几乎一见钟情，被迷得神魂颠倒。她在许多方面都较为理想化和冲动，依靠直觉而非判断，不像她的对手那样天生工于心计。

在这场婚姻竞赛中，苏格兰大使詹姆士·梅尔维尔爵士不得不在伊丽莎白朝中游荡，以获取信息或传闻。他在 17 世纪早期写过一本回忆录，

其中留有一些有关女王言行的小片段，饶有趣味地反映了伊丽莎白的个性。她和他讨论过有关不同国家女性服装的话题，并对他说自己有着所有文明国家的“衣裳”。这句话证明了她的确每天换一套新衣服。

她问他：“什么发色最受好评，我和你们女王的头发哪个最好，哪个最美?”他以西比拉神谕[1]般的话回应道：“天生丽质并非您二人之过。”她不依不饶地追问，要求一个更为直接的回答。“您是英格兰最美的女王，我们女王是苏格兰最美的女王。”她依然对他的回答不满意。他不得不在两者间做出判断。“您两人的容貌在各自的朝廷中无出其二，您最白，我们的女王十分可爱。”

“我俩之间，”她问道，“谁比较高?”

“我们女王比较高。”

“那她太高了，我不高不矮恰到好处。”

伊丽莎白问及玛丽空暇之时会做什么，他说自己的主上喜欢偶尔弹弹鲁特琴或维吉那琴。她于是问道苏格兰女王弹得好不好。

“对于女王来说，”他答道，“还不错。”

日记上随后写了一个伊丽莎白炫耀琴技的故事。午膳过后，女王的表兄亨斯顿勋爵邀请梅尔维尔前往一处僻静的走廊聆听动人的音乐。亨斯顿勋爵像透露秘密一般悄声说道，这是“女王在弹维吉那琴”。大使听了一
328 会，贸然拉开了遮在一间休息室门口的挂毯，发现女王陛下正在弹维吉那琴。她背对着门口，等她回过头来见到梅尔维尔，似乎吃了一惊。她起身，尴尬地说：“自己从未在男性面前弹过琴，唯有独处之时才弹，用以排解忧伤，随之问道‘你怎么来了?’”

梅尔维尔答道自己被美妙的旋律吸引而来，这个巧妙的回答让女王很开心。她坐到一个垫子上，梅尔维尔跪了下来。她把一个坐垫放到了他的膝下。这有违礼数，但女王坚持这么做。她想知道“是她弹得好，还是苏格兰女王弹得好?”梅尔维尔把桂冠给了伊丽莎白。随后她用法语、意大

① 传说中古希腊女预言师西比拉在陷入狂乱状态时做出的预言。

利语、荷兰语同他说话，彰显自己流利的外语。

两天后，她决定一定要让大使看自己跳舞。表演完毕，她再次想知道两个女王谁跳得最好。梅尔维尔回答“我们女王跳舞没有您这样兴致高昂、乐在其中”。他这么说的意思是伊丽莎白跳舞更矫揉造作、蓄意为之。

梅尔维尔的回忆录中所写之事是否件件属实不得而知。但他显然很好地突显了两个女王之间的暗暗较劲，或者说互相妒忌。他回到祖国后，玛丽问他是否相信伊丽莎白对自己的恭维之词出于真心。他答道：“据我判断，她的话语既非坦诚亦非正直，反而虚伪至极，是在暗中较劲，担心（玛丽的）治国才能不久便会赶超她，取代她的王位。”

1565 年早春，玛丽对达恩利一往情深，甚至在达恩利起麻疹的时候帮忙照料他，而这个症状很可能表明他患上了梅毒。英格兰大使在给伊丽莎白的信中写道：“此事一发不可收拾。我发现这个女王彻底为爱情或者说奸猾——甚至可以说是全然的诓哄和欺骗——冲昏了头脑，她无法对自己履行诺言，因此在这些事上无法对陛下您履行诺言。”她的欲望和任性使她无法冷静判断。达恩利二十岁，她大他三岁。

两人于 5 月秘密订婚，到了 7 月，他们还没等罗马发来针对表兄妹结 329
婚的教宗特许状便成婚了。接着她在没有咨询议会的情况下宣布达恩利为苏格兰国王。此次闪婚很快便让玛丽后悔不已。达恩利自负、偏执、傲慢、放荡，而且意志薄弱，没多久他便把苏格兰大多数贵族都得罪了。“这儿流言四起，”英格兰大使在这一期间写道，“人们说着奇怪的话语，对达恩利勋爵及其家族恨之入骨，他的傲慢令人难以忍受，他说的话极为刺耳……”此外他还写道为了彰显自己的“男子气概”，达恩利动不动就“对人拳脚相加，因为他知道对方只能忍着”。换句话说，他就是一个十足的暴徒。

年轻的玛丽女王身边不乏冲突。詹姆士五世的私生子，玛丽同父异母的哥哥，第一代莫里伯爵詹姆士·斯图亚特拥护新教，意欲起兵造反。玛丽召集了五千名自己的支持者，于 1565 年夏秋之际无情地对敌人发起突袭，史称“追逐袭击”。玛丽说道：“我向其挑战，看他们能做什么，敢做什么?”她头戴钢盔，身边插着两把手枪，愤怒地骑马飞驰。最终她将同父异母的哥哥赶入英格兰境内，大获全胜的她宣称自己可以带兵一直打到伦敦城下。想打败她可不容易。

苏格兰这两个天主教徒的婚姻为英格兰女王和她的枢密院带来了直接的问题。他们的结合似乎明摆着彰显了两人继承英格兰王位的权利。英格兰天主教徒会认为他们才是自然且适宜的领导人。如果这对年轻夫妇还生下一个男嗣（这个可能性很大)，本就复杂的情势将无止境地恶化下去。面对伊丽莎白拒绝结婚的态度，她的许多臣民准备转而支持玛丽和达恩利，将其作为替代童贞女王的不得已之选。这一年春天，一日法国大使同伊丽莎白下棋。

“夫人，展现在您面前的是一盘人生的棋局。您失去了一卒，看上去
330 无关紧要，但此卒一失，满盘皆输。”

“我知道你的意思。达恩利勋爵不过是一卒，而我一不留神，就会被将死。”

还有一段明文记载的对话谈到了此事。玛丽·斯图亚特和几个侍者谈论英格兰女王的肖像的时候，争论肖像是否像本人。“不像，”玛丽说道，“不像英格兰女王。因为我才是英格兰女王。”

枢密院委员们为此事进行了无休止的讨论。他们甚至准备开战，但最终什么事都没做。伊丽莎白说玛丽“就盼着我死”。在这段时期，英格兰女王得了重病，发着烧，她的这种病就是人们常说的“痢疾”。也许，身处这种艰难困境的压力开始影响到了她的身体。

但到了年末，玛丽和达恩利的婚姻已经明显出现诸多问题。玛丽想要达恩利灵活顺从，但后者表现出愚蠢倔强。他把自己当成名副其实的国王，因此变得让人无法忍受。玛丽不会容许有人篡夺自己的王位，因此逐渐开始降低他的地位。他不再被称作国王，而被称为“女王的丈夫”，而且被禁止使用皇家盾徽。他滥饮无度，一次玛丽和他抱怨了几句，他“对她说出的刻薄言语让她最终哭着离开”。他要求和玛丽一起成为国家元首，但遭到了拒绝。“我很确定，”苏格兰宫廷内部的一个英格兰间谍写

道，“女王对这场婚姻表示懊悔——她对他和他的族人深恶痛绝。”

玛丽有一个名叫大卫·里乔的意大利秘书，此人风度翩翩、巧舌如簧，也正因为他，局势进一步恶化。里乔精于乐器，用情歌把玛丽迷得神魂颠倒，不久便成了玛丽最为亲密的顾问和知己。也许也正是他建议玛丽和达恩利保持距离。他也得罪了许多苏格兰贵族，原因可能就在于他作为外国人，在女王面前的影响力超过了土生土长的他们。此外，他是天主教徒，新教贵族自然而然对他充满敌意。那些跟随莫里伯爵被玛丽赶出苏格兰的人也一直想伺机报复。

他们决定寻求达恩利的帮助，至少他是苏格兰人。他们对达恩利说， 331
里乔是他影响力减弱的主因，这个秘书“让他背负了作为一个男人的莫大耻辱”。达恩利于是同他们联手，只要达恩利支持、帮助他们除掉里乔，他们就扶持他登上王位。一旦事情成功，莫里伯爵及其追随者于几年前发起叛乱一事便可以得到赦免。杀了里乔以后，玛丽将被关进斯特灵城堡。事实上，女王当时已经怀有六个月身孕，不过在这些贵族的鼓动下，达恩利似乎相信这个孩子是里乔让玛丽怀上的。

1566 年 3 月 9 日星期六的晚上，玛丽正在荷里路德宫自己寝室隔壁的一个房间里款待里乔和其他几个朋友。人刚到齐，达恩利便带领其同谋者通过他专用的秘密楼梯进入房间，在场的人见到这一景象都大吃一惊。他们把女王推到一边，上前按住了里乔，里乔大叫：“王法何在！陛下救我！”他想上前抓住女王的裙角，但这些人把他拖走，推进了隔壁房间杀害，里乔死的时候身中五十六刀。他的尸体随后被拖下楼梯，抛在一旁。

玛丽询问丈夫为何犯下这等罪行，他搬出了那句诽谤，即“她体内的骨肉”是里乔的而不是他的。接下去几小时玛丽都一直待在私室里，但不多久便成功说服达恩利，让他意识到自己将是这些贵族的下一个牺牲品。她早已料到这些人的恶毒想法。他们早就盘算着把杀死里乔的罪名推到达恩利一个人身上，并告知女王她的丈夫决定在她面前杀人，目的就是想要恐吓她，甚至想危害腹中的胎儿。

达恩利这才如梦初醒，发觉了事态的严重。3 月 11 日，达恩利和玛丽从仆人的居住区离开王宫，跨上马背逃往邓巴。被达恩利抛弃的其他贵族们四散逃离，很多人越过边境躲到了贝里克郡。获胜的玛丽回到爱丁堡，开始思考如何报复自己一无是处、反复无常的丈夫。但报复行动必须
332 等到孩子降生之后才能展开。孩子本身便是风言风语的对象，有些人称里乔才是其亲身父亲。苏格兰国王詹姆士六世（随后成了英格兰国王詹姆士一世）其貌不扬，足以让这样的传闻源源不断。

伊丽莎白对此次发生在女王面前的杀人暴行吃惊不已。她对西班牙大使说："若我处在玛丽女王当时的情形之下，我会夺下丈夫手中的匕首刺向他。"当时她正在西班牙的默许之下和查理大公商谈婚姻之事，因此她急忙加上一句自己不会对**他**做这样的事情。

这一年初夏，玛丽·斯图亚特诞下一名男婴。使者到达格林尼治宫的时候，宫中正在举行一场盛大的宴会，使者来到塞西尔跟前，对他耳语了几句。塞西尔于是朝女王走去。据说伊丽莎白听到消息后瘫坐到椅子上，对身边人说："苏格兰女王生了个胖小子，我却依然只身无后。"宴会随之中止。以上之事可见于梅尔维尔的《回忆录》。托马斯·富勒曾说："人们的记忆苏醒之时，便是历史入睡之刻。"但就算传闻将女王的话做了粉饰，这些话依然十分应景。

就在两个月前，伊丽莎白得了一场怪病，变得"瘦骨嶙峋"。据说她得了肺痨。塞西尔在给驻法英格兰大使的信中写道："女王陛下突然患了胃病，但在呕吐过后马上得到了缓解。你一定会觉得经历这种事会让人束手无策，但神是人们的支柱，人们信赖他。"尽管女王自信满满，行为举止也确实目中无人，但在她统治的前几年里，英格兰却频频遭受不稳定和危险的侵扰。

但她挺了过来，并于1566年夏末巡幸牛津，并在伍德斯多克稍作停留。伍德斯多克便是她在其姐姐执政时期被幽禁的地方。牛津大学的教师们出城迎接，对她喊道："Vivat regina！"即"女王万岁！"她用拉丁语致以谢意。接着她聆听了用希腊语说的御前演讲，并用同样的古代语言做应
333 答。她的学识不输任何一位牛津学者。

借着她驾临牛津大学的契机，一系列演讲、讲道、公开讲座、公开讨论、戏剧、辩论等活动得以开展。女王在观看戏剧《帕拉蒙和阿赛特》的时候，戏台突然坍塌，造成了三人死亡、五人受伤，她甚至派自己的御医前去治疗伤者。然而在表演重新开始的时候，她又开怀大笑了。她还表达了对教条主义改革派的厌恶之情。在接见著名的清教派学者时，她说道："博士先生，这身宽大的袍子你穿着特别合身。但让我吃惊的是你竟然在这一点（宗教）上如此作茧自缚，但我这次并非是来斥责你的。"他曾犯下一个错误，即在公开场合祈祷女王允许进一步改革教会。针对这个话题，她意已决。再访问临近尾声的时候，她用拉丁语又做了一篇演讲，演讲的主题是学习的尊严和价值，在她的轿子旁边，随行的学者和当地权贵队伍绵延了两英里。

詹姆士·斯图亚特的诞生为伊丽莎白敲响了警钟，因为子嗣的诞生大大增强了玛丽在英格兰的影响力。苏格兰驻英大使对玛丽说许多郡都已经准备起事，贵族们已经指派好起义的领袖。伊丽莎白的驻法大使给塞西尔写信称："教宗和西班牙国王对此事染指之深出乎您所料……您必须多加留心！"大使所言非虚。六个月后，腓力二世给梵蒂冈致信称不用多久，我们便应"扯下面具，有所行动了"，他和教宗必须想出办法支持玛丽·斯图亚特并推进天主的大业。苏格兰女王如同"一扇门，通过这扇门，天主教必然能够进入英格兰"。

很可能在塞西尔的精心策划下，1566 年议会对伊丽莎白进行施压。塞西尔在自己留着的一份文件或回忆录上写道："现在能预想的最好情况便是保障婚姻和选定继承人。"议会于这一年秋天召开会议，同 1563 年的前一届议会相比，议会成员并无变化，因此这段时间议会只是休会，并非解散。对于女王婚姻的呼声在此期间愈加高涨，据传除非女王展现出结婚 334
或至少选定继承人的决心，否则下议院将拒绝就给她"拨款"或提供资金进行投票。就这一话题议员们持续争论了两个早晨，期间有些人甚至大打出手。上议院最终同意连同下议院一起给女王递交请愿书。

伊丽莎白对于她的枢密院委员们串通一气跟自己作对大为光火。她首先把怒火发泄到诺福克公爵头上，另一个枢密院委员试图为公爵辩护，她说对方说话像个不知天高地厚的兵痞。接着她又把矛头指向了自己最为宠信的莱斯特伯爵。指责他抛弃了自己。莱斯特伯爵起誓他随时愿意为她而死。伊丽莎白问，那在这件事上呢？在对在场诸人做出进一步指责之前，她离开了房间。对下议院她根本不屑一顾。她对西班牙大使说自己不知道那些“恶鬼”想要什么。

她在白厅召见了上下议院五十七名代表，并禁止议长到场。只有女王一人能够说话。议员们呈上了一份请愿书，书中希望她“在自己喜欢的地方，同自己喜欢的人，于自己喜欢的日子”结婚。接着，她开始了冗长的训话。首先指责“下议院肆意妄为之人”阴谋“叛逆的诡计”。接着她指责上议院支持他们。“我压迫何人？”她问道，“我迫害何人？”接着她把话锋转回主题。“我已说过我会结婚，事关名誉，君无戏言。”当然，君王的名誉这种东西具有很大的灵活性，会随机而变。女王接着说的话带有典型的伊丽莎白风格。“我是你们奉天承运之女王，”她说，“我不会受胁迫去做任何事。感谢上帝赐予我这样的品格，哪怕我脱下王袍离开这个王国，依然能够在基督教世界的任何一个地方生存。”

塞西尔在下议院会议厅宣读了一份经过修订的女王讲话，会场中鸦雀无声。下议院议员们并没有被打动，几乎与此同时，另一份呼吁女王结婚
335 的请愿书出台。女王要求召见议长，并命令他知会议会“不得再谈论此事”。而当议员们抗议她侵犯了他们“合法的言论自由”时，她明智地做出了退让。但这绝非议会的胜利。1567 年 1 月，在议会的最后一场会议上，伊丽莎白从王座上起身做总结陈词。当时已近黄昏。伊丽莎白说：“我一直信奉有话直说，而此次议会的装腔作势令我咋舌；没错，一个个两面三刀，心怀鬼胎。”她在讲话结尾说道：“你们好自为之，君王的耐心是有限的……掌玺大臣，刚才我交代你的事，安排下去吧。”

掌玺大臣在昏暗的光线中起身。“女王陛下解散此届议会。所有人都可以随意离开。”女王登上皇家驳船回宫。下一届议会又要等上四年才开

会。塞西尔写道：“继承权问题没有得到答复，婚姻也没有着落，危机此起彼伏，一切如堕烟海。”

不过这里或许应该插上一句，马车在这个时期被引进英格兰。广受欢迎的“水上诗人”约翰·泰勒[1]认为马车是由女王的马车夫荷兰人威廉·布纳引进的。他写道：“马车在当时仿佛怪物，只要在街上出现，骑马的人和走路的人都会目瞪口呆。有些人说这是从中国运来的蟹壳，有些人认为这是食人族崇拜魔鬼的邪寺。没过多久，便开始有人抗议因为造马车用去了大量皮革而导致皮革紧缺。”16 世纪 60 年代，怪物一样的马车和女王的婚姻是伦敦人的两大谈资。 336

① 约翰·泰勒，英格兰诗人，长期在泰晤士河上当船工，因此自称“水上诗人”。

30

春日之礼

遭到自己妻子和苏格兰贵族疏远的达恩利勋爵亨利·斯图亚特完全有理由一走了之。他曾说过想要逃往英格兰，尽管如此，他几乎不可能会受到伊丽莎白政府的欢迎。伊丽莎白甚至不会承认他是苏格兰国王，但稀里糊涂的他甚至认为英格兰的王位也有他一份。玛丽在顺利诞下王子之后，便对达恩利翻脸，认为他应该对杀害自己的意大利秘书负责。玛丽吃饭睡觉都不同他一起，根据英格兰驻苏格兰大使的说法，有一次玛丽“说了绝不应出自一个端庄尊贵女王之口的话”。

1567 年初，玛丽得到可靠消息，达恩利正打算绑架他们的儿子，以自己的名义摄政并把女王幽禁到一个城堡之中。因而他的一举一动、同谁会面都必须受到监视，马虎不得。在他一次生病时，或许是梅毒复发，玛丽到他的病房中探望他，并和他一起待了两三天。1 月末，她用马轿将他接去爱丁堡。

如今，第四代波斯维尔伯爵詹姆士参与到了阴谋中来。此人二十一岁
337 的时候曾担任苏格兰边防军中尉，当时苏格兰由玛丽的母亲摄政。玛丽新寡从巴黎回国时，作为随行贵族之一，他很快便吸引了玛丽的注意。如今，他已是深受女王器重的顾问官，和女王一样，他对达恩利厌恶至极。

有一小撮人正计划将达恩利永远除掉，为此他们订下契约，而詹姆士便是其中一员。之后罗伯特·皮特凯恩在《苏格兰古代刑事审判》（1833年出版）一书中描述了此事。密谋者们曾言："他们无法忍受被这么一个年轻的傻子、傲慢的暴君（如国王一般）统治——尽管原因不同，他们最终都得出结论：必须通过某种方式将他处理（处决）掉。"他们宣誓相互之间坦诚相待，每个人都要承担起谋杀之罪。不确定苏格兰女王是否知道此事，尽管连她同父异母的兄长都知道了此次阴谋。之后她承认自己曾对他们说不要做"有损她尊严和理智"之事。但就算她没有同意这些提议，但她亲口承认自己听到这些提议的时候并没有训斥这些想要谋杀她丈夫的人。她明明可以将这些人冠以叛逆之罪，但她保持了沉默。

玛丽和达恩利朝爱丁堡行进的途中，波斯维尔前来拜见。原本他们的目的地是克雷格米勒城堡，而伯爵将他们领到了圣玛丽堂区教士长的宅邸下榻，此地名为"柯克欧菲尔德"。达恩利的房间位于宅邸西翼，以国王的标准布置，也就是在这个房间里，玛丽照顾着自己丈夫养病，她并没有住在这个宅邸，而是在傍晚的时候离开，前往更像宫殿的荷里路德宫过夜。她丈夫住处正下方的房间于几天后为她布置妥当，她特别留意床的摆放位置。"把床放到那边，"她对侍从说，"放到那头。"她于2月5日星期三和2月7日星期五住在那里。后来有传言说这是她计划的一部分，让人们觉得她才是被谋害的对象。

星期天晚上大约十点，有两三个人带着几麻袋火药进入了柯克欧菲尔德玛丽的房间。玛丽当时正和丈夫一起在楼上，正在这时，她记起自己要 338
去荷里路德宫参加一个假面舞会。离开房间的时候，她似乎突然想起，说了一句话："里乔便是去年这个时候被杀的。"达恩利转头问身边的侍从："她干吗没事提大卫被杀这件事？"

周一早上两点，"轰"的一声巨响传遍了爱丁堡。柯克欧菲尔德老教士长的宅邸化为一片废墟。达恩利并没有在爆炸中丧生。他和他年轻侍从的尸体在四十码开外的城墙旁的一棵树下被找到，"尸体上并无火烧的痕迹"。尸体旁有一把椅子、一根绳索，以及达恩利的毛皮外套。此外还找到了一把匕首，但两个受害者身上都没有刀伤。

两人的死因成了未解之谜。他们可能在睡梦中被人闷死，可能遭人追杀在花园里遇害，抑或是发现房间门被反锁之后从一楼窗户跳下，最后在案发地点遇害。数小时内，爱丁堡市政厅外边张贴起有关此次爆炸案的布告，指控此案为波斯维尔及其同伙所为。众所周知，波斯维尔对达恩利恨之入骨。两天后，玛丽发布公告，悬赏两千英镑收集有关她丈夫被害的线索。但她很清楚每个人都会说是波斯维尔所为。城市的大门和墙壁上贴满了他的肖像，标题为“此人便是谋害国王之凶手”。

伊丽莎白听闻达恩利身死，波斯维尔参与其中，立马给玛丽写了一封急件。“夫人，”她写道，“得知你的丈夫、我的表弟惨遭杀害的噩耗，我不禁双耳欲聋，神志惛愦，心乱如麻，恍惚下笔，不知所云……”她宣称相比起玛丽的丈夫，她更为玛丽感到悲伤，不过她又加了一句：“恕我直言，大多数人都在说你将对此事睁一只眼闭一只眼不予追究。”换句话
339 说，已经有传言玛丽参与其中，至少默认了此次谋害达恩利的行动。英格兰女王劝玛丽行动起来以平息这些传言，力劝她“哪怕此事指向了你身边最为亲近之人，也不能心慈手软”。玛丽阅信后火冒三丈，拒绝回信。

欧洲各国也对玛丽在她丈夫被杀一案中扮演的角色有着各种猜测。有些国家已经对玛丽予以谴责，而她的天主教支持者对此事意见不一。“如果最终证明她有罪，”驻苏格兰的一名大使写道，“她在英格兰的支持者将不再支持她，她也将无力重振宗教了。”

爆炸案发生后的第二天，玛丽参加了一个自己侍女的婚宴。她本应立即下令全朝哀悼，但她拖了五天才最终下令。她并没有给丈夫在荷里路德宫圣堂举行仪式，就草草将其下葬。显而易见她对自己在生活中突然摆脱了丈夫感到松了口气。有人看见玛丽和波斯维尔走到了一起。女王将自己丈夫的马赏赐给了波斯维尔，还赐了他许多华美的衣服，这一举动进一步丧失了人心。有谣言说，尽管波斯维尔已婚，但如今正主动博取女王的欢心。

达恩利的父亲伦诺克斯伯爵对波斯维尔发起控诉，此案必须公开审

理。开庭日期定为4月12日，地点为市政厅，但主持此次庭审的都是波斯维尔的支持者。同时王宫的警卫换成了三百名骑兵。波斯维尔骑马前往法庭，有四千人随行。伦诺克斯伯爵甚至不敢在爱丁堡露面。结果不出所料，法庭经过八个小时的审议，判波斯维尔无罪。

然而，事态不久便急转直下使得人人自危。玛丽在波斯维尔案审判结束九天后骑马前往斯特灵堡接自己的幼子，但监护人马尔伯爵拒绝将孩子交出。把孩子交到杀父仇人波斯维尔手中让他心生恐惧。三天后，也就是4月24日，女王从自己的出生地林利斯哥骑马前往荷里路德宫，途中遭到波斯维尔劫持，并被带到了邓巴。也就在那里，她遭到了"强暴"。但她在他的城堡里住了十二天，并未真正付诸努力逃跑或抵抗。 340

4月26日，波斯维尔骑马前往爱丁堡，意欲促成和自己第一任妻子离婚一事。第二天，女王正式要求圣安德鲁斯总主教废除两人的婚姻。

苏格兰的一些名门望族对此大为光火、忧心忡忡，他们联合起来反对波斯维尔，称其为"野蛮的暴君"或"残暴的凶手"。他和玛丽带着随行队伍回到爱丁堡的时候，迎接他们的人群一言不发，面带愠色。尽管如此，女王仍将自己的意中人提拔为奥克尼公爵兼设得兰群岛领主。而反波斯维尔的贵族们则聚集到斯特灵堡另组朝廷，拥立幼君詹姆士。1567年5月14日，玛丽·斯图亚特和詹姆士·波斯维尔于荷里路德宫大厅结婚。听到这个消息，伊丽莎白对表妹去信告诫。信中说："你怎能做出如此糟糕的选择？"随后荷里路德宫大门上被钉上了一张布告，上面写着两句诗：

众口铄金须思量，

五月成婚必奸娼。

威廉·塞西尔写道，苏格兰"陷入了泥潭，没有人能安然而立，最诚实之人想离开，最奸诈之人由于良心的不安而颤抖"。

这一连串令人无所适从的事件，导致了内战的爆发。苏格兰反对波斯维尔的伯爵们纷纷起兵，举着一面绘有达恩利死在树下，年幼的小王子跪在他身边的旗帜。6月中旬，玛丽和她的新婚丈夫一起骑马前往邓巴城堡暂避，不过接着又领兵来到了爱丁堡城外的卡伯里山。双方进行了谈判，但无果。不过很明显玛丽的士兵们不想和自己的同胞在内战中骨肉相残。随着时间流逝，玛丽的士兵要么加入了贵族联军，要么各自离去。玛丽为了让波斯维尔有时间骑马回到城堡而稍作拖延，并最终向贵族们投降。

战争刚打响的时候，玛丽穿着男装，而现在她穿上了一条借来的裙子
341 骑马下山。很明显她已有身孕，这就昭示了她在遭受劫持和结婚之前便和波斯维尔有染。她骑马从士兵中穿过的时候，一些士兵喊道："烧死这个淫妇！"她于深夜偷偷被带离爱丁堡，但民众早已等在路上，愤怒地对她恶语相加："烧死她，烧死她，她不配活着，杀了她，淹死她！"她之前从未体验过自己臣民对她公开表达这样的愤怒。她被带到了爱丁堡北方二十英里处，接着乘船来到了利文湖上的岛上监狱，在那里一关就是大半年。

伊丽莎白对她表妹的行为感到震惊，但苏格兰贵族和人民对她的处置让她更加目瞪口呆。如此无礼地对待一位在位的女王，为天理和王法所不容。先让她当众遭受辱骂嘲讽，随后把她投入大牢，这是罪无可赦的行为。她写道："朕向你保证，朕将尽全力维护你的尊严和安全，显友邦之诚意……"她派遣使者前往爱丁堡，但苏格兰贵族不准其同玛丽见面。不过使者确实发现玛丽对波斯维尔依然忠贞不贰。他给伊丽莎白写信称玛丽"宣称要和他同生共死"。

英格兰女王似乎并没有被如此深情的宣言打动。在她看来，爱情和忠贞都是权谋的一部分。玛丽的下台意味着她几乎丧失了争夺英格兰王位的机会，因此王位继承权这一久悬未决的问题又一次浮出水面。还有一个问题横在那里。如果法国王室收养了小王子詹姆士，将利用苏格兰的力量打击英格兰。是故这一年的夏天，伊丽莎白重启了同奥地利大公的婚姻谈判。当下的明智之举是同哈布斯堡家族结成联盟，至少不要把联盟的可能性抹杀。

因此这一年夏天，玛丽身陷囹圄，而伊丽莎白的使者萨塞克斯伯爵则

动身前往维也纳。由于大公笃信天主教，因此可以预见宗教问题是必然需要面对的。如果能让他接受英格兰的礼拜仪式，那是最好不过的了。西班牙大使已经暗示如果在英格兰公开举行弥撒，将导致大规模的叛乱。对待 342
这些事情需要慎之又慎。

因此，似乎大公以个人名义前往英格兰同女王见面是比较好的选择。而查理认为这个主意有失他的身份，如果他前往英格兰却在宗教问题上遭拒，那该如何是好？他要求事先将其他所有障碍清除，才答应同女王成婚后仅在私下举行弥撒。萨塞克斯力劝塞西尔恳求女王答应，因为如果不这样的话，“我能预见她的人民将大为不满、四分五裂、拔刀相向”。

女王对此百般推诿，似乎下定决心把此事推迟。对于国家来说，她有义务接受他，但她内心对于婚姻的厌恶以及她对莱斯特的感情让她犹豫了。西班牙大使在给腓力的信中写道：“这个女王对于婚姻怀有极为离奇的厌恶之情。”最终她给对方去信，信中重申了自己国家的宗教须统一，但允许他在造访英格兰之际自由践行自己的宗教信仰，“如此即可”。这句话模棱两可，大公回信说这种说法太过含糊。谈判再次陷入僵局，并最终告吹。

国际形势进一步恶化，1567 年 8 月，腓力二世派遣阿尔瓦公爵领兵一万侵略尼德兰。欧洲中部突现大军，而尼德兰西境距离泰晤士河口才一百英里，此事让伊丽莎白和她的顾问官们忧心忡忡。尼德兰境内许多由哈布斯堡王朝继承的州、省、公国纷纷陷落，这些地区包括现在的比利时、法国北部部分地区、荷兰、泽兰。这些由商人占主导地位的区域似乎并不会永远默认信仰天主教的西班牙国王统治。西班牙已经派出军队镇压安特卫普等城市爆发的大规模暴乱，那些地区的人民宗教信仰混杂，有加尔文
派信徒，有路德宗信徒，还有再洗礼派信徒，但他们出于对经济、宗教的 343
不满纷纷揭竿而起。比如，伊珀尔地区信仰加尔文派的纺织工人攻击了当地的天主教堂，将里面的宗教塑像砸了个稀烂。

据说腓力二世准备出航前往低地国家，中途可能造访朴次茅斯。这让英格兰朝廷恐慌不已。应该把法国国王当作贵宾还是当作潜在的敌人对待

呢？最终腓力并没有前往朴次茅斯，但宗教问题依旧存在。恰逢婚姻谈判破裂和镇压新教徒叛乱，英格兰和西班牙之间的嫌隙进一步加大。两国的冲突于现在便开始酝酿，直到二十年后爆发。

欧洲的局势由于法国的宗教内战进一步恶化，孔代亲王率领的胡格诺派同查理九世的天主教政权针锋相对，于是有三千名法国新教徒加入了荷兰改革派同志的队伍。伊丽莎白及其枢密院倾向于支持海外与自己持有相同宗教信仰的同志，并且确实暗地里为后者提供援助，英格兰间谍策划招募新教军队，并为其募集资金。英格兰西南诸郡的海员们同胡格诺派麾下的舰队联合，打着加尔文派的旗号对西班牙船舶展开攻击。一个对此行动持怀疑态度的海军牧师写道："剥夺西班牙人的生命与财产是拥护上帝的最好方法，但的确在宗教的外衣下，他们开的每一枪都是冲着对方的钱财去的。"英格兰海上力量的重要性彰显无遗。

临近 1568 年末，五艘西班牙护卫舰载着拨给阿尔瓦公爵军队的军费，在法尔茅斯和普利茅斯寻求临时的避难，伊丽莎白下令将船只扣押，并以船上资金并非腓力所有而应属于热内亚银行家为名，将资金收缴。她将在支付相应利息的前提下自由使用这些钱款。阿尔瓦公爵随即控制了安特卫普的英格兰仓库或"工厂"，没收了其中的货物。作为报复，英格兰境内所有西班牙人的财产都被没收。伊丽莎白及其枢密院委员们希望证明他们
344 能够同欧洲大国抗衡。但这场战争并没有燃起硝烟。谈判、商讨、会面、觐见等活动一直持续了四年。

然而，这种对抗的确反映了英格兰政策的转变。塞西尔试图通过同西班牙对抗来推进新教运动，然而这种对抗的结果仅仅是把竞争对手变成了敌人。西班牙和法国的统治者对英格兰女王非常不满，以至于塞西尔担心天主教国家将结成大联盟对抗伊丽莎白。如果西班牙军队能够派往尼德兰，那他们也可以被派往英格兰。

玛丽依然被幽禁在利文湖监狱，1567 年初夏，她流产了一对双胞胎。苏格兰的新教贵族向她呈上了一封退位信，大势已去的她不久便在上面签了名。据说她遭到威胁，不签便是死路一条。她的儿子宣布继位，成为苏

格兰国王詹姆士六世。玛丽得以保留几个随从，甚至可以面见少许访客。众所周知，玛丽具有很强的煽动力，哪怕欺骗不成，也能靠个人魅力打动对方。因此绝不能让她越狱。

玛丽被关了十个多月。1568 年 5 月 2 日，一个年轻侍从按照预定计划偷到了玛丽牢房的钥匙。玛丽就在牢房内等着，身穿女佣的便服。两人逃跑过程中还带着一个年轻女孩以掩人耳目，随后三人跳进一艘小划艇，没过几分钟便到了岸边。在那里接应的是一队骑兵，他们将她带到了汉密尔顿城堡，那里聚集着她的拥护者，这些人是在这个新教占主导地位的国家却笃信天主教的群体。玛丽向巴黎和伦敦派去使者，同时也捎去信件，请求援助。伊丽莎白一如往常，提出愿意在苏格兰女王和她的臣民之间调停。威廉·塞西尔与之相反，给以小国王之名在苏格兰摄政的莫里伯爵写信，敦促其击败女王，“迅速平息这些问题”。用当时的话来说，便是一个帽子下有两个头。因此，塞西尔所赞成的政策，伊丽莎白之后可能会否认。相比起女王来说，塞西尔是更为公开的新教徒，无须女王下令，他便 345
会为她而战。

5 月 13 日，玛丽的小军团在格拉斯哥城外的朗赛德山被击败，玛丽在一英里开外的小山坡上观战，并当即决定逃跑。监禁甚至死亡的危险依然笼罩在她头上，亡命的她穿过索尔维湾进入英格兰境内，并前往卡莱尔城堡避难。她如今在伊丽莎白的王国境内。如果伊丽莎白拒绝接纳她，至少会让她自由地去往法国。坎特伯里总主教写道：“我担心我们的好女王将与狼相伴[1]。”这句话还有另一层意思，亡命之徒在当时被称为“狼首，人人皆可割之”。

玛丽在给伊丽莎白的信中怒斥了叛军，并暗示这些人得到了英格兰的暗中支持。她还暗示她的朋友和盟友将前来助她一臂之力，很明显她所指的是天主教国家法国和西班牙。让这些国家插手苏格兰事务是不能被容忍的。伊丽莎白早已致信玛丽，写道：“双弦之弓，许能射远，鲜能射直。”

---

① 欧洲俚语，一人身边出现一头狼，他既无法将其捕获，也无法全身而退。相当于中文里“骑虎难下”的意思。

那怎么处置玛丽呢？伊丽莎白最开始想到的是在宫中同她见面，但马上被说服打消了这个念头。这么做过于突出玛丽的身份，而且她在白厅和格林尼治宫现身会大大增强她夺取英格兰王位的可能性。北方的天主教贵族已经在向她大献殷勤，似乎有一群笃信天主教之人将聚集到她周围。伊丽莎白对玛丽提供支援的话，苏格兰贵族也不会答应，可能会以小国王为跳板转而投靠法国。玛丽也不会获准前往法国，因为一旦她过去，将引发数不清的麻烦。

因此苏格兰女王继续处于所谓有尊严的监禁状态。她被从卡莱尔转移到北约克郡的博尔顿城堡。她曾经傲慢地宣称自己坚决不走，除非把她抬过去。但多次愤怒摆脸色无果之后，最终她同意动身。随即，英格兰政府
346 下令调查有关达恩利遇害的事件。伊丽莎白担任终审法官和调解人。如果玛丽被证明无罪，那理论上将立即恢复她的王位。如果她被证明有罪，那伊丽莎白将无法收容她。伊丽莎白写道：“夫人啊！世上再找不到谁人比我更想看到你的冤情得到洗雪，再找不到谁人比我更想听见能够让你恢复荣耀的回答。”然而，她又添了一句至关重要的话：“然而我不会牺牲自己的声誉来袒护你。”伊丽莎白派遣自己的枢密院委员前往约克，安排玛丽、伊丽莎白，以及詹姆士国王的支持者三方达成和解，从而促成玛丽回国。这样的话，伊丽莎白将成为疗愈苏格兰顽疾的圣手。然而此事并未得偿所愿。

是年，伊丽莎白女王于夏天出宫巡幸。所谓“巡幸”，即前往英格兰境内较为忠顺的郡县进行长途旅行，其间女王会亲切地接受沿途名门望族们的款待。对于他们来说，款待女王是一笔不小的开销，对于女王来说，下榻贵族宅邸不仅能节省开支，而且可以在某一些人面前展示自己。接待女王一事复杂而烦琐，单单她的随身物品就需要四百辆四轮马车来装。与她同行的还有大约五百名随从和仆人。

有时候她会乘坐时髦的皇家马车，尽管两年前她曾因为马车行驶太快而受到些许颠簸，身体也有几处瘀青。然而更多时候她会乘坐敞篷的轿子或骑马，沿着她的行进路线，道路两旁站着欢迎她的民众，叫喊着：“天佑

陛下!”她也回应道:“天佑吾民!”有时候她会中途停下倾听民众的请愿,甚至同请愿者说话。亨廷登郡的高级律师贝洛对女王的车夫喊道:“停车,我要同女王说话!”伊丽莎白笑着听他说完,接着伸出手让他亲吻。

女王的巡幸就这么开展下去。按照西班牙大使的报告,此次夏天巡幸 347
过程中,“每到一处,都受到热烈的拥护和欢迎”。她对西班牙大使指出她的臣民对自己充满了爱戴和感情,而她的邻居们(她并没有点名)“深陷泥潭”。哪怕有被暗杀的危险,她也毫不退缩,她甚至在不试毒的情况下直接食用人民呈上来的食物或饮品。

女王巡幸沿途的城镇全部清扫干净,洗刷一新,流浪汉和其他不雅观的人都遭到驱赶。根据传统,人们给女王呈上一个银杯,而且很讨喜地装满了硬币,女王高兴地接受了这个礼物。她说的每一句话都得到记录以飨后人。“靠近一点,小记录员,”她对沃威克的记录员说,“我听说你不敢正视我,有话也不敢和我直说。但如果我是你的话,就不会害怕。”诺里奇的一个校长似乎对在女王面前用拉丁文演讲一事十分紧张。女王对他说:“别怕。”并在演讲结束的时候说:“这是我迄今为止听过的最精彩的演讲,你可以亲吻我的手。”她离开诺里奇时说“我永远不会忘了诺里奇”,并在骑马离开的时候大声说“别了,诺里奇!”

剑桥的一位演说者滔滔不绝地赞扬女王的美德,伊丽莎白谦逊地时而摇头,时而咬唇,表达出一丝否认态度。接着演说者开始赞许贞洁。伊丽莎白喊道:“愿神祝福你的善心,请继续。”她在位四十四年,组织了二十多次这样的巡幸活动,并在六十七岁那年依然计划外出巡幸,一些年龄稍长的廷臣对此颇有怨言,闻此她命令道:“年老者靠边站,年轻力壮者与我同行。”但她从不会冒险走得太远,巡幸范围被大致限定在19世纪人们所谓“家乡诸郡”①,从未前往英格兰北部或西南部地区。

1568年10月,对于玛丽行为的调查在约克郡展开。伊丽莎白派遣第

① 家乡诸郡(home counties)指环绕于伦敦城区周边的地区,包括赫特福德郡和肯特郡等英格兰东南部地区。

四代诺福克公爵托马斯·霍华德作为英方负责此事的委员长，因为他疑似
348 对天主教心怀同情，所以人们认为派他处理此事是为了帮助玛丽。而诺福克公爵的出现，不仅让玛丽找到了一个同盟，而且找到了一个丈夫的人选。诺福克才三十二岁便丧妻三次，如今可以再度续弦，作为英格兰地位最高的贵族，他是最佳人选。如果苏格兰女王能够同其结婚，她对英格兰王位的继承权将变得唾手可得，甚至毋庸置疑。似乎诺福克公爵自己连同一些他的支持者早在他前往约克郡之前便开始策划此事。然而，可以有把握地说伊丽莎白并没有意识到这个计划。

苏格兰摄政王，玛丽的同父异母的哥哥莫里伯爵带来了据说是玛丽写给波斯维尔的八封信和十二首“充满私通意味”的十四行诗，让调查行动陷入一片混乱。这些信和诗是在卡伯里山决战之后，于波斯维尔的一个仆人那里搜出的。这些文字材料被称为“首饰匣信件”，对玛丽名誉的损害更甚于杀死达恩利。在写给波斯维尔的信中，玛丽写道：“我对所做之事厌恶至极，但今早我已行动……你让我伪装，伪装到我心生恐惧，你让我几乎在扮演叛徒的角色……再想想有没有其他和药剂有关的更为隐秘的方法，因为他会在克雷格米勒用药，洗澡的时候也会用药。”由此可以推断出她正在和情夫策划谋害丈夫的方法。

有关这些信件真实性的问题从那时起便争论不休。原件早就不在了，也许被销毁了，想看这些材料只能去读翻译件或手抄件，有些手抄件在空白处有塞西尔的注释，可见他在阅读这些材料的时候十分仔细。普遍认为原稿被添油加醋附上了不实的字词，无疑是莫里伯爵所为，用以污蔑自己同父异母的妹妹。只能说这些信件在当时确实达到了目的。

据诺福克公爵所说，这些信件的内容让他惊恐万分。他致信伊丽莎白，称这些信件中提及的“事件性质无比恶劣，极为可恶，难以置信竟然
349 为一君主所思所写”。但他的厌恶之情并没有改变他要同玛丽成婚的意图。由于此事件太过复杂，特别法庭从约克移往威斯敏斯特。到了年末，调查委员会成员们的调查行动用一个旁听者的话来说便是“对那个令人作呕的指控进行深挖”。这些信件被呈上法庭，并在枢密院中宣读。玛丽本

人持目中无人之态度，宣称“她是一国之君，她认为这些指控都是无稽之谈，因此这些指控便是无稽之谈”。

随后几个星期，不同派别的人们举行了多次会议，但伊丽莎白犹豫不决的态度使得事情更加扑朔迷离。她答应要救玛丽于危难，但她所开展的行动将苏格兰女王置于非常不利的境地。玛丽依然声称自己无罪，但朝中无人相信她，玛丽自己称除非和英格兰女王会面，否则拒绝谈论这些信件。但伊丽莎白不能在玛丽涉嫌谋杀的情况下接见她。事情由此陷入僵局。

伊丽莎白无法原谅莫里伯爵推翻合法君主的行为，但也是他给苏格兰带来了和平与稳定。因此她知会苏格兰摄政王，称他可以带着代表团“以当下之身份”拜访英格兰。但双方最终什么都没有谈成。这些事情涉及国家，不管怎么说都太过于敏感，容不得进一步深挖。伊丽莎白下令不得再谈及此事。于是对这桩谜案的调查戛然而止，然而苏格兰女王的声誉遭到了严重的损害。玛丽被转移到斯塔福德郡的塔特伯里城堡软禁，虽然是软禁，但她依然能过上流社会的生活。这一关就是十八年。

塞西尔对伊丽莎白的犹豫不决感到失望。他在私人回忆录中写道：“女王陛下除非把要事的决策权移交给她最为忠诚的枢密院委员，否则她将永远无法恢复信誉，无法使她善良的臣民振作，无法防止并摆脱向她逼
近的危险……”这是她统治之下最为核心的难题，一位强大的独身女子只 350
身对抗一大群男人。

在记载朝内斗争的资料中几乎没有提到外面世界的动向。伊丽莎白统治期间，英格兰同印度的辛香料贸易以及同俄国的貂皮、钢铁贸易有了很大的发展。英格兰往土耳其输送羊毛布料和牛皮，同时买进丝绸、毛织物、大黄、油、棉花、地毯、虫瘿、香料。新大陆运来了金银。这些贸易从一方面也反映出当时人类的足迹逐渐踏遍全球，且欧洲金融贸易的力量大大推动了这一步伐。在那个时代，大型贸易公司和商人们计划不畏险阻前往的地区包括沙俄、波斯、契丹。到了伊丽莎白统治末期，英格兰商人已经到达了几内亚湾和印度洋。作为第一批航海家，托马斯·史蒂文斯说

道："我们船边有一群与人身等长的鱼在等候，人们将它称为图布龙。这种鱼专吃我们船上掉下去的东西，如果偶然撞见，可别把它们当成人了。"1583 年 2 月，伊丽莎白致信坎贝（今印度古吉拉特邦）国王和中国皇帝，请求通商。通过这些活动，伦敦很快便替代安特卫普，成为欧洲商贸中心。波斯沙阿询问商人亚瑟·爱德华来自何方，听到回答后迷惑不已。"英格兰。"商人答道。但在场没人听说过这个地方。爱德华于是试着用意大利语答道："英格里达。""啊，"在场一位廷臣说道，"伦多鲁。"所以，伦敦的名气比国家还要大。

土耳其商人从黎凡特带来了商品，而英格兰海员们沿着非洲西海岸和新大陆东海岸南下。16 世纪 60 年代，约翰·霍金斯爵士三次成功航行至非洲大陆，在那里开展了罪恶的奴隶贸易，并穿越大西洋到达伊斯帕尼奥
351 拉岛以及美洲的西班牙殖民地。到了 70 年代初，弗朗西斯·德雷克爵士三次航行至西印度群岛。在最后一次远航途中，在巴拿马地峡的一座山顶上，他见到了广袤的太平洋。从此，世界地图慢慢展现在了人类的面前。

皇家矿业公司于 1568 年成立，旨在推动矿业的发展和铜的分配。同样也在 16 世纪 70 年代，窗户行业和水晶玻璃行业应运而生。英格兰变得越来越奢华，至少对那些有钱人来说是如此。一些人感叹"过量的没用货物被运进伦敦港"，塞西尔本人也对"过量的丝绸"以及"过量的葡萄酒和香料"表达了埋怨。

正鉴于此，我们才能看到都铎王朝的建筑奇迹，许多建筑现在依旧屹立着。这些建筑的标志是雕花烟囱、橡木墙板的房间、有竖框的飘窗，以及令人眩晕的人字形屋顶。起到装饰作用的灰泥屋顶也是这一时期建筑的特色。由一则针对伊丽莎白时期著名宅邸的评论可以看出当时房屋窗户的大小和复杂程度——"哈德威克庄园，窗比墙还多"。埃尔特姆宫和汉普顿宫有着很高的开放式木结构屋顶，很好地体现了都铎时期大厅的特色。富人的私室则装饰着壁毯、帷幔、窗帘。随处可见高脚凳、有罩子的椅子、储藏柜、箱子、橱柜等。大多数房间内都能看到靠垫。

伊丽莎白统治期间，人们追求奢侈品的欲望大大增加。新大陆运来糖

和珍珠；旧大陆运来柠檬、石榴、香皂。从前，每当鱼日从不会吃其他肉，而现在的伦敦人将吃鱼肉斥为教宗党的遗俗。威廉·卡姆登写道“我们愚蠢的国家”变得如此富有，以至于国民“耽于酒色”、“争造豪宅”。据托马斯·洛奇的说法，就算是农夫“如今也要穿时髦的宽松上衣，系石榴色的上等丝绸袜带”。上等蕾丝成了英格兰男女追求的新“宠”，用来装饰袖口、拉夫领、围裙、手帕等。男女服装的样式也日新月异，至少在伦敦是这样。一个木雕作品呈现了一个半裸的英格兰人，手中拿着一把裁缝剪刀，说：“我将穿的衣服连我自己都不知该如何形容。”16 世纪小册 352
子作家塞缪尔·罗兰兹列了一份清单：

> ……紧身上衣法国产，紧身裤要德国货；
> 披风就买外国式，帽子首选西班牙，
> 托莱多的刀剑意大利的领，
> 鞋子还选弗莱芒。

尤其在伊丽莎白统治后期，对于时尚的追求到了奢靡的地步。随着新式丝绸和天鹅绒的引进，巨大的拉夫领和裙撑变得普遍起来。女王驾崩时，留下了大约三千条裙子。

英格兰的工业和商业一样蓬勃发展。在织造业、冶金业、锻造业上的投入不断加大，议会还通过法案促进皮革贸易。玻璃制造和煮皂需要更多的煤。生铁的产量在三十年内上升了两倍。

威廉·哈里森在 1577 年出版的《英格兰概况》中详细地描写了某些地区的变化。比如“房顶最近出现了许多烟囱”，再比如“器皿产生了变化，如盘子的质地由树（木）变成了白镴，木勺变成了银勺或锡勺”。石料和灰泥替代了木材和黏土；羽绒床替代了稻草垫，枕头替代了木块。尽管崛起了教义更为严格的新教，但依然没有阻止铺张的物质主义，而这一点似乎成了伊丽莎白统治下社会的一大特点。这个时代也许可以称作第一
个世俗时代。 353

31

阴谋与派系斗争

被幽禁的苏格兰女王玛丽愈加不顾一切铤而走险。她开始同诺福克公爵通信，两人似乎密谋造反。伊丽莎白本人如今也听到了两人有可能联合的风声，于是斥责诺福克胆大包天，竟存此念想。诺福克公爵答道："我如何会娶这么一个狡诈险恶、臭名昭著的与人通奸、谋杀亲夫之妇？"此外他还说玛丽依然自称拥有英格兰女王头衔，同她结婚"将让我背上觊觎您头上王冠的指控"。而这一点，伊丽莎白并不需要他来提醒。1569 年 1 月，伊丽莎白给玛丽写了一封密信，信中写道："那些并不爱你之人会说服你身边仆人，让她们觉得他们爱你。但不要对自己的所作所为太过自信。别自己蒙了双眼，也别以为我被蒙了双眼。若你是个聪明人，那我说这些就足够了。"

那些较为保守的枢密院委员联合到了一起，准备支持玛丽和诺福克的结合。若此事可成，将完美解决王位的继承问题。宣布玛丽和波斯维尔之间的婚姻无效很容易，因为波斯维尔不久就被关进了丹麦的地牢，绝无机会逃脱。若此事进展顺利，玛丽将被宣布为继承人，所有针对欧洲的新教
354 徒暴乱的援助也将撤回。而这个政策同塞西尔针锋相对。塞西尔对欧洲天主教充满鄙夷，同样对玛丽也毫无信任可言。保守派枢密院委员们找到了

一个令人预想之外的同盟——莱斯特伯爵。此人对塞西尔积怨已久，因为后者让他同女王成婚的希望破灭。

是故这些人一齐对女王的首席枢密院委员发起攻击。莱斯特对女王说塞西尔把国事搞得一塌糊涂，必须斩首；正是他离间了法国和西班牙，陷国家于危难之中。伊丽莎白斥责莱斯特质疑塞西尔的判断，推而广之也就是质疑她的判断。

诺福克也发声反对塞西尔，他知道塞西尔便是自己和玛丽成婚的最大障碍。在女王面前，他转向北安普敦伯爵。似乎说了下面的话："大人你也看到了吧，莱斯特伯爵兢兢业业，深受女王宠爱，而他一旦对塞西尔的政策提出有理有据的反对，女王便对他大皱眉头，甚至想把他关进伦敦塔。不，不，关进去的肯定不止他一个人。"伊丽莎白对此不置一词。

据传有人拟订了一份逮捕塞西尔的计划，但和其他许多类似的阴谋一样，这一计划最终落空。女王对她忠心耿耿的大臣怀有不可动摇的信任。塞西尔本人发现了这一危险，试图和诺福克公爵修好。他会推迟做出自己的判断，先交予枢密院其他委员们进行更为广泛、公开的商讨。他向这场朝他袭来的风暴屈服了。

诺福克公爵自己则早已一步步深陷玛丽的泥沼。两人互通感情炽烈的信件。莱斯特伯爵也在努力促成此事，他认为自己或许可以从中渔利。最差他也能让将来的女王对他心存感激，若事情往最好的方向发展，伊丽莎白说不定会决定同他结婚，从而与诺福克公爵相抗衡。伊丽莎白本人从多人口中听到了该传言。一次她问诺福克公爵外面有什么新闻。诺福克答道自己并没有听到什么新闻。"没有?"她说道，"你从伦敦而来，竟对我说没听到有关一桩婚事的新闻?"

也许他太过于害怕深挖此话题会引得女王大怒，因此他三缄其口。但
如果这件事一直秘而不宣，就形同叛逆。他的一些支持者背叛了他。眼看 355
女王的不悦与日俱增，莱斯特伯爵羞愧难当一病不起，在病榻上，他向女王坦白了一切。女王于是召见诺福克公爵，在逼迫之下，诺福克说出了婚姻的安排，女王命其放弃这一想法。

诺福克不再上朝。一年夏天，女王前往汉普郡的蒂奇菲尔德巡幸，巡幸途中诺福克在没有向女王告假的情况下私自回到了伦敦的家中。在霍华德庄园他见到了玛丽的使者。苏格兰女王抱怨两人的婚事一拖再拖。使者问诺福克，女王欲行之事进度如何，他答道：“支持自己的朋友够多了。”这句话暗藏杀机。他所说的朋友中，有一些是北方的天主教贵族，他们正准备为了苏格兰女王起事。

伊丽莎白害怕发生暴乱，下令加强对玛丽的看守力度。接着她发出谕旨，命诺福克回朝，即回女王当时的所在地温莎堡。公爵身边已经流言四起，说召他回去其实是想把他关进伦敦塔。于是他称病不从，并且立即回到了位于诺福克肯宁霍尔的自宅之中。这里是他的权力中心，有土地，有财产，还有一批忠于他的佃农。肯宁霍尔这个名字源于盎格鲁-撒克逊语，意为国王和宫殿。如果他同玛丽成婚，会不会真的成为国王了呢？

伊丽莎白后来对莱斯特说，如果这两人结婚，恐怕自己会再次被关进伦敦塔。当一些枢密院委员认为诺福克的意图并非叛逆时，据说女王当场昏厥。这绝非宫内争风吃醋的小把戏。在玛丽·都铎统治期间，伊丽莎白自己亲身体验过不幸的监禁生活，而这正是现在她让苏格兰女王所承受的。玛丽此时正在布上刺绣，她用橙色的羊毛绣出一只斑纹猫，并在猫的头上绣了一顶王冠，而伊丽莎白的头发是红色的。接着玛丽在猫的旁边绣上一只老鼠。

356 诺福克在反抗和绝望之间摇摆不定。他给女王写信申明自己的忠诚，并坦言自己害怕遭到不公正的囚禁。同时他也写信给北方的主要支持者们——其中包括威斯特摩兰伯爵托马斯·珀西和诺森伯兰伯爵查尔斯·奈维尔——敦促他们不要轻举妄动，否则自己将人头不保。回朝的诏书再次传来，此次诏书的口气极为强硬，不容辩驳。公爵决定服从命令，但刚回去，便被带到了他最怕去的地方。伦敦塔的大门在他身后紧紧锁上了。由于担心来自国外的干涉，港口也被全部封锁。

诺森伯兰和威斯特摩兰伯爵收到回朝的诏书。威斯特摩兰伯爵的妻子叹道：“我们和我们的国家将永远蒙受耻辱，最终我们得找个洞钻进去。”

因此，她的建议是坚定立场对抗女王，并“大闹一番”。在诺森伯兰伯爵名下的托普克利夫镇，钟以逆序敲响，这在当时来说是人人皆知的武装信号。两位伯爵于 1569 年打着旧信仰的旗号起兵。他们骑马带兵前往达勒姆大教堂，将圣餐桌从台上拉下，将英语《圣经》和《公祷书》撕个稀烂，随后要求再次以拉丁文举行弥撒。这是伊丽莎白有生以来面对的最严峻挑战，分裂国家的内战迫在眉睫，而且夹杂其中的宗教问题使得情势无比凶险。西班牙大使阳奉阴违，表面上对保守派许下很多承诺，但几无兑现。法国大使则眼看英格兰也将陷入了同他自己国家一样的宗教骚乱而幸灾乐祸。

两日后，造反的两个伯爵骑马穿过里彭，身着十字军的传统甲胄，佩戴红色十字架。他们的队伍前方打着圣五伤旗——旧信仰的另一标志。三十三年前，反对亨利八世的那次“求恩巡礼”便是这样的阵仗。这一切都是英格兰北部的象征，在那里天主教依然占据主导地位，实际上北方叛军中许多人都是先前那次运动参与者的子嗣。诺森伯兰伯爵的父亲托马斯·珀西爵士便是在“求恩巡礼”失败后被剥夺财产并处决的。伯爵们 357
抵达里彭后，协同教会举行弥撒以示庆祝，并向那些持“天主教旧信仰”的人发出公告。女王身边奸佞的枢密院委员们试图破坏“信仰天主的至真大公教”，从而让国家陷入混乱。蜡烛再次点上，管风琴也再次奏响。

1569 年 11 月 28 日，两个伯爵再次发出公告，号召按照信仰选定王位继承人。他们意在争取支持者，但事情并未完全如他们所愿。许多北方大贵族拒绝和他们一起造反。例如坎伯兰伯爵就滴水不进。与此相对，英格兰大多数贵族都团结在女王身边，其中最为位高权重的当属萨塞克斯伯爵。亨斯顿勋爵被派往北方，而贝德福德伯爵则被派往英格兰西部以防那里有变。玛丽则被带到了考文垂，该地的城墙由砂岩砌成，将她安置在那里很是稳妥。如果玛丽同叛军接头，很可能引发大规模叛乱。据说西班牙有一支舰队载着枪炮火药，停靠在尼德兰的泽兰待命。但历史学家不谈“如果”。面对天主教的威胁，《统一礼仪法》被更为严格地执行，包括强制宣誓承认女王为教会最高领袖。

伊丽莎白在暴乱一开始便说“这两个伯爵骨子里老派，但影响力不够”，从这个角度看，她的判断正中要害。他们想要得到普遍支持，但希望落空。他们在约克郡北部的塔德卡斯特停留了三天后原路折返。他们手下的士兵军心涣散开始溃退，仿佛身后有女王的军队追击一样。此次暴动唯一一次战斗发生在 1570 年 2 月，亨斯顿在纳沃斯击败了以戴克勋爵为首的叛军。

史称“北方起义”的英格兰北部暴动事实上已然终结。诺森伯兰和威斯特摩兰伯爵跨过边境逃亡苏格兰，余下的叛军很快遭到逮捕。其中地位低下的直接被绞死，单单在达勒姆一地，便绞死了将近三百人。在北方
358 当地几乎找不到哪个城镇没有竖起绞架的。估计约有九百人因为叛逆罪遭处决，使此事件成为都铎王朝历史上最为残酷的报复性行动。女王下这道命令，既出于愤怒，也出于恐惧。她已经把话说得很清楚了：“不要处死任何名下有房产或家境特别殷实之人。”她要的是他们的钱，不是他们的命。因此，当地权贵以及富豪的土地和房产遭到没收。诺森伯兰伯爵被苏格兰人以两千英镑的价格出卖，转交给英方之后随即遭到处决。威斯特摩兰伯爵则逃往西班牙占领的尼德兰寻求庇护。

所谓由秉持旧信仰的封建领主所发起的传统暴动，这是最后一次。如珀西、内维尔等大贵族，曾经被认为是他们领地实际上的统治者，在那里他们掌握着比王室更大的权力。但如今他们没能点燃英格兰北部各地区的反叛之火。当地许多天主教徒并不希望将国家的政治社会秩序搞乱。哪怕是大户家的佃农都不愿意起义。塞西尔最害怕的危机已经过去，旧信仰如今和叛逆武装联系到了一起，被称为“教宗党的残羹冷炙”。王国内大部分臣民的忠心再次得到确认。此次北方叛乱展现了英格兰历史上一次巨大而悄无声息的转变。

叛乱刚被镇压下去不久，女王的权威便遭到了进一步挑战，此次挑战来自罗马。1570 年初，教宗碧岳五世发布诏书，宣布对最大之异端及暴君伊丽莎白施行绝罚。诏书中写道“此自诩之英格兰女王”再不得让人对其效忠，她是“邪恶之仆”。此诏书谴责任何服从她的法律和命令之

人。如今，任何秉承旧信仰之人都可以合法地刺杀女王，且她的死将让刺客更早进入天堂。这是中世纪信仰的最后一道防线，在最后时刻，教宗会试图罢黜一个在位的君王。

而这道诏书对英格兰天主教的打击更甚于对英格兰女王的打击。北方公爵的行动刚刚失败，这些人又被迫举起反旗。再怎么说，时机也不对。如果教宗诏书在北方叛乱的时候发布，兴许还能争取到一些摇摆不定的人 359
加入。但如今这份诏书就好像在宣布英格兰天主教徒是不忠君的乱民。

一份教宗诏书的副本被钉到了伦敦主教的宫殿大门之上。钉诏书的约翰·费尔顿遭到严刑拷打，逼他供出同伙，他什么都没有说，但依然被以叛逆罪残酷地处死。然而，他在踏上断头台的时候，取出一枚钻戒送给“自诩为王”的伊丽莎白，作为最后的礼物。之后，教宗良十三世将他称为圣约翰·费尔顿。但他最终落得被肢解、挖肠的下场，并宣告了他斗争的失败。因此，新教信仰名著《福克斯殉教者书》在这一年推出了精心制作的第二版也就不足为奇了。一封由枢密院发给两个总主教的备忘录中，称此书“十分重要，书中知识不仅关乎宗教，而且关乎其他要事，能让女王陛下的臣民对当今政府形成正确的看法、想法，以及热爱之情”。宗教和政治从未如此紧密地联系在一起。

还有一件意义重大的事，就在这一年，伊丽莎白的登基日 11 月 7 日成了庆祝日。这一日被冠以“女王的圣日”，成了一年一度的节日，这在之前的朝代是从来没有过的。所有堂区的教堂都敲响钟声，人们点燃篝火和蜡烛，畅享面包和啤酒。新教徒把这一天当成中世纪宗教节日来庆祝，将伊丽莎白视作圣母玛利亚。在人们口中所称的“登基日”，英格兰几乎没有一处听不到钟声。

如今，英格兰可能面临团结在罗马周围的天主教大军的侵略，据说英格兰人开始变得杯弓蛇影。英格兰舰队被动员了起来，郡督们不得不召集当地人民参与保卫家乡的工作。英格兰南部和东部村庄的公共草地上组织起了射击训练。正因如此，这一年夏天，一支规模巨大的西班牙舰队的出现引起了大恐慌，然而这支舰队是前往安特卫普为腓力二世的新娘保驾护

360 航的。西班牙无论如何都不想和英格兰开战，而且腓力就教宗在颁布诏书之前没有咨询自己而向后者提出了抗议。法国国王查理九世也提出了类似的抗议。教宗诏书间接促成了英格兰和土耳其的贸易，异教女王很愿意和同是异教的奥斯曼人达成协议。

那些身处苏格兰并具有反心的伯爵依然同苏格兰人一起密谋反对伊丽莎白，这导致英苏边境不断受到警报或袭击的侵扰。1570 年春，英格兰派遣一支军队入侵苏格兰南部，当作惩戒和警告，在此次侵略过程中，九十座坚固的城堡、宅邸、宫殿，以及周边的村镇被夷为平地。苏格兰女王身在何处依然是个谜。她实际上正被拘禁，但英格兰的许多贵族都希望恢复她的王位；塞西尔和其他一些枢密院委员则不希望如此。伊丽莎白本人对此举棋不定。

在这样躁动的气氛之下，婚姻大事再次被提上台面。安茹公爵亨利王子成了如意人选。他比伊丽莎白小十七岁，但他是法国国王的弟弟，再没有比他更合适的人选了。据传亨利的家族希望亨利和苏格兰女王结婚，如果这是真的，那伊丽莎白将会站出来阻止他们俩的结合。她将动用自己全部的权谋诡道，将婚姻谈判无限期延长。她似乎从未想过同亨利结婚，但国事依然战胜了她的个人情感。法国和英格兰的结合定能挫败西班牙。

安茹公爵的母亲凯瑟琳·德·美第奇对此次婚姻十分上心。她对驻英格兰法国大使解释道："我儿所得的，将是一个国家！"但王子本人十分倔强。根据英格兰前往法国磋商婚姻一事的官员所言，此人"顽固不化、笃信教宗、像骡子般难以驾驭"。他"笃信教宗"这一点，至少从理论上说，对英格兰的和平并不是好兆头。伊丽莎白才遭受了笃信旧信仰的公爵们威胁，并不愿在私人弥撒或天主教告解等事上做出让步。

361 横在两人婚姻中间的还有另一个较为私人的障碍。在此期间，女王小腿部分患了溃疡，这种溃疡剧痛难忍，而且难以治愈。她父亲也患有这种病。年轻的王子听到这个消息，公开称伊丽莎白为"瘸腿的老东西"。他还称她为"putain publique"，即人尽可夫之妇。这可不是句好话。但关于两人婚姻的谈判依然在继续，并随着欧洲局势的起落而忽冷忽热。伊丽莎白命令负责谈判的官员们尽量拖延，不要急着做出决定，并让他们对凯瑟琳·德·美第奇说“少安毋躁，不要急着想要一个确切的答案，此事还需从长计议”。要说到推脱搪塞，伊丽莎白可是个中好手。此事便不温不火地谈了数月，在没办法的情况下，伊丽莎白最终将结婚对象定为安茹公爵的弟弟阿朗松公爵。而阿朗松公爵被天花毁了容貌，一脸麻子。据说接受麻子丈夫的代价是将加来归还英格兰，但这一提议再次不了了之。女王不断拖延、犹豫，想法似乎一天一个样。其实她根本不想结婚。

诺福克公爵于1570年夏从伦敦塔释放，虽然受辱但并未屈服。他给伊丽莎白送去一份文件，发誓“再不涉足同苏格兰女王结婚一事”，但没过多久他便陷入了另一桩谋反之事。此次阴谋由佛罗伦萨一个名叫罗伯特·迪·里多菲的银行家策划，此人在伦敦生活了数年，深受西班牙大使信任。里多菲同诺福克和苏格兰女王取得联系，告知他们如果有某些贵族能够起兵让玛丽重获自由，那玛丽的支持者们便会出兵相助。

这话简直是异想天开，很难相信那些所谓同谋者会真的涉身其中。阿尔瓦公爵腓力驻西班牙占领下的尼德兰的代表将这一消息斥为无稽之谈。然而英格兰国内有些人对这一计划十分热衷，诺福克公爵便是其中一员。他没敢签署同谋誓书，但口头上给予了支持。诺福克听信了所谓阿尔瓦公 362
爵写给里多菲的“指示”信件，并肯定了其中的内容。“孤委任你出使，先前往罗马，后拜谒天主教国王，这样，你就能在教宗陛下以及皇帝陛下面前痛陈这个岛屿的苦难以及我们自身的罪过……以及让我国我民解脱之法。”他本人尤其希望“尽早赋予苏格兰女王头衔，恢复天主教信仰”。接着列出了八个贵族、四个骑士，这些人总共可以调动四万五千人的军队。他们的目的是废黜伊丽莎白，扶持玛丽登上王座。西班牙将派兵六千，在哈里奇或朴次茅斯登陆后加入英格兰叛军队伍。很有可能这封信是里多菲自己写的，但听到这些细节内容而不加阻止，诺福克已经犯下了叛逆罪。似乎他听完后，只嗯了一声。但这就足以让他脱不开干系了。

苏格兰女王宣称她有一个只能对伊丽莎白本人说的秘密，这让一切更加扑朔迷离。对此伊丽莎白回应道："你已在我的国度掀起一次叛乱，而且你的目的是取我性命。你会说你本意并非如此。夫人，在我看来你实在愚不可及。"接着她说道："那些以为可以通过我的恐惧来影响我的人，根本不了解我的性格。你说你有一些想让我知道的秘密。如果的确如此，你就该写下来。你知道在我看来我们见面并不合适。"

1571年春，当阴谋正进行得如火如荼时，新一届议会召开了。伊丽莎白已经执政十三年，却只举行了三届议会。尽管她声称自己拥护议会，但她对于议会成员并无好感，因为他们牢骚不断但不解决实际问题。她依然未婚而且没有指定继承人，国家依然处于危机之中。近期的叛乱也突显出国内的宗教分歧。而她想要的资金只有议会才可以授权。因此在议会开
363 幕的时候，她身穿王袍，头戴金冠。右手边坐着教会领袖，左手边坐着国内贵族。枢密院委员们坐在中央，而下议院的骑士和议员们则聚在会议厅后面。

下议院的议员们相比起金融，对宗教更感兴趣。毕竟，这是第一届将天主教徒排除在外的议会。他们拟定了一份规定星期天必须参加礼拜以及一年内必须参加两次圣餐礼的法案。女王厌恶宗教争论，她向下议院捎去消息，禁止他们讨论与自身无关之事，"避免冗长的演讲"。下议院对该命令视而不见。比如，他们拟定了一份要求修改《公祷书》的法案。该法案要求伊丽莎白举手投足不得像暴君一般，或者用当时的话来说，"像土耳其老爷"。

教宗诏书也受到了一定程度的关注，议会达成统一意见："不论以口头还是书面形式，任何宣称女王并非女王"或"女王是异端、分裂教会的人、暴君、异教徒或篡位者"的人，都将以叛逆罪论处。任何捏造身份出行或在贵族家庭假扮成仆人的天主教徒将像"无业游民或古埃及人"一样，被施以鞭刑或扣上足枷。进口任何来自"罗马主教"（对教宗的称呼）的书籍，或引进任何来自那个主教的十字架、图画或念珠也将以叛逆罪论处。议会的义愤得到平息之后，通过投票给女王的金库拨款了十万英镑。

反伊丽莎白的阴谋开始瓦解。领头人里多菲夸夸其谈但言而无信，且完全不懂合纵连横之事。他将密谋的信息编成密码交付给一个廷臣，而后者刚到多佛便遭到逮捕并被搜身。这个不幸的人在伦敦塔受刑时还供出了其他秘密。是故塞西尔不久便知道了此次阴谋的诸多细节。塞西尔写道："此次我心乱如麻，不知能否从危机中脱身。"西班牙大使报告称塞西尔惊恐万分，甚至做好了逃离英格兰的准备，他催促自己的妻子将珠宝首饰打包，一接到消息便离开。然而这个报告可能只是大使一厢情愿的想法。塞西尔本人在枢密院的地位坚不可摧，1571 年初，他被授予伯利勋爵的 364
称号，不久后又被任命为财务大臣。

玛丽坚决否认参与了此次阴谋，但她至少参与了谋划，因为一封同意侵略的信件上有她的名字。她是否了解阴谋的全部细节不得而知。然而她被议会中一个成员称为"丑恶的巨龙，低贱如泥土"。此次阴谋暴露之后，伊丽莎白打消了让玛丽重登苏格兰王座的想法，从此刻开始，她似乎下了结论，即永远不能让苏格兰女王重获自由。诺福克公爵似乎陷入了一个更为可悲的境地。偶然发现的另一封由密码写成的信件导致了他的覆灭，搜查人员在霍华德庄园屋顶的两片瓦片之间发现了破解密码的关键。他们还从公爵的个人物品中发现了一封玛丽·斯图亚特写的信。1571 年初秋，他再次被关进了伦敦塔。伯利勋爵还写信给玛丽的监视人什鲁斯伯里伯爵，信封上标着"由朝廷发出，1571 年 9 月 5 日晚 9 点"，上面还有为人们所熟知的急件标识，"急，加急，急，急，事关性命，命，命"。玛丽正策划越狱并逃往西班牙。于是对她的看守力度大大加强了。

在审讯过程中，诺福克否认自己认识里多菲，但随后又承认的确见过此人。他说这个佛罗伦萨银行家教唆他背叛，但他拒绝了。而他的谎言被一一拆穿。南安普顿伯爵和阿伦德尔伯爵也遭到了逮捕，此外还有科伯汉姆、拉姆利等贵族和相关绅士。伯利勋爵将朝中的天主教派一网打尽。

1572 年 1 月 16 日，对诺福克公爵进行了审判。公爵被控犯下"图谋置女王于死地"之罪。他否认这一指控，但在 16 世纪，要想推翻犯上的指控十分困难。法庭拒绝让他请律师，并且剥夺了他所有的书本和文件。

在伦敦塔的牢房中，他写道自己肝胆俱裂，如同“死蝇”或“死狗”一般。

365 他被判有罪，但女王对判决闪烁其词。她两次批准了死刑，但在最后时刻又将其撤销。毕竟诺福克公爵是英格兰地位最高的贵族，也是女王的近亲。她对伯利勋爵说自己头脑“后部”不相信“前部”。换句话说，她的感情否定了她的判断。由于太过悲痛，她痛苦地病倒了。伯利和莱斯特连续三晚坐在她病床边陪伴。同样的犹豫不决和焦虑困惑也毁了她和安茹公爵的婚姻谈判。

最终，在枢密院委员们苦口婆心的劝说之下，她于初夏第三次批准了死刑，再没有撤销。诺福克被押赴刑场。他是伊丽莎白统治时期首个被斩首的贵族。伦敦塔的断头台被拆除重建。苏格兰女王得知这一消息的时候，潸然泪下。据说她一连几天悲痛不已。但她依然在谋划，自始至终都在谋划。伯利现在把注意力放到了她的身上。在他看来，打蛇要打七寸。

1572 年 5 月，里多菲的阴谋刚被揭穿，便举行了新一届议会。下议院因玛丽涉嫌参与此事群情激奋。其中有人发言说“对此人别再犹豫了，把她的头砍了”，这个观点得到了大多数议员的认同。另一个议员托马斯·迪格斯敦促“别再表现怜悯了，这是掺了蜜的毒药”。当心怜悯。这并非她的“私事”，而且会危及整个王国。上议院的委员们同意玛丽必须
366 以叛逆论处。教牧人员代表大会也得出了同样的结论，称：“前苏格兰女王犯下了大卫王诸个放荡儿子所犯的诸多罪行——通奸、谋杀、阴谋、叛逆，以及渎神。”然而伊丽莎白在一份没有文字记载的讲话中成功平息了他们杀气腾腾的怒火。

上下议院于是拟定法案剥夺了玛丽女王的头衔，并也将其行为定为叛逆。伊丽莎白拒绝批准，并以一句古而有之的套话回应“La royne s'advisera”——女王将考虑此事，女王会思考此事，女王将就此事听取建议。这句话的意思就是女王很可能什么事都不会做。她也许还对自己的亲戚留有些许同情。伊丽莎白曾经也被拘禁过。是故她就此事征求了意见，不过她的回应让所有人如堕五里雾中。

23. 顽固、专横的玛丽一世

24. 西班牙的腓力，玛丽心有不甘的丈夫，一逮到机会便将她抛弃

25. 描绘温彻斯特教宗党主教史蒂芬·加德纳的寓言画。该画绘制于爱德华统治时期，教宗党被视为魔鬼之子

26.（下）克兰默于牛津遭受火刑——除他以外，还有多人死于玛丽之手

27. 年轻的伊丽莎白一世。她早年生涯危机四伏

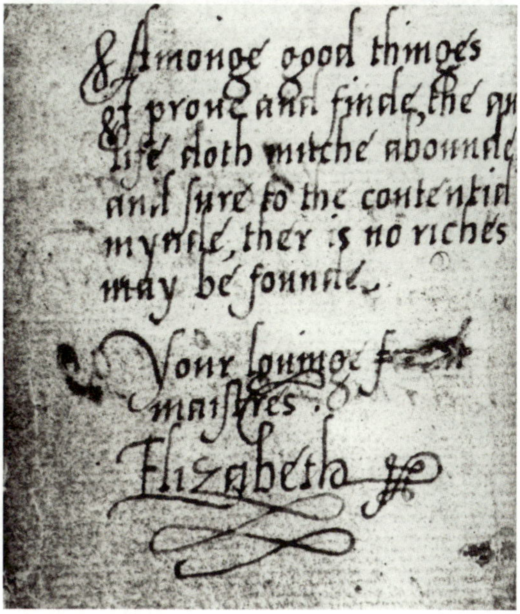

& Amonge good thinges
I proue and finde, the qu
life doth mitche abounde
and sure to the contentid
mynde, ther is no riches
may be founde.

Your louinge f
maistres.
Elizabeth

28. 伊丽莎白华丽的签名，从中可以看出她坚强不屈、盛气凌人的性格

29. 穿着登基礼服的伊丽莎白，光彩夺目

30.（下）莱斯特伯爵罗伯特·达德利。一直以来他都是伊丽莎白的至宠，两人的亲密关系引起了不少流言蜚语

31. 第四代诺福克公爵托马斯·霍华德，由于阴谋加害伊丽莎白而被处决

32. 伊丽莎白在议会。伊丽莎白对议会软硬兼施

33. 机关算尽的苏格兰女王玛丽

34. 苏格兰女王被处决。她认为自己是殉教而死

35. 1570 年，教宗下诏对伊丽莎白施行绝罚，斥其为异教徒

36. 伊丽莎白前往无双宫——“举国无双”之地

37. 无敌舰队不幸的航线，大海对其造成的苦难丝毫不亚于英格兰舰队

38.（左）弗朗西斯·德雷克爵士，常胜舰长、出色的探险家

39.“皇家方舟号”——同无敌舰队交战时的英格兰舰队旗舰

40. 威廉·塞西尔，伊丽莎白首席顾问官，女王称其为“灵魂阁下”

41. 弗朗西斯·沃尔辛厄姆，执掌间谍工作，女王亲密的顾问官

42. 罗伯特·塞西尔，伟大的幸存者，女王称其为“我的俾格米人”

43. 苏格兰国王詹姆士六世，最终成为英格兰国王詹姆士一世

1572 年议会即将休会之际，有一本小册子寄到了议会，书中内容直接对教会的根基提出了质疑。该书名为《对议会之告诫》，宣称："我们英格兰远没有依照上帝的律法施行正确的改革，从表面上来看，至今尚未做到那样。"这本小册子的作者约翰·菲尔德和托马斯·威尔科克斯想要教会的所有教导内容和组织架构都遵从《圣经》。《公祷书》"漏洞百出，由从罗马教宗的粪堆，即令人深恶痛绝的弥撒书上捡来的内容东拼西凑而成"。总主教、主教都不应设置；教会的牧师之间应"人人平等"，每个教众集体都应有"合法、神圣的领地"。菲尔德和威尔科克斯随即被控违反《统一礼仪法》，并被判处一年监禁，但他们的话传进了有心人的耳中。我们能由此看到 16 世纪 70 年代早期长老宗运动的兴起。

随着议会变得愈加激进，下议院再没有信仰天主教的议员，其他权力部门也同样如此。两年前，剑桥大学玛格丽特夫人神学讲座教授在一系列讲话中提出了和《对议会之告诫》一书相同的措施，他被褫夺职位并放逐到日内瓦，但他的追随者依然遍布诸大学。一位剑桥大学毕业生在领受圣职的仪式上说道："我绝非牧师，不，我绝非堂区牧师。我厌恶这些敌 367
基督的名号。我是本地全体教众的牧师。"英格兰的清教教士大部分都来自各大学。

伦敦等地出现堂区教众自发组织清教模式的讲道和教理问答。某些受欢迎的牧师无视主教的愤怒，继续宣扬"上帝的真理"，而他们时常能得到贵族和乡绅的支持。众所周知，莱斯特伯爵十分支持清教运动。在随后的日子里，伯利勋爵亲口对清教教士说："在这段危险时期，那些主教以非常不利、不明智的行为，断了自己的后路。"

一个名为"长老监督会"的组织架构开始浮出水面，该监督会由各堂区牧师和世俗长者们组成。一个由牧师组成的共和团体在伦敦南部的旺兹沃思附近建立，该团体自称"教务评议会"。旺兹沃思从 16 世纪 70 年代接纳荷兰新教徒开始，一直到 17 世纪初接纳胡格诺派教徒，成了著名的宗教难民庇护所。这样的范例早已在首都出现，伦敦建起了多座"避难教堂"，流亡的新教徒也养成了去那里礼拜的习惯。然而如果想要成为一个对宗教信仰“更为严格”的人，还是会招来祸害。就在这一年，一个来自萨塞克斯的名为诺阿的年轻木匠，试图拆毁村庄公用草地上的五朔节花柱，因为他认为这是偶像崇拜的象征。他被当地人一枪穿喉而死。

伯利勋爵不久便同弗朗西斯·沃尔辛厄姆一起，成为女王的顾问，沃尔辛厄姆生性狡黠，在探听秘密方面很有一手。据说他在位于希兴里的自宅中听到在罗马暗传的消息。他在欧洲外交界许多“间谍大师”中名列榜首。他一开始担任伊丽莎白驻法国的大使，后被提拔为国务大臣。

368 伊丽莎白身边涌现了一批坚定支持新教运动的人，他们同议会中处理两院共同事务的委员们一起，反对玛丽·斯图亚特觊觎英格兰王位，反对欧洲天主教国家，有可能上届议会的各项反天主教措施正是他们所推动的。这些人当中最为著名的当属伯利勋爵、莱斯特伯爵、弗朗西斯·沃尔辛厄姆三人。女王对他们十分信任，同时他们也不惮于质疑女王的判断，如果有必要的话，他们还会操纵议会。据说他们表面上会听女王的命令，但暗地里依旧我行我素。伊丽莎白本人似乎发自内心地喜欢他们。可能由于沃尔辛厄姆一直穿深色衣服，伊丽莎白称其为“摩尔人”，而伯利和莱斯特则分别是她的“灵魂”和“眼睛”。

在这一时期，还有一个人得宠，此人便是克里斯托弗·哈顿爵士。他先前是一个廷臣，谈吐文雅、擅长舞蹈。凭着这个能力，他引起了女王的注意。于是便节节高升，由贴身侍卫变成侍卫长，随后又被任命为牛津大法官，后来成了英格兰大法官。据说他会一路跳着舞去办公。他外号“眼皮”或“绵羊”，不久后又变成了“羊肉”。

女王给依利主教写过一封态度蛮横的信，从中可以看出她对他们有多关照。哈顿垂涎主教名下位于霍尔本山和依利地区的一些园地，但主教并不愿意将其拱手相让。然而，女王坚持让主教让出，并给他捎去了以下信息。“**高傲的高级教士**，你心里清楚在我把你提拔到如今位置之前，自己是什么状况。如果你不立即服从我的要求，我将马上以上帝之名将你罢免。**伊丽莎白**。”主教当然选择把自己的土地让出，附带条件是他以及他的继承人能够自由出入花园，并每年能够在花园中摘取 20 蒲式耳玫瑰。

当时的编年史作家注意到了另一桩更为古怪的土地权转移事件。赫特
福德郡有一处名胜，名为马列奇山，面积 26 英亩，“从所在之处拔地而
起，轰鸣着开始移动，地上的牲口、羊圈、树木等也跟着转移，第一天整
整移动了 40 步的距离”。4 天后，土地停止移动，形成了一座 72 英尺高 369
的山丘。移动过程中，摧毁了一座当地小圣堂，并在原先地点留下了一个
深 30 英尺、宽 160 码、长 400 码的大洞。

此外还发生了一件不可思议的事情。1572 年初，莱斯特伯爵给伊丽
莎白献上了一条宝石手链，上面附带着一个小型时钟。伊丽莎白女王成了
世界上第一个戴腕表的人。 370

32

罢　宴

伊丽莎白的夏季巡幸常会前往莱斯特伯爵的住处——位于沃里克郡的凯尼尔沃思城堡。接下去的几年中，每逢女王驾临，此地便一派歌舞升平。一年夏天，女王的队伍刚穿过公园大门，门卫便身着赫拉克勒斯的衣袍前来，向女王致欢迎词。城堡一边有一条护城河，女王从河边经过的时候，会有凌波而行的宁芙向她问候。最大的欢迎盛会在城堡主院举行，院中竖起七对柱子，希腊诸神立于其上，赠予女王各式各样的礼物。女王下马进入内院时，城堡所有时钟都会停止运转。女王在凯尼尔沃思期间，没有人会感受到时间的流逝。

第二天是礼拜日，她去教堂礼拜，但一到下午又莺歌燕舞。女王并非那种严守清规之人。

她特别喜欢跳舞。有一幅画描绘了她和廷臣（应该是莱斯特）一起跳沃尔塔舞的场景。跳这种舞的时候，男舞伴会旋转着将女舞伴举向空中，让她的双脚向外腾空。伊丽莎白还会跳加利亚德舞。她向前五步，尽
371 力跃起，并在音符奏响的同时双脚一齐落地。伊丽莎白坚持要增加该舞蹈的复杂程度和难度，这样一来比她年长或持重的顾问官们便无法跟上她了。

在接下去的几个夏天，城堡中的娱乐活动不断推陈出新。来自东印度的“野人”向伊丽莎白大唱赞歌，而埃科女神也在一边合唱。意大利的寓言、罗马的神话、骑士传奇一个接一个上演。伊丽莎白目睹了当地的奇人奇物，比如身高马大的男孩和奇形怪状的绵羊。她喜欢打猎，会和男人一起骑马逐鹿。她还爱看斗熊，看十二三只熊和一群狗搏斗。杂耍和焰火同时上演。在天气较热的时候，她会喝一比一兑水的葡萄酒。巡幸途中，她还会触摸“王邪”（指瘰疬）患者，将双手放在病人的咽喉或下巴之上。

就这样，1572 年夏天，她沉浸在都铎式的欢愉世界中，宗教、古典与铺张浪费的英格兰传奇混杂在一起，一派太平盛世的光景。五个月前，法国和英格兰签订了条约。《布卢瓦条约》是同法国漫长而无果的婚姻谈判间接促成的结果。该条约从本质上说是一个防御条约，目的是对抗西班牙，但该条约还有另一个好处，便是防止法国代表玛丽进一步插手英格兰事务。卢卡斯·德·希尔的《亨利八世家族：都铎继承寓言》很可能便是为了庆祝该条约的签订而绘制的。此画由伊丽莎白赐给促成该条约的最大功臣，弗朗西斯·沃尔辛厄姆，画的底端有一段题词：

此画由女王赐予沃尔辛厄姆
以彰其宽慰君心民心之功

此画以寓言形式展示了都铎家族从亨利到伊丽莎白的诸多人物，然而画上的伊丽莎白引领着和平女神，该女神左手握着橄榄枝，并将武器踩在脚下。 372

然而战争的浪潮从未退去。这一年年初，尼德兰人民揭竿而起反对西班牙霸主以及阿尔瓦公爵的军队。起义领导人为奥兰治亲王威廉，他手下的舰队司令先前曾同教友们前往英格兰避难。1572 年春，该司令率领一支小舰队从多佛出发，打下了默兹河口的布里勒镇。泽兰、荷兰、乌得勒支等港口纷纷起义，试图驱逐西班牙驻军。这支舰队的船员们被称作“海上乞丐”，当时海盗行径和爱国常常被混为一谈。奥兰治亲王本人则在德国组建了一支军队，而对西班牙怀有敌意的法军一举占领了艾诺。

眼看着欧洲新教徒及其法国盟军在同西班牙腓力的天主教军的战斗中节节胜利，伦敦市民的热情日渐高涨。英格兰的改革派就在等着这场战争，教会筹集的钱款很快便被用来购置枪炮和火药，同时很多志愿者跨越北海加入战斗。议会以及许多主教敦促伊丽莎白本人也加入进来，向尼德兰境内的西班牙军宣战。为了英格兰，为了上帝，该重拳出击了。

但伊丽莎白并未拿定主意。对于尼德兰人民暴动反对其合法统治者一事她并无好感，同时她也不可能想要让法军代替西班牙军。一如往常，她的政策便是谨慎外加折中。若阿尔瓦公爵占了上风，或至少不至于败下阵来，那她会让两国继续打下去，这符合她的政策——让周边国家相争。伯利勋爵就向伊丽莎白献过策，“暂且随他们去”。如果法国在尼德兰盟军的掩护下开始占领整条海岸线和国境线，伊丽莎白将协助腓力“保护他的遗产”，甚至在他许诺给予臣民宗教自由，并“使他们脱离宗教裁判所之恐惧”的条件下派兵助阵。这是她一贯坚持的政策。驻英格兰的西班牙大
373 使甚至报告女王已经做好准备占领法拉盛，她虽然表面上支持奥兰治，但随后会将其交还给西班牙。

女王故意模棱两可的姿态并不为那些支持激进新教运动的人所喜，但这反映出了女王处理国事时一贯采取的实用主义态度。因此，她听到阿尔瓦公爵成功镇压暴动的消息后，并不会感到不快。法国再次陷入混乱，查理九世在没有任何盟军的情况下同西班牙开战，最终自食其果。

在这种艰难的情况之下，法国天主教徒和尼德兰新教徒之间偶然结成的联盟无法再存续下去了。法国胡格诺派领袖加斯帕尔·德·科利尼遭到刺杀，所幸没有丧命，摄政女王凯瑟琳·德·美第奇害怕科利尼的支持者会实行报复，因而下令先发制人消灭胡格诺派领导人，科利尼本人就在遇害者之列，尸体被从寓所的窗户中抛出。不幸的是此次流血事件迅速蔓延开来，在1572年8月24日，也就是圣巴多罗买日①，巴黎的暴徒对胡格

① 耶稣十二门徒之一圣巴多罗买的纪念日，传说巴多罗买在印度传教时，被暴徒剥皮而殉教。古代教会用剥皮刀为标志，来象征这位忠心的使徒因热心宣扬福音而殉教的精神。

诺派教徒大开杀戒，见一个杀一个。他们认为自己所攻击的是天主的敌人。邻里间刀光剑影，胡格诺派教徒要么被刺死，要么被吊死，要么被打死。据说巴黎有些男孩甚至将襁褓中的婴儿掐死。尸体用马车运往塞纳河，用天主教徒的话来说，汹涌的河水加上天主的恩典，方能更好地将异端的痕迹洗得一干二净。圣巴多罗买遭剥皮而死，因此剥皮刀是他的象征，这把曾经残害天主教徒的刀如今握在了天主教统治者手中。

枢机主教奥尔西尼曾让法国国王对境内的胡格诺派斩尽杀绝，尽管这一建议实际上无法达成，但巴黎和其他省份还是有数千人因之丧命。当下的法国由于宗教仇恨而分裂，其严重程度远甚于英格兰。此事件被称为“巴多罗买大屠杀”，是16世纪最让天主教声名扫地的事件。比如，英格兰人民就由此看出如果在一个信仰天主教的女王统治之下，自己可能会面对怎样的命运。然而，罗马敲响了庆祝的钟声，教宗额我略十三世和枢机 374
主教一起遍访圣地，表达感激之情。

大屠杀消息传来时，女王仍在凯尼尔沃思享受莱斯特为她准备的狂欢。此前她正和法国大使就自己同法国王子结婚一事做永无止境的商讨。接着，9月3日巴黎的一位信使来访，当时她正外出打猎。该信使带来的消息让女王和大使的一切商谈就此中断。伦敦的一位西班牙间谍告知阿尔瓦公爵，女王“将所有乐手和艺人都遣送回家，再没有舞者，再没有滑稽剧，再没有娱乐……”宴会戛然而止，不留一丝痕迹。

莱斯特伯爵急切地想助欧洲新教徒一臂之力，他写道：“我认为自蛮荒时代起，就没有基督徒听说过这样的事……”伊丽莎白之所以被说动援助奥兰治亲王，部分应归功于莱斯特的力劝。她私下里给奥兰治亲王送去三万英镑，并准许募集六千兵勇前往支援。她如今担心大屠杀是天主教国家针对她和其他新教君主进行大规模进攻的前兆。人民对这一点也忧心忡忡。主教们向女王发去消息，要求将监狱中的所有天主教司铎一并处死。伦敦主教敦促伯利勋爵将朝廷中所有天主教官员全部罢免，并将玛丽·斯图亚特送上断头台。

9月中旬，法国大使获准返回英格兰朝廷，当时女王和廷臣都在伍德斯托克。女王身穿丧服，枢密院成员和首席女官们也如此，他们站成半圆，沉默地看着大使前来。伊丽莎白将大使带到窗边，询问噩耗是否属实。大使回答的确有针对法国国王的阴谋，科利尼本人正是策划者。所以国王为了报复试图取自己性命的阴谋而批准屠杀？大使对此只能气急败坏地咆哮。又说了几句之后，她从大使身边离开。

375 尽管如此，她依然在公开场合维持着谨慎的中立政策。她将著名的天主教贵族伍斯特伯爵派往巴黎，参加法国国王之女的洗礼，伊丽莎白同意担任女婴的教母，这一举动让信仰新教的顾问官大失所望。作为英格兰的伯爵，怎么可以代表官方前往那个发生了16世纪欧洲最骇人的大屠杀的城市呢？女王还宣称她不会反对自己亲爱的兄弟西班牙国王，尽管实际上她正在向他的敌人提供军队和钱款。一位西班牙廷臣于1573年初写给费里亚公爵夫人的信中将事实清楚地一一列出，他对公爵夫人说：“女王允诺在明年春天提供支持六千人的资金。若事情果真如此，您怎么都要让陛下看一看此人行为的狡诈。她假装支支吾吾，其实早就答应了尼德兰（联省）向她提出的要求……”

伊丽莎白两面三刀，以巧妙的手段力图维持邻国之间的平衡。然而与生俱来的犹豫依然让她束手束脚。她不论面对大事小事，都怀带着一种类似拖延的犹豫。有人力劝她把一座皇家小庄园（纽荷尔庄园）赐给萨塞克斯伯爵。她慈眉善目地听了这一提案，答应将庄园赐给他，但随后又改变了注意。从全方位考虑，赏赐庄园确是适宜之举，但另一方面，这个庄园毕竟是她父亲斥巨资建起来的。伯利问她是否能给个最终答复，然而“她依然对此不置可否”。她极少愿意给予。玛丽·斯图亚特送了她一顶睡帽，她说道：“人到了我这个年纪，索取的时候会伸双手，给予的时候只伸小指。”

在同一时期，一位廷臣就另一件事对塞西尔抱怨道：“此事令我生无可恋……我既没办法让她签署另一封信，也拿不到之前已经签署过的允许寄出的那封，就这么一小时一小时，一天一天地拖着，‘一会、马上、明天’。”她的教子约翰·哈林顿爵士写道：“事情进展好的时候，她会机关算尽把好事都归到自己名下，体现她的深谋远虑。事情若违了她的意愿，枢密院将被迫为自己的行为辩护，以求不折损女王英明的判断。”她乐于接受赞颂，换句话说，她不愿承担指责。 376

面对大部分国事，她偏向于不作为。谁能说这不是最睿智的政策呢？什么事都不做总比做傻事好。当世界局势大部分取决于机会或时运的时候，贸然前行又有什么意义呢？因此，尽管塞西尔和莱斯特说尽好话，她依然拒绝将自己置于欧洲新教联盟领袖的位置。这样会招来太多危险。不论如何，她同情已经建立的王朝，赞成将法律和秩序置于首位。她觉得没有理由去将这一秩序推翻。

也有可能她不理解尼德兰加尔文派以及法国天主教派狂热的宗教感情。在她的概念中，所有这些事情都可以通过权谋来解决。然而，她也可以从那些虔诚的狂热分子身上谋利。随着西班牙陷入同尼德兰人的长期战争，而法国又在内战，英格兰可以被视为安全稳定之地。甚至可以作为欧洲命运的仲裁者。伊丽莎白决定将英格兰志愿者从尼德兰撤出，以讨好腓力，1573年春，西班牙同英格兰签署协议。商贸利益滚滚而来。4月中旬，西班牙及低地国家的港口正式向英格兰商人开放，这些商人再不需要担心被宗教裁判所盯上了。

稍后发生的几件事都在几次规模较大、时间较长的冲突中占有一席之地。1572年，弗朗西斯·德雷克爵士在巴拿马登陆，巴拿马是连结秘鲁银矿和西班牙舰队的起锚之地，即加勒比诸港口之间的战略要地。西班牙方面担心德雷克及其手下会和从巴拿马逃脱的奴隶结成联盟，从而控制巴拿马海峡。如果马德里的金银来源被切断，那西班牙将无法承担同尼德兰，甚至同任何国家战斗的开销。

1578年，前奴隶贩子约翰·霍金斯被任命为海军财务官，在这一岗 377
位上，他发奋图强，准备建造一支能航海的舰队，舰队中的战舰不再像一座漂浮在海上的堡垒，而是要更加细长快捷，重点放在枪炮上，使之有利于远距离战斗。在他任职的十五年间，英格兰拥有了二十五艘战舰、十八艘远洋帆船。

1577 年末，德雷克率领五艘舰船再次起航，旗舰便是金鹿号（当时叫鹈鹕号）。他沿着非洲海岸线南下，一路上收编了不少同行的外国船只，穿越大西洋到达新大陆，接着继续航行，穿过麦哲伦海峡进入太平洋。他成了首个完成环球航行的英格兰人。同年，伊丽莎白最中意的占星家约翰·迪伊发表了《有关航海这一完美艺术的一般及罕见记录》一书，书的标题页上画着一支英格兰舰队在女王的祝福之下，停靠在固若金汤的海岸边。迪伊描绘了一个立足于海上力量的大英帝国，他的作品将英格兰立志成为帝国的抱负播撒到了商人以及那些更富有冒险精神的廷臣中。比如，英格兰海员马丁·弗罗比舍便加入了克里斯托弗·哈顿爵士和约翰·迪伊的队伍，制订了详细的计划，以期发现西北航道，他认为通过这一航道可以到达契丹。

据说伟大的英格兰航海志作家理查德·哈克卢伊特的一生（从 1552 年到 1616 年）恰好对应大英格兰的崛起——“横跨东西的英格兰帝国”。哈克卢伊特自己写道：“女王陛下名满四海、举世无双，在她的领导下，臣民们在探索世界边陲的大业上做到了世界第一。”1585 年，在如今的北卡罗来纳州建起了美洲第一个英格兰殖民地罗阿诺克。这样的大英“帝国”并非亨利所预想的戴上皇冠称帝，但无疑源自同样的野心，即对权力和利益的追求。然而到那时为止，西班牙和英格兰之间的海上对抗仅局限
378 于新大陆，旧大陆上依然维持着和平。

*

一场宗教纠纷让西班牙和英格兰之间的关系进一步恶化。1574 年初，第一批神学院学生来到英格兰。英格兰天主教司铎在西属尼德兰的杜埃建起了神学院，有三个司铎从那里偷渡回国，并在信徒中开展工作。当时，英格兰的天主教徒们建立起了相互联系的网络，有专门的司铎为他们开展圣体圣事，他们一直希望得到流亡海外的教友支持。一些天主教司铎成了私人的随行神职人员；另一些则做出妥协，表面上接受了新信仰，然而同时在私下里和少数同道中人一起举行弥撒。

这三个司铎来到英格兰之后，更多人紧随其后跨洋而来。之后二十五

年间，大约有六百人被派往英格兰。这些人并非传教士。他们前来只是为了支持秉持旧信仰的人，而不是为了转化新教徒。尽管如此，他们依然是英格兰潜在的不稳定因素，原因大致在于他们不承认那个在他们看来是非法的君主。杜埃天主教社区的领袖威廉·艾伦向罗马的领导反映司铎们奉命“（就像使徒们当年那样，尽管不公开，但在私人家中）传道并教导天主教信仰，为对有此需求的人群开展圣体圣事……”神学院学生聆听告解，赦免被判分裂教会之人，并增强那些遵从天主教信仰之人的信念。前些年，英格兰当局对待天主教徒多少会留些心，以维持伊丽莎白不惜一切代价维护和平与秩序的希望，但司铎们的出现被认为是无端干涉内政的行为。不久，一项更为严厉的政策出台了。

另一个宗教派别也引起了麻烦。1575 年春，在阿尔德门地区发现了一个再洗礼派教徒的集会。这个教派最受人鄙视，也最受人忌惮。尽管这些人是荷兰人，但依然由伦敦主教在圣保禄主教座堂对其展开审判，这些人被控犯下最为可怕的异端罪和渎神罪。其中五人放弃信仰，得到赦免。
他们手持点着的柴火游街，宣布放弃以下信念：基督并没有从圣母玛利亚 379
那里“得到肉身”；婴儿无须洗礼；基督徒不能担任文武官员；基督徒不发誓。他们的同伴中，十五人被用船驱逐出境，五人被判火刑。只有两人真的被推上了火刑架——约翰·维尔梅克和亨利·托尔沃特。在史密斯菲尔德，两人死时“惊恐万分、大声哭嚎”，围观群众大声叫好。这是伊丽莎白统治时期第一起由宗教引发的血案。

已经有十七年没有火刑了，玛丽统治时期的殉教史学家约翰·福克斯致信女王，对火刑再次出现于世间表达了抗议。伊丽莎白称福克斯为“我的福克斯神父”，因此他多少享有向女王讲道的自由。“我对异端绝无好感，”他写道，“但我是人，会恕人的性命。将一个只是因为判断失误而非蓄意为之的不幸之人活活炙烤，更有甚者将沥青硫黄泼于其身，乃罗马教之恶行……慈爱的上帝将恕其性命。”他的呼吁石沉大海。

1575 年 5 月，总主教帕克去世，导致教会的大方向发生改变。帕克留下了一大笔财产，被普遍认为在职时贪污腐化。他的继任者埃德蒙·格林德尔以虔诚多识闻名，他很得伯利勋爵赏识，也的确严于律己。一位仰慕者匿名致信游说他，信中写道："鉴于如今罗马教糟粕依然残留，虔敬之人诸多不满，您的同志或许正在商讨去除之策。我知道，您和您同事所意欲之事较难施行。然而（经过周密谋划）多少还是可以有所作为的。"之所以此事"困难"，是因为伊丽莎白本人不喜欢进一步改变现状或搅和此事。她在宗教信仰上偏向保守，不久格林德尔便引起了她的不悦。

比如，一些名为"先知讲道"或"训练"的事件让伊丽莎白有所警
380 觉。参加这些会面活动的不仅有低级教士，还有高级教士，与会者针对《圣经》的篇章进行讨论，位阶较低的教士还能学习传道等技艺。平信徒有时也能参加这些活动，到了晚上，与会者会在当地旅馆一起吃晚餐，宣读、讨论教义。"先知讲道"一词源于圣保罗写给哥多林的第一封信，信中他敦促道："至于做先知讲道的，只好两个人，或是三个人，其余的就当慎思明辨……因为你们都可以一个一个地做先知讲道，叫众人学道理，叫众人得劝勉。"（《哥多林前书》14：29，32）

这些事件受到了福音派的欢迎。由于不同位阶的教士们都有参与，这很大程度上消除了国立教会的等级观念，把重点放在传道和讨论上，也提供了充分机会让他们对教义进行更为开放的、非正式的讨论，而不仅仅局限于周日的礼拜活动。确实，先知讲道活动在大众人群中也变得流行了起来，没过多久，米德兰、东安格利亚、伦敦、德文、肯特、萨里等地都开展了这一活动。

之所以女王听说了此事，是由于当地一些宗教保守和激进分子之间发生了争吵。她还听说某些由于观点激进而被停职的牧师也去参加了这些活动。是故她要求格林德尔将这些活动叫停。出于对宗教狂热与生俱来的不喜，她还命令格林德尔将每个郡的讲道牧师数量控制在三到四人。作为回应，格林德尔提出了一份活动守则作为让步，但遭到了女王的拒绝。随后，格林德尔写信给女王，摘引了《圣经》上一些不怕得罪或冒犯君主的先知作为例子。

对女王直言不讳是他神圣的职责。如果不向人民传播"上帝之言"，

人民便会走向毁灭。先知讲道的目的是“教导、规劝、宽慰教士们”，他继续说道，“若我同意禁止上面提到的这些活动，我将对不起自己的良心和威严的上帝”。他决定违抗同样是教会领袖的女王。他写道：“夫人，你要记住，你也是个凡人。”这封多少有些无礼的信没有得到回应。五个月后，朝廷颁布法令，禁止“过度讲道、阅读、举行圣事”。离开自己堂 381
区参加“争辩，听取新拟的神学观点，对于平民来说是极不合适的行为”。先知讲道活动就此停止。

格林德尔本人则引发了女王的极大不悦。她想要将他革职，但塞西尔和沃尔辛厄姆进言说这么做将开一个不好的先例。任何丑闻都会让天主教徒快意。因此她剥夺了格林德尔的实权，将其软禁在兰柏宫，只允许他履行最为常规的职责。格林德尔在准备辞职的时候去世了，但他的死阻止了进一步的妥协。

1576 年 2 月召开议会，清教运动的支持者彼得·文特沃斯几乎在第一时间发表了一篇在当时看来极不得体的讲话。他提出议会享有言论自由，在涉及宗教问题上尤其如此，哪怕会招致女王的不悦也要保证言者无罪。他提出议会是法律的卫士，理应履行法律所赋予的责任而免受责罚，就算君主的王位也是由法律授予的。宗教争论仅因为传言“女王陛下不喜此事，不论何人推进此事都会招致圣怒”而止歇，是不能容忍的事。此外，宫里发来“消息”遏制讨论亦是不可忍之事。“议长先生，上帝在上，我希望此二者深埋地狱：我指传言和消息。”他继续说道：“人孰无过，我们尊贵的女王亦有过……像上一届议会中女王陛下所做的那样，不怀善意地对待自己的贵族和人民，对于君主来说是危险之事。与贵族和人民唱反调对于君主来说也是危险之事。”

他的同事和下议院立即对他进行声讨，谴责他宣扬放纵而非自由，尤其指责他质疑君权。他在会议厅遭到扣押，像犯人一样由警卫带走。随后
他被带到枢密院委员们的面前，他辩解称自己之所以提到了言论自由，是 382
因为女王给议会捎去的“消息”明确禁止讨论事关宗教的大事。但他的立场依然是不能被容忍的。文特沃斯被关了一个月禁闭，随后在女王特别

的“恩宠”之下重获自由。然而议会中关于言论自由一事依然没有下文。

此届议会再次提及女王的婚姻，而伊丽莎白再一次用模棱两可的回答予以回应。在议会临近尾声之时，她发表讲话，宣称：“若我是个抱着桶的挤奶女，私事反而不会由他人左右，我不会放弃贫穷与独身去找一个君主相配……然而从你们的角度，想干涉我的私事也不会那么难，因为我个人之事我亦不会独断专行。”换句话说，她更想保持未婚状态，但会基于对国家大事的考虑而退让。

女王对于这篇演讲极为看重，还给她的教子约翰·哈林顿发了一份过去，并附上一封信。信中写道：“我让书记官好好写下了我的由衷之言予你使用，因为现在还不能让你这样的年轻小子进入议会……以后，你的教母被人所淡忘之时，你能否能偶尔带些水果来看我。”她那几句以国事为
383 先的保证，不久便面临了考验。

33

蛙

1576年末，尼德兰遭受了所谓“西班牙之怒”的侵袭，当时许多没有领到军饷的西班牙士兵发起了反对军官的暴动，结果却造成了针对市民的大屠杀，单单在安特卫普，就有八千人遇害。这个城市从此一蹶不振。这一暴行使尼德兰人深感不安，当时的尼德兰包括如今的荷兰和比利时，甚至一些天主教省份也加入了荷兰、泽兰等反对西班牙统治的省份，誓不让西班牙霸主为所欲为。是故，大屠杀后的第四天，尼德兰新总督，腓力二世同父异母的弟弟，奥地利的唐·胡安极不情愿地签署了《根特协定》，该协定规定所有西班牙军队必须撤出尼德兰。1577年初，布鲁塞尔联盟成立，从此尼德兰诸省组成了同一战线。

伊丽莎白再次变得谨小慎微、犹豫不决。据说，沃尔特·雷利爵士说
过女王“不论做什么事，都只做一半”。然而当时对于英格兰来说天下太
平。这样的和平状态一直持续了二十六年（从1559年到1585年），并
且，正如大法官兼财务大臣沃尔特·迈尔德梅爵士对下议院所说的：“随 384
它国外天翻地覆，我们尽管静静待在国内便可安然无恙。”然而，这并没
有什么值得骄傲的，他警告道：“我们必须及时制定法律条款，以防国内
外生出事变。”因此，女王又为何要冒着生出“事变”的危险，直接干涉

或出兵干涉西属尼德兰呢？

她向尼德兰送去两万英镑，并安排稍后再送去类似数目的钱款，前提是八个月内必须还清。她向西班牙解释说这些钱是用来帮西班牙军队支付欠款的。这一年夏天，占领军撤退回国。然而到了 1578 年初，事态发生了天翻地覆的变化。唐·胡安的军队杀了个回马枪，在让布卢大破低地国家的军队。在这一关头，尼德兰向伊丽莎白紧急求援，但他们望穿秋水。女王毫无动静。

“如果女王陛下现在什么都不做，”伊丽莎白的使节在尼德兰兵败一周后写道，“聪明人都将看到危险的到来。”一个月过去了，伊丽莎白依然没有任何行动的迹象。据传言她将命令莱斯特伯爵率军抗击西班牙，但这只是新教徒一厢情愿的想法而已。女王的使节再次写道：“犹豫是残酷且不光彩的。若她拒绝，她将无法摆脱教宗党的憎恨。若她答应，她依然在战争中占尽优势，但答应与否，必须尽快决断。”然而在伊丽莎白看来，该建议一无是处且极为惹人不快。她并没有按照使节的说法行事，反而再送去了两万英镑，并要求及时归还。威廉·卡姆登写道：“这样，她不仅成就了自己英雄般的明君形象，而且成了西班牙、法国、尼德兰之间的调停者，正如她会用她父亲说过的那句话，cui adhaereo praeest，即‘我倒向哪方，哪方便占上风’。正如有人形容法国和西班牙就像欧洲的天平，而英格兰则是天平的指针或支架。”

385 她又一次通过婚姻政治手段加强了自己对法国的影响。她再次引诱安茹公爵弗朗索瓦向自己示爱。很不幸，当时已经受封阿朗松公爵的弗朗索瓦十分年轻，而且个人形象在英格兰宫廷中沦为笑柄。他的脸上坑坑洼洼，尽是天花留下的痘印，而且他的脊柱有些畸形，并因此得名“赫拉克勒斯”。而且他比英格兰女王小二十一岁，这点就可能让伊丽莎白受世人耻笑。谈判在这样不利的情形之下再次展开。也许正是得知了自己最为宠爱的莱斯特伯爵再婚，伊丽莎白才进一步下定决心结婚。1578 年春，莱斯特伯爵和埃塞克斯伯爵夫人在凯尼尔沃思秘密举行婚礼，据说“他对新婚夫人宠爱有加”，为其在埃塞克斯购置了一个庄园，让她避开世人的目光在那里生活。

莱斯特随后来到伦敦，但宣称自己身患重病，无法上朝。然而女王对他的行踪了如指掌。据西班牙大使报告，4 月 28 日，女王正在御花园透气，发现门口有一封信。读完后她立马前往莱斯特宅邸，在那里一直待到晚上十点。有可能此信正是莱斯特所写，希望能够平息圣怒。抑或是一封针对莱斯特婚姻的匿名批评信。不论原因如何，结果都是一样的。据说女王曾想把莱斯特关进伦敦塔，但最后又因怜悯之心没有这么做。然而，她于下个月开启了同年轻公爵的婚姻谈判。

法国对她的举动心存疑虑。可能她只是想消除安茹公爵同低地国家叛军联盟的可能性；安茹公爵痴迷于军事上的成就，唯有拿英格兰王位为饵，才有可能转移他的注意力。法国同英格兰联合起来的话，应该足以平息叛乱。因此法国宫廷对此十分谨慎。法国国王认为此次婚姻提案与其说是出于欲望，不如说是出于权谋。在法国大使看来，伊丽莎白女王就算称不上风情万种，至少态度是温和的，她甚至说她并不担心自己和年轻公爵
之间的年龄差距。她会将他视作儿子和丈夫。没人知道她说这些奉承话是 386
否出于真心，也许甚至连她自己都不知道自己图的是什么。

她于 1578 年夏天的巡幸也同样令人困惑。5 月的时候，据说“女王陛下今年将巡幸诺福克，但具体去往何处尚未确定”。莱斯特担心好友诺斯勋爵抽不得空“依照自己的职责和崇高的意愿装饰宅邸”，然而纽马基特旁边的科特林塔则专为此事装点一新。此外还匆匆建了一个新旅馆，以接纳女王难以计数的随行人员。

迎接女王莅临诺里奇的欢庆盛会的负责人认为当地权贵尽管收到了举办相关活动的提醒，但“仅是略微一提”。7 月中旬，哪怕巡幸已经开始，掌玺大臣依然不确定伊丽莎白是否会冒险前往萨福克，而据其他廷臣报告，“若我今天听到的传闻属实”，女王是否会前往诺里奇都说不准。第二天，诺森伯兰伯爵询问伯利勋爵，希望探得“女王陛下巡幸的准话”。

这些困惑也反映出枢密院中的分歧，怀有不同目的和野心的高官们针锋相对。盛典上的表演被小心地混入政治元素，有些表演甚至反映出了对

女王和安茹公爵婚姻的反对。可想而知，在诺里奇的盛典上，童贞女王伊丽莎白的形象首次对公众亮相。象征着童贞女王的舞台形象持有丘比特之弓，因为“没人能伤得了女王陛下的心”：

> 喔，女王，您选择了童贞的人生
> 是故您的心不受婚姻之困……

据说这一切都是莱斯特在背后操控，因为他反对女王同安茹公爵成婚。现场绝非一片祥和，娱乐表演的背后是刀光剑影，而派系之争正如火
387 如荼。

女王还去了一个最为混乱的堂区，那里天主教徒和新教徒——或说是拒不服从的反国教派和改革派——为统治地位争得你死我活。前往诺里奇的途中，女王在诺里奇的贝里圣埃德蒙兹停留，两个激进派牧师被发现参与“先知讲道”。其中一个受到女王身边的枢密院官员讯问，最终平安无事地离开了，镇上的一些清教乡绅还受封了骑士。

女王接着访问了爱德华·洛克伍德家，洛克伍德是著名的天主教徒。她对这个拒不服从国教的家庭表达了好感，但在访问结束之时，在这家人的干草棚内发现了童贞玛利亚的画像。伊丽莎白下令将其烧毁“在她眼前，村民们很快就将画像付之一炬，这让她很高兴，在场所有人也都有着难以言喻的快乐，唯有那么一两个吮吸过偶像毒液一般乳汁的人愁眉苦脸”。此事蹊跷。这张画像是那些有意陷害洛克伍德的人放置的吗？抑或仅仅只是突出女王厌恶教宗党迷信的一出戏？洛克伍德本人遭到逮捕，被无限期地关进监狱。

在拜访诺里奇主教座堂的时候，她得知安茹公爵入侵了尼德兰，并策划同新教联盟签署条约，宣称自己是“反抗西班牙暴政，守护低地国家自由之人”。她因为这一于己不利的联盟而大发雷霆，并把气撒在了顾问官头上，尽管尼德兰向法国公爵献殷勤与她的无视和搪塞脱不开干系。她致信西班牙的腓力表达了自己的支持，同时继续同安茹公爵商谈结婚之事。

不久北方诸省也加入了联盟（或达成了契约）。尼德兰同西班牙的腓力决裂只是时间问题，而安茹公爵很可能就是尼德兰的下一任统治者。

和巡幸一样，朝中之事也反复无常，决策不断出台，又不断被推翻或修正。毋庸置疑，一些大臣对此心怀不满。诗人菲利普·悉尼爵士（同时也是朝廷命官）对于毫无自主性的宫廷心生厌倦，他“正策划一些‘印度’项目”，打算出航前往新大陆。沃尔辛厄姆写道，他希望“倘若可以 388
的话，我指在上帝的允许之下，我愿走下舞台，成为观众”。另一个廷臣托马斯·赫尼奇爵士抱怨道：“协商不成，预测也不成。长此以往，国家若要昌盛的话，只能依靠奇迹了。”

这些人以国家为己任，忧国忧民，而女王的出尔反尔让他们心急如焚。心怀野心且身居高位的人有时如同池鱼幕燕一般。1578 年 4 月，玛丽·斯图亚特性情暴烈的丈夫波斯维尔伯爵身亡。他被关在丹麦德拉索尔姆城堡的地牢里，绑在一根柱子上，咆哮着死去。他风干后的尸体一直到 1976 年才在城堡附近的一座教堂中被发现。

这段时间女王体虚多病。四十五岁之际，她八年前腿上的溃疡再次发作。这一年秋季，她突发约翰·迪伊所说的“痫病”，一连持续了三个小时。女王所患具体是何种痫病并不清楚，但这种病被描述为“由腿上的隐痛和大黄所引起的全身剧痛”。12 月时，她又饱受牙疼之苦，她的牙疼剧烈到让她两天两夜没合眼。枢密院开会讨论这个问题，一位名为费纳特斯的拔牙医生认为拔掉病齿最为安全。

顾问官们同做拔牙手术的医生一起恭候女王。伊丽莎白对此恐惧不已，临阵退缩了。伦敦主教自告奋勇，尽管他嘴里牙齿已经为数不多，但他愿意牺牲一颗换女王心安。医生拔牙的时候，主教几乎没有露出任何痛苦的神色，鉴于此，女王最终愿意一试。

同安茹公爵的谈判气氛愈加高涨。尽管女王患有痫病和溃疡，她的医生依然认为她成功怀上孩子“毫无问题”。1579 年初，公爵特使让·德·斯密耶来到英格兰宫廷，随行的还有六十个绅士。他本人或许算不得廷臣的典范，因为他不久前刚因为弟弟和自己妻子有染而将弟弟杀死，但伊丽

389 莎白依然被他吸引了。她称他为“猴”，以及“我最美的兽”。她为他开了一次宫廷舞会，舞会上一直待在他身边，让人们觉得似乎斯密耶才是合适的配偶。斯密耶甚至获准进入王后寝室，在那里，他讨要了女王的睡帽，以此作为自己受宠信之证。

莱斯特伯爵强烈反对女王正在商议的婚姻，并指责斯密耶对女王施了魅惑的巫术。哪怕宫廷内的讲道都针对同法国联合一事，大斋期后的第一个星期天，一个讲道牧师以女王同父异母姐姐玛丽失败的婚姻为例，指出“同异邦人结婚只会给国家招来灾祸”；伊丽莎白愤而离场。

就在这一年，约翰·斯塔布斯写了一本措辞强硬的反高卢人小册子，名为《巨大深渊的发现》。书中指责某些“谄媚之人”和“弄权之人”在维护法国宫廷的利益，“在那里，马基雅维利被奉为新约，无神论成了信仰”。他将英法两国正在商议的婚姻称作“矛盾的结合”或“不道德的结合”，就像让纯洁的牛和不洁的驴结合那般。若生出一个教宗党的后裔，则万事皆休。不论如何，伊丽莎白年龄太大，已经怀不上孩子了，因而此次婚姻毫无目的。这本小册子被正式地扔到伦敦书籍印刷出版经销同业公会的厨房炉子里焚毁，然而斯塔布斯免不了受到进一步惩罚。他在威斯敏斯特受审，被判“撰写煽动性文字”罪。女王曾想要将其处死，但后来被说服，认为死刑判得太重。最后下令将该犯人的右手卸去。行刑前，斯塔布斯大喊道：“My calamity is at hand（我的大难即将来临/我的大难降到了我手上）。”由于说了一语双关的话而受到猛烈打击的情况不多，但斯塔布斯摊上了。右手被砍断后，斯塔布斯用左手拿下了自己的帽子，高呼“上帝拯救女王!”接着昏厥过去。

另一起事件对伊丽莎白造成了更为直接的影响。一次她和斯密耶在泰晤士河上泛舟，突然他们船上的一个船夫被另一条船上的人开枪打伤，众人顿时大乱，担心这是一起针对斯密耶甚至是针对女王的暗杀。然而最终
390 证明只是虚惊一场，伊丽莎白赦免了那个无辜的“凶手”，表示“就像那些家长不会相信自己家的孩子会做的事，她也不会相信自己的臣民会做”。

年轻的安茹公爵于 8 月中旬亲自来访，一早他就把斯密耶从床上叫

起。公爵很想立马对伊丽莎白展开追求，但斯密耶让他少安毋躁。然而，斯密耶给女王写信，信中说公爵一早“便上床就寝，我向上帝许愿，希望您能与他同榻而眠，这样他便能够放松地对您敞开心扉”。安茹公爵来到英格兰一事尚未公开，因此接下去一周举行的宫廷舞会上，他一直躲藏在一张挂毯后面，女王翩翩起舞，并对着他做了一系列动作，廷臣们对此视而不见。安茹公爵因为听到好友去世的消息，于四天后离开，但他已经给伊丽莎白留下了印象。她称他为 grenouille，即“蛙”。

议会预定于10月召开会议，但女王将其延后，以避免出现有关她婚姻的不合时宜的争辩。对于上下议院插手自己的私事，她早就习以为常，但这次她不想招惹麻烦。她召集枢密院单独开会收集建议。事实上，顾问官们在会议室坐了好多天，其中一次从早上八点一直讨论到晚上七点依然没有离开。他们分歧巨大，对于此次婚姻，七人反对，五人支持，因此他们决定觐见女王，询问她关于此事的真实想法。只有这样，才能解决问题。

伊丽莎白闻之痛哭。她曾想要让他们得出一个支持婚姻的确定结论，而现在她又一次拿不定主意了。她维护着自己同安茹公爵结合的想法，并在当天晚些时候有理有据地陈述了此次婚姻的好处。但她很清楚此次婚姻会像让枢密院分裂一样让国家分裂。另外，没有所有顾问官的支持，很难让由新教徒把持的态度强硬的议会默认这一决定。议会会议再次延后了三个月，其间女王甚为犹豫踟蹰。她甚至签了婚约，但有一条附加条款，即她在两个月内要么赢得国民支持，要么放弃。 391

她在顾问官面前的落泪似乎是由心而发，这些泪水证明了她的失意和难过，她最后一次结婚的机会就这么被夺走了。就在这一时期，诞生了一幅由克里斯托弗·哈顿负责，昆廷·梅齐斯所绘的女王肖像，画上的伊丽莎白站在一根柱子旁，柱子上的圆形雕饰刻画了维吉尔的《埃涅阿斯纪》中狄多和埃涅阿斯的故事。她的另一边有个地球仪，彰显了英格兰的海上探险功绩。该画所蕴含的道德意义一目了然。正如埃涅阿斯必须抛弃狄多从而完成他帝王的使命一样，女王必须放弃安茹的爱情从而建立自己的帝国。也正是在这个时期，女王肖像开始表现出复杂的寓言性质，画中贞洁和帝国两大元素相辅相成。1579—1583 年间，至少出现了十一幅女王的“筛子”画像，筛子象征着贞洁。因而，永远年轻、不可战胜的女王象征了生机勃勃、无往不胜的身体政治。

然而，她似乎将自身的失意以一种古怪的方式表现了出来。她因为自己臣民的衬衣拉夫领的高度和尺寸竟然和皇家服装一样而大发雷霆。是故议会出台法律，让宫廷官员站在街头巷尾挥舞大剪刀，将超过规定尺寸的拉夫领尽数剪掉。她还禁止绅士佩带超过一定长度的佩剑。她自己的品位则依然带有异国情调。她买了六匹匈牙利马来拉御用马车，还把马鬃和马尾染成了亮橙色。

英格兰编年史作家拉斐尔·霍林斯赫德还讲述了有关 16 世纪 80 年代拉夫领的故事，给这个时期蒙上了神秘的色彩。萨塞克斯有个十一岁的小男孩，一连昏迷了十天，醒来的时候就像换了一个人，变得十分神圣，或者说道德高尚。他指责一个男仆脖子上戴着“巨大、可怕的”拉夫领，并说“穿麻衣、蒙灰尘也胜于将自己打扮得像魔鬼的宠儿”，仆人听到此
392 话后痛哭流涕，拿出刀，一把将拉夫领从脖子上扯下并裁成碎片。

*

1580 年 4 月第一周，一场地震撼动了英格兰整个东南部地区。伦敦居民失魂落魄地从家中逃到街上，多佛海岸的几处悬崖坍塌掉入海中。威斯敏斯特教堂的尖顶倒塌，两个儿童被从基督公学屋顶上掉落下来的石块砸死。托马斯·丘奇亚德在当时的一本小册子中写道：“伦敦地动山摇，触目惊心，教堂、宫殿、房屋等建筑跟着颤抖摇晃，当时在场的人们，站着的踉踉跄跄，坐着的跌倒在地。”据说这是上帝对奢靡浪费的人们降下的惩罚。

这一年的春天到初夏，第一批耶稣会士抵达英格兰，肩负着哪怕不能复兴，也要维持旧信仰的使命。他们此次到来，距离第一批天主教司铎重返祖国已经过去了六年，然而此次到来之人或许比他们的前辈态度更为坚决。毕竟他们建立了一种秩序，同宗教改革针锋相对，这些会士纪律严

明、信心坚定，热切渴望改变新教徒的信仰；他们后来得名“教宗的黑骑士”。

埃德蒙·坎皮恩、罗伯特·帕森斯，以及其他七名会友是第一批回到英格兰的耶稣会士。坎皮恩在杜埃的英格兰学院学习，而他先前的教育经历更为突出。他曾是牛津圣约翰学院的研究员，因为其在学术和演讲上的天资卓越，1569 年女王驾临牛津大学时就是由他负责接待。他还得到了莱斯特和伯利勋爵的资助，在国立教会中俨然有扶摇直上之势。人们觉得他早晚会登上坎特伯里总主教之位。

然而他却饱受折磨，他将这种痛苦称为“良心上的谴责和发自内心的厌恶”，结果他重归旧信仰，逃到杜埃，领了圣体，并同天主教团体达成和解。因此，他是耶稣会事业得力且称职的代表。威斯敏斯特有他的朋友和熟人。就连女王的枢密院中，都有和他暗中来往之人。393

他身处险境，因为周围都是些厌恶伊丽莎白，将其视为异端，而支持玛丽·斯图亚特的人。然而想要完成复兴天主教之大业，危险不可避免。根据坎皮恩的上司威廉·艾伦的想法，火刑或更残酷的刑罚兴许能够消除英格兰境内天主教徒的自满之心。坎皮恩奉命不提政治，不说任何不利于女王的话，专注于宗教事宜，若因此身死，他便是一个殉教者而非叛逆者。

然而，想要遏制英格兰天主教徒的疑虑和欲望并非易事。有人在伦敦街头上散布宣扬伊丽莎白分裂教会且王位并非合法的传单。枢密院由此重新制定了不利于天主教徒的法规。贵族听弥撒将锒铛下狱。任何藏匿耶稣会士的英格兰家庭将被指控袒护叛徒。一支由西班牙将军领导的意大利天主教小分队在爱尔兰登陆，让事态雪上加霜。人们认为这很可能是西班牙国王为入侵英格兰所做的准备。此外还盛传教宗默许了暗杀女王的计划。

专抓间谍的沃尔辛厄姆如今开始抓捕耶稣会士。到这一年年末有六七个年轻的耶稣会士遭到逮捕并被关进了伦敦塔。据说直到现在，狗都不敢进入他们曾经被关押的盐塔。该塔楼的墙上刻着被刺穿的心、手、足，象征着耶稣的圣伤，以及十字架和字母“H”，代表着耶稣会士。过了一段时间，囚犯们便会被带到位于军械库下方的地牢中受刑。哪些绅士接待他们的？他们的头领藏在哪里？肢刑架的转轮每转动一下，囚犯的痛苦便增加一分。

然而帕森斯和坎皮恩依然逍遥法外，更多耶稣会士回到了英格兰。他们在晚上偷偷登陆，并不寄宿，甚至避免引起狗吠。第一晚不论天气如何他们都会在树林中过夜，到了天明再分头行动。他们不走大路，避免受到
394 陌生人盘问。他们可能会伪装成贵族、军官或旅人。杰拉德神父是他们中的一员，他从田地间穿过，逢人就问是否看到他逃跑的猎鹰。

泰晤士河畔的斯托纳庄园内秘密成立了一家印刷厂，印刷工人打扮成绅士——佩剑、拉夫领一应俱全——以隐藏他们的真实职业。英语中的宣传一词便是耶稣会士所创。坎皮恩和帕森斯继续周游全国，拜访了大多数圣地，并在那里讲道、主持圣事。他们每到一处，皆受到了当地绅士和贵族们的欢迎。由于害怕暴露行踪，一般来说他们每到一个地方只留宿一晚。

1581 年夏，帕森斯向一个司铎伙伴描述了自己面对的危险。他写道：“有时候，我们愉快地坐在桌旁畅谈宗教观点（我们的谈话几乎都是围绕宗教展开），突然传来急促的敲门声，我们就想会不会是警察，于是所有人都屏息聆听，心怦怦直跳，仿佛是听到猎人呼唤猎犬的小鹿一般。我们停止就餐，开始祷告，将自己托付给天主。再没人说一句话，周围鸦雀无声，直到店员进来告诉我们究竟是谁在敲门。如果是虚惊一场，我们就会开怀大笑——想到刚才众人担惊受怕的样子，我们笑得更开心了。”

“敌人昼夜不眠，”沃尔特·迈尔德梅爵士代表枢密院对下议院说道，“一帮伪善者、耶稣会成员以及其他修会的无业游民潜入我国，意在煽动叛乱，有不少先前会去教堂礼拜的人，如今都退缩拒绝参加礼拜了……现如今我们应当对他们严加管教。”坎皮恩一度藏匿在伦敦。他常去拜访的一个朋友住在一条通往哈罗区的街道上，途中他会经过位于泰伯恩的绞刑架。每次路过他都会对着绞刑架碰帽致礼，因为说不准某天，他自己也会殒命其上。

1581年夏天，他在阿宾登附近的莱福德的一座庄园内一处隐秘的“司铎洞”中被发现。随后便被押往伦敦，他依然穿着用来伪装的牛皮坎肩、天鹅绒紧身裤。他插有羽毛的帽子依然戴在头上，双脚被绑在马腹之下。他头上绑着一句标语，“煽动叛乱的耶稣会成员坎皮恩”，他骑马穿过讥笑嘲弄的人群，来到伦敦塔中名为“小舒心”的地牢。这个地牢只 395
有四平方英尺大小，其本身便是刑具。

第二天，莱斯特伯爵将他召去，在被带到内室的时候，坎皮恩发现自己来到了女王面前。女王记得这个与自己有过一面之缘、学识渊博的年轻人，并决定尽量救他一命。她问坎皮恩是否将自己看作合法的君主，对此坎皮恩表示认同。教宗允许他这么回答。女王接着问他罗马主教对自己施以绝罚是否合法。对于这个问题，坎皮恩的回答比较含糊，他说这类问题不是自己能够判断的。于是他被带回伦敦塔，由于在审讯中拒绝作答，他被酷刑折磨了整整两天。

在先前的几个世纪中，酷刑仅被用于拒绝求饶之人，目的是将他们慢慢“弄死”，但在都铎王朝，只要涉及国家安全，严刑拷打便成了王室的特权。1580年，伯利自己便写了一篇短文赞扬酷刑。最为臭名昭著的审讯官名为理查德·托普克利夫，此人是约克郡的一个律师，专门研究如何改进针对司铎的酷刑。一个耶稣会士在牢房中写道：“西满和犹达日[1]之后的第二天，我被吊到墙上，手铐和墙上的U型钉牢牢锁在一起，钉子很高，我要垫着凳子才能够着。最后凳子被拿走，我被吊起来的时候，早上八点刚过，等我被放下来，已经是下午四点以后了，其间完全没有放松或喘息的时间。此外，托普克利夫还进来对我说，西班牙人在我们的指引下来到了南华克：‘瞧，你听到鼓声了吗。’（当时正在击鼓欢迎市长大人）第二天，我又被吊了一两个小时：我们的敌人就是这么恶毒。”于是，托普克利夫成了野蛮行径和将人迫害致死的代名词。据说世上有人能够像野兽饮水那样面不改色地饮下人血。

① 西满和犹达都是耶稣的门徒，同时殉教，教会将10月28日定为他们的纪念日。

尽管埃德蒙·坎皮恩由于遭受残酷对待而虚弱不堪，但他的意志依然没有消沉。他呼吁针对宗教问题举行公开辩论，伦敦塔的小圣堂便被用作
396 他和两个新教神职人员之间的辩论场所。他们分三次展开辩论，然而仍不可避免地无法达成确定的结论。因为问题涉及国家稳定而非宗教真理。他再次遭到酷刑折磨，但依然毫不退缩，最终被送上审判席。他被带到了威斯敏斯特大厅，他的四肢在肢刑架上尽数毁折，无法抬起手臂表明自己"无罪"。和他一起受审的两名被告帮他抬起手臂，并在抬的时候亲吻他脱臼的关节。审判的结果只有一个。"我们被控叛逆，"坎皮恩说道，"但我们不是叛徒。"他继续说道："我们作为凡人在世间死去，但我们所受的一起苦难都为了让灵魂得救。"

坎皮恩和其他十四位耶稣会士被判死刑，依照传统将被绞首、挖肠、断肢断头。12 月的第一天，他和其他两人被从伦敦塔带出，押往泰伯恩。人们发现坎皮恩的指甲被拷打他的人掀光了。来到绞架前，他说道："我们将死于此地，但我们并非叛徒。"将他吊死的绳索依然被保存在斯托尼赫斯特学院。将他分尸之时，一滴血溅到了在旁边围观的亨利·沃波尔身上。沃波尔当即皈依了天主，随后加入了耶稣会。同样，他最后也将在泰伯恩面对同样的命运。

据计算，伊丽莎白统治时期约有 200 名天主教徒被处死，其中有 123 名司铎。与之相对，玛丽虽然统治时间较短，但期间有 300 名新教殉教者殒命。在亨利八世统治时期，308 人由于 1534 年出台的《叛逆法》被处死。看到这组数据，历史学家常常会对人类偏执盲从的行为喟然叹息，认为应当遏制住宗教对人民的诱惑。我们不能以当下的价值观去评判先前时代人们的行为。在任何情况下，拒绝服从国家的宗教命令都是重罪。

死刑之外的另一种刑罚是监禁，依利岛的维斯贝希城堡中建起了一所监狱，专门关押司铎和天主教平信徒。这种监狱在之后的时期被称为拘禁营，大约能关押近 35 人。然而，监狱条件并不算差，被关的人中有学者，
397 于是维斯贝希成了类似神学院的地方。安格尔西岛上的博马里斯城堡是另一个类似的中心。除了这样的监狱之外，较为传统的拘禁也在开展，据说

“监狱里关满了天主教徒，都没牢房来关盗贼了”。1581年初议会召开会议，针对天主教徒制定了进一步的惩罚措施。不服从国教原先每周日罚款1先令，现在变成每月罚20英镑，金额是原先的200倍。任何劝诱国民不忠于女王的行为都将以叛逆罪论处。

在新法律精神的号召下，齐普赛街的讲道十字架遭到了攻击，“一大群人见状欢快地大声叫嚷”。这个十字架被视作异教的偶像，来自昏冥的迷信年代。1581年6月21日晚，有几个年轻人给十字架最下方的“圣像绑上绳索”，但他们没办法把圣像拉倒。然而他们确实把耶稣的画像取了下来，还把童贞玛利亚的手臂砸断。位于纪念碑顶部的十字架也被拉倒。

十字架的图案也可作世俗之用。建筑工匠给白厅做局部修复的时候，在新砌的灰泥上画上了红色的十字架。以此来防止人们随地小便，这在当时很常见。人们觉得不会有人对十字架大不敬。

耶稣会传教士宣称他们成功转化了十四万人，这个数字可能有少许夸大，但不论如何，这些人都并非从新教信仰转为罗马天主教信仰。这些被转化的人（指那些如今准备信奉旧信仰的人），其数量远远多于那些通过参加东正教仪式来掩饰自己天主教信仰的“教宗党”。然而，有人巧妙地预估出英格兰潜藏着二十万天主教徒，如果该数据无误，那这些人占据全国人口的百分之五。

然而，并非一定要成为天主教徒才算“不服从国教”。还有另一种截然不同的异端形式。1581年，罗伯特·布朗在诺里奇建立了一个宗教组织，该组织别开生面地认为自己同伊丽莎白领导下的教会毫无干系。该组 398
织成员便被笼统地称为布朗派、独立派或分离派。他们认为英格兰国立教会有悖于《圣经》，故对其拒绝服从，转而信奉更为苛刻的清教教义。他们的教堂被称为“聚会”教堂（《马太福音》18：20），因为这个教派倚仗由四方前来聚会的人们。结果，布朗派遭到当局的骚扰和迫害。他们先从诺里奇撤往贝里圣埃德蒙兹，再潜逃出国去往荷兰。只要在英格兰被捕，下场很有可能便是入狱或上绞架。

此外，还有一个名为“家庭派”或“神之家”的教派，该教派成员认为不论男女都能“因与神同在而神化”，人人都有责任让自己成为新的“道成肉身”。他们否认三位一体，拒绝接受婴儿洗礼、拒绝参军、拒绝宣誓。1581 年，亨利·巴罗离开格雷律师学院而隐居乡村，在乡村静修期间，他构建了名为巴罗主义的信条，并认为伊丽莎白的教会被教宗的遗毒腐化，唯有完全同其分离才能获得真信仰。以上这些男男女女临危不惧，是真英雄。他们向自己所在社会的一切原则发起挑战，并心甘情愿遭受自己所得罪之人的指责和惩罚。在 16 世纪英格兰的历史舞台上，他们
399 的身影不可或缺。

34

大阴谋

坎皮恩被逮捕、受审期间，安茹公爵再次来到英格兰。作为一个信奉罗马天主教的公爵，在这个当口向女王求爱实属不妥，但他似乎并不感到尴尬。一次，安茹正在网球场上准备打球，一个法国神父前来请求他为坎皮恩说情。他犹豫了一会，给了自己一个耳光，接着转身喊道："开始！"

这是他最后一次获胜的机会了。在他的干预之下，尼德兰摆脱了西班牙人的统治，继而推举他为领袖，而如今他有一个更大的目标。如果他能登上英格兰的王位，那他的力量或将能够和他的王兄，甚至和腓力相抗衡。但女王依然和从前一样犹豫不决。他 1581 年秋天来到英格兰，并停留了三个月，其间同伊丽莎白进行了多次私下密谈。法国宫廷画家前来绘制女王的全身肖像。伊丽莎白说："你须在我脸上画一副面纱。"在他们的婚姻商谈中，伊丽莎白佩戴了各式各样的面纱。

安茹要求英格兰提供资金支持他在尼德兰抵抗西班牙，对此伊丽莎白承诺会给他六万英镑，但最终只兑现了一万。她想要不惜一切代价不直接介入此事，从而避免同腓力开战。但与此同时，她还想让西班牙国王意识 400
到英法联盟的威胁，从而不在爱尔兰惹是生非。而要达到这种平衡难如登天。

“我该怎么做?”她问约克总主教，“我现在身处斯库拉和卡律布狄斯①之间。安茹对我有求必应。如果我不同他结婚，他必与我反目成仇；而如果我同他结婚，那我将不再是自己国家的女主人。”她会煞有介事地宣布自己有结婚的意向，但众人皆以为，想要判断她话中几分真几分假，唯有听她说话的声调。若她以低沉平静的语调说话，那她便是认真的。以这个标准来看，她对安茹只是逢场作戏而已。用西班牙大使伯纳迪诺·德·门多萨的话来说，她的所作所为是“吉普赛人的把戏”。

一次，女王吻了公爵的唇，并公开允诺嫁给他，但许多人都认为她在演戏。为了迎合法国宫廷，她先是在证人的见证下同公爵订婚，随后明白地表示枢密院和国民对此次婚姻的反对太过于强烈，她无法违抗。公爵闻此痛苦万分。1581 年底，他表示与其没有她的陪伴而孤身离开英格兰，不如两人同归于尽。女王大惊，乞求他不要“在一个老女人自己的国度内威胁她”。此事见载于西班牙大使的报告中。

“不不，夫人，你误会了。我无意伤害尊躯。我只是想说我宁愿粉身碎骨也不愿娶不到你，为世人耻笑。”说着便泪流满面，伊丽莎白不得不将自己的手帕递给他。接着说道：“试着把我当姐姐吧。”西班牙的腓力从信中得知了这场闹剧，随即在信纸边缘写下了一个词“Ojo”。意思是“注意”或“小心!”

显而易见，安茹在英格兰宫廷中成了一个烫手山芋。伊丽莎白不会嫁给他。“我老了，”她对廷臣们说，“比起婚姻，还是祷告更适合我。”这一年，她四十九岁。1582 年 2 月，安茹最终于坎特伯里同她告别，两人
401 泪流满面。但据说她在私室里高兴地跳起舞来。

欧洲本已错综复杂的局面因为腓力登上了葡萄牙王位而变得更加扑朔迷离。他的海军一夜之间壮大了起来。腓力早已因为弗朗西斯·德雷克为了夺取西班牙的财富而在太平洋和加勒比海袭击西班牙舰队而对伊丽莎白心怀不满。很可能这些赃物最终会运至英格兰，因而腓力命令大使，若

① 斯库拉，希腊神话中吞吃水手的海妖。卡律布狄斯，希腊神话中坐落在女海妖斯库拉隔壁的大漩涡怪，会吞噬所有经过的东西。

"听到海盗回英格兰的消息，马上通知我"。

伦敦商人担心他们同西班牙的贸易会因此受到限制，然而枢密院告知他们德雷克只是区区一个冒险家而已，西班牙不会因此迁怒于英格兰的。女王邀请大使观看斗熊，在中场休息时和他讨论了欧洲事务。腓力征召了超过六千名海员，这是真的吗？"Ut quid tot sumptus？"（为什么要耗费这么一大笔开支呢？）门多萨早已想好如何应对："Nemo novit nisi cui Pater revelavit。"（此事唯有得到上主启示之人方知。）"哟，"女王没想到他的拉丁语讲得那么好，"看来你并不仅仅是个小龙骑兵而已。"门多萨是腓力的骑士统领。

侵略和战争的流言依然沸沸扬扬，查塔姆开始组建舰队。门多萨再次受到女王召见。"我发现她因为陛下的舰队而战战兢兢，因为自己参与密谋（劫掠）而良心不安，我进入房间的时候，她从沙发起身，轻快地向前走了五六步来迎接我。还没等我开口，她便问我是否作为国王纹章官前来宣战的。"他认为伊丽莎白不论在公开场合对诸事多么应对自如，私下里其实"胆小如鼠"。

在腓力协助爱尔兰叛乱的时候，伊丽莎白决定同他一较高下，在他新取得的葡萄牙王国中煽动反抗情绪。她写道："朕以为，西班牙国王同时被葡萄牙和低地国家弹劾甚好。我们将做好准备在不掀起战争的前提下间接给予弹劾他的人帮助。"秘密的敌对行动，伴随着热情洋溢的外交姿态，在那个年代可谓司空见惯。

当然，玛丽·斯图亚特依然在等待时机，她私下同马德里和罗马往 402
来，伊丽莎白的王位极有可能由她来继承，她自然会为此竭尽全力。然而就算在天主教势力中，也没有多少人意欲让她统治英格兰。西班牙大使对他的主上说："绝不能对他们做任何声明，试探都不要试探，他们因为恐惧而束手无策，和这些人在一起不会有好结果。"唯有等伊丽莎白死去，才能试着做工作。哪怕是最为忠诚、最为得宠的廷臣克里斯托弗·哈顿也说只有等女主人身死，他才会立刻骑马前往玛丽被关押之处（谢菲尔德），宣布她为女王。

1583年夏，约翰·惠特吉夫特授命担任坎特伯里总主教，和前任埃德蒙·格林德尔不同，他反对当时已经被布朗派和巴罗派推向极端的清教运动。沃尔辛厄姆的书记官尼古拉斯·法恩特便是一名清教徒，他写道：“此时让此人担任总主教，让我觉得主已决意严惩他那毫无感激之心的教会。”他的就职仪式在位于伦敦中心的圣保禄讲道十字架旁举行，他在就职讲道中抨击了三类忤逆之人：教宗党、再洗礼派，以及“刚愎自用、自视清高之人”。他将激进的清教徒归入了最后一类。法恩特写道，惠特吉夫特用恶毒之言辞猛烈抨击了“为众人所爱的宗教改革”。

总主教颁布了六项信纲，所有神职人员都必须遵循，其中有一条便是严格遵循《三十九条信纲》和《公祷书》。结果此令一下，有两百名牧师要么停职，要么被迫辞职。此外，针对不服从国教的天主教徒，也出台了新的法律。他依托宗教事务高等法院进行调查和惩戒，该法院迅速而秘密地展开行动，抓捕异端分子、分裂教会之人，以及犯错堕落之人。该法院要求所有受审之人宣誓回答所有问题，完全不顾任何人都没有指控自己的义务这一原则。一个清教徒写道：“让我们手按《圣经》发这样的誓言，
403 目的是为了调查我们私下的谈话，以及同最亲密的伙伴在会议上讨论的内容……”

这里所说的“会议”有更为精确的含义。埃塞克斯戴德姆村的堂区教堂已经被称为“分裂教会之说教和布道”场所。1582年秋，大约二十名周边地区的新教牧师组织集会（或称会议），其间一部分时间用来讲道，一部分时间用来释经，此外还讨论了堂区事宜。未婚男女的孩子能不能受洗？新教牧师能不能去大户人家担任专职牧师？

这些“成员”于每个月第一周的周一聚会，每次聚会三小时，一切都秘密进行，不时更换地点防止被发现。他们有时会咨询剑桥大学较为博学的同志，但一般来说完全不和其他教派接触。然而，他们的这种会议促成了其他形式会议的产生。“去戴德姆吧，”伊普斯威奇的人们说，“去向他们取点经！”因而，这种早期形式的会议多少促成了长老会运动，而该运动在下个世纪的英格兰结出了令人始料未及的果实。这些新教牧师视惠

特吉夫特和宗教事务高等法院为无物。

创建了同名教派的亨利·巴罗就曾被传唤到宗教事务高等法院。

大法官（指着惠特吉夫特）：那个人是谁？

巴罗：怪物，可怜的化合物，我不知道如何称呼他。他既非神职人员亦非公民，甚至不像《启示录》中提到的第二只兽。

财务大臣：集会地点在哪，快说。

十年后，巴罗因为出版煽动性书籍而被处决。惠特吉夫特积怨难平。一个肯特郡牧师代表团前来抗议他的严刑酷法，他将他们斥为“黄口小儿、纨绔子弟、不学无术之人”。他对一个态度较为坚决的抗议者大喊道：“你这个乳臭未干的黄口孺子，初出茅庐，简直不知天高地厚。”

暗中同情清教运动的伯利向惠特吉夫特抗议，称当下的审问条款“甚 404
为离奇，盘根错节，他觉得就算是西班牙的审判官也不会用如此多的问题来摸清、诱捕他们的猎物”。由于当时紧缺受过教育的教士，并且天主教复兴阴云不散，因此他认为主教们“采用了十分恶劣、错误的方法，断了这些人改过自新的道路”。

然而，惠特吉夫特的做法和女王一拍即合。伊丽莎白称总主教为“我矮小的黑丈夫”。她早已因为越来越多讲道牧师呼吁进一步改革而有所警觉，并对惠特吉夫特遏制异议所做的努力很是赞赏。总主教本人则称女王让他“直接负责”自己的政策。惠特吉夫特是第一个称得上真正伊丽莎白派的主教，并最终不得不将矛头指向了较为温和的清教徒，但他基本上通过将天主教徒和较为激进的清教徒排除在国教之外而维护了教会的秩序和统一。

某些较为激进的教士通常会继续传教，他们担心若不这样做的话，教友将会丧失或离散。他们中有个人说道：我们仍需努力，“秉着良心忍辱负重”。贝里圣埃德蒙兹堂区教堂的皇家盾徽旁被放上了从《启示录》中摘选出来的文字：“我知道你的行为，你也不冷也不热，我巴不得你或冷或热。你既如温水，也不冷也不热，所以我必从我口中把你吐出去。”（《启示录》3：15—16）关于伊丽莎白，就说这么多吧。

1583年1月12日星期天。巴黎花园内用于关熊的栅栏倒塌，造成了多人死亡，这一事件被认为是上帝对伦敦人渎神行为的审判。同年夏天，城市上空有流星出现，被认为预示着将有伟人去世。许多人认为这个伟人便是女王。她当时正在里士满的行宫中，她下令把窗户敞开，这样她或许能把那束凶光看得更为真切。她喊道“Jacta est alea”①，即“骰子已掷出”。

下一个月发生了一起针对她的暗杀事件。一个名叫约翰·萨默维尔的
405 人住在沃里克郡帕克霍尔一户姓阿登的天主教老人家里，此人似乎性格冲动，是玛丽·斯图亚特的狂热支持者。此前已经出现了不止一起以维护玛丽之名加害女王的阴谋，而沃尔辛厄姆将其一一挫败。萨默维尔称女王为巫婆和恶魔的子嗣，并对友人说自己准备骑马前往伦敦行刺。他希望“看到她的头颅被挑在杆头，因为她就是蛇的化身”。他带着刻有天主之羔羊的护身符动身前往首都。可能由于精神失常，他沿途逢人便宣说自己的神圣任务，因而他行刺的传闻比他本人先到达伦敦。他遭到阻截并被关进了伦敦塔。他在肢刑架上坦白了自己的意图，同时还把自己的岳丈约翰·阿登及其家庭牧师拉下了水。阿登在泰伯恩被绞死，而萨默维尔在狱中自缢，牧师则同意作为间谍前往其他天主教家庭。

与此同时，还有一起针对伊丽莎白的阴谋已经成形。弗朗西斯·思罗格莫顿来自柴郡的一个老旧家族，他在伦敦的保罗码头有一座宅邸，并在玛丽·斯图亚特和西班牙大使之间扮演着中间人的角色。女王的密探常见着他从大使的宅邸离开，沃尔辛厄姆正伺机将其逮捕并搜查他的住处。一次，他正在给玛丽·斯图亚特写密信，警察突然前来。他成功销毁了可能惹火烧身的文件。但其他资料被搜出，其中就有一张列有英格兰有名望的天主教徒的名单，还有一份适合让国外军队登陆的诸港口平面草图。此外，还搜出一本为苏格兰女王名号辩护的专著，以及“六七篇在国外印

① 这是恺撒带兵渡过卢比孔河对庞培和元老院宣战前说的话，意味着要么胜利要么身败名裂。

刷，恶意诽谤女王陛下的无耻之作”。

思罗格莫顿寻着机会给西班牙大使捎去了一小段话，说自己坚决否认知道这些文章，并称这些文章是由想陷他于死地的人放到他屋子里的。他宣称自己忠贞不贰，会沉默地面对死亡，但他被押往了伦敦塔，并在那里受到严刑逼供。伊丽莎白面对此次重大阴谋，也同意让他“尝点苦头”。 406

第一次行刑，他什么都没说。但当他第二次被绑上肢刑架的时候，其精神防线崩溃了，把密谋一五一十尽数招供。天主教联盟的创立者吉斯公爵亨利一世意欲率领侵略军从阿伦德尔附近的萨塞克斯海岸登陆，届时天主教绅士和贵族将以苏格兰女王玛丽之名起兵。西班牙的腓力“将掌握此次行动一半领导权”。思罗格莫顿还宣称玛丽本人对该计划的所有细节一清二楚。根据官方记载，他招供完以后泣不成声。“现在，”他说，“我把她所有的秘密都泄露出去了，她是这个世上我最亲爱的女王……”几个月后，当他的证词再没有任何利用价值的时候，他被送上了绞架。

听到他被捕并招供的消息，许多著名的天主教徒都逃往国外，剩下的那些人则受到牵连并被逮捕。据估计有一万一千人锒铛下狱，下场较好的也被软禁于家中。长久以来被认为是教宗党老巢的律师学院也遭到察访，如今所有律师必须依从国教。女王同时认识到了西班牙对自己的敌意有多深。吉斯公爵随时都可能率领天主教联军抵达英格兰沿岸。于是她派遣海军前往唐斯、怀特岛、锡利群岛驻防。大多数舰队将被派往西部，那里受西班牙侵略的可能性最大，而一旦敌人从英吉利海峡发起进攻，他们也可以从后方进行包抄。现在急需资金修缮堡垒和要塞，还要深挖壕沟“以备敌人登陆”。伯利还给自己写了一个便签：“留意谢菲尔德”，这里他指的是谢菲尔德城堡——玛丽如今的家，或者说监狱。

玛丽便在那里过着相对比较舒适的监禁生活，并策划着阴谋。她的主要目的是重获自由，重新登上苏格兰及英格兰王位。在这一点上，她意志坚定、诡计多端。有许多人（包括沃尔辛厄姆和伯利）都在等待机会取她性命。伊丽莎白尚无此意。人们建议伊丽莎白当下承认玛丽的儿子詹姆
士为苏格兰的合法国王。沃尔辛厄姆还提议同低地国家的新教徒结成联 407

盟，因为按照英格兰当下的处境来看，盟友多多益善。

有一些钦差大臣奉命前往苏格兰女王的住处。发现她怒不可遏，急不可耐地“用痛苦的声调愤愤不平地”反复诉说自己受到的不公正对待。一个英格兰代表不失敬意地说外国人认为她所受的待遇已是“大大的恩惠”。女王威严地答道（大致是这么说的）：“恩惠？这和恩惠有关系吗？我和你们女王陛下一样，是不折不扣的君王。我并非，亦从未低她一等。我从襁褓中开始便是女王。我是最伟大的基督教国家法兰西名正言顺的王后。对臣民才谈得上恩惠。而我并非臣民。”据代表团报告“玛丽说这些话的时候愤怒至极”。

她平复了自己的情绪，继续描述“自己的痛苦和悲惨的境况”。她说自己比伊丽莎白年轻，但苦难让她早衰。代表团团长威廉·维德爵士接着询问她涉足阴谋诡计之事。“我难道不能找朋友来帮忙吗？我的本意是良善的，如果他们做错了，那就该怪他们。”维德拿出了她参与其中的证据。这时她暴跳如雷地吼道：“你不配（没有资格）同我理论。”最终双方都平静了下来，玛丽还为英格兰代表团献歌一首。然而她自始至终固执己见、目中无人，认为自己所做的事是正义的，而且会最终取得胜利。所有接近这座城堡的旅人都会被盘问，没有枢密院的许可，任何人不得进入城堡。她骑马出去透气的时候，每次都会有两个全副武装的卫兵随行。

1584 年夏天，荷兰新教领导人遭到暗杀，这一消息使英格兰的前景愈加昏暗。奥兰治亲王拿骚的威廉被腓力二世下令暗杀。谁能保证伊丽莎白不会是下一个刀下亡魂呢？天主教联盟领袖吉斯公爵也变得愈加危险。伊丽莎白曾亲自认可的夫君安茹公爵在尼德兰大败之后高烧不退并最终身亡。女王听到安茹的死讯之后，一连好多天以泪洗面。她连续半年身着黑
408 衣，英格兰宫廷上下都在为他哀悼。“我现在是个寡妇了，”她对法国大使说道，“我的丈夫死了。”大使评论她是个“深通机变的君主”。更为重要的是，安茹的死让王位的继承权落到了信仰新教的纳瓦拉的亨利手中，而吉斯同腓力达成协议，试图扼杀这一可能性。他们还结成联盟一同对抗伊丽莎白。

这一年秋，女王向她的枢密院提出了两个问题。她是否该保护低地国家免受西班牙暴政？此外，若她决意为之，“又该如何保证让自己能够对抗西班牙国王的敌意和军队？”大部分顾问官支持干预，但她依然举棋不定。她想要得到法国国王的支持与合作。否则英格兰将孤军作战。

正在这时，伯利和沃尔辛厄姆起草了一份后世称为《联合契约》的文件，所有在此文件上签字的人都郑重宣誓将捍卫伊丽莎白的生命并让信奉新教的君主继位。若有任何人威胁到女王，他们保证“将通过武力以及其他手段进行报复”。此外这份文件还声明“任何企图谋害女王的恶事，不论此事是为了某一所谓继承人所为，或便是该所谓继承人自己所为”，此人之罪皆不可恕。如果伊丽莎白遭到暗杀，玛丽也将被处决。这是一份直接付诸武力的宣言。也正是在这个时期，刻有伊丽莎白人像的首饰被大量生产，一个能与欧洲大陆童贞玛利亚圣像分庭抗礼的女王圣像应运而生。

伯利进一步做工作以保证由新教徒来继承王位。他起草了一份文件，提出一旦女王驾崩，将组建大议事会。该议事会将行使统治权，并同时召开议会讨论继承问题。因为议会成员全是新教徒，天主教徒被排除在外，因此他们的选择毋庸置疑。“政府各方面工作都必须继续运行，”伯利在备忘录中写道，“这必然会经历一段过渡期。”女王对于她的首席大臣大为不满。插手这些事情并质疑世袭原则是一项不可饶恕的罪行。不管怎么 409
说，设想女王驾崩一事本身便是叛逆。在她看来，身边似乎涌现了一批有着相同信仰及意识理念的男性。这便是为何她更喜欢单独面见顾问官，或者三两人一见。这可能也是为何她似乎常常更专心聆听国外大使的话，而不是自己臣子的话。这个新局面似乎能够解释她后期统治的种种。

1584 年 11 月召开的议会气氛活跃。议会通过了《女王人身安全法》，以法律形式确定了《联合契约》中的诸多细节。“过渡期”的安排并没有得到讨论，似乎伊丽莎白对此极为不悦，致使此事无法推进。然而，《联合契约》的重要性立刻便得以突显，1585 年初，另一起危及女王性命的阴谋浮出水面。起事者是一个神秘的双重间谍威廉·帕里，他本是一个针对英格兰天主教徒的间谍。他背叛了主上，转而潜藏在里士满的御花园中。最终，当伊丽莎白出现的时候，他被女王的王者之气所震慑，放弃了暗杀计划。这是一种说法。另一个说法是他得到了一次觐见女王的机会，并在衬衫中藏着刀来到了她的面前。和前一种说法一样，他由于太过紧张而没有行刺。

不论如何，他被抓了起来，并受到沃尔辛厄姆的审问。随后被押往伦敦塔，最终被绞死。在他被捕之后，一个议会成员写道："一想到失去这样的珍宝（伊丽莎白），我全身的关节都在颤抖。"帕里给女王写了一封忏悔信，信的末尾透露出脉脉温情。"别了，英格兰最为仁慈、最为和蔼、最为称职的女王。请记得一位屈服于您的、名为帕里的不幸之人。请让其他仆人替我侍奉您吧，因为在我看来，您的优雅远超我想象。最后再说一句，善良的夫人，请善待您驯良的天主教仆人。我不会为恶人求情。"

议会对《联合契约》做了一项重大更改。伊丽莎白亲自下令，议会
410 必须保证玛丽之子詹姆士不会受到报复。同时，女王同这个年轻人展开谈判，意欲承认其为苏格兰国王詹姆士六世。这也就暗含着一旦伊丽莎白驾崩，他对英格兰王位也有一定的继承权。当然，詹姆士十三个月大时便已从被迫退位的母亲手里继承了苏格兰王位。然而得到伊丽莎白的公开承认将大大巩固他的统治地位。女王本人则希望在西班牙针对英格兰图谋不轨或发动侵略的时候，能得到这位新教君主的支持。

当下，詹姆士致信母亲，重申她将永远被敬称为"王母"。玛丽对此大发雷霆。"我愿你明白，"她在回信中写道，"我是你真正并且唯一的女王。不要拿王母这样的名号来侮辱我……除我之外，苏格兰没有国王或女王。"她威胁詹姆士若私自同英格兰签署条约，她就要褫夺他的继承权并诅咒他，而詹姆士正决定这么做。玛丽被迁到塔特伯里接受更加严密的监禁，在那里她或许能够反思自己已如过眼云烟的王权。不久，一个年轻的天主教司铎也被关进了城堡，并于三周后在狱中自缢。第二天玛丽发现他吊死在自己房间的窗外。她觉得这预示着自己也将命不久矣，于是再次致信伊丽莎白，急切地恳求饶她性命，还她自由。

她的天主教盟友此时正在撤退。阿伦德尔伯爵菲利普·霍华德长久以来一直被怀疑不服从国教，最终他私下皈依了天主教，并致信女王，细数自己的忧心苦痛，无法见容于宫廷。他很清楚自己父亲第四代诺福克公爵的命运——背负叛逆之名被处死。他如今也走到了这一步：他必须“心中做好准备，要么毁损肉身，要么屈折灵魂”。因此他决定在没有女王许可的情况下离境。

他将这封信给了一个信使，随后在萨塞克斯海岸边登船。他不知道自 411
己的仆人受雇于枢密院，也不知道自己所坐这艘船的船长是政府的密探。他被两艘船跟踪，没抵抗多久便投降了。他被押往伦敦塔，并在那里度过余生。

霍华德被关押后，第八代诺森伯兰伯爵亨利·珀西在狱中身亡，他因参与弗朗西斯·思罗格莫顿谋害女王的阴谋而被关进了伦敦塔，在未受审的情况下被关了一年。1585 年 6 月 20 日，他被发现死在床上，心脏中了三发子弹。人们认为他觉得公开处决太过耻辱，于是决定自戕。如果他并非因为叛逆而死，至少能够保留遗产。据说他曾喊道：“我可不会让那个婊子夺走我的财产。”其他人则认为他是被暗杀的，理由是找不到对他不利的证据。

1585 年夏，伊丽莎白最终和尼德兰签署条约，承诺支持尼德兰对抗西班牙。她同意派遣四千军队前去，军饷分三个月支付，前提条件是最终她能获得报酬。她得到的回报便是奥斯坦德、斯鲁伊斯、布里勒、法拉盛等海滨城镇。她在一份长长的声明中写道：“我们的近邻，低地国家的原住之民，长年战乱，深受异（外）国所扰，其苦痛甚为可哀，如今有被长久奴役之危险”，必须施以援手。

然而，这一条约签得迟了一步，没来得及拯救安特卫普。该城三天前被帕尔玛公爵攻陷。前几个月里，公爵占领了佛兰德和布拉班特大部，布鲁日和根特也向他投降。然而，在持续多年的暗中谈判和秘密联盟之后，女王最终公开了立场。然而她并不想成为低地国家女王，因为那样将给她带来新的危机以及新的开销。她只想在西班牙的威胁下捍卫他们的自由。
412 她更想做他们的守护者，而非君主。

同年初秋，她还提供资金给弗朗西斯·德雷克爵士，助他前往西印度群岛劫掠西班牙船只和当地在西班牙控制下的城镇。他麾下有二十九艘船，两千三百人。他攻占了伊斯帕尼奥拉岛上的圣多明各，在当地大肆抢掠，接着率领装满了“战利品”的船只继续前行至西班牙大陆上[①]的卡塔赫纳，将其攻占，并要求西班牙支付十万七千达克特赎回该城。他还准备前往巴拿马，但船员突发黄热病，才不得不作罢。

因此，旧大陆的冲突转移到了新大陆，尽管当时还没有全球战略这一概念，但德雷克等探险家知道夺走腓力从美洲运送到欧洲的黄金，将大大削弱他在尼德兰的力量。无敌舰队时代，腓力的书记官称，侵略行动“与其说是收复尼德兰，不如说是保障印度群岛[②]”。是故，同西班牙开战不能一直拖延下去。新教宗西斯都五世称伊丽莎白“无疑是个伟大的女王，她只要信奉天主，必然受到我们爱戴。看她统治得有多好！她只是一介女流，统辖半个岛屿，但她让西班牙、法国、神圣罗马帝国，以及其他所有人都对她甚为忌惮”。是年，伯利委托绘制了一幅女王像，世称《白鼬肖像》，画上女王身边的桌子上放着一把剑。作为财务大臣，战争开支由他掌管。

1585 年 11 月 17 日，是伊丽莎白登基二十七周年纪念日，她乘坐黄金马车巡游伦敦。这驾马车是敞篷的，但配有镶着黄金和珍珠的华盖。她穿着一袭雪白的华服，不时喊道：“天佑吾民！”人们跪迎她的马车经过，并答道：“天佑陛下。”马车后面跟着莱斯特，前方则是伯利和沃尔辛厄
413 姆。莱斯特和伯利自伊丽莎白登基开始便在她身边辅佐，而沃尔辛厄姆晚了十一年才加入他们的行列。她实现了自己的座右铭“semper eadem”，即“亘古不变”。

到了下个月，莱斯特以中将身份前往低地国家。当地人翘首以盼他的

---

① 加勒比海和墨西哥湾沿岸西班牙殖民地的统称。
② 当时西班牙在东西印度群岛都有殖民地，西班牙国王身兼“东与西印度群岛国王”的头衔。

到来，将他奉为“新弥赛亚”——国际新教运动的领导者，对他满怀期待，甚至委以总督的重任。对此他欣然接受，这让女王既愤怒又惊愕。1586年初，他正式担任“无上的总督”后，女王对此怒不可遏。世人会由此觉得她是女王，而莱斯特是他派往殖民地的总督。她的“怒火”和“叱责”让顾问官们人心惶惶，她指责其中一些人暗中忤逆她。她还威胁要和帕尔玛公爵议和，给莱斯特来个釜底抽薪。

但等她怒气平息之后，又任由莱斯特统领英军和尼德兰军队结盟，虽然他的作战并不顺利。他发觉很难将联军协调起来，不得不要求增加军费、增派援军。一个指挥官给伯利写信，称“士兵们乱成一团，情况不容乐观，必须立即增援，否则大人什么事都做不了”。他无法遏制尼德兰联省内部（如荷兰和泽兰）的纠纷，也无法平复他们对其行动的猜忌。尽管沃尔辛厄姆已经提醒他注意“开支”，但他依然提高了军官（包括他自己）的军饷，并对贿赂和普遍的贪污视而不见。此次战争还导致英格兰出口明显降低，失业率上升。1586年的粮食歉收让事态进一步恶化，并直接导致了人民营养不良、疾病缠身甚至死亡。每当我们把目光从国家大事上移开，转而来看较不起眼的英格兰民生，映入眼帘的常常是悲惨和不满。

不论如何，女王无疑对战争的开支有所警觉。她打从心底厌恶战争，既没有打仗的技巧也对其毫无兴趣。据传当时她想同西班牙议和，将莱斯特从此次不幸的战争中召回。此外还有报道说议和的条件便是将先前得到 414
的沿海城镇割让给腓力二世。宗教问题并非难事。只需西班牙保证低地国家“古来已有的自由”即可。伯利认为以这样的条件议和对英格兰来说将是挥之不去的耻辱。他对女王说自己想要辞官，告老还乡。伊丽莎白一度被他打动，但随即继续做着被他称为“荒谬危险”之事。沃尔辛厄姆同意伯利的看法，担心世人会说：“世上没有哪个朝廷如我朝这么面目可憎、反复无常。”枢密院意见不一，伊丽莎白犹豫不决，低地国家的战争就这么持续着。围攻聚特芬时，菲利普·悉尼爵士在一场战役中身亡，为这场不幸的战争增添了几分戏剧色彩。他效仿一个士兵，英勇地脱下腿甲，但随即中箭身亡。此举倒也符合他冒险、逞能的性格。“国务大臣先生，”莱斯特在给沃尔辛厄姆的信中写道，“我好累，实在是心力交瘁。”

然而，1586 年夏，女王再次与自己的宠臣亲密无间起来。她在一封信中情真意切地写道：“罗：我怕你看到纸上我的胡言乱语会以为仲夏的月亮让我在这个月份犯迷糊了呢。”她在信的末尾写道：“我就写到这里吧，你来想象一下我依然同你讲着话，微嗔地喊你 Ô Ô（她笔下代表眼睛的符号，而眼睛是莱斯特的绰号），然而我从来都祈祷上帝保佑你免受伤害，救你于仇敌手中。我千谢万谢你为我受苦，给我关心。你知道的，亘古不变，E. R.。”她的情绪一直反复无常，令人难以捉摸。

然而，随着伊丽莎白勇敢地挺身而出，甚至不惜激怒西班牙，这段时期的局势可谓万分危急。她对玛丽的阴谋诡计心有余悸，1586 年 2 月，据法国宫廷报告，伊丽莎白晕倒了，据说一连两个小时都没有恢复意识。这一年初夏，她正庄严地走向皇家小圣堂，突然“胆战心惊难以为继”。
415 据一个西班牙间谍所说，她返回自己住所，“让在场之人如堕五里雾中”。

伊丽莎白似乎比他们想得要聪明。当时便有一个由耶稣会士约翰·巴拉德和玛丽在巴黎的间谍策划的阴谋意在取她性命。他们争取到了一个名叫安东尼·巴宾顿的年轻天主教徒支持，此人颇为富有，买通了六个廷臣，准备伺机起事暗杀伊丽莎白。这段时间，沃尔辛厄姆严密地监视着玛丽。苏格兰女王被转移到另一住所——查特里庄园。多少可以这么说：塞西尔乐于让这场毫无组织秩序可言的阴谋发展。希望玛丽同叛逆之人建立书信往来，从而赔上卿卿性命。结果不出他所料。7 月 12 日，巴宾顿致信玛丽·斯图亚特，概述了还她自由并助她登基的计划。他们必须选择一个让西班牙侵略军登陆的地方。届时，“篡位者”须被“处决”，他还提名了执行此次“可悲之死刑”的人选。

这封信在送到玛丽手中之前，沃尔辛厄姆自然已经看过，他雇了一个解密人帮他解读这封密信。这位间谍大师将计就计，派了一个双重间谍劝说玛丽把信藏在啤酒桶底下偷运出去。玛丽对如何答复巴宾顿思忖良久。她的护卫埃米亚斯·波利特爵士对沃尔辛厄姆称“她显然看到了自己的末日就在眼前，自己将由此殒命，人们会传说她是病死的”。而处在当时的境况之下，她还有什么放不下的呢？

几天后，玛丽回复了巴宾顿的信。她仔细审阅了他的计划，写道：“待万事俱备，此六位绅士须勠力向前，一旦事成，你须做好准备将我从此地救出。”此信亦落入沃尔辛厄姆手中，但在他将其寄给原本的收信人之前，解密人伪造了玛丽的笔迹，在信上添了一笔，要求对方提供六位刺客的名字。

接着他们便开始静等，看这一招能不能置苏格兰女王于死地。伊丽莎白得知了这一阴谋，并被告知“祸乱世界的野兽将被除掉”。据说巴宾顿势在必得，甚至雇人为他和六个廷臣画了幅集体像。他们同其支持者一起 416
在酒吧里大吃大喝，完全没有意识到自己被跟踪。1586 年 8 月，沃尔辛厄姆下令以叛教之名逮捕约翰·巴拉德。其他人惊恐万分，试图逃离伦敦，然而依然有十四个人遭到逮捕。藏身于圣约翰伍德的巴宾顿也没能幸免，被抓的时候，他脸上“沾满了青核桃壳”。三百个不服从国教的著名人士被全副武装的士兵押往伦敦。

至此，此次阴谋还剩下一个重要参与者。玛丽·斯图亚特被逮捕并扣押，她在查特里的住所遭到搜查。搜出了一份能够解开六十种不同密码的文件，以及英格兰支持者的名单：比如，其中就列有所有宣誓效忠她的贵族。这份名单被呈到了伊丽莎白面前，读完后她直接把名单付之一炬，说：“Video taceoque。”即“我看到了，但不予置评”。

参与阴谋之人被按照叛逆罪处决，巴宾顿首当其冲。但另一个著名的阴谋参与者还没有被送上断头台。很明显玛丽之前十八年来一直在谋划着夺取王位，继而谋害女王的阴谋。是年夏，伊丽莎白和詹姆士六世签署了《贝里克条约》，两国基于共同信仰永结同好，两位君王达成一致，在各自国家推行新教，并在遭受侵略之时互助。詹姆士还得到了每年四千英镑的津贴，显而易见他将是继承英格兰王位的最佳人选。他的母亲再也不在考虑范围之内。那她将会面对怎样的命运呢？ 417

35

永绝后患

玛丽·斯图亚特最为机密的资料被搜走之后，她本人被带回查特里庄园，在那里她遇上了一群乞丐。“我没东西给你们，”她朝乞丐们喊道，“我和你们一样也是乞丐。我的一切都被夺走了。”她流着泪对护卫们说道：“先生们啊，加害女王之事跟我毫不相干，对此我一无所知啊。”许多人觉得她在信口雌黄。她的狱卒波利特奉命对她做最大限度的隔离。枢密院在温莎天天开会探讨该如何应对这一局面，但看来这次免不了要和苏格兰女王对簿公堂，审问她预谋加害伊丽莎白一事。1586 年秋，玛丽离开查特里庄园被带往福瑟陵格城堡，当时她四十七岁。

玛丽一开始对转移一事表达了抗议。因为她不是英格兰公民，所以英格兰法庭不能审问她。对于她的抗议伊丽莎白以不容辩驳的语气回复道：“你为了取我性命，引杀戮毁我王国可谓挖空心思、机关算尽。这些谋逆之举铁证如山，你的罪行将大白于天下。我命你回答此国王公贵族之问
418 题，一如我在现场……你若坦白交代，不久便可得到我的袒护。”

伯利画了一幅福瑟陵格城堡会见厅的草图，玛丽将于 10 月 14 日至 15 日在那里受审。担任庭审法官的伯爵、男爵、枢密院委员们绕墙而坐。玛丽受审时坐的椅子置于大厅中央，椅子正后方是顶着华盖的王座。空无一

人的王座象征着不在场的女王。当然，这是场生死攸关的审判，议会通过的《女王人身安全法》规定任何企图伤害女王之人都将“被女王的臣民赶尽杀绝”。玛丽对此一清二楚，对吉斯公爵说她已经做好为宗教而牺牲的准备了。她将作为殉教者，而非谋杀犯而死。这样她的死就神圣了。

不论如何，她暗暗寄希望于伊丽莎白下不了决断对她处以极刑。这便是为何英格兰女王一直不把话说绝，说会“袒护”她。对于这样的审判，律师们手上没有先例。她是受过傅油礼的女王，她不承认审判她的法庭。她还是英格兰王位正当的继承者。因此她的自信并非毫无来由。她头脑聪慧、能言善辩，而且有着王者气概。想乱她的方寸绝非易事。伯利和其他几位委员进入了福瑟陵格的私室。“我是不折不扣的女王。”玛丽对他们说。她不愿同他们讨价还价。“我并未沮丧，亦不会因灾祸而忧伤，”接着她警告他们，“记住，这世界的舞台可比英格兰大多了。”她在提醒他们一旦自己被处死，欧洲的君主们可能会为她报仇。

她于10月14日进入会见厅，穿着一袭黑色天鹅绒长袍，坐到给她安排的椅子上。庭审委员们向她脱帽致礼，以示对她身份的尊敬。据描述她“体型硕大”，脸“又圆又肥，有着双下巴，眼睛淡褐色”。遭受了长年累月的监禁，落得此等肥硕身材也是意料之中的事。法庭宣读了对她的指控：阴谋加害女王、颠覆国家。玛丽答道她来英格兰是求庇护的，并从那时起就一直遭到监禁。她是受过傅油礼的女王，俗世的审判对她无效。法 419
庭宣读了巴宾顿写给她的信。“这些信可能是巴宾顿所写，”她答道，“但你们须证明我收到了这些信。”法庭宣读了她的两个私人秘书的供词，两人供认她确实参与了撰写这些密信。玛丽再次否认自己参与了加害女王的阴谋。并宣称君主的话是不容置疑的。她气定神闲、应对自如。波利特对沃尔辛厄姆写信称“她完全临危不惧”。

在场的人心里都清楚她在劫难逃。在庭审的第二天和最后一天中，伯利让她别为自己被关押而抱怨，一切皆是她咎由自取。“哟，”玛丽答道，“我认出来了，你便是与我为敌之人。”“没错，我与伊丽莎白女王的敌人为敌。”接着，伯利宣布休庭十日，这是女王直接下达的圣谕。她不希望别人觉得判决是仓促之下做出的。

10月25日，庭审委员们在威斯敏斯特星室法庭开会，当时玛丽并不在场，众人再次审议了证据。苏格兰女王被判有罪。听到这个消息的时候，伊丽莎白跪地祈祷了十五分钟，并禁止将此事公开。她还不确定下一步该怎么走。玛丽听到裁决之后举目望天感谢天主。她的舞台即将落幕。

四天后，议会召开会议，上下议院一心想把玛丽置于死地。伯利让议会议程围绕着对玛丽的指控展开。11月3日，深受女王宠信的克里斯托弗·哈顿将玛丽的所作所为斥为“无比卑劣可憎的”。上下议院各选出一些议员组成委员会，同时拟好了一份关于处死玛丽的请愿书。女王在她的会见厅中听说了此事，字斟句酌地予以回应。她警告在场诸人：“我告诉你们，我们这些君王如置身大庭广众面前，受到全世界人民的关注，我们
420 的一举一动他们都看在眼里。”正如玛丽警告庭审委员会天主教君主可能会复仇，伊丽莎白警告议会或将有重大的危机发生。如果她和玛丽只是“抱着桶”的挤奶女，在同样的情况之下，她不会同意将其处死。但苏格兰女王的“支持者”出于共同利益结成联盟，随时准备对英格兰发难。威胁英格兰的并非玛丽本人，而是她所代表的势力。

11月24日，伊丽莎白再次推诿。“我今天内心之挣扎此生未有，”她对他们说，“我挣扎自己究竟是应该发声抑或保持缄默。”针对他们的请愿书，她说：“请你们接受我这份回礼，对这个不置可否的回答表示知足。我不否认你们的判断，不质疑你们的理据，但请你们接受我的感激，体谅我的疑虑，尽量接受我不置可否的回答……”她允许将此次讲话印刷出版，并亲自对其做了核准。

女王确实因为此次决定陷入深深的痛苦之中。有人对她耳语“此人一死，永绝后患”，但她是否有权力处决一个受过傅油礼的女王呢？她是否要杀死自己的表妹呢？同玛丽有血缘关系的法国国王和苏格兰国王都急切地为玛丽请命，毕竟她曾是法国王后，并且是苏格兰君主的母亲。西班牙的腓力最为支持玛丽，就算可能性微乎其微，依然认为她可以作为天主教女王继承英格兰王位。她被处决还有可能让英格兰国内新教徒和天主教徒

本已脆弱不堪的团结分崩离析。她的死会不会让人们提心吊胆的内战提前打响呢？故而伊丽莎白对上下议院说：“我并非没有决断，并非看不到自己的危机，并非不知道珍惜一把将割我咽喉的刀是愚不可及之事。”这句话一针见血地道出了她的两难境地。据伊丽莎白的首席史官威廉·卡姆登讲述，她多次“悲伤不已、一言不发”地坐着，嘴里念叨着两句话：“忍受她，抑或惩罚她”，以及“先发制人，后发制于人”。

12 月的第一周，玛丽被定罪一事最终在伦敦以公告形式宣读，一时间小号齐鸣。篝火在大街小巷点燃，教堂钟声二十四小时绵延不绝。裁决 421
定下之后，她的王座和上方的华盖被撤走。她在给苏格兰的信中写道，此举“意味着我已是个死人，被剥夺了女王的荣耀与尊严”。她担心依照《联合契约》，任何忠诚的英格兰人都有责任杀死他。这或许也是女王私底下的念头，这样她就不用背负下令处死她的责任了。因而在最后几周，玛丽一直担心自己被暗杀。在给伊丽莎白的最后一封信中，她要求将自己的尸身运往法国，葬于兰斯的圣皮埃尔隐修院中，紧挨自己的母亲——吉斯的玛丽。

宣读公告的两天前，也就是 12 月 2 日，议会再次召开会议，但伊丽莎白宣布休会至 2 月中旬。她想要十个星期来平复自己的心情，为最终决定做准备。1587 年 1 月，谣言与辟谣在伦敦城中风传。有人暗传玛丽越狱了，西班牙侵略军已经登陆。然而，枢密院或许是在故意放任这些流言蜚语蔓延，以此让伊丽莎白痛下杀手。沃尔辛厄姆挫败了一次“阴谋”，有人给伊丽莎白献上了一块毒脊肉，此次事件似乎是凭空捏造的，目的便是进一步恐吓女王。她再也拖不下去了，不能毫不顾忌国民的感受。她的所有顾问官异口同声称玛丽必须被处死。

2 月初，女王当时正在格林尼治。她让书记官威廉·戴维森爵士将玛丽死刑的授权书取来。戴维森将混有授权书的一堆文件带进房间。第二天清晨，她对戴维斯说文件都已签署完毕了，并没有特意提及授权书。但接着她又提起了授权书的事。说自己一直以来都表现出不愿行不利于玛丽之事，故而将此事拖了这么久。看到她签署了授权书，他是否了无遗憾了？

他答道有罪之人先于无罪之人受罚，是再好不过的事了。

伊丽莎白嘱咐他尽快将这份授权书拿去让大法官盖章，尽量不要惊动
422 任何人。接着不需要任何公告，直接将其交予委员们手中。她让他转告卧病在床的沃尔辛厄姆，悲伤（她不无讥讽地说）或将要了他的命。戴维森刚要离去，又被叫回。会不会有哪位忠心赤胆的臣民，签署了《联合契约》，挺身而出把这件事了结？她点了两个人的名字，其中一人便是玛丽的看守埃米亚斯·波利特。若这样的话，她或许便能够免受敌对势力的谴责和侧目了。她并不想背上弑君之名。她让戴维森将此事告知沃尔辛厄姆，后者勉强答应，但对她说这是在白费人力。除非女王直接下令，否则不会有哪个官员会盘算这种事情的。

伯利召集枢密院，告知同僚们伊丽莎白终于签署了授权书。当下应悄然快速地展开行动。授权书很快便被送往福瑟陵格，相关的信件也被送往主要委员手中。伊丽莎白并没有提到此事。对此不闻不问。她读完波利特给她的回信后大发雷霆，波利特在信中拒绝在没有授权书的前提下杀死玛丽。伊丽莎白称其为“榆木脑袋”，当初信誓旦旦地起誓，到头来却不愿做些实事保护她的安全。

她的谨慎和耐心在两天后就所剩无几了。戴维森有没有快速推进此事？授权书有没有盖到章？根据戴维森自己的叙述，伊丽莎白“怒斥他们应为此蒙羞，此事早该了结”。玛丽又重新找回自信。她再次给伊丽莎白写信，声称自己无罪并要求私下见面，玛丽并没有收到回信，但莱斯特说玛丽的信“让读信人流下了眼泪”。2 月 4 日，主行刑官动身前往福瑟陵格城堡，他扮作仆人，斧子藏在了行囊之中。2 月 7 日，周二，庭审委员会成员们抵达福瑟陵格，征得玛丽同意之后，他们来到她面前说他们已经收到了一份盖有国玺的指令，她将于第二天早晨被处决。

一开始玛丽并不相信他们，随后她变得不安了起来。她将自己的御医召来，并开始讨论她在法国尚未收回的钱款之事。正在这时，她的精神防
423 线终于崩溃。她要求见自己的天主教专职教士，但委员会成员们并不想让她如愿以偿，将此次处决变成殉教。于是他们给她派去了一个新教牧师。

她给自己的听告解神父捎去消息，请求他在晚上为她祈祷，在第二天早晨她被押赴刑场的时候，希望他能来看她，为她祝福。

2月8日上午8点，福瑟陵格城堡的宪兵司令敲响玛丽住处的门，一开始里面没有回应，在场之人不禁担心苏格兰女王是否已经自我了断。然而，自杀是永绝救赎之大罪，玛丽不会让自己背上这样的耻辱。房门打开了。她站在门口，穿着一身长袍和一件饰有丝绒的黑缎外套；她盘着头发，戴着贴头帽；白色丝绸面纱从头顶一直披到背上。脖子上挂着黄金十字架。象牙十字架则握在手上。

她走过先前受审的会见厅，她的管家跪倒泪流满面。“梅尔维尔，”玛丽说道，“我的苦难即将终结，你应喜乐，不应落泪。告诉我的朋友们，我是以一个不折不扣的公教徒身份而死。”她要求见自己的专职教士，但后者被拒之门外，因为担心他就宗教进行抗议。玛丽接着四处寻找她的女官。她们也被拒之门外，以免她们做出不得体的行为，她们可能尖叫或昏厥。然而玛丽需要她的廷臣将她赴死的情形一五一十地告诉国内外仰慕她的人。她最终得到允许挑选六个最为亲近的追随者相伴。六名亲信到齐之后她说：“我们走吧。”接着走下台阶前往大堂。

大堂中的家具被清理一空，前端放置着断头台，12英尺见方，2.5英尺高。断头台上盖着黑布，四周设有围挡。壁炉中燃着木柴。大堂中聚着300名来自周边地区的骑士和绅士，一齐见证此次重大事件，城堡外也聚着成千上万的人。玛丽即将被处死的消息早已不胫而走。 424

玛丽镇定自若、毫无畏惧地坐到了垫头木前方为她准备好的椅子上，听人宣读死刑授权书。什鲁斯伯里伯爵走到她跟前。“夫人，您应该已经听到了，我们只是奉命行事。”

“履行你们的职责吧。”说完她跪地祈祷，彼得伯勒的首席牧师试图抢先一步祈祷，却一时语塞。“首席牧师先生，我是公教徒，必须以公教徒的身份死去。不要妄想动摇我，你的祈祷对我没有任何用处。”两人就此争辩了几句。在她跪下的时候，他开始用英文念诵祈祷文，在场其他人也加入祈祷。与此相对，玛丽大声用拉丁文背诵忏悔诗，用十字架用力地叩击自己的胸膛。

行刑官们身着黑衣，上前请求她宽恕他们奉命所行之事。“我宽恕你们，”她对他们说道，“现在，我希望你们可以终结我的苦难。”他们开始为她整理衣衫准备行刑。她看着自己身边的伯爵们说道：“大人们，说实话，先前从未有侍从这样伺候我。”她把十字架放到椅子上，主行刑官将其拿起，想要作为自己工作的报偿，但被勒令放下。他们取下了她的丝绸面纱，脱下了她的黑袍黑衣。她里面穿着朱红色天鹅绒和朱红色绸缎制成的内衣。当时她一身血红——这是殉教的颜色。

她跪到垫子上，身边的女官们泣不成声。“Adieu（永别），”她说，“au revoir（再见）。”她的随从用手帕为她蒙上双眼。她在摸索垫头木之前背诵了圣咏：“我依靠你，上主，你是我的天主。”（《圣咏集》31：14）随后轻声念道：“上主！我将我的灵魂托于你的掌握。”（《圣咏集》31：5）她向前俯身，一个行刑者扶住她，另一个举起斧子。第一斧没砍准，砍到了手帕的结上。他再次抡起斧子，这次成功了。头颅应声而落，贴头帽和假发也落到地上，他提起头颅向围观人群展示——这是一个干瘪老妪的头颅，灰白的头发所剩无几。

首席牧师踏步上前。“愿女王之仇敌尽数灭绝。”众人高呼“阿门”。
425 行刑结束。她的衣服里藏了一只宠物狗，呜呜叫着在血泊中打滑。人们将其抱走仔细清洗。所有被玛丽碰过的东西——断头台、手帕，甚至她的玫瑰经念珠——都在大堂中被付之一炬。所有遗物都不得留下。然而她死前的表现无懈可击，苏格兰女王玛丽的故事从此留存在公众的想象之中。

2 月 9 日清晨，伊丽莎白骑马外出，在返回格林尼治宫的途中，听到伦敦钟声响起。她询问缘由。“在知道苏格兰女王被斩首后她深深叹息，”伊丽莎白的表弟罗伯特·凯里回忆道，“这是我第一次见她叹气。”伊丽莎白对此不只是一声叹息，还有斥责，还有喷涌而出的内疚与愤怒。她几乎变得歇斯底里，指责身边人表里不一地诓骗她。她从未想过取自己亲爱表妹的性命。她命令伯利不得出现在她面前，一连两个月不准他上朝。她承认自己签署了授权书，但声称自己让戴维森将其保管好不要发布。如今她想要让威廉·戴维森爵士偿命。众人纷纷为戴维森请命，最终伊丽莎白饶他不死，但戴维森背负滥用女王对他之信任的罪名在星室法庭受审，随后被关进伦敦塔，然而一年后又被放了出来。在伊丽莎白演的这出戏中，他演好了自己的角色。

玛丽被处决后还不到四天，伊丽莎白致信詹姆士六世，否认自己参与了此次行动。“亲爱的弟弟，”她写道，“就算你无法体会，我亦希望你能知晓此次（绝非我本意的）悲剧降临之后我心中的悲怆……”确实，以沃尔辛厄姆和伯利为首的顾问官给了她难以承受的压力，她似乎已经认定自己的行为并非出于自己的本意。她的大臣们背着她暗自串通，目的就是为了尽快置玛丽于死地。但她的痛苦也可能来自良心发现。

她的王位变得更加岌岌可危。1587 年春，朝中接到报告，西班牙军队在加的斯和里斯本蠢蠢欲动。弗朗西斯·德雷克爵士率领一个中队的战舰在普利茅斯集结，奉命驶向西班牙。德雷克知道主上反复无常的性格，于是迅速驶离英格兰以免女王收回成命。不出所料，命令被撤回，但等到 426
消息传来的时候，德雷克早已出海。他在加的斯击沉了许多运输船，接着前往圣维森特角，期望能在那里遇上西班牙侵略军。

然而事情并未遂他心愿，于是他率领舰队驶向科伦纳，将停靠在科伦纳码头的运输船一举歼灭，这一战，西班牙无敌舰队的半数补给物资尽毁，而这支舰队正准备向英格兰发难。先前传闻西班牙准备了能够让四万人吃上一年的面包和葡萄酒，但这些准备如今全打了水漂。德雷克随后又打了一次大胜仗，夺取了一艘克拉克帆船，船上装载着从东印度群岛掠夺来的战利品。德雷克的此次大胜让西班牙人颜面尽失，而英格兰人的自信则由此提高了。

此次大败将腓力侵略英格兰的计划向后延了一年。伊丽莎白由此获得了更多时间来准备如今看来已避无可避的英西之战。 427

36

无敌舰队

弗朗西斯·德雷克爵士劫掠所造成的损害很快便恢复了，1587 年冬，一支西班牙舰队从塔霍河口驶入大海，这支舰队规模之庞大在欧洲史无前例。同时在尼德兰，由帕尔玛公爵率领的西班牙军队也在进一步增强。根据计划，由圣克鲁兹侯爵担任海军司令，统领海军前往泰晤士河口，并于马盖特下锚。西班牙舰船从而得以控制多佛海峡，为帕尔玛公爵的军队争取时间，伺机于萨尼特登陆。届时，他们前往伦敦的道路将畅通无阻。然而海军并未做好充分准备，且当时秋风已起。西班牙的腓力勉为其难推迟远征，等待天气转好。

帕尔玛公爵并没有得知海军推迟进军的消息，他的军队在敦刻尔克的山上饱受雨水和寒冷的侵袭。他收到国王谴责他没有发动侵攻的信，理所当然地怒不可遏。他之前被告知等待西班牙舰队到来再行动。“按信上所说，似乎我早该去做同您给我的指示完全相反之事，这让我着实困惑不已。请您开恩告诉我该怎么做，这样即使让我独自乘船渡过海峡，也万死
428 不辞。”这一分歧对于此次侵略行动并非好兆头。西班牙财政每况愈下。军粮短缺。圣克鲁兹侯爵的死让事态雪上加霜。继任者梅迪纳·西多尼亚公爵对于海战几乎一窍不通。拖延与失意再次困扰着即将出航的无敌

舰队。

然而，来年开春，消息抵达英格兰的时候，当地大规模的应对措施已经基本完工。西班牙大使传言舰队的目的地是西印度群岛，但没人相信他的话。

1588 年 5 月 18 日，西班牙舰队驶出塔霍河，但遇上了大风暴，被吹得七零八落。梅迪纳 · 西多尼亚建议再次推迟此次远征。腓力回复道："此次行动是我献给天主的……有困难就克服，做好本职工作。"7 月 12 日，西班牙海军再次起航。西班牙国内的教堂响起钟声。船上贴有教宗同意对伊丽莎白施行绝罚并呼吁所有虔诚的天主教徒起兵向她发难的诏书复印版。无敌舰队由大约 130 艘大型战舰组成，船上有 19 000 名士兵和 8 000名水手。西班牙人、意大利人、葡萄牙人组成了各自的分队，而西班牙分队又分成高卢中队、安达卢西亚中队、加泰罗尼亚中队、卡斯蒂利亚中队。船上还搭乘了 600 名僧侣，以维持宗教信仰并照顾伤员。船上禁止赌博和咒骂。在此次针对异端的宗教远征中，所有西班牙军队都做了告解，领受了圣体。无敌舰队的皇家旗帜上写着这么一句话："天主，求你起来审判你的案件！"① 舰队驶向英格兰的时候，腓力每日在圣体前长跪四小时，膝盖下不垫任何东西。

英格兰人如今完全意识到危险迫在眉睫。帕尔玛公爵率领一支舰队驻守各港口，而舰队主力在普利茅斯蓄势待发。伊丽莎白的海军由 25 艘盖伦战船组成，然而在当下的危急时刻，这支舰队还加入了由伦敦城和私人提供的舰船。此外还雇用了一些其他舰船和贸易船。女王对弗朗西斯 · 德雷克爵士等私掠武装寄予厚望。据估计，英格兰舰队拥有 197 艘舰船（并 429
非所有舰船都可用于海战）。

英格兰的民兵②虽然组织松散，但也尽力做好了备战工作，从佃户中选出的贵族随从也加入了民兵队伍。据说有十万人备战完毕，但这个数字

① 语出教宗利奥十世于 1520 年 6 月 15 日针对马丁 · 路德所下的诏书《天主，求你起来》。

② 原文提到了两种民兵：trained bands 和 county militia，前者指接受过军训，于战时接受征召的人员，后者指郡县的民兵。

可能有所夸大。如果他们同帕尔玛公爵的队伍遭遇，那他们面对的将是欧洲最为精良的军队。海防部队奉命在敌人登陆时后撤，把粮食和牲口一齐带走，等待增援。来自米德兰的一万人被编入禁军，负责保卫女王。

7月19日，从利泽德半岛能够看到英吉利海峡中的西班牙舰队。“西班牙无敌舰队，”卡姆登写道，“高耸如塔楼，如城堡，列新月之阵，两端相距少说也得有七英里，哪怕全速前进亦十分缓慢，驱动这些庞然大物，海风力不从心，海浪不住叹息。”瞭望手从皇家方舟号的中桅上看到无敌舰队，水手们都欢呼了起来。西班牙与英格兰一决胜负的时候到了。

据说德雷克得知这一消息的时候，正在普利茅斯打草地滚球，听完后他就说了一句：“我们时间充裕，足够打完这场球再去收拾西班牙佬。”这句话也许是后人捏造的，但他可能表达了类似的想法。他需要等待潮汐变换，然后驾船出港。当时的一位亲历者写道：“农夫们见状立刻跑到海岸边，有的拿着棍棒，有的拿着鹤嘴锄，有的拿着干草叉……”他们的勇猛并没有在战场上得到检验，这对他们来说或许是一件幸事。

欧洲其他国家则保持中立，饶有兴趣地坐看两国争斗。威尼斯人认为英格兰会赢，法国人则仅仅认为英格兰会在海上拖住法国的敌人。海军副司令给白厅写信称：“以上帝的爱与祖国之名，请立即给我们补给一些炮弹，越大越好。”7月21日，普利茅斯市长威廉·霍金斯写道：“昨晚，
430 从本市就能望见西班牙舰队，当时海军司令大人（霍华德勋爵）早已出海，待西班牙舰队出现之时，他的舰队已无踪影。”当时的风向对英格兰舰队有利，两军于星期天早晨交战，此次小规模战斗打了两小时。腓力的珍宝船受到重创，被夺下并带往达特茅斯。

7月23日，两国舰队驶出波特兰海岬，一场大战就此打响。英军舰队船体小，火力大，占尽先机。西班牙舰队想要靠上英格兰舰船，让士兵上前进行白刃战。但根本无法做到。英格兰舰船倚仗的便是适航性和速度。最终，梅迪纳·西多尼亚溃败，重启同帕尔玛公爵合兵的方案。在当天的战斗中，霍华德的弹药几乎耗尽，剩下的弹药只能维持一次大规模战斗之用。西班牙舰队的情况更糟，弹药几乎打光不说，舰船受损也十分严

重。一艘盖伦帆船和一艘旗舰的残骸漂到了法国海岸。梅迪纳·西多尼亚在向加来航行的三天中给帕尔玛公爵发去多封信件，一封比一封紧急。而此时英格兰军队则在港口和沿岸城堡中进行补给。西多尼亚对帕尔玛称：“敌人对我紧追不舍，连日连夜向我开炮，但他们并不会靠近展开白刃战。我给他们提供了种种机会。我故意让舰船暴露，引诱他们登船，但他们就是不照做，这让我无计可施，因为彼快我慢。”因而英军得以像“赶羊”一般驱赶西班牙舰队，直至梅迪纳·西多尼亚到达加来港。

但加来港并不能给西班牙舰队长久的庇护。7 月 28 日周日午夜，霍华德命令八艘火船冲向停靠在岸边的西班牙舰队。西军顿时大乱，纷纷砍断缆绳，任由船只漂向夜色中的大海。第二天早晨，西班牙指挥官在敦刻尔克附近将舰队聚集起来，但英军乘胜追击，再次发动攻击。两军在格瑞福兰海战中定了胜负。英格兰舰队冲入西班牙舰队之中四处开火，西军乱
成一团。三艘盖伦帆船以及许多较小的船只要么被击沉要么被夺走。“待 431
我军取得更大胜利之后，我再给女王陛下去信，”霍华德在给沃尔辛厄姆的信中称，“敌军声势浩大、船坚炮利，然而我们正将他们的羽翼一根根拔掉。”

西军的羽翼确实遭到了摧折，此次海战中西班牙损失了八艘盖伦帆船，将士伤亡惨重。英格兰方面并无船只遭到重创。帕尔玛公爵被困在尼尔波特无法动弹，而以无敌舰队当下的状况自然也无法前往与之会合了。敌视帕尔玛公爵的尼德兰海军也断了他的出路。此时的风向转为西南偏西，西班牙舰队借此脱离浅滩，驶入北海。英军弹药耗尽无法追击，却依然“装模作样”地沿途追赶西军。7 月 31 日，弗朗西斯·德雷克爵士写道：“西班牙军队在我军前方，但我们要避免……同他们以命相搏……西多尼亚公爵的问题终会解决，对此我深信不疑，但须假以时日。西多尼亚还盼着抵达圣玛丽港，同那边的橙子树相伴呢。”

正在此时，女王从伦敦南下前往蒂尔伯里检阅军队。她乘坐驳船到达目的地，在沿岸碉堡登陆的时候，炮声齐鸣向她致敬。有一千骑兵，两千步兵迎接她的到来并在一旁护送。第二天举行正式阅兵，她从军中穿过

"仿佛阿玛宗女皇一般"。她在演讲中说有人建议她保护自身安全，但她对于这种保护十分鄙夷。她倚仗人民对她的信任和奉献。据说她还说自己已决意"和你们同生共死，为了上帝，为了王国，为了人民，为了荣耀，为了血统，哪怕战死沙场也在所不辞。我知道我有着女人软弱的肉身，但我有着君王——英格兰之王的心灵和气量"。她是否真的说了这句话，史家颇有争论，但根据亲历人的讲述，上面这句话精确地体现了她演讲的大意。演讲结束时，士兵们高声呼喊。她随后在中午的时候进入莱斯特的营帐用餐。

千疮百孔、一败涂地的西班牙舰队当时依然还沿着苏格兰海岸艰难前
432 行。值得一提的是苏格兰国王兑现了他对英格兰女王的诺言，甚至私下里都没有对西班牙施以援手。詹姆士对朝中西班牙大使说："他本希望得到西班牙人的善待，得到的却是波吕斐摩斯[1]对待尤利西斯的礼遇，即他最终会被吞食。"

西班牙舰队抵达苏格兰北海岸的时候，苏格兰守军指挥官奉命"好好招待"西班牙人。每天都有四五个西班牙人被饿死，船上的所有马匹都被扔下海以节约淡水。西班牙舰队抵达爱尔兰海的时候遭遇大风暴，船队都被吹到了爱尔兰海岸上。海难的遇难者数不胜数，但此外还有许多人在岸上被杀。一个名为麦拉金·麦克卡波的爱尔兰人吹嘘自己用战斧砍下了八十个西班牙人的脑袋。巴黎的英格兰大使对威尼斯大使说有十九艘船沉没，死了七千人，而根据其他说法，死亡人数更多。无敌舰队中只有半数舰船回到了西班牙，士兵也是损失过半。腓力一直表现得很平静，或者说很冷淡。他说这是天主的意愿。但私下里他怒不可遏，跪在地上起誓总有一天他会征服英格兰，哪怕西班牙因此被夷为平地也在所不惜。

然而英格兰的胜利庆典与其说欢快，不如说带着更为浓厚的阴郁气息。英吉利海峡沿岸港口的街道上，成千上万的海员因斑疹伤寒或坏血病

① 荷马史诗《奥德赛》中的独眼巨人，奥德修斯一行返乡途中登陆西西里岛，进入了他的洞穴，波吕斐摩斯回洞后发现了奥德修斯一伙，立刻用巨石封堵了洞口，并随后残暴地摔死和吞食了其中几人。奥德修斯最终施计逃脱。下文的尤利西斯是奥德修斯的拉丁文名。

而奄奄一息，他们战胜了敌人，却无法战胜疾病。海军司令在无敌舰队覆灭后给伯利写信称“疾病与死亡在我们中间迅速蔓延”，请求补给以购买粮食和衣物。然而，在支出军费之后，伊丽莎白合上了钱包。任由她的士兵们自生自灭。

另一个被此次战争夺去生命的人给她的触动更大。在尼德兰被战争拖垮的莱斯特伯爵“身患疟疾，高烧不退”。除了女王之外，没人对他的死痛心疾首。在众人眼中，他言过其实、爱慕虚荣。当时一位名为约翰·斯托的历史学家写道：“所有人毫不忌讳、公开对他的死亡表示庆祝，一点都不亚于庆祝打胜了西班牙人。”

伊丽莎白将他写给她的最后一封信装进一个小首饰盒，这个首饰盒在她驾崩的时候在其床边被发现。然而对他死亡的悲痛并没有改变她务实的 433
性格。莱斯特死时尚亏欠税务署一些钱款，因此她命令将他的财物公开拍卖，以补偿她的损失。此外，她还有其他收获。在乔治·高尔为她绘制那幅著名的《无敌舰队肖像》中，她坐在椅子上，身边放着一顶皇冠，因为胜利而喜笑颜开，当时她佩戴的珍珠便是莱斯特的遗物。

11 月 26 日，她坐在一辆由两匹白马所拉的华丽马车中前往圣保禄主教座堂参加最后的庆典。自大约三十年前她登基起，便再没有举行过如此盛大的游行了。就在下一年，埃德蒙·斯宾塞完成了史诗《仙后》的前三部，在这部史诗中，仙后格罗丽亚娜就象征着伊丽莎白。

1588 年临近年末的时候，一个年轻人沿着斯特兰德大街奔跑，对周围人们喊道：“如果想看女王，赶紧出发。”据说她将出现在萨默塞特宫的庭院之中。因此大群人奔向那里。当时是傍晚五点，天色已暗，但突然之间，在火炬的光芒中，伊丽莎白出现了。

“愿上帝保佑你们，我的好人民！”

“愿上帝保佑陛下！”

“你们或许能拥有更为伟大的君王，但你们永远不会拥有更受爱戴的君王！”

女王的荣耀和声望提升到了新的高度，然而击败无敌舰队还带来了其他收获。英格兰海军力量的神话至此成了其民族意识中十分显著的一面，人们将其同天主教势力的破败，守护真信仰联系在了一起。德雷克和霍金斯成了新型的新教英雄，为民族自由而战。教宗的诅咒被一举彻底击破。伊丽莎白致信佛罗伦萨公爵，称：“有一昭然若揭之事，即上帝祝福朕，祝福朕的人民，祝福朕的国家。其表现再明显不过：他赐朕以繁荣、和平、良民、财富、权柄以及不断增长的人丁。”

434 教宗试图为自己开脱，说他早已知晓西班牙会战败。西班牙大使于是祝贺他未卜先知。教宗对此“翻起白眼，假装虔诚地望着天空”。西班牙从此失去了天主教国家世界霸主的地位，教宗对自己权力的自负也有所收敛。英格兰的天主教徒如今要么加入国立教会，要么遭到更为严酷的迫害。

莱斯特的死让另一个女王面前的红人飞黄腾达。第二代埃塞克斯伯爵罗伯特·德弗罗在英格兰大败无敌舰队时年仅二十二岁。他自从父亲在爱尔兰不幸身亡之后，便一直寄于伯利篱下。1576 年，沃尔特·德弗罗爵士死于痢疾。两年后，莱斯特同其遗孀（埃塞克斯伯爵夫人）结婚。莱斯特便成了罗伯特的继父，同时还是他的教父。因此小埃塞克斯伯爵得到了双重恩宠。

他浮躁好动、野心勃勃，挖空心思争权夺势。据说“他全身心投入军备与战争中”，然而他同时又能言善辩、聪明伶俐。他信奉，或声称自己信奉“美德”在军事与伦理层面上的重要性。男子气概须附以虔诚，勇猛须附以仁慈与正义。他之后说道自己所追求的乃“将我们的天赋投入公共事业”。可想而知，他支持新教运动，并以支持虔诚新教徒闻名。此外，他性格冲动、精力十足，同伊丽莎白身边较为年长、古板的顾问官们形成鲜明对比。他“易受冒犯，对心中之不平又难以释怀”，他“毫不隐藏”，“喜怒形于色”，有时候会精神衰弱。一直以来都有一种说法，即当下的英格兰朝堂发生了天翻地覆的变化，如同进入了新的朝代。实际上只不过进入了一个更为黑暗、更为隔绝的阶段，而埃塞克斯将最终成为受
435 害者。

37

忏悔吧！忏悔吧！

人们并非没有注意到同无敌舰队战斗的大部分人员都是清教徒。耶稣会士罗伯特·帕森斯写道：“在家乡英格兰，清教被认为是最为朝气蓬勃的教派，也就是说，清教徒最为热心、最为敏捷、最为勇敢、最为刚毅，是将帅与士兵中的佼佼者，这一点意义非凡。”

清教如今在英格兰国内大受追捧，在海上一举打败教宗党之后尤其如此，无疑这个教派在下议院有许多忠实的信徒。两年前，也就是 1586 年的那一届议会上，这个教派的力量已经初露端倪。下议院提出了若干削弱主教权力的法案，当时坎特伯里总主教惶恐不安地致信女王。女王先前多次警告议会不要插手宗教问题。如今她向下议院捎去消息，斥责他们不从君命，拿她的权威当赌注。她命令议长“好好盯着，不要让涉及教会改革的法案出现，若是出现了，就不要宣读”。议长对下议院说：“具体来说，女王陛下命你们当心那些被称为清教徒的人，不要去管他们那些烦人的蛊惑，别在上面浪费时间……” 436

然而下议院不为所动，依旧拟定了一份请愿书，要求废除所有涉及教会组织的现行法律。还提出了一份“新祈祷程序指南”，以替代为人所熟知的现行仪轨。从未有一届议会提出过如此彻底的改革措施，有人说清教徒如今正在用一种更为强硬、更有条理的方式伸张自己的主张。然而事极必反。

在准备宣读“新祈祷程序指南”之前，议长说君王早已下令让议员们在宗教问题上保持沉默。他预料到女王将对此大为不满，果不其然，宫里给他捎来另一条消息。女王令他把请愿书和指南书交给她，并将几个较为狂热的议员下狱。对此，一位议员抱怨道：“这便是我所担心之事，即诚心侍奉上帝和陛下反被归为清教主义。”君主和议会的关系进入了另一个阶段。

清教运动由于一系列小册子的出现得到进一步传播。有人以马丁·马普雷拉特为名撰写了一系列小册子。“马丁”在七本小册子中对“卑鄙的敌基督、傲慢的高级教士、心胸狭隘的反对改革者、福音的敌人、贪婪而堕落的牧师”展开了一系列抨击。他称教会的统治集团为“毒蝎心肠、心狠手辣、丧心病狂的牧师。我长角的主子们，你们的政府与基督为敌，你们的事业如困兽之斗，你们的理由荒唐可笑”。他意欲通过将主教描绘成行为怪诞之人来削弱他们的权威。“我这次就饶了伦敦的约翰（主教）吧，他现在应该在打草地滚球，我们去打扰他的话，他会吓得满头大汗的，这样多不好……”

国立教会的支持者也出版了一些小册子作为回击，如《给傻马丁一记耳光让他闭嘴》和《给那个猿猴一鞭，马丁的表演》。其中一本小册子据说“出版于天地之间距离一棵橡树不到一英里，同那个低贱的马丁信口雌黄的小册子出版之地相隔不远”①。当时任圣保禄主教座堂司库，后来成
437 为坎特伯里总主教的理查德·班克罗夫特指责清教派在教会内部搞分裂、引纠纷。“你们败坏（滥用）女王陛下对你们的信任。她的权威遭到指谪，带来巨大危机。君王对于臣民的统治岌岌可危。君权遭到了离奇的审视。”清教派在教会之中另立门户，采取了对抗姿态。

马丁和反马丁的文章反映了新教内部的争论正趋于白热化，在伊丽莎

① 出于种种原因，有些书籍的出版方会尽力抹去所有出版痕迹。而反对马丁的小册子出版方既没有公开自己的信息，也没有将其完全隐藏，所以才会有上面这段出版介绍。

白时期的舞台戏剧中，大约也是从此时开始，清教徒常以丑角形象出现。如莎士比亚的《第十二夜》剧中玛丽娅口中“清教徒似的”马伏里奥，以及早其十二年的本·琼森的《巴托罗缪市集》剧中的天下第一热心人比奇。“打倒大衮，打倒大衮……我再无法忍受你的亵渎……那个偶像，那个异教的偶像，依旧存在，我称其为，梁木，独一无二的梁木，非阳光，非月光，非天平之杆，非房屋之梁，非织机之轴，而是眼中的梁木①，是教友们眼中的梁木，此梁木甚大，甚大啊。你们这些演员、诗人、跳莫里斯舞的人眼中就有……”

马普雷拉特的文章很快便成为伦敦人街头巷尾的谈资，当局花了大力气搜捕写作与印刷这些文章之人。在北安普敦郡发现了一个秘密印刷厂，而其他印刷厂则逃过一劫。一些同此事关联的人要么被罚款，要么锒铛下狱，但“马丁·马普雷拉特”的身份依然不明。然而，他高昂的斗志、活跃的创造力，或许也是他孤注一掷的表现。当下，想要凭清教信条来动摇伊丽莎白政策的可能性微乎其微。马普雷拉特浮夸的言语可能显示出清教徒已经穷途末路了。

对于那些虔诚的清教徒来说，惠特吉夫特总主教是一个不依不饶的强敌。他写道：“这些人之所以称为清教徒，并非因为他们纯洁……而是因为他们自认为 mundiores ceteris（比他人纯洁）。”1589—1590 年间，清教徒的领袖们被逮捕，被噤声。一些人甚至因为拒绝在就职的时候宣誓而锒铛下狱，他们拒绝在宗教法庭上宣誓诚实地回答一切问题。让他们宣誓其实就是对他们设套。1589 年春，作为处理宗教事务权威的高等法院发布 438
强制令，伦敦的所有堂区都不得宣讲激进教派的思想。清教领袖托马斯·卡特莱特被关进了弗利特监狱，最终被带到了星室法庭受审。据当时的一份记载，到了第二年，“经过这样严厉的打击，这一教派的规模大幅度缩减”。

当下的情势便是：事实证明议会中的清教徒无法推进清教运动，无法

① 语出《马太福音》（7：3）：“为什么看见你弟兄眼中有刺，却不想自己眼中有梁木呢？”梁木（beam）亦有光线、秤杆、经轴等含义，故有此说。

对宗教进行进一步改革。清教出版社被一家家关停，原先只是对出版马普雷拉特小册子的出版社进行搜捕，如今已变成对清教运动进行普遍打击。接下去的十年被称为追求稳定与正常化的十年，在这十年中正统信仰成为主流，而将这段时期称为不同教堂和集会场所暗斗不断的时期似乎更为准确。清教运动由公开转入家庭内部或个人心中，清教徒们希望出头之日终有一天能到来。确实，下个朝代一开始，清教运动便复苏了。

然而少数人的宗教热情必须和大多数人中立或麻木的态度放在一起看。兰开夏郡给枢密院发去一份报告，报告中称大部分教堂空无一人，乡村里“多的是坏蛋和醉鬼”。而这种情况在英格兰早已习以为常。能讲道的牧师人手不够，普通牧师又没有学识，然而不论怎样，没有听众的话，也不需要讲道者了。教堂“普遍破破烂烂、年久失修、装饰简陋”，而那些为了不方便去堂区教堂的人而建的小教堂，“多数连牧师都没有一个，于是像废墟一般遭到遗弃”。人们“在应该礼拜的时间挤到街上和酒吧里”。许多人其实是反对宗教改革的天主教徒，开心地享受“主保圣人节、麦酒、蔬菜、五月游戏节、灯草节、斗熊等”[①]。那些参加礼拜的人并非出于虔诚而是遵从习俗，他们在仪式进行期间交头接耳、谈笑风生或呼呼大睡。

439 其他人仅仅是厌倦了宗教纠纷和教义争辩，他们看重实际，把稳定和安全放在首位。他们不喜欢任何形式的狂热，对于任何一种新型的新教思想都不特别感兴趣。如果他们遵从当下的宗教，只是因为他们必须这么做。从此，一个被人们称为安立甘的教会慢慢地建立起来了。

“忏悔吧！忏悔吧！”伦敦街上有人喊道。一个名叫哈克特的自耕农声称自己是欧洲之王，是新弥赛亚。“告诉那些城里人，耶稣·基督来了，他手里拿着扇子，准备审判世界。如果有人问你他在哪，告诉他们，他在破码头旁的沃尔克家！”他还说伊丽莎白已经失去了王位。他很快便被送上了绞架，在绞架上他用最后一口气呼喊，请求上帝将他带离敌人。

---

① 根据当时兰开夏郡一个神职人员的报告，郡内许多人依然每天都做弥撒，并公开庆祝天主教节日，原文中摘取的一段便是人们在安息日时的活动。

他说：“若不这样的话，我一把火烧了天堂，把汝从汝的王座上亲手扯下。”围观群众惊恐万分，大喊着把他开膛破肚的时间延长。这是伊丽莎白统治期间的一段小插曲。

尽管无敌舰队覆灭，但腓力二世依然是最强大的对手。他掌控着一个人类历史上屈指可数的宏伟帝国。他一统西班牙、葡萄牙以及尼德兰的大部，米兰、西西里也在他的管辖范围之内，此外意大利的许多城邦也完全受制于他。他统治着菲律宾，以及马拉巴尔海岸、乌木海岸上的殖民地。他是印度尼西亚群岛的香料之王。当然，在新大陆，不论南北半球，他都是霸主。依靠美洲的黄金，他的国库年收入是伊丽莎白的十倍。他有五万人的常备军，而伊丽莎白根本没有常备军。德国皇帝和腓力一样，都是哈布斯堡家族中的一员。而法国则因为宗教纠纷处于分裂状态。

掌玺大臣约翰·帕克林爵士对议会的上下两院发表讲话，谈了击败无敌舰队五年后西班牙国王的海军力量，他提醒议员们：“他之前是如此强大，而现在显然更为强大……他的海军意在扼制从英格兰前往加斯科涅和几内亚的所有商路。” 440

然而如今英格兰敢于对西班牙发起挑衅和攻击。1589年春，德雷克策划对葡萄牙发起攻击。伊丽莎白成了一个本质上实行股份制的公司的股权人，她并没有足够的资金和人员去组建一支属于她自己的舰队。英格兰舰队原先计划攻击桑坦德，却最终航至科伦纳，并在那里耽误了两个星期。此外，舰队指挥官未能给士兵提供充足的补给。

这支舰队于5月抗命前往里斯本，中途与年轻的埃塞克斯伯爵会合，英格兰人寄希望于葡萄牙人会揭竿而起反对不久前征服他们的西班牙霸主。但对里斯本的进攻并不成功，城内并没有如预想中那样发生起义。据说这一役有六千人丧生，一个船长称之为“可悲的行动”。出发时，船上共有一千一百名绅士，待返航时，只剩下了三百五十人。伊丽莎白大失所望，下令召回埃塞克斯。

许下种种承诺，最终兑现无几的远征军返回普利茅斯。此次战败是德雷克多年挥之不去的耻辱。他虽然让西班牙的腓力有所警觉，但并没有对他造成多少伤害，导致英格兰在新、旧两个大陆陷入最为难堪的境地。从此往后直到伊丽莎白统治结束，英格兰的海上活动都仅限于劫掠他国船只夺取货物。劫掠船只成了一门生意，包括由股权人组成的辛迪加，以及可自由支配的可用资本资源。

理查德·霍金斯爵士留下了有关英西海战的一系列笔记，十分有趣。他有一份名为《观察》的笔记，笔记中回顾了他于1593年进入南海的旅程。例如，在一段关于坏血病的记录中，他写道这种病的症状包括“牙龈肿胀，用手指按压腿部，一按一个坑……一些病人慵懒无力或背部痉挛等”。他记录到“用盐水煮肉”以及食物被“海中的蒸汽”所污染。[①]

通过他的观察，我们能够更为真切地了解到16世纪海战的本质。比如，他记录下了英格兰水手的顽固不化，他们“拘泥于自己的臆想，实
441 验、知识、实证、逻辑、权威都无法让他们摆脱成见”。一次，他试图说服他们攻击两艘西班牙船只的想法是错误的，他们“情绪突然失控，一些人态度傲慢、自吹自擂；一些人怒斥我胆小如鼠、畏畏缩缩；还有人觉得还不如待在国内”。

霍金斯警告舰队指挥官不要在战争的危急关头相信手下的士兵。比如，喝太多酒“使人有暴虎冯河之勇，许多人被酒蒙了双眼，对危险视而不见，如此这般，导致险象环生。一些人自命不凡，一些人对西班牙人大声怒骂，另一些人让伙伴站到自己身边，不要离自己半步。这种轻率的举动让许多好士兵因之丧命”。

英格兰水兵愚不可及，喜欢不穿铠甲上阵。西班牙人则较为克制、冷静，愿意披上铠甲保护自己。英格兰人把铠甲甩到地上，他们“宁愿被子弹射穿、被长枪刀剑刺穿，也不愿忍受稍许痛苦”。据霍金斯记载，在一些海战中“我见过一颗炮弹打来，溅起的船体碎片造成了许多伤亡，而炮弹本身却没有打到任何人”。

---

① 根据霍金斯的说法，食用盐水煮过的肉和被海中蒸汽污染的食物（尤其是面包）会导致坏血病。

他谴责那些骂英格兰水兵是海盗的人，因为“英格兰同西班牙既没有讲和，也没有停战，两国处于交战状态，因此海盗之说实属无稽之谈。另外是西班牙率先破坏和平，同英格兰开战的，而非英格兰先挑起战端。为了反对这场战争，实施贸易禁运是最受人诟病、最没有尊严的做法……”

埃塞克斯暂时的失势丝毫没有平息朝中狂热的气氛，1589 年夏，一个旁观者说道：“朝中之人从未有过像现在这样互争雄长、嫉贤妒能、暗箭伤人。”而其中脱颖而出的依然是伯利。正如一个印章书记官对一个请愿者所说的：“老土星沉闷固执，但依然高居首位，若你想做事，就必须按规矩来，不管什么事都一样，信不信由你。”此外，伯利还在积极、大 442
力地提携自己的儿子罗伯特·塞西尔，后者在其父亲重病之时接手了政府的大量工作。塞西尔外貌非同寻常。据当时人描述，他是个“瘦小、扭曲、驼背的绅士，看起来如同侏儒，但面目端正，表情深邃，总是若有所思，一头红发，长着黄色络腮胡，一双忧郁的眼睛，瞳孔为绿色，早已练就了一身出入官场的本事”。女王称他为“我的精灵”或“我的俾格米人”。

塞西尔和埃塞克斯都在伯利勋爵家中长大，一个是伯利亲生，另一个则受伯利监护，但两人一直不和。深受伊丽莎白信赖的沃尔辛厄姆于 1590 年逝世，此后两人的对抗更加激烈。埃塞克斯主张施行进攻型的外交政策，以支持国际新教运动。而塞西尔及其父亲则更偏向于防御型战略，目的是与西班牙保持安全距离。埃塞克斯是贵族和军队的代表，而塞西尔本质上是个职业廷臣。对于埃塞克斯来说，战争是一项运动或竞赛，而对于塞西尔来说，战争则会带来开支与危险。

因此两人争权争宠。而在这场争斗中，冲动的埃塞克斯并没有胜算。他的一个家臣写道：“罗伯特·塞西尔爵士频频往返于伦敦与宫中，每次出宫都抱着满怀的文件，脑中装满了事情，他走出会见（厅）的时候，心中千头万绪，对所有人都视而不见。”这样的廷臣才是女王会倚重之人。不久他便受封骑士，并进入了枢密院。在伊丽莎白统治末期，他的权力无人能及。 443

38

落　日

用午膳时，女王问切肉官某种盖着的菜叫什么名字。“夫人，”切肉官答道，“叫棺材。”“棺材”从此便用来指代某种馅饼。

“你是傻吗，”她对他吼道，“竟然给馅饼起这种名字？”她马上快六十岁了，生恐自己大限将至。她的眼睛向内凹陷，左边的牙齿掉了，让她的发音变得模糊、难以辨认。她的皮肤抹得雪白，戴着深红的假发。1593年，她开始翻译一本由波爱修斯于6世纪撰写的拉丁文著作《哲学的慰藉》，或许是在将之作为抵抗疲乏、年迈的解药吧。

多年以来，她已经掌握了许多专业知识，身边无人能及。一次她的仆人冒冒失失地跟她谈起尼德兰的事务，她斥责道：“呸！布朗！这事我可比你知道得多。”仆人又谈起了法国，她再次打断他：“呸！布朗！你说的难道我不知道吗？”

埃塞克斯伯爵终于进入了女王的枢密院。他将弗朗西斯·培根和安东尼·培根两兄弟纳入麾下，与他们探讨国事。两人皆十分出色，安东尼·培根之前在沃尔辛厄姆手下任职，他在欧洲大陆建立了一个间谍网，专门
444 为新教事业服务。是故埃塞克斯能够为女王提供有用的信息。他认为抓准时机为女王提供她想要的东西能够大大增强自己的实力。然而他发现自己

完全无法进入对女王影响最大的小圈子，这一小圈子以伯利父子为代表。不久，这一点将会酝酿出怨恨和猜忌。

伊丽莎白已经有四年没有召集议会了，但她的国库即将见底，需要新的财政收入作为补充。因此她于1593年2月中旬召集议会，并通过大法官给议会传话："之所以召集他们，并非要他们制定新法律或把时间浪费在闲言碎语上，而是让他们投票拨款，让女王陛下能够在虎视眈眈的西班牙国王面前保护自己的国家。"

下议院一如往常，要求言论自由，要求不因言获罪。她答应了他们的要求，并对此发表了一句著名的评论："摇唇鼓舌乃行恶事之兆，他们的言论自由仅限于说'同意'或'反对'。"作为对抗，下议院经过无声的讨论，拟定了一份请愿书，要求她必须解决继承人的问题。她将两个涉事议员关进了弗利特监狱。随着年龄渐长，她也愈加专横。

事已至此，议会只好妥协，通过表决向女王税务署提供津贴，并通过法令"让女王陛下的臣民更加忠君爱国"。向议会展示完自己意志的力量之后，她于4月10日发表讲话解散议会。讲话中她提到了西班牙国王正计划入侵英格兰。"我获悉，他上一次试图入侵之时，某些沿海守军放弃了自己驻守的城镇，使国门洞开。然而，上帝在上，我向你们起誓，倘若我先前知道这些人会丢盔弃甲，或由此往后让我知道有谁胆敢这么做，我会让他们知道在紧要关头做出那样的行为，后果将有多么可怕。"

她还针对自己外交政策的目的发表了重要声明："若有人会认为我思想简单，在位期间哪怕面临大好机会，依旧没有开疆扩土，没有扩大殖民地……我必须说明，我从没想过侵略邻国，或霸占任何一块土地。对我来说，统治自己的国家，做一个正义的君王，足矣。"她言下之意是拿自己 445
同西班牙国王做对比。她的主要目的很简单，即在保证国内安定的同时免受外国侵扰。

议会通过的"忠君爱国"法案意在限制教宗党和非国教派新教徒的行动。参加非法的秘密集会将被视为与听弥撒同罪，因而不服从国教的天主教徒和激进派新教徒同样都有锒铛下狱之虞。此外，法案还规定所有年满十六岁的臣民必须参加公开礼拜活动，若一个月没有参加礼拜，将遭到监禁。如若再犯，将被驱逐出境，如果拒不服从或再次回国，则将被处死。此外还规定天主教徒不得前往自己住所五英里开外的地方。对于教宗党来说，英格兰成了一个没有牢门的监狱。

当时有一部举足轻重的宗教专著同时对天主教徒和清教徒发起了攻击。这部专著由理查德·胡克执笔，名为《论教会政体之法》，其中前四部于 1594 年出版。该书以雄辩、庄严的文字叙述了英格兰在宗教领域秉持的所谓中间道路。

胡克声称宗教矛盾大都集中在一些无关紧要的事情之上。他指责清教徒对《圣经》唯命是从，这一态度适用于研究教义，却不适用于制定教规。无须将使徒的行为当成不容更改的典范。英格兰教会与其他形式的人类社会一样，应制定自己的法律以便统治，这些法律只要不违背《圣经》即可，在《圣经》没有提及的领域，人间权威应予以介入。清教徒的信条“sola scriptura”——《圣经》包含一切能使人获救之信息——并无根据。因而教会应自行制定宗教仪式。所有生于国立教会统辖范围之内的人都必须遵从。这才是一切的根本。

有形教会[1]并不完美——其中肯定既有罪人又有圣人——但它所处的世界本就是不完美的。追求此生无法全然理解之问题的确切解答是没有意
446 义的，争论得救是否为预定的不仅没有必要而且是有害的，因为真理绝不会彰显于地上。信徒集会必须倚仗祈祷、圣礼，将其作为信仰的堡垒。这些都是团契的基础。

针对日内瓦的加尔文派，胡克说道：“我们的信仰，唯有我们当代人知晓，其他时代的人对此皆一知半解，唯有捍卫信仰之人才会创造信仰。信仰并非由基督或其门徒所教授，而是恰恰相反，由信徒所创造。”他承认罗马教会依然是耶稣基督教会的一部分，只不过被“卑劣可憎之恶习”所玷污。英格兰教会才是清净无染的真教会。

---

① 基督教神学教会论用语之一。指教会的可见方面，包括组织、教义、法规、礼仪等信仰标记，能使人以有形的方式参加而成为其成员。

他进一步表示教会和国家是联邦的基础，两者都必须遵守上帝所指定，由人类理性所认知的自然法。例如，三位一体的教义在《圣经》中并未明确指出，必须依靠人类的理性推断出来。在教会和国家相互影响之下组成的社会，必须由一个信仰基督教的君王统治。基督教徒的社区是可见教会，因祈祷和圣礼崇拜而得以凝聚。由此，胡克指出了英格兰教会的根基所在。在他这部著作横空出世之前，圣公宗[1]其实并不存在。

两个世纪之后，托马斯·富勒在《不列颠教会史》中指出：“胡克先生身材并不高大，讲道的时候声音很小，完全不比手势。他如磐石一般站在讲坛前，他的站姿仿佛代表了他的心，他心中的观点毫不动摇。”

埃塞克斯在培根兄弟的协助之下掌控了所有情报工作。事实上，正是多亏了他，才发现了另一起针对女王的阴谋。葡萄牙王位继承人安东尼奥当时正在英格兰避难。有人发现他的一些支持者正给西班牙人出售情报，埃塞克斯奉命调查。在调查期间他发现（或声称发现）女王的葡萄牙籍御医罗德里戈·洛佩兹正伺机给女王下毒。尽管洛佩兹对外表现得像个新教徒，实际上他是个犹太人。对他的怀疑一定程度上反映出当时的反犹气 447
氛，也正是在这一氛围之下，克里斯托弗·马洛的《马耳他的犹太人》横空出世。

罗伯特·塞西尔在大事上常与埃塞克斯唱反调，他告知女王并没有证据证明御医有害人之心。于是女王称埃塞克斯为“轻率的莽小子”。受到此责难的埃塞克斯开始加倍努力还自己清白。也正由此，他最终揭露了这一阴谋。洛佩兹被关进伦敦塔，严刑拷打之下，他承认了罪行，最终被判了死刑。埃塞克斯因而还获得了救驾的荣誉，用当时的话来说，他“得了马刺又得鞍”。

然而世上所有的荣誉都无法掩盖伊丽莎白顾问官们心中与日俱增的不安。16 世纪的最后五年连年歉收，生活必需品价格飙涨。由 1594 年开始

---

[1] 又称安立甘宗，即英格兰国教。

的连续四年间，人民生活水平降到了伊丽莎白在位时期的谷底，1597 年的面粉价格是 1594 年的三倍。1597 年的实际工资跌倒了 1260 年以来的最低点。没有足够土地解决吃饭问题的家庭数量不断上升；被迫在街上游荡寻找工作的无业游民也越来越多。许多人没钱买食物，物资短缺导致饥荒，继而斑疹伤寒、痢疾等疾病也史无前例地大规模暴发。纽卡斯尔城市记录显示，1597 年秋，该市动用公共资金埋葬了二十五个“饿死街边的可怜人”。1595—1596 年间，《仲夏夜之梦》上演，剧中蒂泰妮霞对奥布朗抱怨的便是这一时期的英格兰社会：

耕牛牵轭无所用，
农夫徒然洒汗水，
苗未出穗已腐烂，
洪水漫田羊圈空，
牛羊疫死乌鸦肥。

因此，这一时期社会普遍动荡，民怨沸腾。1595 年，诺里奇市长收
448 到一封匿名信，警告他伦敦有六万工匠只等一声号令便会揭竿而起。同年夏天，托马斯·威尔福德爵士被任命为伦敦的宪兵司令，奉命抓捕逆贼，一个都不能放过。只要抓到就依军法即刻押往刑场公开处决。在这个事例中，君权将普通法原则彻底颠覆。

埃塞克斯一劳工因为抱怨粮食被运往船上卖给敌人而被捕。“我想揭竿而起，召集个一两百人把粮食夺回来……如果我们人数足够，团结一致，又有谁能阻挡我们呢?”一个肯特郡男子说“他希望国内爆发战争，让有钱人吃点苦头，作为他们对待穷人铁石心肠的报应”。1596 年，巴斯伯爵致信枢密院，称应下令让德文郡的乡绅们返乡，“就近应对怒气冲天的内部群众，由于缺少救济，若不慎重对待的话，确有可能发生骚动，或者说定然会发生骚动”。1596 年，牛津郡发生起义，煽动起义之人声称“只有把乡绅全部打倒，情况才会变好”。

暴动一触即发，致使人心惶惶，16 世纪 90 年代，刑事诉讼数量明显上升。“内部群众”常遭指责，称其不负责任、好吃懒做。女王统治末期，明显可以看到社会上悲观的气氛四处蔓延，来自底层的威胁不断。90 年代末，《济贫法》出台，要求堂区肩负起救济穷人的责任，根据当地贫困率出资帮助困难、失业的群众。治安法官被任命为穷人的“监督”，同时还负责堂区的济贫院工作。这一法律框架在此后二百五十年间一直是国民生活的重要组成部分，直到 1834 年新《济贫法》出台才淡出历史舞台。这一时期之所以没有出现社会、政治革命，构建了这一法律框架或许是主要原因之一。它为社会稳定打下了坚实基础。

然而，当时女王和她的枢密院由于优柔寡断、施政不当而饱受诟病。
托马斯·威尔逊在论文集《公元 1600 年的英格兰国》中控诉枢密院“很 449
少花心思去了解国事”。确实，女王日益年迈。1596 年，她六十三岁，这个年龄是个可怕的转折点[①]。圣戴维斯座堂主教拉德[②]于大斋期在女王面前讲道，他恭喜女王天恩浩荡，如此高寿。他还演示了某种神圣的算术，提到七乘九等于六十三。他还引用了《圣经》中描写老年的篇章，即“推磨的稀少就止息，从窗户往外看的都昏暗”（《传道书》12：3）。

伊丽莎白并没有被取悦。讲道结束后，她打开御用小教堂的窗户，对拉德说“他就不该提到算术”。然后接着说道：“我发现最伟大的教士并非最有智慧之人。”几天后她在朝堂之上“感谢上帝没有让她的胃口、她的体力、她的歌喉、她奏乐的指法，以及她的视力有任何衰减”。她禁止宫廷画师在她的任何肖像上打阴影，因为阴影“偶然才出现，并非自然而然就存在于脸上的东西”。枢密院于是禁止任何没有得到授权的肖像传播。任何把她画老的肖像都“深深冒犯了她”，并被付之一炬。尼古拉斯·希利厄德受委托绘制一幅形式化的，或者说像面具一般的女王头像，供那些绘画技艺尚欠火候的画师临摹。英格兰的艺术从本质上说依旧偏保

① 根据古希腊哲学、占星学理论，人生每 7 年为一个转折期，而其中 63 岁为最大的转折期，将面临死亡的威胁。

② 即安东尼·拉德：由于在女王面前布道之时隐射女王年龄而触犯女王，从而丧失了对坎特伯里总主教职位的继承权。

守。弗朗西斯·戴维森富有诗意的狂想曲中，可以捕捉到这样的情绪：

> 年轻时光依然长驻她身上，
> 她的双眼之中，脸颊之上，
> 充满新鲜的青春与美丽……①

然而日暮西山，光影渐长。在她身边服侍她多年的廷臣们一个个死去。比如在这一年，掌玺大臣帕克林、弗朗西斯·诺利斯爵士、亨斯顿勋爵接连撒手人寰。而与此同时，在埃塞克斯的协助下，一次大规模远征计划出台，目标加的斯，为的是再次折辱西班牙国王。据说埃塞克斯对于朝
450 中被老人包围的生活日益厌倦。他的妹妹描述他为“厌倦的骑士”，因为他“总是厌于现状，希望改变”。他有能力让朝廷复苏，重获荣光。

1596年6月初，一支庞大的舰队离开英格兰前往西班牙海域，总共有八十二艘舰船在三个人的指挥之下，埃塞克斯便是其中之一。法国国王亨利四世戏称伊丽莎白不会让埃塞克斯离她的衬裙太远。这句话多少有几分真实。她从未真心相信他所声称的勇武。但事实上加的斯远征军打了大胜仗，西班牙人被打了个措手不及，加的斯城被快速攻下。埃塞克斯本想在那里无限期驻军，无奈补给问题让他不得不撤回英格兰。

此外还有其他收获。加的斯官员害怕停泊在港口中的西班牙舰船落入敌人手中，不得不将其全部凿沉，这给西班牙国王腓力造成了一千二百万达克特的损失。此战英军大获全胜，进一步巩固了英格兰的海洋霸主地位。埃塞克斯成了当时所有人心中的英雄，然而女王却对此不以为然。在她口中，此次远征与其说“为我们带来了利益”，不如说是“一项放任军队以恐怖手段战胜敌人的行动”。她对军事上的荣耀毫无兴趣，她要的是那些被分发到凯旋将士手里的西班牙黄金，并对埃塞克斯没有把黄金留给自己一事怒不可遏。有人听闻她说先前自己满足了埃塞克斯的愿望，现在

① 节选自戴维森的狂想曲《月颂》，这首歌曾在伊丽莎白面前演唱过。这首歌的大意是月亮每个月都有圆缺，而伊丽莎白则永葆青春，始终如一。

她要教他满足自己的愿望。

是故埃塞克斯依然处于一个不容乐观的微妙境地。埃芬厄姆的霍华德勋爵受封诺丁汉伯爵，以表彰他在加的斯之战中的表现，埃塞克斯认为自己遭到了羞辱。这一嘉奖方案让他气不打一处来，甚至要求女王收回成命。他的幕僚弗朗西斯·培根建议他少安毋躁，否则女王会认为他“难以驾驭，恃宠而骄”。这便是为何她会继续宠信他的死对头的原因。不早不晚，就在加的斯之战打响之时，罗伯特·塞西尔被提拔为国务大臣。

很明显，埃塞克斯再也不是女王最宠信之人，仅仅是朝中的顾问官之 451
一而已，而这个朝廷据描述“正危机四伏，满是两面三刀、口蜜腹剑之人”。女王的首席顾问官依然是伯利勋爵，但伯利已经垂垂老矣。据法国大使所言，伯利“目空一切，言语傲慢”，他“仗势欺人、刚愎自用，说起话来咄咄逼人”。

伊丽莎白本人则似乎自然而然地变得更加暴躁了。1597 年春，一个名叫威廉·芬顿的廷臣称女王“对待她的侍女们似乎比平常更为粗鲁，她把她们召集起来并非谈一些熟悉的话题，而常常会因为一些小疏忽将她们斥责一通，经常弄得那些美人哭哭啼啼，甚是可怜”。

玛丽·霍华德小姐便在这些“美人”之列。她有一套十分精美的礼服，甚至可以和女王的礼服相媲美。伊丽莎白将这套礼服要来，并自己悄悄穿上了。这套礼服对她来说太短了。她走进侍女所在的房间，问在场的侍女们“觉得她这套漂亮的新礼服怎么样”。侍女们报之以尴尬的沉默，她于是走到玛丽小姐身边问她“是不是太短了，不合身”。玛丽小姐表示同意。伊丽莎白于是说道：“若这套礼服我穿太短，不合身的话，那我觉得你穿也不会合身，因为太过精美了，所以这套礼服谁穿都不合身。”这套礼服从此再也没人穿过。

1597 年，她还把怒气撒在前来觐见的波兰大使身上。波兰大使在讲话的时候大放厥词，因而伊丽莎白朝他大发雷霆。塞西尔对埃塞克斯说：“女王陛下当时用拉丁语说了我至今听过最妙的回答。”她一开始说：“Expectavi orationem, mihi vero querelam adduxisti!”（“我本期待一场演说。但你却来对我发牢骚！”）她继续说道：“我真不信若你们国王在场，他也会说出你这样的话！”她便这么怒斥了大使一通。最后她住了口，转头对朝中的大臣们说：“天杀的，大人们啊，今天我被逼无奈重拾拉丁文，好久不用都快生锈了。”在当时，“天杀的”是她时常挂在嘴边的粗话。

452 法国亨利四世的特使觐见了她，随后称：“她说话的时候，总会不时从椅子上站起来，看起来似乎对我所说的话十分不耐烦。哪怕炉火离她有六七英尺远，而且前面还有一块大帘布遮挡，她依然会抱怨火光耀眼并下令把火扑灭。”然而她依然坚持每天锻炼的养身之道。她每天都会骑马或散步，风雨无阻。她的侍女们担心自己和女王的身体，请求惠特吉夫特出面干预。总主教恳求女王碰到恶劣天气时待在屋内，但伊丽莎白毫不听劝。

尽管加的斯之战大获全胜，西班牙的威胁依旧存在。西班牙的腓力在加的斯陷落一两个月后再次派出一支舰队。这支舰队本想前往爱尔兰帮助当地叛军。但在菲尼斯特雷角遭到风暴袭击，不得不中止远征。如坐针毡的伊丽莎白于 1597 年命令埃塞克斯和新受封的诺丁汉伯爵对西班牙发起新一轮攻击，目的是打散西班牙舰队，阻截航行于亚速尔群岛海域的珍宝船。然而，此次远征并未完全得偿所愿，英格兰舰队并没有阻截到珍宝船，西班牙黄金丝毫未损。英格兰舰队于 10 月回国，并于靠岸前击败了腓力作为最后一搏派来攻打英格兰的舰队。伊丽莎白一方面因为消除了侵略的威胁而松了一口气，另一方面又因为没有夺到财宝而对埃塞克斯怀恨在心。埃塞克斯陷入了虽然打了胜仗，但依旧会惹得女王不悦的恶性循环
453 之中，他不久便会因此遭受灭顶之灾。

39

不驯之仆

1598年的一个夏日，女王同几个亲近的廷臣举行密谈，商量由谁继任爱尔兰总督。爱尔兰正在发生暴动，此事需要谨慎对待。参加密谈的廷臣有埃塞克斯、霍华德、塞西尔，还有其他一两个人。伊丽莎白提名由威廉·诺利斯爵士担任这一职位。埃塞克斯知道这是塞西尔的主意，遂言语激烈地表示反对。女王对埃塞克斯说了几句刻薄的话，导致后者大为不悦，面露不屑，甚至大不敬地转身背对女王。女王嘴里说着“滚，去吊死算了”，还上前打了他一个耳光。

埃塞克斯于是伸手握住了剑柄。霍华德立马上前挡在两人中间，从而避免了伯爵犯下对君主执刀相向的死罪。然而，埃塞克斯依然骂了一句，“就算是她的父亲亨利国王，都不会对自己动手，这种侮辱他再也不能，也不会去忍受了”。他嘴里念叨着“穿着衬裙的国王”之类的话，快步从女王面前离开并出了宫。

大法官埃杰顿恳求埃塞克斯给女王写一封表示顺从的信。但后者表示拒绝，并称“我受了极大的屈辱，难道根据教义，我还要去请求原谅？君 454
王难道就不会犯错吗？臣子难道就不会受到错误对待吗？就让所罗门所说的愚妄人在被打了以后大笑吧……”他对罗伯特·塞西尔愈加怒火中烧，

例如他让科伯汉姆勋爵“表明态度，要么做他的朋友，要么做他敌人国务大臣先生的朋友，并坚称只能二选一”。然而，拉帮结党所面临的危险便是被孤立。

就在这段时期，伯利勋爵走到了人生的尽头。伊丽莎白指派一个侍女每天汇报他的情况，她自己则随身携带强心药。她说“她每天都乞求上苍为他延寿，不仅她本人，她的人民也需要强心药”。她“调皮的教子”约翰·哈林顿发现“财务大臣的恶疾让女王深受其扰”。伯利于8月4日死去，享年七十七岁。哈林顿还说：“女王陛下说起他时常常眼含泪水，听到别人提起他的时候，她会转过身去，不，甚至会禁止枢密院提及他的名字。”

到了下个月，西班牙国王腓力二世全身腐烂而死。所以短期内，两个对于伊丽莎白王位举足轻重的人物相继去世。然而伊丽莎白并没有在老顾问官死后换上新人。枢密院委员如今减至十人，仅是她刚登基时的一半。埃塞克斯在那次贸然离朝之后，接连五个月都没有上朝，一直到那年秋天才重返朝廷，希望再次展示自己的军事才能。爱尔兰的局势陷入了胶着，由第二代蒂龙伯爵休·奥尼尔领导的当地叛军伏击了前去镇压的英军，致使英格兰控制的地区门户大开。英格兰人民的居住区陷入了危机，大多数居民纷纷逃走。唯有伦斯特省还效忠英格兰女王。这一事件被认为是“女王在位期间最大的损失和耻辱”。

埃塞克斯认为此次是让女王重新接纳自己的大好时机，于是他写信给女王请命。还没收到回信，他便火速赶往伦敦，但女王拒绝见他。“我来到这里，”他说，“没有其他目的，就为了听候调遣。”“告诉伯爵，”她答
455 道，“我和他一样珍爱自己。”经过一段时间的沉默，两人展开了激烈的讨价还价，埃塞克斯最终得到了自己想要的职位，即爱尔兰事务大臣[①]。一个廷臣写道：“如果事务大臣能在战场上兑现他在枢密院的承诺的话，那就好了……”

---

① 当时英格兰女王兼任爱尔兰女王，而爱尔兰总督（Lord Lieutenant of Ireland）和爱尔兰事务大臣（Lord Deputy of Ireland）都是英王在爱尔兰的代表，而爱尔兰事务大臣握有实权。

然而，女王和伯爵之间的关系依旧紧张，两人早些年的情谊并未失而复得。他们就派多少军队去爱尔兰争论不休。埃塞克斯在一次心情低落的时候写道：“女王陛下是有多么看不起我，她将会知道，她已经失去了那个为了她赴汤蹈火在所不辞之人。”没错，性情多变的他甚至想过对爱尔兰出兵一事撒手不管。但他很清楚“他若不接手这项任务，将身败名裂”。

1599 年 3 月末，他率领一万六千人的大军开赴爱尔兰，这是有史以来派往爱尔兰规模最大的军队。他决定兵分两路进攻北方的蒂龙，不幸的是舰船和马匹都不足，因而在等待补给的间隙，他向芒斯特和利默里克发起了远征。此次远征耗时两个月却收效甚微。伊丽莎白变得越来越不耐烦，对她来说，时间就是金钱。她对于埃塞克斯罔顾上谕，任命南安普顿伯爵统领骑兵而勃然大怒。此外，他还行使了册封骑士的权力，而女王认为这是只有她才有的特权。他是不是想要称王？伊丽莎白给他写了一封盛气凌人的信，命令他看清楚谁才是主要敌人。为什么蒂龙原先是个“杂兵”，如今成了“大名鼎鼎的叛徒”？

因此，在伊丽莎白的鼓动之下，埃塞克斯率四千人北上攻打蒂龙。爱尔兰军首领蒂龙伯爵出兵迎战，军队规模比埃塞克斯大得多。埃塞克斯答应同蒂龙在拉干河岸进行没有旁人在场的密谈。因此没人知道两人谈了什么事，达成了什么协议。但两人会面的消息传回伦敦，正中埃塞克斯政敌们的下怀，他们正好借机散布他叛变的留言。蒂龙和埃塞克斯确实达成了停战协议，但除此之外两人还谈了什么则无人知晓。他现在接连不断违抗女王的命令。女王令他留在军中，但他于 9 月 24 日离开都柏林，乘船返回英格兰。 456

不出所料，他害怕的事发生了，朝中对此次不吉利的远征流言蜚语不断。他的政敌们利用他不在的这段时间散布了他行为不端的流言。他还未离开爱尔兰，就给女王写了一封抱怨的信：“我为什么要把胜利或成功挂在嘴边呢？难道我从英格兰除了难过与伤心之外一无所得这件事不是尽人皆知吗？难道我不知道军中风传陛下已不再宠信我，并已经准备对我和我的军队发难了吗？”

据说他准备作为军队首领在爱尔兰一直待到女王去世，这样他就能够作为收服失地的英雄回国。女王本人认为他与蒂龙阴谋勾结。她对弗朗西斯·培根说：“他的所作所为不会毫无私心。”埃塞克斯的一些对手在他离开的时候飞黄腾达。女王将罗伯特·塞西尔提拔为监护法庭主事官，埃塞克斯对这个肥差觊觎已久。塞西尔的兄长担任北英格兰事务会议长，另一个令人艳羡的职位。

埃塞克斯心急火燎地想尽早回到朝中，也就是女王当时的所在地——萨里的无双宫。他于离开都柏林四天后到达无双宫，径直跑进女王的私室，当时伊丽莎白“刚起床，头发蓬乱”。埃塞克斯在她面前跪下，两人的谈话似乎让埃塞克斯宽了心。然而伊丽莎白在他走后大怒。约翰·哈林顿前来请安的时候，她对跪在地上的教子抱怨道：“圣子在上，我哪里算是女王！那个人凌驾于我之上！谁让他这么早就来这里的？我明明给他安排了别的事。”

埃塞克斯被传唤至枢密院，由罗伯特·塞西尔讯问他在爱尔兰的所作所为。枢密院委员们谴责他拒不服从女王的直接命令，擅离职守离开爱尔兰；痛斥他册封太多“无用”的骑士以及在没有得到准许的情况下擅闯女王寝室。他的回应被呈给女王，女王答道她“歇会再好好考虑一下他的回答”。埃塞克斯被交给掌玺大臣看管，软禁在约克官邸，而女王则前往
457 里士满。当时有一位名叫罗兰·怀特的人写道，埃塞克斯斯的仆人“不敢私会，不敢行乐，就怕被人污蔑”。而埃塞克斯的政敌们则聚在一起大吃大喝。

1599 年秋，一个廷臣写道：“当下危机四伏，两个派系的领袖都聚集在此，使得人们在面对他们的时候不知如何是好。人们的一举一动都遭到窥探和监视，在我看来，处江湖之远是多么快乐、多么幸福啊。”怀特还列出了两派人的名字。罗伯特·塞西尔爵士那一派人有什鲁斯伯里伯爵、诺丁汉伯爵、霍华德勋爵、科伯汉姆勋爵、沃尔特·雷利爵士、乔治·卡鲁爵士。而站在埃塞克斯伯爵那一边的有南安普顿伯爵、伍斯特伯爵、拉

特兰伯爵、芒乔伊勋爵、里奇勋爵。以此可以推测出女王对于朝中大臣的控制力已大不如前。廷臣们再不是对她言听计从的一个整体了。

1600年初，朝廷的斗争持续升温。有人在塞西尔住宅的门上涂写道“蛤蟆在此”。沃尔特·雷利爵士给塞西尔写了一封信，提醒他不要对埃塞克斯“手软”。“你把他打压得越厉害，他便越没有能力来伤害你和你的伙伴，如果陛下对他不再宠信，那他将无异于一介庶民……”埃塞克斯也致信伊丽莎白，称“若将我当作一块肉丢到角落，那世上最为卑劣之禽兽将一拥而上把我撕成碎片”。2月，芒乔伊被派去爱尔兰接替埃塞克斯的职位，弗朗西斯·培根对女王申诉道他的主子依然是这个职位的最佳人选。女王答道：“埃塞克斯！我要是把埃塞克斯再送往爱尔兰，我就嫁给你。记住我这句话。”

1600年6月，约克官邸召开特别法庭，审理埃塞克斯伯爵一案。埃塞克斯被要求跪在会议桌下方，过了一会他获准在膝盖下垫上衬垫，又过了一会他获准靠着壁橱，最终他获准坐在小凳子上，并把帽子放在身边的地板上。一个廷臣写道：“他曾经叱咤风云，风光无限，如今却受此屈辱，此情此景不禁令人扼腕，在场多人见此光景纷纷落泪。”

他被控在爱尔兰“居功自傲、以下犯上、目无纲纪”。尽管免于不忠 458
指控，但被定了“犯上”之罪。于是，根据女王的旨意，他被革职并软禁于自家之中。现在看来，他似乎注定要在女王在位期间幽居了。一个盟友恳求他去乞求女王原谅，他答道他的政敌“决不会容忍我争宠”。就在这一年夏天，所有埃塞克斯和其他贵族的画像都被召回。此外还进一步出台法令，“从今往后，任何贵族或其他人的肖像等都不得雕刻印刷用于公开出售”。

在9月末的米迦勒节[①]，埃塞克斯所持有的甜酒进口税特许证到期，却没有续签，因而他的一大收入来源就断了。据说，伊丽莎白已经抛出话来“对待不羁的马就得断它的食，这样就比较容易驯服了”。埃塞克斯已

① 即圣米迦勒节，大约于每年的9月29日举行，由于这一天接近秋分，圣米迦勒作为天使军主力战士之一，被视为抵抗夜晚黑暗入侵的保卫者。

经负债累累，要债人盯着他的仆人要钱。据哈林顿所说，埃塞克斯怒不可遏，他“原本痛心疾首、悔恨交加，刹那间又勃然大怒、目露反意，可见此人缺乏理智……”

“造反”这个词很危险。埃塞克斯给苏格兰的詹姆士六世写信，提议两人协力将罗伯特·塞西尔和沃尔特·雷利清除出英格兰，他对苏格兰国王说：“我如今恳切地要求各方来阻止这些穷凶极恶、丧心病狂之人，将我可怜的祖国从他们的压迫之下解救出来吧。”詹姆士的回应似乎很是谨慎。可能伊丽莎白和塞西尔早就针对埃塞克斯要的这些手段向外界提出警告，他们并没有采取任何行动，或许他们正在等待埃塞克斯更为公开的叛逆行为。比如埃塞克斯便听说枢密院已经在审问被关在伦敦塔内的他的某些盟友了。这一年圣诞节，王宫中的伊丽莎白在库朗特舞曲声中翩翩起舞。

1601 年初，埃塞克斯开始同一些更为自负的支持者们制订进一步计划，这些支持者是他在南安普顿伯爵位于伦敦的寓所（德鲁里官邸）中
459 结识的。他设想的计划是他和手下前去控制住白厅的守卫，从而让他能够面见女王。见到女王后，埃塞克斯会以身后的军队为后盾，要求她将他的政敌清出朝廷。如果女王没有应允，他将要求重新召集议会还他一个公道。

伊丽莎白和她的顾问官们带着惴惴不安的心情监视着事态的发展。埃塞克斯会不会比预想之中更快采取行动？据哈林顿的说法：“狂徒们纷纷发起暴动，大危机即将来临……她心中郁郁寡欢，不思打扮，这些纷扰让她日渐消瘦。她对餐桌上的珍馐佳肴视而不见，只吃一点曼切特面包（精制小麦面包），喝一点咸味炖汤。只要有市区传来的新消息打扰到她，她就对身边的所有侍女皱起眉头。”此后他还说“她常在私室来回踱步，听到坏消息就跺脚，有时还会抽出已经生锈的宝剑怒刺挂毯”。最后这个场景启发了莎士比亚。①

2 月 7 日，埃塞克斯收到枢密院传唤，但他拒绝前往。第二天早晨，星期天，他在埃塞克斯府中聚集了三百个支持者，他的计划便是同他们一

① 《哈姆雷特》一剧中，哈姆雷特用剑刺死了藏在挂毯后面窃听的波隆尼尔。

起前往圣保禄讲道十字架，按照传统，当天伦敦人会聚在那里聆听讲道。他希望可以说服市民和学徒加入自己的队伍，毫无疑问他的口号是自己将“从佞臣手里解救女王”。他对亲信说过“那个老女人的内心已经和她身体一样扭曲了”。他的阵营中有一个间谍，名为费迪南多·戈杰斯，此人将阴谋告诉了塞西尔。伦敦市长于是下令伦敦居民不得出户，白厅的守卫人数增加一倍。

大约早上十点，大法官和其他几个官员来到埃塞克斯府，要求进屋。过了一会，他们被允许入内。他们问埃塞克斯为什么他的支持者们全副武装，他于是痛陈了自己遭受的不公待遇。“你在浪费时间，”他的支持者们催促他说，“别和他们纠缠！他们会出卖你。”埃塞克斯于是踏出了不幸的一步，他将官员们囚禁在自己家中，同盟友们骑马前往伦敦街上。 460

他们挥舞着手枪和长剑，喊着“英格兰被塞西尔和雷利出卖给西班牙了！伦敦市民们，为了英格兰，为了女王，拿起武器吧！”

伦敦市民并没有任何回应。街道一片死寂。埃塞克斯于是骑马前往鲁德门山，在那里他发起了冲锋命令。但他的支持者们眼见情况不妙，开始弃他而去。女王早已得知会发生骚乱，因而反应很平静。她的随从们开始慌乱的时候，她说自己会前往市区同对手对质，“这些人中没人敢同她四目相接”。

对质已无必要。煽动市民计划受挫的埃塞克斯骑马来到皇后码头，并乘船前往埃塞克斯府。随后他发现费迪南多·戈杰斯已经把所有人质都放了。埃塞克斯府很快便被皇家军队包围，在屋外小路上双方经过激烈的谈判，最终埃塞克斯向海军司令投降。他和他的主要支持者先被带去兰柏宫，一天后乘船顺流而下被带往伦敦塔。伊丽莎白对法国大使说：“这个无知而负义之人，最终露出了真面目。”她在成功镇压叛乱的第二天发布公告，对伦敦人民的忠心表达了感谢。

朝廷的边缘依然残留着埃塞克斯的一些支持者。托马斯·利在远征爱尔兰的时候曾在埃塞克斯手下任职，他提议派遣四五个死士拼死闯进宫去，冲到女王面前，让她保证释放埃塞克斯和南安普顿。利被告发，并于当晚在女王的晚饭厅外遭到逮捕。第二天他遭到审讯、定罪，并被处决。2 月中旬，女王又发布了一份公告，命令所有流浪汉、无所事事之人、散布流言之人，以及经常光顾酒馆之人离开伦敦，违者格杀勿论。

2 月 19 日，埃塞克斯和南安普顿在威斯敏斯特大厅受到之前同僚们的审讯。两人都否认叛逆，但他们在劫难逃。他们同起诉人争论，但毫无
461 用处。穿着一身漆黑的埃塞克斯宣称：“我仅仅只是按照自然法以及我自己的需要做了不得不做之事。”而他所说的这些原则并不为习惯法所认可，似乎是从所谓骑士准则里面引用而来的。这可救不了他的命。在得知自己被判死刑之时，埃塞克斯安之若素。“尽管你们在司法的法庭上判我有罪，”他对法官们说，“然而在良心的法庭上你们会认为我是无罪的。”两天后，塞西尔和其他几个顾问官受邀前往伦敦塔探视埃塞克斯。他们发现他同先前判若两人，宣称自己是“有史以来最为卑鄙、最为不知感恩的，十恶不赦的叛徒”。他承认只要自己还活着，女王便不会安全。

这是英格兰的最后一次贵族叛乱，和 15 世纪早期的珀西叛乱有几分相似，尽管埃塞克斯和珀西在地区或领地支持方面不能相提并论，但两人基于荣耀、勇武的复杂动机如出一辙。这样的事件几乎是中世纪所特有的。正如南安普顿伯爵在埃塞克斯府被最后包围的时候，对罗伯特·悉尼爵士说：“你也是军人，你知道我们生来就需要自卫，威胁不仅来自我们的同僚，更多来自我们的下属。”埃塞克斯和他的支持者们组成了一个由血缘维系的兄弟军团，他们立身于古老、高贵的骑士准则，但在伊丽莎白的朝廷之中，仅凭这一准则已然不够。

埃塞克斯承认自己叛逆为时已晚。伊丽莎白网开一面，同意对埃塞克斯采取私下行刑，方式是斩首，同时将南安普顿的刑罚减为终身监禁。2 月 25 日，埃塞克斯被带往于伦敦塔庭院中搭起的断头台。他穿着由黑缎制成的紧身上衣和马裤，外面穿着黑色天鹅绒长袍，此外还戴着一顶黑色毛毡帽。他不论在何种场合都始终如一。最后一刻他横过脖子，喊道：“刽子手，往这里砍！”刽子手一连砍了三斧，才让他身首分离。对此，
462 女王评论道：“贪慕王权之人，不值得怜悯。”

40

末　日

埃塞克斯伯爵被处死后，一些人批评女王铁石心肠。据说人们对于老女人的统治已心生厌倦，她公开露面时，也不像先前那样让人欢欣鼓舞了。肯特郡有个男子因为说了一句“除非女王陛下死了，否则世界再不会让人快活了”而受到法院传讯。一个警察让一个自耕农服从女王的法律，自耕农答道：“你跟我提女王干吗？去她娘的臭狗屎！”

她于1601年秋召集了最后一次议会，很明显此次议会党派林立，莫衷一是。习惯上“天佑女王”的呼声这次听不到了。她穿过一群脾气急躁的议员时，伸出手示意对方让开。

“退后，大人们。”女王侍从喊道。

“如果你要因此绞死我们，那我们是不会退让的。”一个议员如此答道。女王抬头看着他，但一句话都没说。

税务的事情造成了大混乱。在爱尔兰讨伐蒂龙的芒乔伊军开支巨大，加上西班牙又向爱尔兰派兵支援叛军。这些都导致英格兰经济负担巨大，
穷人不得不“砸锅卖铁”才能缴纳给女王的特别津贴。一个议员指出女 463
王“正如对她王国的任何一项收入享有权利一样，对我们的土地和商品也享有同等权利”，下议院成员们纷纷“咳嗽、大笑、交头接耳”。议员们

火气都很大。议长的话被“叫喊或咳嗽声掩盖”，投票时议员们拉扯断打成一团。然而，最终伊丽莎白还是获得了自己想要的特殊津贴。

另一项引发争论的问题便是垄断买卖权。拥有这些特许权的个人能够制造、销售某些特定的物品，并从中获利。这是伊丽莎白不花自己的钱嘉奖宠臣的一个办法。一个议员说道：“我任职的城镇因这些垄断买卖而遭受的苦难实在难以言表，令人痛心疾首。”另一个议员开始列出一些垄断买卖的物品，从加仑子到醋，从铅到沙丁鱼，从布匹到骨灰：

“没有面包吗?”

“面包?”

“面包?”

“这话听起来有点怪。”

“不啊，如果对于上面这些物品无所作为的话，到下一次议会召开之前，面包也会名列其中。”

女王之前就听到过这类申诉，于是召见议长，说明她会针对垄断买卖的程度做出改革，废除掉一些，暂停掉一些。所有垄断买卖“都将从人民的利益出发，首先依法裁断”，否则不得实施。她早已预见到这一危机，并成功将其化解。

议会派遣代表团向女王致谢。11 月末，她在白厅的会议厅向心怀感激的下议院致辞。她对议员们说：“我向来绝非贪得无厌、一毛不拔、刻板无趣之君王，亦还算不上挥霍无度。我从不执着于俗世之美物，唯念着让臣民获利。”她还加了一句：“我并不期望长命百岁、王祚绵长，唯愿在我治下，你们能够获益。”这并非她最后一次公开演讲，但给人留下了最为深刻的印象。

464 此次议会几乎没有提到王位传承一事。似乎她极有可能认为苏格兰女王玛丽之子詹姆士应继承她的王位。她应该不知道如今地位最高的顾问官罗伯特·塞西尔已经同詹姆士开始秘密谈判。但是她一定预想得到詹姆士是当今呼声最高的继承人。然而她对此保持沉默。尽管人们常常指责她瞻前顾后、犹豫不决，但有时候她只是不想公开自己的意图而已。

1602年4月，六十八岁高龄的女王跳了活力十足的加利亚德舞。到了下个月初，她骑马前往路厄斯罕“庆祝五朔节”。她对法国大使说：“我还不想这么早死，我也没他们想象中那么老。”她依然一有机会便骑马外出。她的亲戚第二代亨斯顿勋爵建议她别再骑马往返汉普顿宫和无双宫了，她当场让他退下，并两天不跟他说话。

然而伊丽莎白年迈的迹象已彰显无遗。她的视力每况愈下，记忆力也愈加衰退。她能记得人的脸，但有时候会把对方的名字忘了。只要骑完马，她的双腿便常常“发麻”。有时候她跨上马背或爬楼梯都需要人帮忙。她对侍女斯科如珀小姐说，一天晚上她看到了“映照在火光之下的自己的身体，消瘦不堪、令人恐惧”。“我脖子上被套了铁链，”她对诺丁汉伯爵说，“我被束缚住了，被束缚住了，身体大不如前了。”

1603年初春，她的另一个亲戚罗伯特·凯里爵士前来向她请安，发现她看起来十分懊恼。“不好啊，罗宾，”她对他说，“我并不好。”她向他描述了自己的病症，一句三叹。3月19日，法国特使对自己的主上说伊丽莎白在生前最后两星期吃得很少，睡眠很差。据另一份当时的报道，她“时常闷闷不乐、唉声叹气、伤心落泪”。一个侍从问她是否有什么隐情，导致她如此难受。她答道：“这世上，我不知有何物值得我心忧。”

她在私室的坐垫上一坐就是四天，盯着地板，很少说话。现在的她蓬 465
头垢面、骨瘦如柴。“我在冥想。”她说。罗伯特·塞西尔上前进谏。

“夫人，夫人，为了人民，您必须上床歇息。”

“矮子，矮子啊，不要对君王说必须这个词。”

第三天，她把手指伸进嘴里，久久不拔出来。最终她过于衰弱，御医们将她抬到床上，她连抱怨的力气都没有了。她脖子上的一个脓包破掉之后，身体稍有恢复，还喝了点汤。然而过了一会情况再次恶化，变得不省人事。眼看女王大限将至，顾问官们询问她是否接受苏格兰的詹姆士六世作她的继承人。她已经没有力气说话，只是用手指了指自己的头，他们将此举解读为同意。

3月23日傍晚6点，坎特伯里总主教应召来到她的床前。在她身边祈祷了半个小时，然后起身准备离开。但女王示意他继续。他于是又祈祷了一个小时，每次提到天国之欢乐的时候，女王都会紧紧握住他的手。不久之后，女王便失去了意识，并于第二天清晨去世。她的加冕戒指深深陷进了手指上的肉中，不得不动用锯子将其锯下。

罗伯特·凯里一听到侍女们的哭声，立即骑马奔向北方大道。他此次前往的目的地是爱丁堡，他将给詹姆士六世汇报后者如今已是英格兰国王这一消息。托马斯·戴克在《美好岁月》一书中写道：“星期四的时候，呼喊天佑英格兰国王詹姆士还是叛逆的行为，而到了星期五，不呼喊这句话便是叛逆了。早晨的时候，还听不到人声，有的只是窃窃私语和悲哀叹息，而到了中午，到处都一片欢腾，庆祝胜利来临。”都铎王朝长年的统
466 治就此落幕。

41

宗教改革

让我们回到本卷书的大主题。英格兰教会的改革从一开始便是一个政治事件，关乎王朝利益，并没有群众斗争或人文主义改革原则作为基础。在英格兰，加尔文宗或路德宗从未获准大范围传播。改革完全在君王的指导之下开展。英格兰宗教改革还有其他几方面特点。在欧洲大陆被拥护的新教信仰，将天主教所有礼仪、习俗一并废除，这样的信仰中没有弥撒，没有童贞玛利亚，没有圣人崇拜。然而亨利除了否认教宗是最高统治者之外，完全就是一个正统的天主教徒。隐修院的确遭到摧毁，教宗的确被取代，但弥撒得以存续。历史学家、天主教护教士尼古拉斯·哈普斯菲尔德[1]将亨利描述为“此人将人头从高塔上抛下，待坠到一半的时候又喊停”。然而亨利国王从某种程度上的确完成了这一奇迹。他一步步逐渐开展工作，因而没人能够料到或猜到最终结果如何，也正是由于这个原因才取得了成功。亨利本人可能都不知道结果如何。

大多数支持国王政策的人都出于实际考虑，他们想要获得教会的土地和财产。这些人要么是律师，要么是廷臣。他们是议会议员，在此期间根 467

① 尼古拉斯·哈普斯菲尔德（1519—1575），于亨利八世统治时期担任司铎，对亨利的政策持反对意见。

据国王的意愿投票表决。只有少数学者和神职人员才觉得为宗教改革建立神学理论体系是重要的。坎特伯里总主教托马斯·克兰默便是个虔诚而不教条的人，他既是个神职人员也是一个教会律师，因此他凭借妥协和安抚摸索前行。爱德华对于教会信条的修订以及玛丽截然相反的做法，都仅仅突出了宗教政策尚未完善而已。

伊丽莎白的宗教政策，用伯利勋爵的话来说，便是“大杂烩”，把许多矛盾的元素兼收并蓄，随后将其命名为圣公宗。圣公宗信仰同苏黎世或日内瓦所彰显的新教纯洁信仰不同，与罗马天主教信条亦有差别。英格兰的礼拜仪式兼有新、旧信仰的元素，且故意将信条表述得含糊不清、模棱两可，这避免了针对宗教教义的思辨。《公祷书》也更注重信仰的虔诚而非确定的教条。

因而，英格兰通过不断适应并做出微调，逐步成了一个新教国家。民众默认了新教规。时间和健忘，加上冷淡和漠然，逐渐削弱了旧信仰的影响力，直至成为定局。如果说英格兰于 17 世纪早期成了新教国家，那新教信仰的本质将众说纷纭、莫衷一是。或许，我们只能说英格兰不再是天主教国家。时间完成了人力所不能为之事。

我们看到，宗教改革的重点在个人而非社区。私人祈祷代替了公共礼拜。有关个人宗教生活的书籍汗牛充栋。新信仰的核心原则——因信称义从性质上看完全是针对个人的。由于挥之不去的罪而导致个人良心上的挣扎在当时宗教小册子里多有描写。此外，对于归正宗的影响是否大到孕育出现代国家，我们表示怀疑。因为现代国家这个词在伊丽莎白统治末期便
468 已出现。新教日历旨在庆祝一个全新的国家文化，女王诞辰、击败无敌舰队等日子都被定为节日。这个日历不再服务于宗教，转而服务于市民和朝廷。

同罗马和欧洲大陆天主教国家决裂催生出一种信念，即英格兰从某种意义上说是“由上帝挑选”的国家。这种信念转而重新定义了英格兰国民的民族性，而这一民族性并非人人具备，比如就不为国内的天主教徒所拥有。约翰·费希尔、托马斯·莫尔刚被处死，加德纳便写了一篇名为

《论真正的服从》的文章，声称“在英格兰，大家一致认为在本国所生所长之人，都不得同罗马扯上任何关系”。休·拉蒂默等很受欢迎的讲道牧师向整个国家发出呼吁。喔，英格兰！英格兰！拉蒂默还写道，“上帝显露了真身，他是英格兰之神，或者说，神本身便是英格兰的”。

对于天命①的信仰（新教信仰的一部分），使得人们服从世俗权威。从前贫穷之人由僧侣负责，而现在则有堂区官员负责。贫穷被认为是社会问题而非上帝降罪，为了应对贫穷，实施了为穷人设立监督职位、开设济贫院等措施。先前用作皇家小圣堂的圣斯德望主教座堂最终被下议院接管，这标志着社会的大变革，神律最终让位于议会出台的法规。“善治”的概念在16世纪最为完整地出现，政府本身被认为有能力来制定社会、经济政策。

宗教政策在文化领域同样产生了深远的影响。僧侣历史学家走下历史舞台之后，一种新型的历史应运而生。霍尔②的《编年史》浓墨重彩地描写了都铎家族的大业，带有反教士精神，并取代了雷纳夫·希格登所著的《编年史》。广而言之，摧毁教会建筑，铲除教堂壁画让许多人对过去采取一种漠不关心的态度。存续感与亲缘感遭破坏，一如同社区的旧纽带被剪断。对于一个先前特别倚重习俗传统的社会来说，影响不容小觑。可以这么说：为了下一步的飞跃，历史的记忆被抹除了。

几百年来在英格兰蓬勃发展的神秘剧以及宗教剧逐渐走向灭亡，不可 469
避免地让戏剧趋于世俗化，伦敦的剧院从此蓬勃发展。16、17世纪英格兰戏剧得以大放光彩，宗教改革可以说功不可没。文学上也一样，将《圣经》翻译成英语激发了各类作家的灵感，如莎士比亚、弥尔顿、班扬等。广而言之，英语所取得的新地位使得大众的识字率有了提升。从而让这一时期的教育机构大量增加。16世纪50年代，成立了四十七个新学校基金

---

① 加尔文派的主要理念，指上帝对于世界的运行以及他所创造的每一个人都会按照自己的意志（即天命）来安排。人类全然败坏，从而无法理解这种安排，将其妄称为自由意志。加尔文派相信上帝在创世以前拣选了他要拯救的人，使被拣选者最终进入神国；他们同时相信上帝不予拯救的其余人将下地狱。而信仰上帝的人只要通过圣灵的工作就能得救，无须借助教会或宗教仪式。

② 爱德华·霍尔，律师、议员、历史学家。最有名的作品为《约克与兰开斯特两大名门望族的结合》，简称霍尔的《编年史》。

会，到了 60 年代，又增加了四十二个。

废除天主教仪轨或许造成了尽管难以察觉，但更为深远的结果。祈祷节时，人们列队游行，用铃和十字架划定堂区边界，划定的土地在英格兰人早先的概念中本是神圣的，而如今却变为世俗的了。地上的圣井和圣泉大都被遗忘，连土地本身都成了商品而非共有财产。正如旧教会中生者与死者之间的交流遭到废止，王国内的共有土地也变成了私有财产。16 世纪 70 年代，克里斯托弗·萨克斯顿绘制的一系列地图上，先前的圣地和朝圣之路都没有被标出，他的地图主要为新地主测量土地服务。然而重商主义也残害了一些人，威廉·科贝特曾写道：无地劳工的悲惨生活便是宗教改革的产物。

废除在街道上和城镇的空地上公开进行宗教仪式，久而久之导致了社会阶层的分化。由于聚众消磨时间的活动被削减并遭到鄙视，因而富人开始觉得自己属于另一阶层。不久，教堂中便放上了专门为当地名门望族准备的椅子。我们还可以从另一个角度看到这一变化。据估计 16 世纪 80 年代以后的五十年间，酒馆的数量翻了一番。随着同业公会、露天演出、堂
470 区麦酒节的消亡，人们需要另一种形式的消遣。

然而，这个国家若想要此后在精神与状态上发生巨大转变，刚才所提到的这些条件——愈加强调个人、公共生活解体、习俗和传统消亡等——
471 缺一不可。

英格兰君主世系

威塞克斯王朝

名称	在位	继承权	大事记
阿尔弗雷德大帝	871年4月23日—899年10月26日	埃塞尔伍尔夫与奥斯博嘉之子	英格兰历史上第一个以“盎格鲁-撒克逊人的国王”自称且名副其实之人，奠定英格兰王国的基础
“长者”爱德华(爱德华一世)	899年10月26日—924年7月17日	阿尔弗雷德大帝与艾尔赫斯威斯之子	征服丹麦法地区，摧毁英格兰南部维京人的力量
埃塞尔斯坦	924年8月4日—939年10月27日	“长者”爱德华与艾克温之子	征服诺森伯兰王国，正式成立英格兰王国，人称“英格兰之王”
埃德蒙一世	939年10月27日—946年5月26日	“长者”爱德华与艾德吉夫之子	面临军事威胁后重新稳固英格兰王国，并与苏格兰保持和平共处关系
埃德雷德	946年5月26日—955年11月23日	“长者”爱德华与艾德吉夫之子	平息诺森伯兰叛乱，令该地区彻底归属英格兰王国
埃德威格	955年11月23日—959年10月1日	埃德蒙一世与沙夫茨波里的艾尔弗吉夫之子	在位期间王国持续不断地发生冲突，最终以泰晤士河为界，同埃德加分治英格兰
“和平者”埃德加(埃德加一世)	959年10月1日—975年7月8日	埃德蒙一世与沙夫茨波里的艾尔弗吉夫之子	在统治晚期的973年加冕，象征着其统治的顶点，也为此后的英王加冕仪式奠定了基础
“殉教者”爱德华(爱德华二世)	约975年7月8日—978年3月18日	“和平者”埃德加与爱塞弗里德之子	在位三年即遇害，许多圣徒传记认为他是殉教者，其遗骸在英格兰宗教改革时期被藏起，20世纪初重新被发现
“决策无方者”埃塞尔雷德(埃塞尔雷德二世)	978年3月19日—1013年12月15日 1014年2月3日—1016年4月23日	“和平者”埃德加与爱弗里芙之子	在位期间，国家不断遭受丹麦人入侵，曾被丹麦国王“八字胡”斯韦恩击败夺走王位，并于其死后重获王位

“刚勇者”埃德蒙（埃德蒙二世）	1016年4月23日—1016年11月30日	“决策无方者”埃塞尔雷德与约克的艾尔弗吉夫之子	反抗丹麦王朝克努特大帝的统治
“忏悔者”爱德华（爱德华三世）	1042年6月8日—1066年1月5日	“决策无方者”埃塞尔雷德与诺曼底的艾玛之子	结束丹麦王朝的统治，没有留下子嗣，王位由戈德温之子哈罗德继承

丹麦王朝

“八字胡”斯韦恩	1013年12月15日—1014年2月3日	蓝牙哈拉尔与加若德·奥拉弗斯多特之子	击败埃塞尔雷德，开创丹麦王朝
克努特大帝（克努特一世）	1016年10月18日—1035年11月12日	“八字胡”斯韦恩与傲慢者西格丽德之子	统辖英格兰、丹麦、挪威及部分瑞典，其辖境享有北海帝国之称
“飞毛腿”哈罗德（哈罗德一世）	1035年11月13日—1040年3月17日	克努特大帝与北安普敦的艾尔弗吉夫之子	趁哈德克努特在丹麦解决挪威叛乱无法抽身，谋得英格兰王位
哈德克努特（克努特二世）	1040年3月17日—1042年6月8日	克努特大帝与诺曼底的爱玛之子	丹麦王朝末代国王，也是英格兰最后一位斯堪的纳维亚人君主

戈德温王朝

戈德温之子哈罗德（哈罗德二世）	1066年1月6日—1066年10月14日	威塞克斯伯爵戈德温与吉莎·索尔科尔斯多特提尔之子	在黑斯廷斯之战中被诺曼底的威廉击败并阵亡

诺曼底王朝

威廉一世（“征服者”威廉）	1066年12月25日—1087年9月9日	诺曼底公爵罗贝尔一世与法莱斯的莱乌之子	自称“忏悔者”爱德华的指定继承人，征服英格兰，造成“北方之劫”
威廉二世（“红毛”威廉）	1087年9月9日—1100年8月2日	威廉一世与佛兰德的玛蒂尔达之子	击败马尔科姆三世，在很大程度上影响了苏格兰的王位继承
亨利一世（“儒雅者”亨利）	1100年8月2日—1135年12月1日	威廉一世与佛兰德的玛蒂尔达之子	其治理得到普遍认可，并在坦什布莱战役中俘获兄长诺曼底公爵罗伯特，由此征服诺曼底

玛蒂尔达 （玛蒂尔达王后）	1141年4月7日— 1141年11月1日	亨利一世与苏格兰的玛蒂尔达之女	与斯蒂芬的征战令英格兰陷入“无政府时期”

布卢瓦王朝

斯蒂芬 （布卢瓦的艾蒂安）	1135年12月22日— 1154年10月25日	布卢瓦伯爵艾蒂安二世与诺曼底的阿德拉之子	与玛蒂尔达的征战令英格兰陷入“无政府时期”

金雀花王朝

安茹王朝

亨利二世 （“短斗篷”亨利）	1154年10月25日— 1189年7月6日	安茹的若弗鲁瓦五世与玛蒂尔达王后之子	得到苏格兰国王的效忠，命人杀害大主教贝克特，遭到教宗绝罚
幼王亨利	1170年6月14日— 1183年6月11日 （与父共治）	亨利二世与阿基坦的埃莉诺之子	从1170年起成为名义上的英格兰国王，但并未实际行使统治权
理查一世 （“狮心王”理查）	1189年7月6日— 1199年4月6日	亨利二世与阿基坦的埃莉诺之子	唯一参加过十字军东征的英格兰国王，并在阿尔苏夫战役中击败萨拉丁的穆斯林军队
约翰 （无地王）	1199年4月6日— 1216年10月19日	亨利二世与阿基坦的埃莉诺之子	失去安茹帝国，专注英格兰本土；在叛乱贵族的逼迫下签订《大宪章》

金雀花王朝

亨利三世 （温切斯特的亨利）	1216年10月19日— 1272年11月16日	约翰与昂古莱姆的伊莎贝拉之子	自“决策无方者”埃塞尔雷德以来的第一个幼王，被迫组建摄政委员会，其治下议会初见雏形
爱德华一世 （“长腿”爱德华）	1272年11月16日— 1307年7月7日	亨利三世与普罗旺斯的埃莉诺之子	创立羊毛出口税，几近征服苏格兰，并处死威廉·华莱士，人称“苏格兰之锤”
爱德华二世 （卡那封的爱德华）	1307年7月7日— 1327年1月25日	爱德华一世与卡斯蒂利亚的莱昂诺尔之子	因崇信臣子而致使贵族叛乱；讨伐苏格兰失败；首位被废黜的合法国王
爱德华三世	1327年1月25日— 1377年6月21日	爱德华二世与法兰西的伊莎贝拉之子	开启英法百年战争，对法国造成重大打击；其治下的英格兰遭遇大疫

理查二世	1377年6月21日—1399年9月30日	黑太子爱德华与肯特的琼安之子	其治下发生英格兰历史上最大规模的农民起义，由其成功平息

兰开斯特王朝

亨利四世(博林布鲁克的亨利)	1399年9月30日—1413年3月20日	冈特的约翰与兰开斯特的布兰奇之子	杀害理查二世与大主教，并数次平息以理查二世名义扯旗的叛党
亨利五世(英格兰之星)	1413年3月20日—1422年8月31日	亨利四世与博恩的玛丽之子	重启英法百年战争，以少胜多取得阿金库尔战役胜利，迫使法王签订《特鲁瓦条约》，成为法国王位的继承人
亨利六世	1422年8月31日—1461年3月4日 1470年10月3日—1471年4月11日	亨利五世与瓦卢瓦的凯瑟琳之子	继承英法百年战争，但在圣女贞德解除奥尔良之围后陷入不利境地，国内爆发玫瑰战争

约克王朝

爱德华四世	1461年3月4日—1470年10月3日 1471年4月11日—1483年4月9日	约克公爵理查·金雀花与塞西莉·内维尔之子	在陶顿战役中击败安茹的玛格丽特和亨利，第一次执政 杀害亨利六世，第二次执政
爱德华五世	1483年4月9日—1483年6月25日	爱德华四世与伊丽莎白·伍德维之子	加冕不到一年，与弟弟约克公爵理查一同失踪，最终死因成谜
理查三世	1483年6月26日—1485年8月22日	约克公爵理查·金雀花与塞西莉·内维尔之子	在博斯沃思原野战役中战败，为玫瑰战争和金雀花王朝画上了句号

都铎王朝

亨利七世(亨利·都铎)	1485年8月22日—1509年4月21日	埃德蒙·都铎与玛格丽特·博福特女勋爵之子	杀死理查三世，继承英格兰王位。擅长联姻政策，与约克的伊丽莎白结婚，合并约克和兰开斯特家族，正式结束玫瑰战争

亨利八世	1509年4月22日—1547年1月28日	亨利七世与约克的伊丽莎白之子	有过六次婚姻。推行宗教改革，使英格兰脱离罗马教廷的控制，并为创立国教会打下了关键基础
爱德华六世	1547年1月28日—1553年7月6日	亨利八世与简·西摩之子	加强国教会改革，首度将新教确立为英格兰国教会
简·格雷	1553年7月10日—1553年7月19日	萨福克公爵亨利·格雷与弗朗西丝·布兰登之女	著名的“九日女王”，但因在位仅九天，一般不被正式算作英格兰女王
玛丽一世（血腥玛丽）	1553年7月19日—1558年11月17日	亨利八世与阿拉贡的凯瑟琳之女	为了巩固自身权力以及复辟罗马天主教，常以铁腕手段镇压人民，并靠宫廷斗争铲除异己
腓力二世（共治国王）	1554年7月25日—1558年11月17日	查理五世与葡萄牙的伊莎贝拉之子	西班牙国王。与玛丽一世结婚后成为英格兰的共治国王。于1588年建立了赫赫有名的西班牙无敌舰队
伊丽莎白一世（童贞女王）	1558年11月17日—1603年3月24日	亨利八世与安妮·博林之女	于宗教分裂时期继位，不仅成功维护了国家统一，还将英格兰打造成了欧洲最强大的国家之一。终身未婚嫁

斯图亚特王朝

詹姆士一世	1603年3月24日—1625年3月27日	达恩利勋爵与玛丽一世之子	首位英格兰、苏格兰及爱尔兰国王。在位期间鼓吹君权神授，自认上帝的使者，与议会时有矛盾，国民对此不满
查理一世	1625年3月27日—1649年1月30日	詹姆士一世与丹麦的安妮之子	英格兰历史上唯一被公开处死的国王，欧洲史上第一个被公开处死的君主。在位时国内宗教冲突严重，与议会之间爆发两次内战

查理二世	1660年5月29日—1685年2月6日	查理一世与亨利埃塔·玛丽亚之子	个性风趣、活力四射，人称“快活王”。签署议会制定的“人权保护法”
詹姆士二世	1685年2月6日—1688年12月23日	查理一世与亨利埃塔·玛丽亚之子	查理二世的同母弟。臣民反对其专权，在光荣革命中被剥夺王位
玛丽二世	1689年2月13日—1694年12月28日	詹姆士二世与安妮·海德之女	作为国教表率一直以身作则，成功改善了17世纪60年代以来的不良风俗。与妹妹安妮冲突不断
安妮女王	1702年3月8日—1714年8月1日 1707年5月1日—1714年8月1日为大不列颠及爱尔兰女王	詹姆士二世与安妮·海德之女	在位期间英格兰王国与苏格兰王国合并成为大不列颠。签署《乌得勒支和约》，使英格兰大获其利并成为超越法国、荷兰的海上强国

英格兰共和国

奥利弗·克伦威尔 (老铁骑军)	1653年12月16日—1658年9月3日	罗伯特·克伦威尔与伊丽莎白·斯图尔德之子	英格兰共和国首位护国公。资产阶级新贵族集团的代表人物。逼迫英格兰君主退位，解散议会，并转英格兰为资产阶级共和国，建立英格兰共和国
理查·克伦威尔 (摇摇欲坠的迪克)	1658年9月3日—1659年5月7日	奥利弗·克伦威尔与伊莉莎白·鲍彻之子	英格兰共和国最后一位护国公。1659年，议会恢复君主制，英格兰共和国覆亡，理查·克伦威尔流亡法国

奥兰治－拿骚王朝

威廉三世 (奥兰治的威廉)	1689年2月13日—1702年3月8日	奥兰治亲王威廉二世与长公主玛丽·亨利埃塔·斯图亚特之子	击退法国后与妻子玛丽二世一同成为英格兰国王。领导了反抗法国的大同盟战争

汉诺威王朝

乔治一世 (乔治·路易)	1714年8月1日—1727年6月11日	汉诺威选帝侯恩斯特·奥古斯特与普法尔茨的索菲娅之子	第一位以德语为母语的英格兰君主，因为无法流利使用英语，他任命沃尔波尔为内阁首相，这也成为英国首相制度的开端
乔治二世 (乔治·奥古斯都)	1727年6月11日—1760年10月25日	乔治一世与索菲娅·多罗西娅之子	在奥地利王位继承战争中指挥联军同法国作战，并取得德廷根大捷。在位期间，英格兰商业高速发展，但也因此引发了金融泡沫
乔治三世 (乔治·威廉·弗雷德里克)	1760年10月25日—1820年1月29日	威尔士亲王弗雷德里克与萨克森-哥达的奥古丝塔之子	鼓励农业发展，令城乡人口大幅上升，为工业革命提供了充足劳动力。在位期间，英国先后参与了美国独立战争和拿破仑战争。晚年因精神失常而饱受折磨
乔治四世 (乔治·奥古斯都·弗雷德里克)	1820年1月29日—1830年6月26日	乔治三世与梅克伦堡-斯特雷利茨的夏洛特之子	在位期间大部分时间由利物浦勋爵担任首相，掌控政府。晚年被迫接受与他不和的乔治·坎宁先后出任外相和首相
威廉四世 (威廉·亨利)	1830年6月26日—1837年6月20日	乔治三世与梅克伦堡-斯特雷利茨的夏洛特之子	能力平庸但生性善良，被亲切地称为“水手国王”。1832年的议会改革标志着英国资产阶级掌权
维多利亚女王 (亚历山德丽娜·维多利亚)	1837年6月20日—1901年1月22日	爱德华王子（肯特和斯特拉森公爵）与玛丽·路易丝·维多利亚之女	英国鼎盛的“日不落帝国”时期，史称“维多利亚时代”。英国在此期间加大殖民扩张，经济、文化空前繁荣，君主立宪制得到充分发展。维多利亚女王成为英国和平与繁荣的象征

萨克森－科堡－哥达王朝

爱德华七世 (阿尔伯特·爱德华)	1901年1月22日—1910年5月6日	维多利亚女王与阿尔伯特亲王之子	继位时曾是英格兰历史上担任王位继承人最久的王子，在位期间经历了第二次布尔战争，在英国陆军的重组和本土舰队的现代化等方面起到了推动作用,其统治时期被史称“爱德华时代”

温莎王朝

乔治五世 (乔治·弗雷德里克·恩斯特·阿尔伯特)	1910年5月6日—1936年1月20日	爱德华七世与丹麦的亚历山德拉之子	在位期间见证了第一次世界大战，大英帝国版图在1922年达到巅峰，领土占全球土地面积的22.5%，人口达到全球五分之一，但印度独立运动、法西斯崛起等迹象也表明帝国行将走向衰亡
爱德华八世 (爱德华·阿尔伯特·克里斯蒂安·乔治·安德鲁·帕特里克·大卫)	1936年1月20日—1936年12月11日	乔治五世与特克的玛丽之子	刚继位便向即将二度离婚的美籍名流沃利斯·辛普森求婚，与大众和国教会道德规范产生冲突，引发宪政危机，他最终选择在继位当年退位
乔治六世 (阿尔伯特·弗雷德里克·亚瑟·乔治)	1936年12月11日—1952年2月6日	乔治五世与特克的玛丽之子	在位期间见证了第二次世界大战，大英帝国解体过程加速，逐渐演变为英联邦，自乔治六世始，英国君主放弃皇帝头衔，改用英联邦元首的新头衔
伊丽莎白二世 (伊丽莎白·亚历山德拉·玛丽)	1952年2月6日至今	乔治六世与伊丽莎白·鲍斯-莱昂之女	英国历史上最长寿的君主，也是目前全世界最长寿的君主，在位期间的重大宪政变革包括权力下放、非洲去殖民化、英国加入欧共体与退出欧盟

延伸阅读

这份书单谈不上详尽和面面俱到，但它所包含的书目曾在我撰写本书的过程中给予我很大的帮助。

宗教改革

Aston, Margaret: *England's Iconoclasts* (Oxford, 1988).

—— *Faith* and Fire (London, 1993).

Baskerville, Geoffrey: *English* Monks and the Suppression of the *Monasteries* (London, 1937).

Beard, Charles: *The Reformation of the Sixteenth Century* (London, 1883).

Bernard, G. W.: *The King's Reformation* (London, 2005).

Betteridge, Tom: *Literature and Politics in the English Reformation* (Manchester, 2004).

Bossy, John: *The English Catholic Community* (London, 1975).

Brigden, Susan: *London and the Reformation* (Oxford, 1989).

Burnet, Gilbert: *The History of the Reformation of the Church of England*, three volumes (Oxford, 1829).

Carlson, Eric Josef (ed.): *Religion and the English People* (Kirksville, Miss., 1998).

Chadwick, Owen: *The Reformation* (London, 1964).

Collinson, Patrick: *The Religion of Protestants* (Oxford, 1982).

—— *Godly People* (London, 1983).

—— *The Birthpangs of Protestant England* (Basingstoke, 1988).

Constant, G.: *The Reformation in England* (London, 1934).

Davies, Horton: *Worship and Theology in England* (Princeton, 1996).

Dickens, A. G.: *The English Reformation* (London, 1964).

Doran, Susan and Durston, Christopher: *Princes*, *Pastors and People* (London, 1991).

Duffy, Eamon: *The Stripping of the Altars* (London, 1992).
—— *The Voices of Morebath* (London, 2001).
—— *Marking the Hours* (London, 2006).
Elton, Geoffrey (ed.): *The Reformation* (Cambridge, 1958).
—— *Reform and Reformation* (London, 1977).
Gairdner, James: *A History of the English Church in the Sixteenth Century* (London, 1902).
—— *Lollardy* and the Reformation in England, two volumes (London, 1908).
Gasquet, F. A.: *Henry VIII and the English Monasteries* (London, 1906).
Haigh, Christopher (ed.): *The English Reformation Revised* (Cambridge, 1987).
—— *English Reformations* (Oxford, 1993).
Heal, Felicity: *Reformation in Britain and Ireland* (Oxford, 2003).
Heath, Peter: *English Parish Clergy* (London, 1969).
Hughes, Philip: *The Reformation in England*, three volumes (London, 1956).
Hurstfield, Joel (ed.): *The Reformation Crisis* (London, 1965).
Hutton, Ronald: *The Rise and Fall of Merry England* (Oxford, 1994).
King, John N.: *English Reformation Literature* (Princeton, 1982).
Knappen, M. M.: *Tudor Puritanism* (London, 1939).
Knowles, David: *The Religious Orders in England* (Cambridge, 1959).
Lake, Peter and Dowling, Maria (eds.): *Protestantism and the National Church* (Beckenham, 1987).
MacCulloch, Diarmaid: *Thomas Cranmer* (London, 1996).
—— *The Later Reformation in England* (London, 2001).
—— *The Reformation* (London, 2003).
Maitland, S. R.: *Essays on the Reformation in England* (London, 1849).
Marshall, Peter: *The Catholic Priesthood and the English Reformation* (Oxford, 1994).
—— (ed.): *The Impact of the English Reformation* (London, 1997).
McConica, James Kelsey: *English Humanists and Reformation Politics* (Oxford, 1965).
Morgan, John: *Godly Learning* (Cambridge, 1986).
O'Day, Rosemary: *The Debate on the English Reformation* (London, 1986).
Pollard, A. E.: *Thomas Cranmer* (London, 1905).
Powicke, Maurice: *The Reformation in England* (Oxford, 1941).
Randell, Keith: *Henry VIII and the Reformation in England* (London, 1993).
Read, Conyers: *Social and Political Forces in the English Reformation* (Houston, 1953).
Rex, Richard: *Henry VIII and the English Reformation* (London, 1993).
Rosman, Doreen: *From Catholic to Protestant* (London, 1996).
Rupp, E. G.: *The Making of the English Protestant Tradition* (Cambridge, 1966).
Scarisbrick, J. J.: *The Reformation and the English People* (Oxford, 1984).
Shagan, Ethan H.: *Popular Politics and the English Reformation* (Cambridge, 2003).
Smith, H. Maynard: *Pre-Reformation England* (London, 1938).

—— *Henry VIII and the Reformation* (London, 1948).
Walker, Greg: *Persuasive Fictions* (Aldershot, 1996).
Whiting, Robert: *The Blind Devotion of the People* (Cambridge, 1989).
Wooding, Lucy: *Rethinking Catholicism in Reformation England* (Oxford, 2000).
Youings, Joyce: *The Dissolution of the Monasteries* (London, 1971).

亨利当政

Anglo, Sydney: *Images of Tudor Kingship* (London, 1992).
Bernard, G. W.: *Power and Politics in Tudor England* (Aldershot, 2000).
—— *Anne Boleyn* (London, 2010).
Brewer, J. S.: *The Reign of Henry VIII* (London, 1884).
Brigden, Susan: *New Worlds, Lost Worlds* (London, 2001).
Brown, Andrew D.: *Popular Piety in Late Medieval England* (Oxford, 1995).
Byrne, M. St Clare (ed.): *The Letters of Henry VIII* (London, 1936).
Coby, J. Patrick: *Henry VIII and the Reformation Parliament* (London, 2006).
Coleman, ChristopherandStarkey, David (eds.): *Revolution Reassessed* (Oxford, 1986).
Davies, C. S. L.: *Peace, Printand Protestantism* (London, 1977).
Dodds, Madeleine Hope and Dodds, Ruth: *The Pilgrimage of Grace and the Exeter Conspiracy*, two volumes (Cambridge, 1915).
Elton, Geoffrey: *Policy and Police* (Cambridge, 1972).
Erickson, Carolly: *Great Harry* (London, 1980).
Fox, Alistair and Guy, John: *Reassessing the Henrician Age* (Oxford, 1986).
Froude, James Anthony: *History of England from the Fall of Wolsey to the Death of Elizabeth*, twelve volumes (London, 1862 – 70).
Galton, Arthur: *The Character and Times of Thomas Cromwell* (Birmingham, 1887).
Graves, Michael A. R.: *Henry VIII* (London, 2003).
Guy, John: *The Cardinal's Court* (Hassocks, 1977).
—— *The Tudor Monarchy* (London, 1997).
Gwyn, Peter: *The King's Cardinal* (London, 1990).
Hoak, Dale (ed.): *Tudor Political Culture* (Cambridge, 1995).
Hoyle, R. W.: *The Pilgrimage of Grace* (Oxford, 2001).
Hutchinson, Robert: *Thomas Cromwell* (London, 2007).
Ives, E. W.: *Anne Boleyn* (London, 1986).
Jones, Whitney R. D.: *The Tudor Commonwealth* (London, 1970).
Lingard, John and Belloc, Hilaire: *The History of England*, eleven volumes (New York, 1912).
MacCulloch, Diarmaid (ed.): *The Reign of Henry VIII* (Basingstoke, 1995).
Pickthorn, Kenneth: *Early Tudor Government* (Cambridge, 1951).
Pollard, A. F.: *Wolsey* (London, 1929).
—— *Henry VIII* (London, 1934).

Randell, Keith: *Henry VIII* and the Government of England (London, 1991).
Rosenthal, Joel and Richmond, Colin (eds.): *People, Politics and Community in the Later Middle Ages* (Gloucester, 1987).
Scarisbrick, J. J.: *Henry VIII* (London, 1968).
Smith, Lacey Baldwin: *Henry VIII* (London, 1971).
Starkey, David (ed.): *Henry VIII: A European Court in England* (London, 1991).
—— *The Reign of Henry VIII* (London, 2002).
—— *Henry, Virtuous* Prince (London, 2008).
Watts, John L. (ed.): *The End of the Middle Ages?* (London, 1998).
Weir, Alison: *The Six Wives of Henry VIII* (London, 1991).
—— *Henry VIII* (London, 2001).
Williams, C. H.: *England* under the Early Tudors (London, 1925).
—— *The Tudor Despotism* (London, 1928).
Williams, Penry: *The Tudor Regime* (Oxford, 1979).
Wooding, Lucy: *Henry VIII* (London, 2009).
Zeeveld, W. Gordon: *Foundations of Tudor Policy* (Cambridge, Mass., 1948).

爱德华当政

Alford, Stephen: *Kinship and Politics in the Reign of Edward VI* (Cambridge, 2002).
Aston, Margaret: *The King's Bedpost* (Cambridge, 1993).
Beer, Barrett L.: *Rebellion and Riot, Popular Disorder in England during the Reign of Edward VI* (Kent, Ohio, 2005).
Bush, M. L.: *The Government Policy of Protector Somerset* (London, 1975).
Constant, G.: *Introduction of the Reformation into England, Edward VI* (London, 1942).
Gasquet, Francis Aidan and Bishop, Edmund: *Edward VI and the Book of Common Prayer* (London, 1890).
Heard, Nigel: *Edward VI* and Mary (London, 1990).
Hoak, D. E.: *The King's Council in the Reign of Edward VI* (Cambridge, 1976).
Jones, Whitney R. D.: *The Mid-Tudor Crisis* (London, 1973).
Jordan, W. K.: *Edward VI, the Young King* (London, 1968).
—— *Edward VI: The Threshold of Power* (London, 1970).
Loach, Jennifer: *Edward VI* (London, 1999).
Loach, Jennifer and Tittler, Robert (eds.): *The Mid-Tudor Polity* (London, 1980).
MacCulloch, Diarmaid: *Tudor Church Militant, Edward VI and the Protestant Reformation* (London, 1999).
Mackie, J. D.: *The Earlier Tudors* (Oxford, 1952).
Pollard, A. F.: *England under Protector Somerset* (London, 1900).
Skidmore, Chris: *Edward VI* (London, 2007).

玛丽当政

Duffy, Eamon: *Fires of Faith* (London, 2009).

Duffy, Eamon and Loades, David (eds.): *The Church of Mary Tudor* (Aldershot, 2006).
Edwards, John and Truman, Ronald (eds.): *Reforming Catholicism in the England of Mary Tudor: the achievement of Friar Bartolome Carranza* (Aldershot, 2005).
Erickson, Carolly: *Bloody Mary* (London, 1978).
Loach, Jennifer: *Parliament and the Crown in the Reign of Mary Tudor* (Oxford, 1986).
Loades, David: *Mary Tudor* (Oxford, 1989).
Miller, James Arthur: *Stephen Gardiner and the Tudor Reaction* (London, 1926).
Porter, Linda: *Mary Tudor: the First Queen* (London, 2007).
Prescott, H. F. M.: *Mary Tudor* (London, 1940).
Richards, Judith M.: *Mary Tudor* (London, 2008).
Schenk, W.: *Reginald Pole* (London, 1950).
White, Beatrice: *MaryTudor* (London, 1935).
Whitelock, Anna: *Mary Tudor* (London, 2009).

伊丽莎白当政

Adams, Simon: *Leicester and the Court* (Manchester, 2002).
Alford, Stephen: *The Early Elizabethan Polity* (Cambridge, 1998).
—— *Burghley* (London, 2008).
Archer, Jayne Elisabeth, Goldring, Elizabeth and Knight, Sarah: *The Progresses, Pageants and Entertainments of Queen Elizabeth I* (Oxford, 2007).
Black, J. B.: *The Reign of Elizabeth* (Oxford, 1936).
Collinson, Patrick: *Elizabethan Essays* (London, 1994).
—— *The Elizabethan Puritan Movement* (London, 1967).
Doran, Susan: *Monarchy and Matrimony* (London, 1996).
—— *Queen Elizabeth I* (London, 2003).
Doran, Susan and Freeman, Thomas S. (eds.): *The Myth of Elizabeth* (London, 2003).
Dunn, Jane: *Elizabeth and Mary* (London, 2003).
Elton, G. R.: *The Parliament of England*, 1559 - 1581 (Cambridge, 1986).
Graves, Michael A. R.: *Burghley* (London, 1998).
Greaves, Richard L. (ed.): *Elizabeth I, Queen of England* (London, 1974).
Guy, John (ed.): *The Reign of Elizabeth I* (Cambridge, 1995).
—— *My Heart is My Own* (London, 2004).
Haigh, Christopher (ed.): *The Reign of Elizabeth I* (London, 1984).
—— *Elizabeth I* (London, 1988).
Hammer, Paul E. J.: *The Polarisation of Elizabethan Politics* (Cambridge, 1999).
Haugaard, William P.: *Elizabeth and the English Reformation* (Cambridge, 1968).
Hibbert, Christopher: *The Virgin Queen* (London, 1990).
Hurstfield, Joel: *Freedom, Corruption and Government in Elizabethan England* (London, 1973).
Jenkins, Elizabeth: *Elizabeth the Great* (London, 1958).

Jones, Norman: *The Birth of the Elizabethan Age* (Oxford, 1993).

Levin, Carole: *The Reign of Elizabeth I* (Basingstoke, 2002).

Levine, Joseph M. (ed.): *Elizabeth I* (London, 1969).

MacCaffrey, Wallace: *The Shaping of the Elizabethan Regime* (London, 1969).

—— *Elizabeth I* (London, 1993).

McClaren, A. N.: *Political Culture in the Reign of Elizabeth I* (Cambridge, 1999).

Mears, Natalie: *Queenship and Political Discourse in the Elizabethan Realms* (Cambridge, 2005).

Meyer, Arnold Oskar: *England and the Catholic Church under Queen Elizabeth* (London, 1967).

Neale, J. E.: *Queen Elizabeth I* (London, 1934).

—— *Essays in Elizabethan History* (London, 1958).

Palliser, D. A.: *The Age of Elizabeth* (London, 1983).

Rex, Richard: *Elizabeth I* (Stroud, 2003).

Strickland, Agnes: *The Life of Queen Elizabeth* (London, 1906).

Strong, Roy: *Gloriana* (London, 1987).

Weir, Alison: *Elizabeth the Queen* (London, 1998).

Williams, Penry: *The Later Tudors* (Oxford, 1995).

社会文献

Bindoff, S. T.: *Tudor England* (London, 1950).

Bindoff, S. T., Hurstfield, J. and Williams, C. H. (eds.): *Elizabethan Government and Society* (London, 1961).

Byrne, M. St Clare: *Elizabethan Life in Town and Country* (London, 1925).

Chambers, J. D.: *Population, Economy and Society in Pre-Industrial England* (Oxford, 1972).

Cheyney, Edward P.: *Social Changes in England in the Sixteenth Century* (Pennsylvania, 1895).

Clark, Peter (ed.): *The Early Modern Town* (London, 1976).

—— *The Cambridge Urban History of England*, Volume Two, *1540 – 1840* (Cambridge, 2000).

Clay, C. G. A.: *Economic Expansion and Social Change, England 1500 – 1700*, two volumes (Cambridge, 1984).

Collinson, Patrick (ed.): *The Sixteenth Century* (Oxford, 2002).

Coward, Barry: *Social Change and Continuity in Early Modern England* (London, 1988).

Cressy, David: *Birth, Marriage and Death* (Oxford, 1997).

Dodd, A. H.: *Life in Elizabethan England* (London, 1961).

Ellis, Steven G.: *Tudor Frontiers and Noble Power* (Oxford, 1995).

Elton, G. R.: *England Under the Tudors* (London, 1955).

Guy, John: *Tudor England* (Oxford, 1988).

Jack, Sybil M.: *Trade and Industry in Tudor and Stuart England* (London, 1977).
James, Mervyn: *Society, Politics and Culture* (Cambridge, 1986).
Polito, Mary: *Governmental Arts in Early Tudor England* (Aldershot, 2005).
Ramsey, Peter H. (ed.): *The Price Revolution in Sixteenth-Century England* (London, 1971).
Robertson, H. M.: *Aspects of the Rise of Economic Individualism* (Cambridge, 1933).
Rowse, A. L.: *The England of Elizabeth* (London, 1950).
—— *The Expansion of Elizabethan England* (London, 1955).
Sharpe, Kevin: *Selling the Tudor Monarchy* (London, 2009).
Simon, Joan: *Education and Society in Tudor England* (Cambridge, 1967).
Sommerville, C. John: *The Secularisation of Early Modern England* (Oxford, 1992).
Tawney, R. H.: *The Agrarian Problem in the Sixteenth Century* (London, 1912).
Thurley, Simon: *The Royal Palaces of Tudor England* (London, 1993).
Walsham, Alexandra: *The Reformation of the Landscape* (Oxford, 2011).
Wernham, R. B.: *Before the Armada* (London, 1966).
Williams, Penry: *Life in Tudor England* (London, 1964).

索 引

（条目后的页码为原书页码，见本书边码）

译后记

本书虽称史，而于我看来，更近于演义。其中并无正统史书因处处求证而落下的枯燥病根，反倒通过一段段跌宕起伏的故事、一个个有血有肉的人物让这段岁月的记录时时透出人性的温度。这厚厚一方页片垒叠，铺展开来宛如横跨一个世纪的画卷，画中有筵席间的觥筹交错，有灾疫下的民不聊生；有宫廷内的穷奢极欲，有沙场上的斑驳血痕；有教堂内的圣光闪耀，有火刑柱的浓烟滚滚。有人忠君上废寝食终成弃子，有人专宠信惹众怒依然善终；有人拿婚姻做筹码合纵连横，有人为爱情赌一生铸错饮恨。画上的王侯将相、僧侣白丁在世事的滚滚巨浪中身不由己、浮浮沉沉。而我要做的工作，便是铺展开空白画布，磨墨浣笔，将这一切重新摹绘。

在我看来，原文和译文犹如两幅内容相同的绘画。字词如笔触、行文如线条，由于绘画工具、颜料质地的不同，画作优劣的评判标准、审美要求必然相异，一如油画刀无从营造墨色晕染，而毛笔难以表现立体层次。若强求译文同原文完全对等，就如同持毛笔作西洋画一样，只会适得其反。我做翻译时并不拘泥于字词、句式的对应，唯尽力站在读者的角度将原文的内容和意旨传达出来，同时让读者在译文中体会到经过本土化加工，符合自己审美情趣的原文之美。关于这一点，全书一以贯之，这里便不举例了。下面谈一谈翻译本书过程中碰到的概念性问题以及我的处理方法。

本书描绘了都铎家族四代君王统治下英格兰的山河岁月、国祚民生，其中有一个概念近来争论颇多，即英格兰究竟是“王国”还是“帝国”，英格兰的领袖究竟称“王”还是称“皇”，隶属于其的东西，究竟称“王家”还是称“皇家”？有一派观点称，按照法理，在拿破仑称帝之前的欧洲，唯罗马帝国之后继者方可称皇帝，其统领之国方可称帝国。而英格兰唯有在维多利亚女王时代，殖民印度之后，才加冕为印度女皇。这一派称，都铎时代的英格兰君主自始至终只是“王”，而非“帝”。“royal”一词，必须译为“王家”，而不可译为“皇家”，因为皇家自有“imperial”一词表示。关于帝国和王国的区别，我查阅资料后得出的基本概念为：“帝国为疆域广阔之王国”，即两者其实并没有本质上的区别，只是称呼不同而已。细观英国史，亨利八世曾给自己打造了一顶皇冠（Imperial Crown），而且 1533 年出台的《禁止上诉法》序言中也有“英格兰为帝国一事古而有之真实不虚，史料中皆有明文记载，确凿无疑，且一直为世界所承认，本国之统治者为一无上之领袖或称国王”的说法。由此可知，英格兰从亨利八世开始便以帝国自居，只是君主的称呼是国王而非皇帝而已。伊丽莎白一世戴的也是皇冠，而非王冠（见其著名的《无敌舰队肖像》），在她主政时期航海事业大获成功，16 世纪航海志作家理查德·哈克卢伊特也将英格兰描述为“横跨东西的英格兰帝国”。由此看来，英格兰究竟是王国还是帝国，在翻译英国史的时候，并无争论的必要。而且在中文语境中，“royal”一词，长久以来一直译为皇家。因此在本书中，英格兰君主我译为国王或女王；涉及国家如果原文用“kingdom”，我译为王国，原文用“empire”，我译为帝国；而“royal”一词，我遵从惯例，译为皇家。

此外，宗教是本书贯穿中心的一条主线，着墨最多、描写最细。而宗教内容也是翻译过程中最让我揪心的。因为本书所述的这段历史正值欧洲宗教改革浪潮风起云涌的时代，而天主教（或称公教）和新教（或称誓反教）在各自官方中译本①中的译名多有差别，尽管这些译名英文并无二致，但既然译成中文，译者必须有所抉择。有的译者会采取统一原则，取一套译名一以贯之。我一开始也想这么处理，因为这样最为省事。但心中总觉得不是滋味，因为在我看来，作为一个负责任的译者，必须考虑天主教或基督教读者的感受，比如书中不少人死前都会引经据典做临别之言，在我看来，若一虔诚的天主教徒遭到新教徒迫害，其临死之言若以新教官方译法来译，不仅会贻笑大方，甚至会冒犯到信仰天主教的读者。例如苏格兰女王玛丽一世的临终之言“In te, Domine, confide”，我译为“我依靠你，上主，你是我的天主”（见思高本《旧约·圣咏集》31：15）。而若用新教的译法，则为“耶和华啊，我倚靠你，你是我的神”（见和合本《旧约·诗篇》31：15）。这两种译法从语义上讲并无二致，但在我看来相去甚远。所以书中有关宗教的译名，我皆根据不同历史时期和人物信仰来定夺。

自译第一本书开始到本书译稿完结，我上市的译作已逾十本。而此书在我所有翻译作品中，算得上是投入精力最大、付出心血最多的一本。由于本人阅历有限、才薄智浅，译文不足之处在所难免，请广大专家读者们不吝指正。

王　喆

2018 年春 于南京百家湖畔

① 天主教官方中文《圣经》为思高《圣经》学会所译，通称思高本。新教官方中文《圣经》为中国基督教三自爱国运动委员会和中国基督教协会合译，通称和合本。